维纳斯的诞生　　　（意大利）波提切利

梅杜萨之筏　　　（法）席里柯

自由引导人民　　（法）德拉克罗瓦

呐喊　（挪威）蒙克

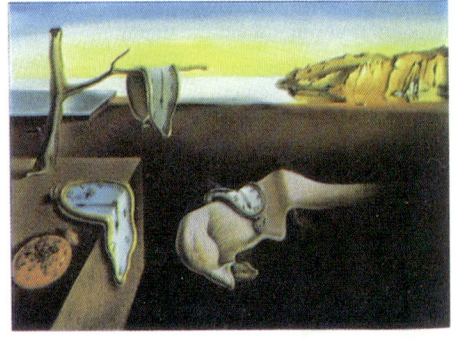

记忆的永恒　（西班牙）达利

韩熙载夜宴图（局部）　　　　　　　五代　顾闳中

萨拉特拉克的尼凯神像
公元前四世纪

巴黎圣母院　　　公元1163年

雅典卫城的巴底隆神庙　　　　公元前447–前438年

悉尼歌剧院　　　　（丹麦）伍重

蒙娜丽莎　（意大利）达·芬奇

马拉之死　（法）大卫

格尔尼卡　　　（西班牙）毕加索

拉奥孔群像　　（希腊）阿基桑得罗斯等

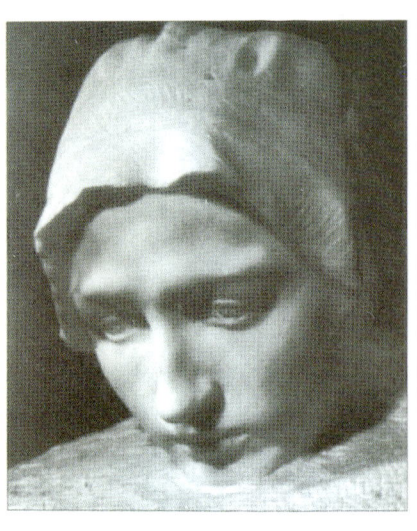

思　　（法）罗丹

摩西　　（意大利）米开朗基罗

思想者　（法）罗丹

拉什莫尔国家纪念碑　　　（美）格桑·博格伦
　　　　　　　　　　　　　　　林肯·博格伦

拉弓的赫拉克勒斯　（法）布尔德尔

斜倚像　　（英）摩尔

被毁灭的城市 （法）扎特金

金字塔 （埃及）公元前2530年

埃菲尔铁塔 （法）1889年

第二版

美育与美学

王岗峰 著

修订说明

　　因本书亦可作为高等院校美育教科书,故再版前参考了许多美学教科书新作,启发很多。几次想对美学原理部分作较大修改,跟上"形势"。但深思熟虑后,觉得现在修改还不成熟。美学教科书新作出现的许多新概念、新原理,还很难形成一个超越传统美学那么完美体系。例如,"美的本质"问题,一些教科书新作出现两种倾向:一是取消该问题,不设这一章;二是提出许多命题,不确定某一说法。我以为作为普通美学,它是哲学的有机部分,避开"美的本质"这一最抽象、最富有思辨的问题,美学还是哲学吗?提出许多"美的本质"命题,无疑有助于启迪学生的思维,但不定某一说法,如何与其他原理达到逻辑上一致?我非常崇敬老一辈美学家严谨的治学态度,也非常欣赏新一辈美学理论研究者的创新精神。作为美学原理教科书,我追求严谨;作为美学理论研究者,我追求创新。就像许多以新的体系出现的哲学教科书很难超越传统哲学完美体系而无法被广泛接受一样,因此,在传统美学体系基础上予以创新,这是我写这本书的初衷。这也使本书许多新观点至今没有过时,再版不失其价值,此次再版仅作极个别错误地方修订。美学教科书新作出现的许多新概念、新原理、新体系,希望读者认真参考和吸取合理的东西。

　　本书出版之日,恰好国家重新把美育列入教育方针,与德育、智育、体育并重,将近十年了,美育在实施过程中,虽有重大改观,但历史欠账太多,还远不如德育、智育、体育的发展。最突出表现在许多高等院校没有美育公共课,甚至在高等师范院校。教师队伍中还有不少人不知教育方针有美育内容,优秀学生还是称"三好生"。本书在"结语"中曾建议把教育方针的"德育、智育、体育、美育"排列改为"德育、智育、美育、体育"。毕竟知、意、情是人的精神不可分割的有机组成部分,那么相对应的德育、智育、美育就不应分开。这样,才不会把美育遗忘。

作　者
2009 年元旦

目 录

修订说明

第一章　美育与美学（代绪言） ……………………………… （1）
　第一节　美育思想的由来和发展 ……………………………… （1）
　第二节　美学思想的由来和发展 ……………………………… （10）
　第三节　美育与美学的关联性 ………………………………… （17）

第一篇

第二章　美的本质和特征 ……………………………………… （28）
　第一节　美的本质 ……………………………………………… （28）
　第二节　美的特征 ……………………………………………… （44）
第三章　美的现象形态 ………………………………………… （48）
　第一节　自然美 ………………………………………………… （48）
　第二节　社会美 ………………………………………………… （59）
第四章　美的范畴 ……………………………………………… （69）
　第一节　优美和崇高 …………………………………………… （69）
　第二节　悲剧和喜剧 …………………………………………… （79）
第五章　美感的本质和特征 …………………………………… （90）
　第一节　美感的本质 …………………………………………… （90）

第二节　美感的特征……………………………………（102）
第六章　美感心理和审美意识……………………………（108）
　　第一节　美感的心理构成因素…………………………（108）
　　第二节　审美意识结构…………………………………（122）

第二篇

第七章　德育与美育………………………………………（130）
　　第一节　德育中的审美因素……………………………（131）
　　第二节　美育对德育的促进作用………………………（140）
　　第三节　思想教育工作者的审美修养…………………（146）
第八章　智育与美育………………………………………（151）
　　第一节　智育中的审美因素……………………………（151）
　　第二节　美育对智育的重要作用………………………（160）
　　第三节　智育工作者的审美修养………………………（169）
第九章　体育与美育………………………………………（172）
　　第一节　体育运动的审美因素及特点…………………（172）
　　第二节　体育教师的审美修养和美育的方法…………（176）
　　第三节　体育运动美的欣赏……………………………（179）
第十章　劳动与美育………………………………………（182）
　　第一节　劳动环境的审美因素…………………………（182）
　　第二节　劳动者的美育…………………………………（186）
　　第三节　按照"美的规律"创造劳动产品………………（192）

第三篇

第十一章　艺术的本质和特征……………………………（198）
　　第一节　艺术的本质……………………………………（198）
　　第二节　艺术的特征……………………………………（221）

第十二章　绘画与美育 …………………………………… (227)
　　第一节　绘画的审美特性 ………………………………… (227)
　　第二节　绘画的美育功能 ………………………………… (237)
第十三章　雕塑与美育 …………………………………… (248)
　　第一节　雕塑的审美特征 ………………………………… (248)
　　第二节　雕塑的美育功能 ………………………………… (257)
第十四章　建筑与美育 …………………………………… (266)
　　第一节　建筑的审美特性 ………………………………… (266)
　　第二节　建筑的美育功能 ………………………………… (277)
第十五章　音乐与美育 …………………………………… (285)
　　第一节　音乐的审美特性 ………………………………… (285)
　　第二节　音乐的美育功能 ………………………………… (295)
第十六章　舞蹈与美育 …………………………………… (303)
　　第一节　舞蹈的审美特征 ………………………………… (303)
　　第二节　舞蹈的美育功能 ………………………………… (313)
第十七章　戏剧与美育 …………………………………… (321)
　　第一节　戏剧的审美特性 ………………………………… (321)
　　第二节　戏剧的美育功能 ………………………………… (336)
第十八章　电影与美育 …………………………………… (344)
　　第一节　电影的审美特征 ………………………………… (344)
　　第二节　电影的美育功能 ………………………………… (358)
结语　加强审美教育和审美实践,提高审美修养水平 …… (367)
附文　美育在教育中的重要地位不可忽视 ……………… (375)

第一章 美育与美学（代绪言）

创造价值的根本力量是人，人的知识水平和素质将在未来经济和社会发展中起决定性的作用。21世纪是教育更加注重质量和人才素质的教育的世纪，它更加重视创新能力的培养，注意人才个性的发展，特别是重视人才综合素质的全面提高，也就是体现恩格斯的从必然王国到自由王国所指的"自由"发展，使人的发展具有多样性、个性化、主体性的特征。美育是一种情感教育，它在提高人的素质教育中，有着其他教育不可替代的作用。

第一节 美育思想的由来和发展

西方美育的源头可以追溯到西方文明的开端——以古代希腊半岛为中心的爱琴海文化时期。例如：我们通过希腊神话故事可以看到爱与美之神阿芙罗狄蒂，看到美丽的海伦以及由于她的美而引发的十年特洛伊战争；我们还可通过现代考古成果，领略克诺萨斯迷宫那恢宏的建筑和富有世俗人性的壁画，是如何透露了克里特文化时期希腊世界对美及其作用的最初认识与追求。这些审美意识蕴涵着西方美学思想和美育思想的最初萌芽。

毕达哥拉斯及其学派提出的音乐净化灵魂的主张，可以说是西方最早的美育思想。公元前6世纪，毕达哥拉斯派从美是数的比率和谐的美学观念和灵魂不死的宗教理念出发,认为音乐是一种和谐,人的灵魂也是一种和谐,因此可以"凭借医学实现肉体的净化,凭借音乐实现灵魂净化",①并要求其门徒在晚上和早晨听取所规定的音乐,以驱除灵魂在白天受到骚扰和在梦中受到麻痹。为此,可以认为毕达哥拉斯是"第一个凭借节奏和旋律确立音乐教育的人"。②"净化"在毕达哥拉斯那里,既是心灵性的,又是道德性的,净化的目的也包含着建构一种道德的心灵——"美德"。尽管毕达哥拉斯由于把道德还原为数,以不正确的方式来讲道德,不能建立起真正的道德理论,但毕竟是"第一个试图讲道德"并与美结合起来,他提出了"美德乃是一种和谐"③。内蕴美育的雅典教育实践为美育思想的发展奠定了基础。古希腊教育有两种类型,斯巴达教育以严格、野蛮而著称于西方教育史,它崇尚武功,重视军事教育,但也重视音乐教育,并以音乐来鼓舞士气,培养士兵的组织纪律性。与斯巴达相反,雅典崇尚文治,这与它经济发达、政治民主有关,它不但要求把学生培养成为身强力壮的军人,更要成为具有多种才能和文化修养,善于通商交往的政治家和商人。因此,雅典教育强调体、智、美、德全面发展,这是一种多彩的、个性自由的教育。在此基础上,古希腊许多思想家作了初步的理论概括。如柏拉图在《理想国》中提出教育制度应包括身体的教育和心灵的教育(艺术教育)两个方面。他讲道,在进行发展智慧的教育之前,先"要用音乐教育心灵,用体育教育身体",并把两种教育结合起来,共同改善人的心灵。④ 他分析了人们从形体美开始,经历心灵

---

① 转引自汪子嵩等:《希腊哲学史》第1卷,新华出版社1988年版,第265页。
② 同上书,第349页。
③ 北大哲学系外哲史室:《古希腊罗马哲学》,商务印书馆1961年版,第36页。
④ 陈村富:《古希腊名著精要》,商务印书馆1989年版,第33页。

美、行为美、制度美和知识美,最后观照自身达到理念世界的历程。他注意到自然美和艺术美能陶冶人的性情,美化人的心灵,强调从小培养青少年爱美的习惯。古希腊的另一位思想家亚里士多德主张和谐教育,包括阅读与书写、体育锻炼、音乐和绘画以及道德品质的培养等,并把和谐教育的重点放在审美教育(主要是音乐教育)方面。他提出美育"不只是为着某一个目的,而是同时为了几个目的,那就是(1)教育(2)净化(3)精神享受……"[①]柏拉图和亚里士多德进一步发挥了毕达哥拉斯的"美德"思想,柏拉图提出"公正(正义)、理性(智慧)、勇敢(意志)和节制"是希腊四美德。他和亚里士多德都把公正看作是一切德行的总体。亚里士多德还说,"美是一种善",从而把美和善、美育和德育统一起来。

古罗马的普洛丁把审美教育视为心灵神圣的教育,最终引向宗教信仰,使人性皈依神性,为中世纪神学美学作了铺垫。奥古斯丁把上帝说成美的根源,美是由上帝赋予万物的,审美就是心灵返回上帝。因此,审美教育成了宗教感性的培养,成为宗教教育的组成部分。

文艺复兴期间,人们重新发现和肯定了生活、自然和艺术的审美价值。在教育方面主张"个性自由"、"个性的全面发展"、"人的能力多方面提高",审美教育成为人文主义教育的重要内容,这时期的教育实际上已包含了德育、智育、体育和美育。如意大利人文主义教育家维多利诺把他所创造的学校称为"快乐之家"。他把学校设在优美的自然环境中,使儿童在愉快的气氛中身心得到和谐发展。他提出教育的最终目的应是培养精神、身体、道德都充分发展的人,因此他重视智、德、体、美诸育的普遍实施。

系统提出要对人们进行审美教育,并把审美教育作为一门理论加以研究的是18世纪德国的美学家席勒。1793至1794年间,

---

① 伍蠡甫等编:《西方文论选》上卷,上海译文出版社1979年版,第95~96页。

席勒为了报答丹麦王子奥古斯丁堡的克里斯谦公爵对他的生活资助,先后写出了 27 封关于人的美感教育的书简,后结集为《美育书简》,成为西方"第一部美育宣言书"。书中首先明确使用了"美育"概念,并对美育的含义、内容、性质、任务及其社会意义作了系统的阐述和分析。席勒的美育理论是以康德的美学思想为基础的,康德把人类的精神活动分为"知、情、意"三个方面,并认为审美判断(情)是沟通认识(知)和道德(意)的桥梁。《美育书简》探讨的基本问题,就是如何解决由资本主义制度造成的人性分裂走向人性完整和自由的问题,如何由人性的完整去改革国家,取得政治自由的问题。席勒提出,要解决这些问题,首先不是靠社会政治经济革命,而是靠审美教育,去实现人格的完善,人性的自由。他提出:"若是要把感性的人变成理性的人,唯一的路径是先使他成为审美的人。"[①]席勒把审美教育看成人取得自由、社会得以进步的唯一路径。用美育取代变革社会,在阶级社会中显然是一种空想。然而,席勒强调美育的巨大作用,使"感性的人"培养起理性,"理性的人"培养起情感,引导人们从自然状态迈向道德状态,培养起完善的人格和优美的心灵,从而达到人的自由和社会进步,这在当时具有十分重要的意义。席勒的审美教育学说把审美教育同社会改造、改革联系起来,扩大了审美教育研究的领域;又从人性自由完整的高度去探讨审美教育的实质和功能,深化了审美教育的理论,这是席勒对审美教育学的巨大贡献。

在中国,美育的源头可以追溯到原始氏族社会。盘古开天,燧人氏钻木取火,教民熟食;伏羲氏结绳织网,教民驯养鸟兽;神农氏尝百草,教民稼穑……中华大地流传的许多三皇五帝发明创造的传说,都涉及"先王乐教"故事。战国史官所写《世本》一书中就有关于"先王之乐",它说:"伏羲作琴,伏羲作瑟。神农作琴,神农作

[①] 北京大学哲学系美学教研室编:《西方美学论美和美感》,商务印书馆 1981 年版,第 181 页。

瑟。女娲作笙簧。随作笙,随作竽。颛顼命飞龙氏铸洪钟,声振而远……夷作鼓,伶伦作磬……尧修黄帝乐为《咸池》,无句作磬……舜作箫,夔作乐。"秦代的《吕氏春秋》对"先王之乐"记载最为系统。《古乐》篇从朱襄氏、葛天氏、阴康氏、黄帝以下一直说到周成王。《尚书·舜典》记载:"帝曰:夔,命汝典乐,教胄子。直而温,宽而栗,刚而无虐,简而无傲。诗言志,歌永言,声衣永,律和声。八音克谐,无相夺伦,神人以和。夔曰:于予击石拊石,百兽率舞。"可见舜时已经有了乐并且实施了乐教,并对乐的功能特点有了较为精练的概括。周公制礼作乐是继承了夏、商两代的统治经验,对礼乐教化制度加以系统、完善。按《周礼》规定,学校必须"以乐德教国子",即在礼仪方面培养学生具有忠、和、敬、有常、孝、悌等美德;"以乐语教国子",即在诗辞方面教育学生学习和运用诗辞的能力,掌握诗的美刺作用,培养辞令;"以乐舞教国子",即在舞蹈表演方面表现古圣先王的丰功伟业,达到歌功颂德的目的。周公的礼是仪式规范,乐是音乐、舞蹈、诗歌三位一体的综合艺术。礼乐相济,既是社会制度,又是道德规范,同时也是一种审美教育方式,以此来教育奴隶主贵族。

比较系统的审美教育思想的提出是先秦诸子,儒道两派的审美教育思想是对峙的。

儒家学派创始人孔子提出仁学教育,培养个体内在文化心理结构,以适应社会外在礼仪制度,以仁为核心的教育其最高目标是培养"志士仁人",其实质是一种奴隶制的伦理教育。孔子主张仁学教育并非摒弃情感而一味强调道德,他始终强调诗教、乐教。孔子提出"兴于诗,立于礼,成于乐"①的观点,认为"诗"和"乐"是君子修身成人的重要途径,"诗"可以给人精神力量,使情感得以熏陶;"礼"可以使人立足于社会,本质得以锤炼;而"乐"则是情感与本质的完善统一,因此是造就一个完人的最终环节。与此同时,孔

---

① 《论语·泰伯》。

子又始终把这种美感享受放在"仁"、"礼"教育之下,强调有节制的适度的美感享受,"乐而不淫,哀而不伤"。依附于仁学教育的审美教育,不是禁欲,也不是情感的放纵,而是用"仁"、"礼"规范引导,有节制地满足情欲。

孔子的仁学审美教育观,在孟子那里得到发扬光大,且更趋向内在人性的塑造,达到完善人格的建立。在孟子的人格教育中,也包含审美教育与培养,但没有孔子仁学教育突出。荀子从另一方面扩展了孔子仁学的审美教育观,重在外在规范的"礼"教育,荀子虽主张人性恶论,但出于外在礼仪的要求,却十分重视审美教育。他认为人性不能自美,人格美的建立主要通过塑造、教育而实现。进行这种审美教育的手段,就是《诗》、《书》、《礼》、《乐》、《春秋》这些儒家经典,特别是《乐》,具有"化性起伪"的审美教育作用。他认为文艺具有巨大的感人力量,可以"大齐天下"、"美政"、"美人"、"美俗",起着安定社会、辅助政治、培养人才、移风易俗的作用。

作为道家学派创始人的老子以淡泊的心态谈功利,以"无为而无不为"的哲学原则,即"道"取代之,其实也包含着深刻的美学问题。老子不要求人们刻意追求美,而是顺其自然到达美的境界,所以老子并不像儒家学派那样大讲审美和艺术教育的作用,而是采取一种超然的态度。老子虽不说审美教育,而他的继承者庄子却十分重视个人的审美教养。庄子根据老子"无为"的思想提出"天地有大美而不言"①的美学命题。美是超功利的,在于自然无为,既无目的而又有目的,合目的而又合规律。在庄子看来,得到了自然无为的"道",也就得到"至美"。而达到这种审美境界不是依靠审美教育,而是凭借个人的审美修养。

儒家强调功利的审美教育,道家主张超功利的审美修养,各有片面性,又可以互补。这两学派的审美教育思想,对汉代以后封建制度的审美教育都产生了深远的影响。

---

① 《知北话系》。

汉朝思想家有关审美教育的观点，多是先秦儒家学派观点的继承、发挥。一方面强化了社会的规范作用，一方面又淡化了审美教育的功能。如董仲舒把审美教育视为施行"五者"、"教化"的一种工具，忽视审美教育的特殊功能，这是对先秦儒家学派的一种倒退。

魏晋时期，继承老庄哲学影响的玄学颇盛。一大批艺术理论家，不是像汉朝那样强调外在礼仪秩序的规范，而是着重主体人格的独立，强调主体的感受、鉴赏和创造，强调艺术（审美）表现神、意、气韵，如"得意忘象"（王弼）、"传神写照"（顾凯之）、"气韵生动"（谢赫），都体现了一种主体的审美追求。这对于审美修养是必不可少的，只是没涉及审美教育，仍与老庄的审美教育观点一脉相承。

唐代许多人把审美与教育割裂开来，已失去先秦儒家学派的传统。大多数人提倡文以明道，如唐朝有名教育家韩愈，他认为教化的目的在于"明先王之教"，教育内容不外乎"仁、义、道、德"，教育就是"传道授业解惑"，重在使学生"闻道"。这种教育主张，完全排除了审美教育。柳宗元在教育观上也是遵循"圣人之道"的，同样没有给审美教育以应有的地位。

宋明理学家大都围绕主体人性以论教育，与唐朝重在先王之道论教育有很大的不同，因而较多涉及审美教育问题。朱熹主张建立理性、排除感性的理学教育，但是他也注意到利用"四书"进行"感激兴发人心"的教育，似乎也涉及审美教育。王阳明在实施教育方面，与朱熹强调"四书"不同，强调"六经"（六艺），其中包括《诗》、《乐》，因而比较重视审美教育。他针对当时不注重感发情感教育的弊端，根据儿童的心理特点，提出以审美教育导向礼法教育的观点。

明、清的王夫之、颜元，乃至戴震一批思想家，尽管他们的哲学观点有很大的区别，但是在教育思想上都或多或少涉及审美教育的理论和实践总结，重视感性、情感、情欲的塑造，给感性教育、性情陶冶以应有的地位,就这一点说,比朱熹理学教育有所前进。当然,他们所涉及的审美教育不具有近代美育理论的形态。

五四运动前后,随着中西文化的交流和思想解放运动的兴起,梁启超、王国维、蔡元培、鲁迅等人在引进西方美学思想的过程中,也先后提出了关于美育的主张。

梁启超是介绍、引进西方美学并把它与中国传统美学思想结合起来的最初尝试者之一。他不但重视美学,而且关注教育,第一次提出"趣味教育",即审美教育。趣味教育实质是情感教育。情感教育的最佳手段就是艺术。梁启超把审美教育作为趣味教育、情感教育来理解,已接受审美教育的实质。他在近代中国审美教育上的启蒙性的贡献,是不应低估的。

在梁启超启蒙思想影响下,王国维在中国审美教育思想史上做了开拓性的工作,使审美教育理论研究深入了一步。王国维指出,当时社会风气败坏,一些人追名逐利,对国家前途和民族命运丧失信心和希望,实乃缺乏一种健康的精神生活和动力,因而他想从西方思想中寻求解决的办法。他在美学和教育学的双重研究中,发现了审美教育的重要意义,提出在修明政治和大兴教育以养成道德和知识的同时,还要注意情感的培养。王国维在1906年发表的《论教育之宗旨》中,指出教育的宗旨在于培养"完全之人物",所谓"完全之人物",是指在"身体能力"和"精神能力"两方面都得到和谐的发展的人。他把教育分为体育和心育两大部分,而在心育中,又包括智育、德育和美育。他既看到了德育和智育都需要以美育作为手段,又看到了美育还有自己独特的作用和目的,并明确地提出了要把美育列入全面发展的教育宗旨之中。王国维的审美教育思想,提高了审美教育的地位,分析了它的独特和不可代替的功能,指出了它与德育、智育的区别和联系,这是他对中国审美理论的贡献。

蔡元培作为教育家和美学家,继王国维之后,提出审美教育理论,其见解的深刻性以及实践性,都远在王国维之上。审美教育,蔡元培称之为美感教育,又称之为情感陶养,是应用美学之理论于教育,以陶养感情为目的。蔡元培强调美学理论的落实和应用,十分接近现代审美教育,这是他超出前人的地方。他认为在全部教育中,美育占有特殊的地位,它渗透到其他三育之中。他还针对当时尊孔读经、宗教迷信猖獗的情况,提出"以美育代替宗教"的主张(王国维仍然把美育与宗教并列)。他还纠正了把审美教育仅仅视为艺术(美术)教育的观点,并首次提出了家庭教育、学校教育、社会教育的概念,指出了美育的途径、方法和手段,这都是前人所不及的。他不仅在理论上对美育进行全面、系统的探讨,而且还积极付之于实践。他在任教育总长时,提出了"五育"并行的教育方针。这五育是:军国民教育(体育)、实利主义教育(智育)、公民道德教育(德育)、世界观教育(哲学观念教育)、美感教育(美育)。他亲身从事美育实践,为我国近代美育体系的建立和美育思想的发展作出了重要贡献。

作为新文化运动伟大旗手的鲁迅,从宣传新文化运动和培养革命人才出发,特别重视美育。鲁迅在教育部工作期间,积极支持蔡元培倡导美育,并亲自主持《星期美术讲座》,讲授《美术略论》。他还撰写和翻译了很多美学著作,积极提倡艺术教育,创办艺术院校,举办艺术展览等,为我国美育的普及和发展作出了重要的贡献。

在美育发展上,人们真正认识美育的性质,摆正美育的地位,还是在马克思主义诞生之后。马克思、恩格斯为科学的美育理论奠定了坚实的理论基础,他们以历史唯物主义观点来审察文艺审美现象,得出与席勒等人完全相反的结论:不是审美自由成为政治解放的前提,而是政治解放为审美自由开辟道路。马克思、恩格斯批判地继承了历史上的美育思想的宝贵遗产,把实现人的全面发展基于生产方式的发展和变革上,使这种过去只是一种抽象的空想变成了科学的理论。

第二节　美学思想的由来和发展

　　自从人类开始断发文身,披树叶遮盖,筑巢掘洞,敬神祭祖,乃至进行乐歌舞踊之类文艺活动之日起,人类就开始有了审美的观念。而当人类思维能力发展到理论思维从而产生它的理论形态——哲学的时候,人们便开始对审美经验进行思考,产生了最初的美学思想。西方美学思想源于古希腊。其早期多以只言片语而依附于自然哲学,往往是在探究宇宙本原时涉及美的问题。从德谟克利特开始转向人的心灵的研究,中经智者派提出的"人是万物的尺度",到苏格拉底强调"人认识自己吧",哲学关注的中心由自然界转向社会,扭转了自然哲学对人的冷漠态度,随之美学思想也转向关注人和社会问题。柏拉图和亚里士多德是古希腊美学思想的重要代表。柏拉图重在对美的哲学思考,他在《大希庇阿斯篇》中提出的"什么是美"的问题,至今仍吸引着人们去苦苦思索。亚里士多德重在审美创造的研究,他的《诗学》则成为文艺美学的最早经典。古罗马贺拉斯的《诗艺》、朗吉弩斯的《论崇高》,都是沿着亚里士多德开创的文艺美学的道路,对文艺进行美学探讨。而普洛丁作为古代与中世纪交界线上的思想家,对柏拉图的"理念论"作了更加神秘主义的阐发,把绝对理念、神看作一切美的来源。这为中世纪的圣·奥古斯丁和托马斯·阿奎那等神学家把美看成是上帝的一种属性,奠定了理论基础。中世纪的美学家从维护天主教的反动的封建统治目的出发,认为上帝是最高的美,是一切感性事物美的最终根源。

　　文艺复兴时期,人们高扬人道主义精神,否定以神权为中心的封建统治和禁欲主义,追求个性自由、理性至上和人的全面发展的生活理想。因此,它在文艺和美学方面表现为要求对古希腊文化进行重新评价,借希腊罗马古典艺术的再生,使艺术从神学的束缚中解放出来,回到世俗社会,使艺术能够充分体现人的尊严、人的价值,能够成为最能发挥人的自由的创造才能的领域。因此,它在内容上要求艺术不再是描绘神,而是要面对人世描绘现实;在表现手法上要求放弃中世纪的那种象征和比喻的手法,提倡艺术家研究科学的理论并运用于艺术创作中。文艺复兴运动促进了生产力的解放和精神文化的解放,促进了美学由神学向人学的转变,给美学思想的发展带来了巨大活力和生机。

近代欧洲的英国经验主义、大陆理性主义哲学以及法国的启蒙运动,倾向于人性的研究,着重探讨认识世界的主观心理条件,都给美学思想的发展以新的推动力。特别是莱布尼兹、沃尔夫对于理性的研究,维柯对于想象的研究,夏夫兹博里、哈奇生、博克、休谟对于感官、情感、观念的研究,为德国启蒙运动时期美学家鲍姆嘉通提出建立美学学科作了思想理论上的准备。

美学作为一门独立的学科,是鲍姆嘉通在1750年出版的《美学》专著第一卷中首次提出的,该书命名为《埃斯特惕卡》(《Aesthetica》),鲍姆嘉通因此被称为"美学之父"。

"埃斯特惕卡"按希腊字根的原义看,就是"感性学"。确实,鲍姆嘉通有此看法,他认为人类心理活动可以分为知、意、情三个方面,研究知或理性认识有逻辑学,研究意志的有伦理学,研究情感即相当于"混乱的"的感性认识却一直没有相应的科学,他要弥补这一漏洞,因此有了此书。看来这是作为认识论提出的新科学,但是它也是研究艺术和美的科学,在鲍姆嘉通看来,感性认识的完善就是美的;美学是教导怎样以美的方式去思维,作为研究低级认识方式的科学;美学是以美的方式去思维的艺术,是美的艺术的理论。但从总体上看,鲍姆嘉通未完成美学体系。

康德《判断力批判》一书于1790年问世,从而建立起一整套唯心主义美学体系。康德哲学的研究对象是主观心理的建构。他认为人的心理功能知、情、意三个部分相应的人的能力有三种:理解力、判断力和理性。它们相互联系又不可相互替代,有必要加以分别研究。《纯粹理性批判》专门研究认识的功能,《实践理性批判》

专门研究意志的功能,《判断力批判》则专门研究情感(快感或不快感)的功能。这三大批判结合在一起组成康德的哲学体系。

康德从本体论角度把世界分为物自体(自在之物)和现象世界。现象世界受各种必然律的支配,因而是有限的、必然的,它是《纯粹理性批判》的研究对象,主要探讨人如何认识自然的种种规律,为自然立法。物自体是理论上无法证明的,它不受任何必然律的支配,因而是自由的、信仰的、理应如此的,它是《实践理性批判》的研究对象,主要探讨精神世界的自由意志,即由实践信仰出发的道德行为。可是,从这两个世界的关系看,它们各自独立、泾渭分明,似乎有一条不可逾越的鸿沟。康德经过长时间的思考和探索,发现判断力能够把现象和物自体,把自然的必然和道德的自由相互沟通起来。它与情感略带有认识的性质又略带有意志的性质相一致,略带有悟性(理论理性即认识)的性质,又带有理性(实践理性即伦理)的性质,所以可以作为桥梁使悟性和理性、知和意相互联系起来。这样,知、意、情三足鼎立,康德在完成其主观唯心主义哲学体系同时,也在美学史上第一个完成了唯心主义的美学体系。

康德虽然第一个确立了唯心主义的美学体系,但他主要从微观上研究人的主观审美意识,认为审美只是人的主观判断,审美鉴赏与对象的内容、概念无关,缺乏宏观探索和历史把握。以往的美学家也较多着重以纯理论的方式对美学问题进行微观的研究,很少有人联系人类思想发展的总历史,结合人类文化发展的全过程来进行研究。而黑格尔力图对以往的人类认识历史进行总的考证,给予总的批判和评价。因此在美学上,他也非常重视把美学放在人类思想发展的总进程中来进行宏观的考察,从而开创了结合人类认识史研究美学问题的先河。以往的唯心主义美学家往往纯思辨地空谈理论,脱离了艺术实际和现实审美活动,而黑格尔的艺术史知识相当丰富,他善于结合艺术作品进行具体的美学分析。黑格尔对古希腊悲剧有着浓厚的兴趣,曾两次把索福克勒斯的《安提戈涅》译成德文。他对席勒和歌德也推崇备至,经常在《美学》中引证他们的作品。黑格尔在论述中,较多地从具体的艺术事实和材料着手,经过分析而后再作出自己的结论,这比起他的哲学研究来具有更鲜明的特色。无怪乎他宁愿把自己的巨著《美学》定名为"艺术哲学",它后来也确实被人誉为"艺术的百科全书"。

在中国,美学学科的建立和真正确立,经过了一个漫长的历史过程。中国美学学科的建立,首先是中国美学思想发展的必然结果。中国美学思想如同西方美学思想一样,源远流长,也是产生和形成于古代奴隶社会。先秦美学思想作为奴隶社会最早的美学思想,以儒、道两家影响为最大,主要以美与善的关系展开论争。儒家强调美与善的统一,重视审美与艺术的道德伦理作用,道家则强调美是一种自然无为,摆脱外物奴役,而在精神上获得绝对自由的状态,并不与功利欲念结合在一起。两汉美学思想大都是批判地综合先秦各家美学思想并在一些问题上有所发展,如以道家为主体的《淮南子》就吸收了儒家的美学思想,而以儒家为正宗的董仲舒的美学思想也有了丰富和深化。在先秦两汉时期,美学思想一开始便与哲学伦理结合在一起,或是与艺术理论批评结合在一起。中国美学思想的这个特点,一直延续、强化着。

魏晋南北朝,中国美学思想并没有像欧洲中世纪美学思想那样受到神学的束缚而极艰难地发展,反而表现为"美和文艺从统一的奴隶主国家所要求的善的紧身束缚中得到了一定程度的解放,不再只被看作是善的附庸,而显得具有自身独立的价值了"。[①] 这时由先秦两汉重善轻美的传统一变而为重美轻善,因此对自然美的追求,对审美与艺术特征的考察,便成为当时美学思想的中心课题。美学思想不那么与政治伦理结合,而与玄学、佛学的探讨相关联,与文艺理论批评相结合。迨至隋、唐中叶,中国美学思想又重申美善统一论,重视审美、艺术的教化作用,积极发挥先秦儒家美

---

① 李泽厚、刘纲纪主编:《中国美学史》第1卷,中国社会科学出版社1984年版,第37～38页。

学思想中有生命力的东西。

晚唐至明中叶,中国美学思想又同佛教特别是禅宗结合起来形成一种新的美学思想。禅宗追求超脱人世烦恼,达到绝对自由,却又不主张完全脱离世俗生活,不否定个体生命的价值,因而幻想通过个体心灵、直觉、顿悟,去达到一种绝对自由的人生境界。禅宗思想的这种极为神秘的形态,似乎包含着对类似审美和艺术创造心理特征的某种理解,因而被一些文艺理论家和文艺批评家所接受,并用以解释审美中的种种现象。如司空图便从主体心灵对某种人生境界的体验中寻找美,从与自身的愿望、情感、理想相契合的自由境界中去寻求审美满足。始于司空图的重内心追求,否定外在政治伦理束缚的美学思想,到了后期封建社会日益成为主流,从而演变为宋代追求天然平淡之美。宋代美学思想受司空图的影响,借助于禅宗哲学,更加深入地考察了审美心理特征问题,较魏晋南北朝以后有了新的突破和发展。如果说先秦两汉美学思想把美作为一个形而上学问题、伦理问题来研究,那么魏晋南北朝以后的美学思想则转入审美心理问题的研究,中国美学思想中心的转变与西方美学思想发展颇有相似之处。

明中叶到戊戌变法这一历史时期,在封建社会内部已出现了资本主义萌芽,随之而来的商品经济的发展,市民阶层的扩大和活跃,逐渐在意识形态方面出现了要求个性解放的浪漫主义倾向,与此相应,在美学思想上便特别推崇纯真自然之美,力求艺术独创,强调美与实用、狭隘功利的不同,并且依然重视审美心理的考察和探索,但是总因中国传统美学思想的顽固保守而没有更大的发展和突破。

19世纪末,资产阶级改良主义运动兴起,戊戌变法前后,一批资产阶级改良主义者开始介绍西方文艺和美学思想,这起于梁启超,而真正作系统介绍的却是处于资产阶级改良主义低潮时期的王国维。王国维把对康德、席勒、叔本华的美学思想的介绍同中国传统的文艺和美学研究结合起来,写了一批著作,为建立近代中国美学做了开拓性的工作。但是标志着近代中国美学学科具有独立形态的,却是辛亥革命后蔡元培对美学的重视和对美育的提倡。蔡元培得到鲁迅的积极支持和赞助,为我国美学学科的建立和发展作出了重要的贡献。

马克思主义哲学的诞生,标志着哲学的伟大变革,为美学研究走向科学发展的道路,为美学的科学确立提供了正确的理论基础。马克思和恩格斯在建立马克思主义哲学的过程中,虽没能够写出专门论述美学问题的著作,却始终没有忘记美学,在许多著作中提出了具有重大原则性意义的美学观点,并具体分析论述了大量的审美现象,这些极为珍贵的美学观点,标志着美学研究的巨大变革,根本改变了美学研究的方向和道路。马克思主义哲学为美学的科学确立所提供的根本思想,归纳起来就是:(1)奠定了美学研究的科学理论基础,即历史唯物论的实践观和人化自然说;(2)提供了美学研究的方法论原则,即理论和实践相统一、逻辑和历史相统一的原则;(3)提出了"劳动创造了美"和"按照美的规律来建造"的基本美学命题,为探讨美的根源和本质,探讨审美创造的规律,解开"美之谜"提供了一把科学的钥匙;(4)论述了人类的审美能力、审美感受,"都只是由于它的对象的存在,由于人化的自然界,才产生出来的",肯定了它们的形成是"以往全部世界历史的产物";(5)论述了艺术如同政治、法律、宗教、道德、科学一样,"都不过是生产的一些特殊方式,并且受生产的普遍规律的支配";(6)具体分析了现实和艺术的审美现象,为引导美学面向现实生活实际展开具体研究提供了光辉范例。

马克思主义美学诞生之后,现代西方美学还出现了众多的流派和理论,涌现了一批具有代表性的美学家。例如意大利的克罗齐提出"直觉说",英国的科林伍德和法国的柏格森发展了直觉理论,随后,在美国又出现了以桑塔耶纳和杜威为代表的自然主义美学。与此同时,苏珊·朗格的符号论美学也形成一股潮流。其他一些美学流派,如现象美学、存在主义美学、结构主义美学、分析美学等等也相当活跃。

审美心理学的研究,是现代西方美学发展的主流和中心。自从近代实验美学创始人费希纳提出用"自下而上"的实验方式代替传统的"自上而下"的哲学方法之后,许多美学家都从原先注重对美的哲学思考转向注重审美经验和审美心理结构的考察。在此基础上,各种审美心理学的理论便纷纷问世,其中影响较大的有德国立普斯的"移情说",美国鲁道夫·阿恩海姆的格式塔心理美学,奥地利弗洛伊德的精神分析美学,此外还有信息论心理美学、人本心理美学等等。审美心理学试图从审美主体的心理活动的角度,去解开审美活动的奥秘,可以说是一个新的开拓,但就以上诸种心理学美学理论来看,都含有不同程度的缺陷。

随着现代自然科学和人文科学的发展,在西方一些国家,美学与心理学、社会学、伦理学、教育学、语文学等学科的关系显得越来越密切,出现了美学与其他一些学科相互渗透和合流的现象。同时,美学也越来越多地吸取自然科学方法的新成就,运用"老三论"(系统论、控制论、信息论)和"新三论"(耗散结构论、协同论、突变论)来分析审美事实和文艺现象。这些,都使西方传统美学的格局出现显著的突破。

我国自五四运动以来,美学研究领域发生了重大变化。鲁迅、瞿秋白翻译和介绍了普列汉诺夫、卢那察尔斯基等人的马克思主义美学著作,扩大了马克思主义美学的影响。出现了朱光潜的《文艺心理学》、《变态心理学》、《谈美》和蔡仪的《新美学》等美学著作。新中国成立后,50年代中至60年代初的美学讨论主要集中在美的本质、美学的研究对象和自然美学问题上。十一届三中全会之后,我国美学界努力赶上世界美学研究水平,在各方面进行了深入探讨,并与其他学科相交叉,面向实际,产生许多分支,展现了美学的分化和综合的发展趋向。近年来,我国美学在审美心理学、艺术社会学和审美教育学等方面研究取得了丰硕成果。所有研究成果同美的哲学研究结合在一起,逐渐形成基础美学的学科体系。

第三节　美育与美学的关联性

一、美育的性质、功能和途径

美育学在我国是一门新兴的边缘学科,它主要探讨审美教育的性质、功能、任务、方法和途径。审美教育是施教者按一定时代的审美意识(审美观念、审美趣味、审美理想等)及其理论形态(美学),借助审美媒介(以艺术为主的审美的对象)向受教育者施加审美影响,陶冶、塑造性情,促使他们的心理结构趋向完善,从而将他们培养成为具有感受、理解、评价美和创造生活美、艺术美能力的人,具体地说,它是一种感性的教育、趣味的教育和人格的教育。

人的发展应该以全面的、自由的发展为目标,作为感性教育,美育是对人的感性方面进行教育,是理性教育(如德育、智育)不可缺少的补充。它是运用形象化的手段来对人进行教育,始终保持着感性的生动性和直接性;是通过解放和提升的感性来塑造健康人格,改善人们生存质量,这种"解放"和"提升",我们称之为"感性泄导"和"感性升华"。

对于人的感性,既不能否认其合理要求,又不能任其放纵。一味地禁欲,断然排斥人们合理的感性欲求都是不应该的。要想使受教育者健康成长,就不能简单地压抑人的感性,而应该让它得到正当的抒发,得到健康的发展。美育通过审美和艺术活动来激发人们的感性,为人的感官发展与丰富提供广阔天地,使人的感官由于外界的刺激而保持鲜活的生命并且日益敏感起来,使人的感情和想象力被不断激发而日益丰富起来。美育通过健康的审美活动和艺术活动来正确引导感性的抒发,使之汇入文明之途。

美育又是趣味教育,审美趣味指审美的偏爱和审美能力;而审美能力又包括对美的辨别力或敏感性引导工作,将人的趣味从低级引向高级。趣味与人的感性有关,真情实感才能产生趣味,趣味的引导必须从它的根本做起,即从感性做起。梁启超说得好:"审美本能,是我们人人都有的,但感觉器官不常用不会用,久而久之麻木了。……美术的功用,在把这种麻木状态恢复过来,令没趣变为有趣。"①要用震撼人心的生活美和艺术美形象把青少年审美趣味引向健康、高雅,进而影响他们的生活品质以及他们对生活的评价,使他们对生活产生幸福快乐的情感,又能抵御"享乐化"、"肉体化"趣味的负面影响。

审美教育还是人格教育。健康人格克服了将人格归结于人性某一机能的片面性,是对理性人的超越,是对道德人的超越,是对感性人的超越。健康人格是一种整体性的人格,它是人格诸要素的有机统一和充分发展;健康人格是一种协调性的人格,能够正确处理自己与他人、社会、自然相互关系的态度和能力,是具有爱心的人格;健康人格是一种创造性的人格,具有专门的创造能力和技能,能够不断实现和更新生命与生活的自觉意识和能力;健康人格还是一种情感丰富和审美化的人格,它情感丰富而灵敏,而且情感的体验是回味式的,能够上升"沉思"的水平,它具有良好的审美鉴赏力和表现力,能够在生活中获取无穷的乐趣。美育通过促进人的感性发展,使之与理性协调发展而切入健康人格的塑造中来。与德育和智育相比,美育具有一种感性的品格,这正是德育与智育所缺少的,因为它们培养的人格侧重于理性,而健康的人格不仅是理性的,还应该是感性的,是理性与感性的协调发展。

美育的功能是一种系统的开放结构,它直接作用于个体的情感生活和人格模式。美育的教育功能在于它是青少年成长期不可缺少的重要文化营养,也是教育行为及其基础教育过程中非常重要的感性教育与人生教育的有效途径。当前我国的应试教育,表现出对人的整体发展方向的排斥,纯粹的知识传授和专业性已成为现代教育最重要特征,人的素质教育和健康人格状态的培养被

---

① 梁启超:《美术与生活》,《饮冰室文集》卷三十九。

严重忽视。审美教育是以情感为中心的综合教育,特别趋向弥补现行教育结构中人文素质培养的缺失,而承担起维护教育完整性的职能。通过美育培养正确的审美价值意识,帮助受教育者在关心物质利益的同时,也追求精神价值;在追求知识技能时,也重视内心世界的丰富和提高;在寻求个人需要满足的同时,也充分尊重社会与他人的需求。美育的人文性本质含义在于,培养学生对人生和理想的自觉意识,建立他们作为未来公民所必需的道德责任感与价值观。这种教育方式是感性、直观、形象、有趣的情感教育方式,把丰富的价值体验渗透到德育、智育、体育中去,从而实现教育职能的完整性。

美育的社会功能在于对社会关系状态的美化。通过审美教育把人类的、社会的、理性的东西传递给个体的、自然的、感性的对象,促进个体的心理和精神的平衡,实现人与人之间的交往关系,把个体不断纳入到一个新的社会关系中,使人的心理素质、文化修养和社会化的人格状态都发生变化。我们欣赏古典艺术,实际上是我们现代人与先辈在情感上的交流;我们欣赏其他民族、其他国家的艺术,实际上是我们走向世界,与世界各民族、各国家人民之间的情感交流。美育对于社会关系的影响是朝着和谐、协调、融合方向的,它消解彼此之间的敌视与仇恨,培养个体对生命、对社会、对自然更加热爱的情感。

美育最高层面的功能是促进人类文明发展。对于物质文明而言,由于美育是一种体验性与参与性高度融合的活动,是想象的、造型的、感性直观的、自由表现的、注重过程的全面活动,能自发地促进受教育者心理素质的协调发展,使人的综合能力在整体上获得提升,尤其人的创造力,包括创造欲望、动力、创造性实践、技能及其创造意识和思维都得到发展,因此,美育不仅包含着以美引真的内在动力和规律,而且通过对人的综合能力的培养,为物质文明提供了基础性的条件。对于精神文明而言,美育具有一种明确的价值定向功能,它是以人的精神的审美化为目的,其作用在于形成人的健康丰富的审美需要、审美趣味和审美能力,帮助主体从价值意义上理解人类和自身,引导主体按美的规律从不同方面自觉地塑造自己。另外,美育对精神文明建设还表现出一种广泛的渗透功能,它是以自觉的、潜移默化的方式,对人的整体生存态度和生活观念进行培养,以造就一种健全、完美的人格。

为实现美育功能,我们必须设定美育的任务,那就是:从人这一现实主体入手,不断满足和提高人的审美需要,发展和完善人的审美感知力、想象力、理解力和情感力,促进人的审美创造能力的提高,通过审美创造,不断完善和实现自己的审美需要和审美意识,引导人们的审美生活,使之不断走向高度自由的审美世界、真正的人性世界。

关于青少年的美育工作,尤其大学生的美育工作存在两种倾向:一是把艺术教育等于美育,以为学会唱歌、跳舞、绘画、书法便是达到美育要求;二是把美学理论的学习当作美育,似乎上了美学课即完成了美育的任务。这两种倾向都有片面性。艺术教育以培养学生艺术感受力和表现力为中心,使学生具备较丰富的审美体验,这是儿童和少年时代主要的美育形式,适应少年儿童的思维特点。儿童思维特点是形象思维,直接与客体有关,离开具体事物的支持就感到困难。少年思维能力虽然可以超出事物的具体内容,可以离开客体进行逻辑思维,但毕竟不成熟。因此,艺术教育是他们主要的美育形式。美学理论课以掌握关于审美对象的特征和形态、审美过程阶段和规律以及审美价值观的基础理论为中心,使学生具有较自觉的审美知识、良好的审美态度和正确的审美观,它是学生审美体验的理论升华。可见,从艺术课到美学理论课,是一个从感性审美修养到理论审美修养的提高过程。学好艺术课,掌握丰富的审美体验是学好美学理论的基础,就像没有感性认识无法飞跃到理性认识一样,美学课离不开艺术课及其他形式的审美活动。另一方面,审美理论修养有助于个体审美经验的深化和审美意识的自觉,有助于在艺术领域和非艺术领域确立正确的审美观。

因此,大学生美育课程体系应由以下几个方面组成:

1. 艺术课程。包括基础性的艺术知识、艺术史知识、艺术欣赏和少量的艺术技巧等。由于应试教育的弊端,中小学忽视了艺术教育,甚至取消了规定的艺术技巧课,因此,大学生有必要补上或深化艺术课。

2. 在非艺术课和学校的其他活动中渗透美育内容。艺术美是现实美的集中反映,应该充分发掘非艺术领域的美,通过各种教育活动让学生领略人生、社会、自然无限丰富的美。

3. 美学理论。包括美学原理、各类艺术美学和环境美学、社会美学等分类美学理论。这就把在艺术教育中,在渗透其中的德育、智育、体育、劳动教育中所获得的审美体验上升到理论高度来把握。

在高等师范院校,作为未来教师的大学生不仅应具备现代人的一般审美素质,而且还必须掌握作为教师职业的审美素质。因而还必须有美育理论课程,掌握美育的基本理论、美育心理学和美育操作方法。特别是教育系,必须有以美育为研究对象的美育学课程。

二、美学是研究审美主体对审美客体的审美关系的科学

关于美学研究对象问题存在不同看法。有的美学家认为,由于美学研究对象的不确定,断定它不可能是科学的,因而提出否定或取消的观点。著名的英国哲学家艾耶尔就认为,所谓伦理学、美学等价值判断,实际上是一种感性的表现,没有科学上的真理性,没有什么客观的有效性。维特根斯坦认为,美学理论之间的争论,犹如个人欣赏之间的争论一样,实际上只是运用语词的问题。这些逻辑实证主义和分析哲学的代表,由于美学一些基本概念的歧义含混和审美的个性差异而否认美学作为理论科学的存在价值的看法是偏颇的。

绝大多数的美学家承认美学有自己的研究对象。柏拉图最早认为美是美学研究的对象。他在美学成为一门独立的科学前2000多年就对什么是美的问题进行过专门的研究,要探求使具体事物所以成为美的那个本质的东西,它是一切事物美的根源,一切美的事物都是由它决定、由它发生的。"美学之父"鲍姆嘉通也把美作为美学的对象,同时也把美的艺术作为美学的对象:"美学的对象就是感性认识的完善(单就它本身来看),这就是美……美,指教导怎样以美的方式去思维,是作为研究低级认识方式的科学,即作为低级认识论的美学的任务。美学是以美的方式去思维的艺术,是美的艺术的理论。"①

把艺术作为美学研究对象的突出代表是黑格尔。在他看来,只有艺术才是真正的美,因为艺术是心灵产生和再生的美,而自然美只是属于心灵美(即艺术美)的反映,这种反映原是一种不完全不完善的形态,它的实体原已包含在心灵之中。因此,美学的"对象就是广大美的领域,说得更精确一点,它的范围就是艺术,或则毋宁说,就是美的艺术"。② 黑格尔把美学称为"艺术哲学"或"美的艺术哲学"。车尔尼雪夫斯基可能是旧美学中最接近马克思主义美学的一位美学家,他在批判黑格尔唯心主义美学思想的同时,提出了"美是生活"的著名论断。可是,他认为美学研究对象不应当是美,而应当是艺术,美学是研究艺术观,或是艺术的一般规律,包括整个艺术理论,即美学是关于艺术的科学。

有的美学家认为审美心理是美学的研究对象。这种观点发端于英国经验派美学,特别是休谟和博克的美学。休谟主要用心理分析方法去探讨他最关心的两个基本问题,一是美的本质,一是审美趣味。博克对美感以及优美、崇高的生理和心理的特征作了许

---

① 转引自朱光潜:《西方美学史》上卷,人民文学出版社1986年版,第297页。

② 黑格尔:《美学》第1卷,商务印书馆1979年版,第3页。

多具体的考察、描述和分析,这对于康德的美学思想产生了重要的影响。康德非常注重对于审美的心理的分析,他把审美判断与逻辑判断、审美快感与感官上的快感、道德上的快感加以区别,成为近代美学从心理上分析美感的先声。19世纪末以来,心理学的美学获得了很大的发展,实验美学、格式塔心理学美学、精神分析美学等,都是心理学美学的代表。它们认为,审美对象是审美经验事实,美学应当研究这样一些问题:"美感经验是怎样产生和发展的?人在审美活动中的心理状态是怎样的?审美对象是怎样形成的?等等。"

以上几种关于美学研究对象的看法,从不同侧面对美学研究的内容和范围进行了一些探讨,不乏有其合理因素,但是不能说是完善的。把美学研究对象规定为美,这仅仅是从审美客体的角度去研究,忽视了审美主体方面在审美过程中的重要作用。把美学研究对象规定为艺术或艺术理论,这显得太狭窄,因为美学不只是研究艺术美,除了艺术美之外,在自然界和社会生活中都有美的存在。这样,就把丰富多彩的现实美排斥在美学研究的范围之外。同时,也不能认为美学要研究艺术的全部问题,否则就把它和艺术学混同起来了,就扩大了美学研究领域。实际上,美学并不研究艺术中的所有问题,它主要研究艺术与美有关的问题,研究艺术的审美本质和审美特征的问题。仅仅以审美心理作为美学对象也有片面性,因为它无法正确回答诸如美的本质是什么这样的重大问题,美的本质主要是哲学问题,心理学无法单独作出结论。

近二三十年以来,国内外还有关于美学研究对象的提法值得注意。如"美学的对象是审美欣赏、审美创造和审美教育"、"美学——审美活动的理论"、"美学是研究人对现实的审美关系的科学"等等。这些提法共同的合理性在于不再是把美学对象仅看作审美客体或审美主体的心理活动,不再把艺术活动看作唯一的审美活动。我们认为,把美学研究对象界定为审美主体对审美客体的审美关系更为合理。这是因为,人类在社会实践中,要与外部世界发生一定的对象性的关系,其中一种关系是审美关系,它是由具有审美特性的对象和具有审美能力的主体所构成。从审美对象来说,并不是客观世界存在,审美对象就已存在,而是只有在有了人以后当它与人的社会生活发生了某种关系,对人产生了一定的审美价值时才产生。从审美主体来说,也不是任何人在任何时候都能成为审美主体,而必须是具有一定审美能力的人,处在审美时刻,对审美对象采取一定的审美态度的时候,才成为审美的主体。只有这样的审美对象和审美主体才能构成一定的审美关系。这种提法较之前三种明显合理之处在于指出任何审美活动都是对象性的活动。"美学是研究人对现实的审美关系的科学"的提法,对"人"与"现实"没有体现是处于对象性关系中的人与现实。"美学——审美活动的理论"提法过于抽象,没有指出审美活动的实质内容是审美主、客体的对象性活动。"美学对象是审美欣赏,审美创造和审美教育"提法又略嫌具体,审美欣赏、审美创造和审美教育实质上都是审美主、客体之间的审美关系。

但是,任何一种对美学对象的规定,都对美学对象本质内容的具体化作出过重要贡献。美学研究的内容主要有以下方面:首先是研究审美客体的美,也可以说是美的本体部分,重于哲学的探讨,分析和论述美的根源、本质和特征,美的内容和形式以及它们的关系,美的存在领域和表现形态等问题。其次是审美主体与审美客体发生的种种审美关系。主要包括两种关系,一是精神关系的研究,也就是美感的起源、本质、特殊规律,美感心理结构、过程等。这是审美经验部分,重在心理学的研究。二是精神关系与物质关系相交叉、融合的审美实践的研究,它包括审美创造和审美教育。最后,是艺术的研究,它既是作为特殊的、典型的审美对象——艺术美来研究,又是作为特殊的、典型的审美主体与审美客体的审美关系——艺术美欣赏、艺术创造和艺术教育来研究。

综上所述,美育与美学是相互包含、相互渗透、相互关联的。从美育的角度看,美学是美育的理论基础,同时也是美育实践、经验的理论升华；从美学的角度看,美育是审美主体和审美客体发生的一种审美关系,即审美实践中的一种形式。

　　本书并不谋求构造一个完整的体系,而是想让大学生,尤其是高等师范院校的学生了解,作为素质教育重要一环的美育,应该如何在理论上和实践上有个大致的把握。所以,本书分为三个部分:一是作为美育基础理论的美学,二是非艺术教育领域的美育问题,三是艺术教育。

第一篇

第二章 美的本质和特征

美的本质和特征问题是关于美的本体的重大理论问题。其中核心是美的本质问题,即回答美是什么的问题。美的特征是对美的根本性质的具体规定,是对美的本质的表征。对美的特征的分析,有助于更加具体地把握美的本质。

第一节 美的本质

一、美的词义分析

从词源学和日常生活用语两个角度分析"美"这个词的含义,虽然不能直接揭示美的本质,但可以对深奥的美的本质的哲学探讨提供通俗易懂的经验基础。

从外语看,"美"、"漂亮"意义的意大利语 bello,西班牙语 bello,葡萄牙语 belo,法语 beau,英语 beauty,都来源于拉丁语 bellus——"好"、"美"、"愉快"、"可爱",而拉丁语 bellus 在词源上又同拉丁语 bene——"好"、"幸福"和 bonus——"善良"、"好"、"幸福"、"舒适"、"有礼貌"、"效用"有关。表示"美"、"漂亮"意义的现代德语 schon,瑞典语 skon 等同哥特语 skauns 有联系,而后者具有"体格匀称"、"仪表优雅"的意义。表示"美"的现代俄语

прекрасный 来源于古俄语的 красъный——"美"、"漂亮"、"愉快"。这些词语材料表明,美是对人类生活有意义、有价值的事物的属性。

现代汉语的"美"字,最早见于甲骨文,由"羊"与"大"字组成。"羊大则美",肥大的羊可作膳食("主给膳"),满足人们饮食的需要,有实用价值,是善也是美,"美与善同意"。另有解释说,"大,人也"。"大"字像人形,所以"大"就是"人",所以"羊大则美"也可以说是"羊人为美"。有人说"美"就是羊头或羊角为装饰的人,又有人说"美"就像头上戴羽毛装饰如雉尾之类的舞人之形。但都是装饰之美,都有功利价值。还有人说,"大"是由"火"演变而来,故"美"是火烧羊,是味美。无论是肥美、味美,还是饰美,都意味着美对人与社会具有价值。有人对《论语》作了统计,"美"字讲十四次,竟有十次是"善"、"好"的意思。日本美学家今道友信对"美"的理解还有独到之处,他认为"美"与《论语》中"告朔之饩羊",即每逢初一人们进行祭祀活动时敬献的生羊有关。他把"美"与其他两个相关的汉字"義"和"善"联系起来考察。如果一个人在祭神活动中双肩扛上一只羊献上,那么,他的精神就达到"义"的境界。如果有人不仅献上一只羊,而且还用一种容器"豆"给装上,就达到"善"的境界,因为"善"字的下部分是由"豆"演变过来的。如果有人不仅用"豆"装上羊献上,而且他献的羊比别人大,那么他就达到了"美"的境界。仅献上羊是尽了自己的义务;按一定规矩献上羊是遵循了一定的伦理规范,因而是善的;而贡献大则是美的。所以,今道友信认为美的精神价值是大于义与善的。

在日常生活用语中,对"美"字的含义大致有三种相联系而又相区别的理解:

第一种是表示感官快适。如又热又渴,在树荫底下喝点凉茶;又累又困,躺在床上睡个觉或打个盹。感官生理的强烈需求得到某种满足,便会说这"真美"、"太美了"。这里"美"字表示一种感官快适强烈程度,或者说是表示感官满足的快适,这与我们美学讲的美相差甚远。

第二种是表示伦理赞赏。如对某人的思想、言语、行为、事业和对某种制度表示伦理评价和赞赏,也常用"美"字,它虽属伦理学范围,但与美学意义上的社会美有相通之处,如"五讲四美三热爱"中的"四美",既是伦理赞赏,又表示出一种审美的情感态度。

第三种是表示审美判断。如对现实美和艺术美的欣赏,审美对象引起审美主体愉悦之情。"美"的这种含义,是审美经验的表达,纯属美学范围。但是它也包含有感官快适,而且会将感官快适升华到精神上的愉快;它也包含有伦理赞赏,但未必马上表现出来,是潜藏着的。即使是判断,在表达上或是用"美"或是用其他语言,如"妙极了"、"好极了"、"太棒了"、"太绝了"、"真奇"、"真怪"等等,它们也总是表示对审美对象的肯定性审美评价,与丑是相对立的。

对文字学、词源学和日常用语中的关于"美"的考察分析,于美的本质的探求是有启示的,但不能代替对美的本质的哲学探讨。可以说,上述所讲"美"的含义又都仅在现象上考察审美对象,并未深入对象的本质,而最困难的,恰恰正是在审美对象本质的探讨上。

二、美的本质探讨的历史考察

黑格尔曾经说过:一提到希腊这个名字,自然会引起一种"家园之感"。美的本质问题的探讨当追溯到公元前4世纪的古希腊,柏拉图的早年著作《大希庇阿斯篇》集中讨论了这个问题。希庇阿斯是一个诡辩者,专门以授辩论为职业,苏格拉底以请教为名,同他展开了关于美的本质的讨论。当苏格拉底问及美是什么时,自负但却迂腐的希庇阿斯先后主要提出三个概念:

第一,"美就是一位漂亮的小姐"。[①] 苏格拉底认为这种看法

---

① 柏拉图:《文艺对话集》,人民文学出版社1963年版,第180页。

是把美和美的东西混为一谈了,如果"美就是一位漂亮的小姐",那么一匹漂亮的母马也可以是美的,一个美的竖琴也是美的,一个精制的汤罐也是美的,这就把美的具体事物当作美本身。苏格拉底坚决主张,美的概念应该能够解释小姐的美,马的美,乐器的美,陶器的美。当苏格拉底提出应该确定事物的本质特征这一意见时,希庇阿斯马上将此概念转向了物质方面。

第二,"美是黄金"。希庇阿斯认为:"一件东西纵然本身是丑的,只要镶上黄金,就得到一种点缀,使它显得美了。"[1]苏格拉底反驳说,美本身不等于就是黄金,他以古希腊著名的雕刻家菲狄阿斯雕刻的雅典娜女神像为例,这个女神像的面孔和手足都是用象牙做的,她的两只眼睛是用云石做的,没有一处是用黄金镶上的,但它却是公认的艺术杰作。因而,重要的是材料是否配合恰当,配合恰当,石头也是美的。于是引出第三个概念。

第三,"美是恰当"。所谓恰当,希庇阿斯认为是使一个事物在外表上显得美的,比如一个相貌不扬的人穿上一件合适的衣服,外表就好看起来了。苏格拉底反驳道,在那种情况下,外表看来是美的,然而是虚假的,隐瞒了美的真正的本质。外表和实质常常是不一致的,不能把美丽的外表当作"美本身"。所以,"恰当并不就是美"。[2]

看来希庇阿斯无法提出新的概念,于是,苏格拉底试图亲自下一定义,尽快确立使后来的"对话"变得明朗的那种概念。

第一,"美就是有用的"。说一匹马、一只公鸡美,说器皿美,海陆交通工具、商船和战船美,说乐器美,其他技艺的器具美,说制度风俗美,知识和能力的美,都是根据一个原则:如果它有用,我们就说它美。而有用是为了达到某种目的能够产生效果的,但人的目的有好有坏,效果也有好有坏。出于好的目的,产生好的效果可以

---

[1] 柏拉图:《文艺对话集》,第184页。
[2] 同上书,第191页。

为美。出于坏的目的,产生坏效果不但不美,反而丑了。因此,不能说有用就是美本身。接着,苏格拉底将有用与善联系起来了,提出新的定义。

第二,"有益就是美的"。人们常说,美的身体、美的制度、美的知识以及其他许多东西之所以美,是因为它们都是有益的。如果说有益就是指产生一种好结果,那么,产生这种好结果(善)的原因就是美。但是,原因和结果不能是一回事,他作了形象的比喻:父亲不是儿子,儿子不是父亲。所以,"美不就是善,善也不就是美"。① 于是,只好转向用快感这个词给美下定义。

第三,"美就是视觉和听觉所产生的快感"。在实际生活中,一个美的人,一幅美的画,一个美的雕刻刺激人的视听觉器官也能产生一种美的快感。因此,能否说美的定义就是视觉和听觉产生的快感呢?苏格拉底后来也否定这种看法,他的理由是:一是有些习俗制度是美的,但它却不是由于视听产生的快感;二是如果美本身就是快感,但引起快感不仅来自听觉、视觉,饮食情欲之类也是能产生快感的,人们不认为是美;三是视觉和听觉是两种不同的器官,它们所产生的快感是各自不同的快感,这意味着美是两种不同的快感。而美只能有一个本质属性,不能由两个不同的快感所组成,所以,"美就不能说是视觉和听觉产生的快感。"②

说着说着,"美是什么"这个问题终无着落,苏格拉底也承认自己无能为力,他对希庇阿斯说,在这场讨论中,"我得到了一个益处,那就是清楚地了解到一句谚语:'美是难的'"。③ "美是难的"一语在希腊文中还有一种含义,即"好事多磨"。因此理解美的本质之难,正如"好事多磨"一样,至今难以有一定义被大家普遍接受,以致有人据此断定美学不可能成为一门科学。

---

① 柏拉图:《文艺对话集》,第 198 页。
② 同上书,第 208 页。
③ 同上书,第 210 页。

但是,《大希庇阿斯篇》仍不失为古希腊探索美本质问题最重要的文献,我们必须重新挖掘和评估它的价值。第一,它从对美的本质认识过程中重现了人的认识发生史上的重大飞跃,即从具体到抽象、从感性阶段上升到理性阶段的过程。"美是一位漂亮的小姐"正是反映了人类童年的认识只能达到对事物具体的、感性的认识。而当说"美是黄金"时,说明人们开始懂得从具体、个别的小姐美、马的美、乐器美、陶器美抽象概括出一般的东西。但是,这种概括是粗糙的、肤浅的,正如古希腊哲学家把物质归结于某一种或几种具体的物质形态一样,把某一具体物质形态——黄金当作到处可以通用的本质和形式。而"美是恰当"、"美就是有用的"、"有益的就是美的"等,则说明人们对概念的把握、事物本身的认识达到了理性的、成熟的、高级的认识阶段。而从"恰当"到"有用"、"有益"则说明即使在认识的高级阶段依然有从浅(外表)到深(实质本身)的过程。

第二,它预示认识史和美学史上又一次重大飞跃,即从关于客体的单向的认识转向从主体和客体互动的双向作用中达到对对象本质的认识,美的本质认识从客观论向主客观统一论、主观论转变。"美就是视觉和听觉所产生的快感"定义较之前面五种定义显著特点是从审美主体的角度,从客体作用于审美主体的感官所产生的快适程度来判断对象美还是不美,这是在美的本质问题上的主观论观点。在古希腊,除了个别的怀疑论者由于怀疑有成为一种知识的可能性,因此否认美是客观的之外,几乎所有对美的本质问题发表过意见的哲学家,都是客观论者。自从17世纪斯宾诺莎提出了明确的主观论以来,现代和当代西方美学在这一问题上的主要倾向是主观论愈来愈占统治地位。

我们沿着《大希庇阿斯篇》指导的方向,可以对西方美学史上有关美的本质问题的几种观点作一简略介绍。

客观论有唯心论的客观论和唯物论的客观论。古希腊唯心论的客观论代表是柏拉图。他在美的本质上,企图从具体事物,从个别中寻求一般,寻求共性,这是人类认识史上的一大进步。他认为,美是一切美的事物都以它为泉源,"有了它那一切美的事物才成其为美",①所有事物之所以是美的就因为它本身是美的,但是他把事物的美看成是对美的理念(客观精神)、"美本身"的"分有"。于是便把美的本质归结为客观的精神实体。普洛丁也有类似思想,他认为物体美不在物体本身而在物体分享到神所"放射"的理性。中世纪神学家奥古斯丁认为事物之所以美是因为它与上帝(另一种美)相配合,上帝便成了一切美的原因、本质。圣·托马斯认为事物之所以美,是由于上帝住在它们里面,也是把上帝看作美的本质。黑格尔认为美是理念的感性显现,是绝对理念通过人的心灵外化为感性形象,把美的本质归结为绝对理念这一客观精神。

　　唯物论的客观论著名代表是毕达哥拉斯,他的"美在于和谐"的说法最普遍、也最持久。毕达哥拉斯认为整个天体就是一种和谐和一种数。他这一派的哲学家在数中发现了能产生和谐的比例关系,并运用于建筑、音乐等方面。亚里士多德认为美在形式整一,主要在于形式的"秩序、匀称、明确",把美的本质归结为事物的某种形式规则。15世纪著名的艺术家阿尔伯蒂把美定义为和谐和好的比例,美是各部分和谐和相互的统一。18世纪法国唯物主义美学家狄德罗认为,秩序、关系、比例、安排、联系、对称、合适、不合适这些美的概念,只是由于存在、数、长、宽、深以及其他无数的不引起非议的概念派生出来的,似乎都可以当作美的概念,但只有"关系"这个概念才最适合称之为美的物体,因为它是一切美的物体共有的品质。"关系"概括了其他有关美的概念,物体的关系就成了美的本质。19世纪俄国革命民主主义美学家车尔尼雪夫斯基认为"美是生活",把生活看作美的本质,较之美在关系是一个历史进步,因为它引导人们走向社会生活去探求美的本质。

　　主观论始于17世纪的斯宾诺莎,他第一次明确提出了美是主

---

　　① 柏拉图:《文艺对话集》,第273页。

观的观点。他说:"外物接于眼帘,触动我们的神经,能使我们得舒适之感,我们便称该物质为美;反之,那引起相反的感触的对象,我们便说它丑。"①洛克哲学直接为18世纪经验主义美学提供了一系列极为重要的概念,诸如"内在感官"、"联想"等等。18世纪之所以是一个重要的转折点,是因为从那时起,一些英国哲学家如爱迪生、哈奇生着力于"鉴赏力"的研究,想为美的客观判断寻找一种基础和准则,但结果却使人的主观方面的能动作用在整个审美过程中突出了。从此,渐渐发展了一种所谓"审美态度"的理论,美被看作是一种独特的感觉方式。这样,主观论就逐渐盛行起来,发展至今成为西方美学的主流。哈奇生说美是产生于我们观念之中,观念是美的本质。休谟认为美仅存在于静观的心灵之中,由于美来自情感快乐,所以快乐是美的本质。布瓦洛认为人的理性是美的本质。鲍姆嘉通视感性知识为美的本质。康德认为美是对象形式(表象)联系主体心理功能即想象力和悟性的和谐活动而引起的愉快,主观情感是美的本质。叔本华认为美是意志的客体化,意志是美的本质。弗洛伊德从泛性欲主义出发,认为美(艺术)是性的升华,性便成了美的本质。桑塔耶纳认为美是一种人类经验的对象,是客观化的快感,快感便是美的本质。克罗齐认为美是直觉成功的表现,直觉就成为美的本质。科林伍德认为美是一种情感的想象活动,想象便成了美的本质。洛德·杰弗里认为美是一种通过联想的作用,使某一客观对象诱导出一种审美愉快的力量,联想成了美的本质。奥格登和理查兹认为任何能诱发联觉的事物都是美的,联觉便成了美的本质。这些看法,都是把某种主观心理看作美的本质,美不过是主观心理的表现、客观化。

还有一部分美学家从主观精神同客观事物的统一中去探求美的根源。里普斯认为美的对象是主观情感移入外物而构成的,把情感看作对象之为美的原因。格式塔心理学派用心理与物理的同

---

① 斯宾诺莎:《伦理学》,商务印书馆1983年版,第42页。

形论去解释审美现象的发生,用以说明美的本质仍是主观心理决定的。

综上所述,"客观论"是指我们在客观事物的结构中发现的那些美的特征并不存在于欣赏美的主体之中,因而认为审美判断不受主体的偏见、个人爱好和主观任意性的影响;而"主观论"则指把美看作主体的一种心理反应,甚至把偏见、个人爱好和主观任意性作为美之所以为美的基础。西方美学家弗朗西斯·科瓦奇虽然自己是客观论者,但却认为客观论和主观论的分歧只是术语学上的事情,只是关系到"美"这个术语的使用问题:"因为在客观论者用这个术语以表明它是引起审美愉快的原因的某种客观事物的特质时,主观论者则用它来表明那样一种客观特质的效果,即那种引起审美愉快的效果。"①这句话颇有意思,但不仅是术语学上的问题。为了进一步深刻理解美的本质,我们对当代我国美学界关于美的本质问题的看法作一简略介绍。

三、我国当代美学界对美的本质的看法

1956年,朱光潜在《文艺报》发表《我的文艺思想的反动性》一文,对自己新中国成立前的美学思想作了自我批评,试图对自己的主观唯心主义的文艺思想作一番清理,表示要好好学习马克思列宁主义,认真破旧立新。

与此同时,《文艺报》、《人民日报》、《哲学研究》等报刊陆续发表了贺麟、黄药眠、敏泽、王子野、蔡仪等人的文章,对朱光潜新中国成立前的美学思想进行批评。就在批评朱光潜的过程中,出现了意见分歧。

黄药眠在《文艺报》上发表了《论食利者的美学》一文,批评了朱光潜的唯心主义美学观。接着,蔡仪在《人民日报》上发表《评

---

① 弗朗西斯·科瓦奇:《美的哲学》,第67页,转引自朱狄:《当代西方美学》,人民出版社1984年版,第213页。

《论食利者的美学》》,说黄药眠借批判朱光潜阐述自己的唯心主义美学观点,用唯心主义批判唯心主义,并重申了他自己在40年代发表的《新美学》中的美学思想。又接着,朱光潜也在《人民日报》上发表文章《美学怎样才能既是唯物主义又是辩证的》,认为蔡仪的文章存在着片面的、机械的、教条的毛病,只抓住了"存在决定意识"一点,没有足够重视意识"也可以影响存在"。再接着,李泽厚在1957年初也在《人民日报》发表文章《美的客观性和社会性》,既批评了蔡仪,说是机械的;又批评了朱光潜,说是唯心主义的,并提出自己的美学观点。于是拉开了美学理论基本问题大讨论的帷幕,其最集中、最热烈的是关于美的本质问题的讨论,《新建设》、《学术月刊》等重要刊物也加盟,参加讨论的有近300篇论文,对于这个问题,大体有四种不同的看法:

第一,主观论,"美是观念"。代表人物是吕荧和高尔太。吕荧认为,美是人的一种观念。他说,美,这是人人都知道的,但是对于美的看法,并不是所有的都相同。同是一个东西,有的人会认为美,有的人却认为不美。甚至于同一个人,他对美的看法在生活过程中也会发生变化,原先认为美的,后来会认为不美;原先认为不美的,后来会认为美。所以美是物质在人的主观中的反映,是一种观念。自然界的事物或现象本身无所谓美丑,它们美或不美,是人给它们的评价。以上观点是吕荧早在1953年于《文艺报》上提出的,现在他又重申:辩证唯物者认为美不是物的属性或者物的种类典型,它是人对事物的判断或评价。

高尔太更明确表示:客观的美并不存在。他说:"美,只要人感受到它,它就存在,不被人感受到,它就不存在。"①他举例说,大自然给予蛤蟆的,比之给予黄莺和蝴蝶的,并不缺少什么,但是蛤蟆没有黄莺和蝴蝶所具有的那种所谓"美",原因只有一个:人觉得它是不美的。他又举例说,太阳的光和热是谁都可以感觉得到的,但

---

① 高尔太:《论美感的绝对性》,载《新建设》1957年第7期。

是太阳的美不是对所有的人都存在。夏天的太阳,对于诗人来说,是美的,但是对于路上的商贩来说,却是讨厌的。而这美与讨厌,同样是由于它的光和热。因此,高尔太说,美是人对事物自发的评价,离开了人,离开了人的主观,就没有美。美的规律也只有到主观中寻找。

吕荧和高尔太的观点引起许多人批评。蔡仪指出他们是重复柏拉图的论点,否认了客观事物本身的美以及美的观念是客观事物美的反映,这是唯心主义的论点。朱光潜也批评吕荧的观点,说他把"美的观念"和"美"等同起来,就像说花的观念就等于花,这是主观唯心主义。宗白华批评高尔太说,肯定一朵花具有美的特性和价值,和它具有红的颜色一样,是对一个客观事物的判断,并不是对于我的主观感觉或主观感情的判断。这判断表白了一个客观存在的事实。敏泽针对高尔太的举例说,蛤蟆、黄莺和蝴蝶,难道没有它们本身的客观原因,人们是无端地"觉得"它们是美的或丑的吗?

第二,客观论(自然说),"美在物本身"、"美是典型"。代表人物是蔡仪。他认为,美的事物之所以美,是在于这事物本身。美不依赖于鉴赏者而存在,但客观的美是可以引起人们的美感。但是,哪一种事物存在这种美呢?什么样的东西才真是美的东西?蔡仪认为,美的东西就是典型的东西,凡是典型的东西都是美的。针对美在物本身,美可以不依赖于鉴赏者而存在的观点,朱光潜批评说,美只是自然物的一个属性,犹如红是花的一个属性一样,完全是客观的,与主观成分毫无关系。这样一来,他就剥夺了美的主观性,也就剥夺了美的社会性(朱光潜认为美的社会性就是美的主观性观点遭李泽厚批评)。蔡仪的"美在典型"观点很多人不同意。吕荧反驳蔡仪说,如果一切典型都是美的,可是,为什么有那么多的典型,如典型的猴子、鳄鱼、苍蝇、蛔虫……通常都认为不美呢?还有社会中的典型的高利贷者、恶霸、帝国主义者,为什么都不是美呢?针对吕荧的批评,蔡仪对典型作了说明,它是指相对低级自然种类是高级的自然种类。对此,李泽厚批评说,如此类推,苍蝇、老鼠、蛇就一定比古松、梅花美了。而月亮一定是最不美了,因为它是最低级的物质种类(无生物)。李泽厚指出蔡仪美学观点的根本缺陷是否认美的社会性,把美看成如物质自身一样,可以独立于人类而存在。

第三,主客观统一论。代表人物是朱光潜。他给美下了如下定义:"美是客观方面某些事物、性质和形状适合主观方面意识形态,可以交融在一起而成为一个完整形象的那种特质。"① 他把美看成是"物的形象",即艺术形象的一种特性。为了说明自己的观点,他引用了苏东坡的琴诗:

若言琴上有琴声,
放在匣中何不鸣?
若言声在指头上,
何不于君指上听?

他认为,说琴声(美)就在指头上的是主观唯心主义,说琴声就在琴上的,就是机械唯物主义,要有琴声,就既要有客观条件琴,又要有主观条件弹琴的手指,即主客观的统一。因为他认为,美既有客观性,又有主观性;既有自然性,也有社会性;客观性与主观性是统一的。因为美是艺术形象的一种特性,所以客观生活中不存在美,只是美的条件。

蔡仪批评朱光潜的美是主观与客观的统一,实际上是认为美是一种知识形式,"物的形象"当然不是物自身,因此,他还是重弹主观唯心论老调。李泽厚认为,"美是客观的还是主客观的统一"的争论,其本质就是承认或否认"美是生活"(美存在于客观现实生活之中)的争论,朱光潜是否认客观生活本身有美,把它们只看作是美的条件。

第四,客观论(社会说),"美是客观性与社会性的统一"。代表

---

① 朱光潜:《论美是客观和主观的统一》,载《哲学研究》1957年第5期。

人物李泽厚。他认为,美是一种客观物质的存在,这就是美的不依赖于人类主观意识条件的客观性。但是这种客观性不同于蔡仪所说的客观性,不是一种自然属性或自然现象、自然规律,而是一种人类生活的属性、现象、规律。美与善一样,只有当人类社会出现后才有,这就是美的社会性。但这种社会性又不同于朱光潜所说的美的社会性是它的主观性,而是指美依存于人类社会生活,是这生活本身,而不是依存于人的主观条件的意识形态、情趣,即美的社会性就是美的客观性。于是,李泽厚给美下个定义:"美是人类的社会生活,美是现实生活中那些包含着社会发展的本质、规律和理想而用感官可以直接感知的具体社会形象和自然形象。""美就是包含社会发展的本质、规律和理想而有具体可感形态的现实生活现象,简言之,美是蕴藏着真正的社会深度和人生真理的生活形象(包括社会形象和自然形象)。"①他认为,客观社会性和具体形象性是美的两个基本特性。

朱光潜批评李泽厚说,依李泽厚的看法,美不是从自然物的自然性来的而是从自然物的社会性来的,这等于说大地山河之所以美不是由于它们是自然物,而是由于它们只是某些"社会存在"的挂桩或符号,否认了客观世界对美的作用。蔡仪认为李泽厚所说的美的两个基本特征"是完全错误的",因为一切具体的社会事物都有形象性和社会性,但未必都美。

四、美的本质哲学探讨

在我国美学界两种关于美的定义引起我们极大关注:"美是人的本质力量的感性显现"和"美是自由的象征(或显现、形式)"。它们的合理性在于,一是把美看成是感性形式,这是与"美学"的创始人鲍姆嘉通给予美学名称 Aesthetia 一词原义,即研究感觉的学问思想是一致的。二是指出并非所有的感性形式都是美的,只有

---

① 李泽厚:《论美感、美和艺术》,载《哲学研究》1956 年第 5 期。

具有特定内容并由此内容决定的感性形式才是美的。要深刻理解这些概念还必须从黑格尔美学谈起。

黑格尔把美定义为："美是理念的感性显现。"理念就是绝对精神，也是最高的真实，"当真在它的这种外在存在中是直接呈现于意识，而且它的概念是直接和它的外在现象处于统一体时，理念就不仅是真的，而且是美的了。"①如果舍形象而穷究"存在"的实质，那就成为哲学的抽象思维，理念就是真，只有理念以感性形式出现时才是美的。因而，美是理性因素和感性因素的契合无间的统一体，是内容与形式的统一，内容或意蕴就是理性因素，形式就是感性形象。而且，黑格尔还强调内容对形式的决定作用："形式的缺陷总是起于内容的缺陷。……艺术作品的表现愈优美，它的内容和思想也就具有愈深刻的内在真实。"②黑格尔指出只有特定的内容——理念并由它决定的感性形象才是美的，无疑是很有价值的见解，但可惜黑格尔的理念是一个客观精神，并把这个非物质的、也非人的主观精神、游离于物质与人的精神之外的神秘"存在"当作世界的本质，这是客观唯心主义的典型。

黑格尔还有一个重要的观点，即实践观点的萌芽对理解美、艺术的根源与本质也有启发意义。黑格尔认为，外在现实世界是人的认识和实践的对象，人在认识和实践中，就在外在现实世界打下了人的烙印，"人把他的环境人化了"，并通过实践活动来达到为自己，要在直接呈现于他面前的外在事物之中实现自己，认识自己。他举了一个生动的例子来说明："例如一个男孩把石头抛在河水里，以惊奇的神色去看水中所现的圆圈，觉得这是一个作品，在这作品中他看出他自己活动的结果。"③黑格尔看到了劳动的本质是人在这个过程中实现自己，但是，黑格尔只知道而且只承认劳动的

---

① 黑格尔:《美学》第 1 卷，第 138 页。
② 黑格尔:《美学》第 1 卷，第 89 页。
③ 黑格尔:《美学》第 1 卷，第 37 页。

一种方式,即抽象的心灵的劳动,只是一种精神活动。不过黑格尔把美、艺术看成是人实践的结果,是人在实践中创造的,并且在美、艺术中实现自我、体现人的本质的思想是十分重要的。

俄国的革命民主主义者车尔尼雪夫斯基批判而又继承了黑格尔美学的某些方面,提出了"美是生活"的定义。是什么样的生活呢?"任何东西,我们在那里面看得见依照我们的理解应当如此的生活,那就是美的;任何东西,凡是显示出生活或使我们想起生活的,那就是美的。"①车尔尼雪夫斯基用"生活"取代黑格尔的"理念",使美学从唯心主义返回唯物主义,是个重大进步。但是,正如车尔尼雪夫斯基的哲学体系没能摆脱费尔巴哈的人本主义一样,他的"美是生活"的定义也没能摆脱这种影响。在他那里,"生活"基本上仍是一个抽象、空洞、非社会历史的人类学和自然人的"生命"概念,虽然有时也有过阶级斗争等社会内容,但整体上看不具有马克思主义历史唯物主义所了解的那么丰富和具体的社会历史存在的客观内容。

马克思主义认为人类生活在本质上是实践的,这种实践不是精神活动,也不是个人生活实践和类似生物适应环境的活动,而是人们能动改造探索世界的一切社会性的客观物质活动。实践在人类生活中占有根本地位,实践是人类存在的根本方式,是人类产生、生存和活动的基本标志。在发生学意义上,正是以利用、制造和保存工具为基本物质性的劳动实践,使人从动物界中提升出来,形成了所特有的生存和活动方式。而在现实性上,劳动实践每天都在不断地创造出人类赖以生存和发展的物质条件。这种社会实践一旦停止,人类就无法继续生存。在人类所有的活动方式中,实践处于最为基本和重要的地位。通过实践,人们不仅利用和改造自然界,而且也改造着自己赖以生存和发展的社会关系和社会组

---

① 转引自朱光潜:《西方美学史》下卷,人民出版社 1986 年版,第 575 页。

织,改造和发展自身。因此,实践也是人类和社会自我发展和完善的根本动力。

实践的特性集中体现了人类的特殊本质,动物只能以自身机能性活动来消极适应环境,而人不仅要适应和利用环境,而且要积极认识和改造世界,自觉地发展和完善自身。马克思说:"动物只是按照它所属的那个种的尺度和需要来建造,而人却懂得按照任何一个种的尺度和需要来进行生产,并且懂得怎样处处都把内在的尺度运用到对象上去;因此,人也按照美的规律来建造。"① 动物只能按自己所属的那个种的尺度来建造,也就是它只能直观地、具体地、个别性地反映对象,凭动物感觉和心理作用于对象,取得生存与发展的物质条件。而人能够把任何物种尺度的个别性、具体性、直观性提升为一般性、抽象性、理性的东西,达到对象规律性的认识。而且还把这对象的尺度与人的内在尺度结合在一起,按这两种尺度改造世界以满足和发展自己的需要。体现对象尺度的意识是客体性的意识,如关于客体的感觉、知觉、印象、表象、经验、概念、理解、描述等等,其典型形式就是知识,是以理论化、概念化、逻辑化的形式存在的。它的内容是客观的、一义性的,是主体按照思维规律对客体的反映,是关于对象规律性的认识。体现主体内在尺度的意识是主体性的意识,是价值意识,如关于对象的态度、目的、设想、理想等,其典型形式是态度,是以意志、欲望、情感、信念、信仰、理想等形式存在的。它的内容是主观的、多义的,是主体自觉或不自觉地按照自己的需要和追求形成的意识。人们按照对象的规律来改造世界,通过客体自然形式的改变,使对象为人支配、为人服务,是体现人的内在尺度、合于人的目的的。即达到合规律性和合目的性的统一,亦即人们常常概括的真和善的统一,"因此,也按照美的规律来建造"。可见,人类物质生产实践所达到的合规律性与合目的性的统一,真与善的统一是美的本质内容,它与感性

---

① 《马克思恩格斯全集》第 42 卷,人民出版社 1979 年版,第 97 页。

形式的统一就是美的本质。当把合规律性与合目的性的统一当作人的本质力量,则美的本质可表述为"美是人的本质力量的感性显现";当把合规律性与合目的性的统一当作人的自由,则美的本质可表述为"美是自由的象征(显现或形式)"。

第二节 美的特征

美像任何存在物一样,它所蕴含着的本质必然表现为现象,构成审美性质,进而成为审美对象。那些是以显露美的本质的现象(审美性质、审美对象)共同稳定的特性,就是美的特征。美正是通过自己的特征而处于自己本质相互作用之中,它才成其为美。通过社会实践所达到的合规律性(真)和合目的性(善)的统一,体现出美的内容的客观性与社会性,而美的内容表现形式则是感性的,因而又是具体形象性的。

一、美的客观性

美的客观性在于它的物质性。"物质带着诗意的感性光辉对人的全身心发出微笑"①,物质世界处处存在着美,它只能为实践着的审美主体感受到。在自然领域,浩瀚宇宙,日月星辰,风雨雷电,高山峻岭,江河湖海,树木花草,飞禽走兽,无论是经实践改造过的自然,还是未经实践改造过的自然,都有美的存在。在社会领域,从人类第一次制造和使用石器的原始劳动,到当代利用最新科学技术的现代化劳动,作为合规律性和合目的性的改造自然和社会的形式力量,作为美的存在,始终不依人们的意志为转移而客观地发展着,开创着日益丰富多彩的美的世界。从旧石器时代加工修饰、形态各异的石器、弓箭、陶器,到奴隶社会浑厚凝重的青铜器,到封建社会精巧美观的漆器、瓷器、编织品、金属器具,到现代

---

① 马克思、恩格斯:《神圣家族》,人民出版社1962年版,第163页。

化生产基地、生活设施、琳琅满目的商品,它们都闪烁着美的感性光辉。人们抗击异族异国侵略凌辱的爱国主义壮举,人们反抗阶级剥削和压迫、推动历史前进的光辉业绩,人们为了真理奋不顾身、永不屈服的凛然正气,都展示出人性中最美好、最亮丽的光芒。

无论哪一个领域,美都是客观存在的,就是精神领域的美也是客观存在的。人们心灵美实际上是现实美的反映,是现实中人与人之间关系和谐美的反映。而且,心灵美总是要体现在语言美、仪表美、行为美之中。艺术美也是现实美的反映,从来源上可以说它仍是客观的物质性的。但它是经过艺术家审美心理的中介,而后又借一定的物质载体、媒介转化为美的艺术存在,是艺术家审美心理、审美趣味、审美观念、审美理想的物化形式,在其现实存在上是客观的。

二、美的社会性

正如只有人类社会出现后才有善一样,美是人类社会出现后才有的,它是根源于人类社会实践。自然美也不例外,没有人类社会实践对自然的认识和改造,就没有自然之美。人类所面对的自然已不同于人类出现以前,自然在人类社会中是作为人的对象而存在,是存在于一种具体的社会关系之中,它与人类生活已休戚攸关地存在着一种具体的客观的社会关系。它具有一种社会性质,本身包含了人的本质对象化,它已是一种"人化的自然"了,自然或自然物的属性因此变成了对人类实践有用、有利、有益的属性,包括审美属性。这种审美属性才是自然物之所以美的一个因素。因此,我们判断某一自然物美不美,是依据它的社会性不同,与人类生活关系的不同,它在人类生活中所占地位、所起作用的不同。太阳因它给予人类以光明、热量,大地因它给予人类以生息、繁衍,因而是美的。老鼠、苍蝇、蛔虫与人为害,因而是丑的。可见,自然美的社会性是人类实践赋予的,是人类社会的产物。自然美的丰富性取决于人类生活实践与自然的联系的丰富性,随着人类实践不断向深度和广度进军,人化自然的领域不断扩大,自然的社会性日益丰富,自然美领域也不断扩大,自然美也日益丰富多彩。

自然美最初是与它的直接功利性质连在一起的,自然美的功利性是十分明显的。与功利性无关的自然物,与经济生活没有联系的自然物,在原始人心目中是没有地位的。原始人最初的巫术礼仪活动、原始歌舞、绘画、音乐,多以对于他们有用的动物和植物为题材内容,例如野牛、山羊、种植的谷物,而今天看来很美的山花野草并没有进入他们的视野,原始人的美感经验也是直接与自然物的物质功利紧密联系在一起。当随实践拓展深入而带来的自然与人类联系日益密切和展开,自然物除了它的物质功利性之外,还可以作为休息、观赏、游戏的对象,进而可以作为愉悦性情的对象,这样就有了有益于人类精神生活的功利性。像山花野草这些没有或很少物质功利性的东西也成为人们审美的对象,甚至连一些在物质方面对人类有害的东西的某些方面、属性能启迪人的智慧和引起精神上愉悦,也可以成为人们的审美对象,如老鼠的机灵、蝴蝶的舞姿。

自然美有社会性,社会美的社会性更是不言而喻了。

三、美的形象性

美作为客观物质的社会存在,它是可感的、具体的、形象的。美的形象,一方面在于它的内容的社会功利性,即有用、有利、有益于社会生活实践,是对实践的肯定,是一种价值;一方面在于它的质料和形式的合规律性如对称、均衡、比例、和谐等等,二者是统一构成完整的形象。自然中有形象,生活中有形象,艺术中有形象,却不一定都是美的形象。美的形象是合规律性和合目的性统一的形式。

自然中美的形象,作为合目的性和合规律性相统一的形式,是指体现合目的性和合规律性统一内容的自然规律性形式。任何自然形象,都离不开自然运动的规律,这些规律不断作用于它的外部和内部因素,使它个性风貌不断以新的形式呈现出来,一方面它的美有别于其他自然形象,另一方面它自身也在不断改变或丰富自己美的形象。这些自然规律性的形式是合于主体的内在尺度,是主体在它们身上看到自己的生活,看到自己求真向善的本质力量。否则,单纯的自然是不会有美的形象的,不会在人们心灵产生宁静的或震撼的各种不同的审美感受。

　　社会中美的形象,作为合规律性和合目的性统一的形式,是指体现合目的性和合规律性统一内容的人类目的性的实践活动及其产品的形式。比如人类生产活动及其产品,是为人类需要和目的服务的,它们应该是合目的性的;它们所以满足人类需要,实现人类目的,又因为它们符合客观规律,是合规律的。孔繁森形象之所以高大完美,是因为他全心全意为藏族人民服务,是先进阶级和政党进行的伟大事业过程中的杰出代表。这美的形象是通过他自己的一言一行逐步树立起来的,直接显露了人性发展方向上最美好的东西,显露了共产党领导干部所应有的艰苦奋斗、无私奉献的高贵品质。

　　艺术美的形象与自然美、社会美的形象不同,它不是现实中客观物质社会存在的形象,而是物态化的形象,是艺术家的审美心理、审美理想物态化的产物,实质上是对自然中和社会中美的形象的反映。由于艺术美的形象是艺术家依据自己的审美理想来精心选择、提炼、加工而成的,它比现实美的形象更集中、更典型。从内容上看,艺术美的形象虽然来自现实中合目的性和合规律性的内容,但外在的现实生活内容经过艺术家内在心灵生活内容的过滤而又物化为客观的艺术美的形象内容,因而它已失去了直接物质功利性,仅是一种普泛的精神功利性。从形式上看,艺术美的形象形式虽然是来自现实美的形象的形式,但是这种形式本身不再是直接表现某种现实生活内容的感性形式,而是一种形式美,一种失去对物质功利性直接依存性的、积淀着某种意味的形式。因此,艺术美的形象内容和形式统一的反映,是艺术家的心灵创造的,因而能使这观念性内容和形式相互渗透、通体融贯,达到高度和谐的统一。

第三章 美的现象形态

把握了美的本质,再来谈美的现象形态,这是从抽象到具体,这样可以更深刻更具体地把握美。美根源于人类的社会实践,社会实践领域相当广泛,因而美的存在领域也十分广泛。存在于自然领域的美,我们称之为自然美;存在于社会领域的美,我们称之为社会美;存在于艺术领域的美,我们称之为艺术美(艺术美另章专论)。自然美与社会美又合称为现实美,艺术美是现实美的反映,但又高于现实美。

第一节 自然美

自然美是指客观自然界的事物或现象的美,即能够引起审美主体愉悦的自然物生动形象。对自然美的理解有两种:一种是广义的理解,指自然界的全部的美,包括人们未加工过的自然和被加工过的自然。第二种是狭义的理解,指纯粹的自然,天生自在,不渗透人的精神的自然物的美。我们理解的是第一种,既指未加工的自然,如宇宙星空、太阳月亮、海洋陆地、山川河流……又指加工过的自然,如梯田园地、草原牧场、公园花圃……

一、自然美根源于社会实践

自然美产生于人类的社会实践,是自然界在人类实践过程中人化的结果。人类出现以前是不存在自然美,即使人类出现后,在远古洪荒年代,自然界的一切同人类之间还根本无法建立起审美关系。因为那时人与自然的关系是服从、依赖的关系,无法体现人的本质力量对对象的支配与改造,自然物不可能成为显现人的本质力量的对象,也就无所谓美与丑。比如像水这样的自然物,如果人们坐在诺亚方舟看被淹没的大地和被淹死的生灵而束手无策,何以感到它的美呢?当自然界作为一处完全异己的、有无限威力和不可制服的力量与人们对立时,只能是一令人恐怖的对象。只有在漫长的社会实践中,人们认识和掌握了客观的自然规律(求真)来为自身的发展服务(向善),从而实现了对自然的支配、改造,或者说是使自然打上人的本质力量的烙印,使自然人化,自然物才成为人们可亲的对象、有用的对象和审美的对象。可见,正是人类的社会实践才使自然以"自在之物"转化为"人化的自然界",成为审美客体。与此同步,人类的自我改造也起重要作用,只有随社会实践发展人的感官和心理的进一步发展,人的思维和想象力的成熟与丰富,人才能运用思维来认识自然,用想象力领略自然生活的变化,领略自然形象的意趣。原始人由于狩猎胜利,熟食之余竟至模仿火舌的跃动,进行火的舞蹈。这时候,火对于人说来,不仅仅刺激了血液循环,还同人发生了一种精神上的关系,帮助人找到劳动胜利的昂扬舞姿。火舌跃动的形象,开始对人具有感染力,具有诗意,具有为动物所不能领略的"意趣",这就是自然与人发生的审美关系的萌芽。人改造自然愈深入,和自然的文化关系越发展,自然形象的感染力就愈丰富起来,愈细微和复杂起来,就会逐渐培育起能接受这种感染力的人的审美感官和丰富的情感与想象力,使人成为审美主体,逐渐地把自己周围的自然环境和自然物、现象纳入自己的审美视野,成为自己的审美对象。

二、自然美的特征

自然美与社会美相比有它自己的特点:

(一)自然美的自然性

自然界、自然物的存在是不依赖人的,是按自然规律发生、变化和发展的。虽然自然美作为一种社会价值,是在人类社会实践过程中形成的,但自然物自己的特征仍是自然美形成的必要的条件和基础。可以说,离开了自然物的自然性也就没有自然美。奇妙的大自然,有的雄伟壮丽,有的温柔细腻。高山有高山的险峻,大海有大海的辽阔;鲜花有鲜花的丽姿,小草有小草的风韵。这都是风、雨、雷、电一类鬼斧神工的"雕塑家"的杰作。一切自然美景,都有它自身的特征,构成自己独特的美。泰山天下雄,"雄"字概括了泰山自然美的总特征。泰山崛起于华北大平原之东缘,凌驾于齐鲁丘陵之上,大有通天拔地之势,高且宏大。它盘亘数百里,基础坚实宽广,主体庞大,且挺拔险峻,主峰海拔 1545 米。"山势累叠,主峰高耸"的造型地貌特征给人以雄浑感、以厚重感和稳重感。而登泰山顶,千里内外,无与伦比者,"会当凌绝顶、一览众山小"。黄山天下奇,"奇"字概括了黄山自然美的总特征,其基本要素是峰奇、石奇、松奇、云奇。黄山山峰高峻,主峰海拔 1860 米,千米以上的主峰有 72 座,叠峰连云,劈地摩天;黄山山峰陡峭,既有强烈隆起,又有迅速下切,深沟陡壁,最险天都峰平均坡度 70℃左右,最陡的磴道达 85℃;黄山峰多紧凑,天都、莲花、玉屏三峰鼎立,构成奇峰骨架,72 峰参差骈出,再辅以无名山峰与远岭岫影,形成层次丰富、连天涌地的峰海。奇峰再缀以奇石,如笔、如矢、如笋、如林、如刀戟、如船桅,似人、似物、似禽、似兽。奇峰悬崖异松负石绝出,由于一年长期厚雪压顶,形成顶平干直、盘根虬枝的奇姿美态,无松不奇,其中迎客松闻名世界。黄山有"云雾之乡"美称,一年 200 天有云雾,弥漫缭绕在奇峰怪石间。华山天下险,"险"概括了华山自然美的总特征。华山主峰海拔 2000 米,体势如立,仰观之,昂然天外,气魄宏大。"自古华山一条路"更见华山之险,登至海拔 1125 米处的青柯坪,其下是幽深的峡谷,其上是危崖绝壁的西峰,它与西峰顶水平距离仅 600~700 米,而高差竟达千米。攀登这千米危崖,须历经千尺幢、百尺峡、老君犁沟、擦耳崖、苍龙岭五大险关和无数险道,其中有仅容半足之宽的石级,只容两人侧身相错的壁缝,贴壁擦耳而过的险崖,宽仅一米,长达一里的岭脊……华山之路,几乎无路不险。武陵天下奥,"奥"概括了武陵山自然美的特征。武陵山风景区位于湘西,包括张家界、索溪峪和天子山,其深奥莫测,变化无穷令人惊叹。一般名山的奇峰陡石,数以十计、百计就很可观了,而武陵奇峰竟以数千计,若以一峰多景,那就有数万计。入武陵山谷底恰似入迷宫,奇峰林立,层出不穷,如柱、如塔、如屏、如墙、如楼阁、如城堡、如人、如兽、如种种物象,一步一景,步步是景,蜂拥而至的景观让你目不暇接,无法细细品味,加上万木争荣,清泉叮咚,鸟语啁啾,薄雾如烟,使人如梦中游。然而登黄狮寨、天子山,俯瞰千峰万壑,如万丛珊瑚出于碧海深渊,深不可测,奥妙至极。武陵地上数千峰,地下更是数千峰,地下溶洞最长者达7公里,最宽近200米,最高达100多米,其中晶莹剔透的小山峰遍布洞底。而令人奇怪的是,为国内仅有,世界少见的如此大面积峰林只是在最近20年来才被人们发现它极高的审美价值,更增添它奇奥的色彩。九寨沟、黄龙以水美天下。常言道:"山得水而活,水得山而媚。"九寨、黄龙山水巧妙结合,相互辉映,达到至善至美的境界。九寨、黄龙在四川盆地与青藏高原过渡地带的岷山山脉上,海拔2000米以上。九寨沟由于九个藏民村寨落于三条沟中,故得此名,主沟逶迤60多里;黄龙因泉流经15里长乳黄色晶莹的石灰石山谷中,如黄色龙飞舞得名。流水随山谷地形的陡、折、缓、峻而产生各种各样的叠瀑、飞泉和急滩,从而形成梯湖、叠瀑的特有景观。当地称湖为海子或池子,九寨海子较大,共108个;黄龙海子较小,但数量竟达3000多个。最大的海子数九寨的长海,长15华里,宽1华里,最小的海子是在黄龙,精巧如盆似盘。若以湖面的形状论,有孔雀湖、犀牛海、卧虎潭、长海、圆池、扁泽、龙鳞池等;若以水底所见的地形地物论,又有火花海、卧龙海、珊瑚海等;若以湖水消涨论,又有涌泉池、转花池、漏斗湖;若以湖中滋生植物论,有芳草海、芦苇海、箭竹海和盆景湖等;若以动物栖息论,有熊猫海、天鹅湖、野鹅池等;若以避风静水、水平如镜论,有镜海、倒影湖等。简直是湖的博物馆。九寨沟水的基调是蓝,有浅蓝、粉蓝、钴蓝、靛蓝、碧蓝、景蓝、翠蓝等。更奇妙的是有许多海子呈现出红、黄、绿、蓝、青等五彩缤纷的颜色,最著名的是"五彩池"。黄龙水景则以山谷乳黄色的石灰华为基调,由清澈晶莹的流泉和环环相扣、梯叠如鳞的彩池所构成,在阳光下像闪闪发光的龙鳞。清澈的海子还倒映着远处耀眼的雪峰、蓝天白云,近处的山崖峭壁、青翠山林,更使水色增辉、变幻万千。连接这珍珠般的海子的是道道飘若白练、舞如飞龙的溪流,其中九寨有200多米宽的若日朗瀑布,有落差200多米的剑岩瀑布,穿云悬壁,蜿蜒而下;还有滚水如珠的珍珠滩,古木虬枝的万景滩,千万条淙淙泉流……共同演奏出优美动听的水声交响乐。那青稞酒香、藏寨幡动更添一番情趣,真是如诗、如画、如歌、如梦的九寨、黄龙!

还有峨眉天下秀、青城天下幽、洞庭天下旷等,都是根据山水美的自然性来概括其总的特征。当然,从宏观上看,名山名水大都有雄、奇、险、秀、幽、奥、旷等形象;从微观上看,总的特征相同的各个名山名水还有它各自独特的个性,例如不少名山名水以秀色著称,却各有秀姿,峨眉为雄秀,西湖为娇秀,富春江为锦秀,桂林、武夷为奇秀等。这无不出其自然性。

(二)自然美侧重于形式

自然美相对于社会美更侧重于形式美。一切美都要求形式与内容的统一,对于社会美来说,其社会内容是相当明确,而对于自然美来说,其社会内容却十分模糊,不确定。一座山峰、一弯流水、一株古树、一只熊猫的美我们能说它特定的、明确的内容吗?显然,只有特定人和特定条件,人们才能意识到其中意蕴,其内容因人、因时、因地而变化。但相对来说,自然美的形式却既不模糊又不笼统,显得十分清晰、明确,它以鲜明的形象激起人们的强烈的审美感受。因此,以线条、形状、色彩、声音、质料等形式美的因素,成为自然美整体构成最重要和压倒其他的部分。

对于以眼睛和耳朵为主要审美器官的人来说,视觉可感知到的是色彩和形状两种独立的现象,听觉感知到的是声音。外部世界的三种属性——形状、色彩和声音,是具有明显的审美意义的属性,即可传达和获得某种感情意味的属性。而作用于耳目之外其他感官的湿度、气味、滋味等的属性,在审美上只起辅助作用。

1. 形状。形状是事物存在的空间形式,其基本特性是物体的边界线。线是点移动的轨迹,是由点构成的,而线的围绕又构成各种物体的形态。线只有位置和长度,却可以构成具有广度和宽度的空间形体。线条可以分为直线、曲线和折线。线的方向不变为直线,线的方向度变换为曲线,不同方向的线相接为折线。直线表示力量、稳定、生气、刚劲,有规律排列可以带来明显的感性意味:水平线表示安宁、静穆;垂直线给人以稳定感和均衡感,表达严肃、庄重,也会给人以升腾的感觉;斜线与兴奋、迅速、危险等不稳定因素相联系,具有明显的动感。曲线有抛物线、螺旋线和波状线,它表示优美、柔和,给人以运动感。折线表示转折、突然、断续,折线形成的角度则给人以上升、下降、前进等方向感。建筑风格的变化就是以线为中心。希腊建筑多用直线,罗马建筑多用弧线,哥特式建筑多用相交成尖角的斜线。相比较看,更多的美学家喜欢曲线,英国著名的画家和美学家威廉·荷迦兹在《美的分析》一书中认为,线条有不同的组合,有的有吸引力,有的没有吸引力,有吸引力则美,无吸引力则丑。人的感官感觉舒服的就美,曲线之所以美是眼睛看曲线时比较看直线不费力,所以曲线的筋肉感觉比直线的筋肉感觉舒畅。波状线比任何线条"都更能够创造美",可以称之为"美的线条"。蛇形线"灵活生动,同时朝着不同的方向旋绕,能使眼睛得到满足,引导眼睛追逐其无限的多样性",可以称之为"富于吸引力的线条"。①

---

① 荷迦兹:《美的分析》,人民美术出版社1984年版,第44～45页。

由数线联合围绕成的形状,也包含着许多意味。圆形显为柔和自如、和谐完美,方形有棱有角显为大方、刚劲,底面水平的金字塔式的三角形显为明显的稳定、安全,相反的倒三角形显为危险、不安,高而窄的形状显陡峭、险峻,宽而平的显安稳、舒展。

　　我国书法和绘画艺术就是利用线条造型和传情的。作为纯粹线的艺术书法,单靠线条的运动、变化就可以表达书法家的情志。明代祝允明说:"情之喜怒哀乐,各有分数,喜则气和而字舒,怒则气粗而字险,哀则气郁而字敛,乐则气平而字丽。情有轻重,则字之敛舒险丽,亦有浅深,变化无穷。"[①]绘画利用线条审美特征绕线作形构图,如平行垂直构图、平行水平构图、平行斜线构图、对角线构图、十字架构图、S形构图、起伏线构图、楔形构图、三角形构图、辐射线构图、螺旋形构图、圆形构图等,以取不同的审美效果。

　　2. 色彩。1666年,英国物理学家牛顿第一次用三棱镜的折射,将太阳光折解为包括红、橙、黄、绿、青、蓝、紫的彩色光带,揭开了色彩的秘密,了解到色彩的物理本质是波长不同的光。由于物体对色光具有吸收或反射的功能,因此才呈现出种种颜色。某一种物体对色光全部吸收,物体就显黑色;反之,全部反射出来,则显白色;若对每秒色光都有部分吸收或部分反射,则呈灰色;若吸收了其他各种光,而把某一种光反射出来,则呈某一种光色。据研究,人对无彩色和有彩色的辨别种类在200万到800万之间。这对我们辨识物体是十分重要的,没有光与色,我们什么也看不见。

　　色彩的感觉是一般美感中最大众化的形式,它具有表情性,能够向我们表现出一定的感情意味,传达出能够引动人的情感反映的信息。色彩会给人带来暖与冷的意味,红、橙、黄是暖色,绿、蓝、青是冷色;暖色又是近色,冷色是退色,所以,我们见红红的落日既温暖,又离我们很近。色彩有轻重感,红、黑、深蓝显重,黄、灰白、浅绿显轻。色彩有软硬感,深色硬、浅色软。色彩有强弱感,这由

----

　　① 《现代书法论文选》,上海书画出版社1980年版,第176页。

色彩之间对比而产生,万绿丛中一点红,红显强烈。色彩有明暗感,暖色明亮,冷色显暗,黄色最明,黑色最暗。色彩有兴奋沉静感,暖色兴奋,冷色、灰色沉静。色彩有华丽质朴感,杂多的颜色放在一起一般感觉华丽,单纯的颜色一般感觉质朴。虽然不同的文化背景和不同的人对颜色感受和发生的联想不同,但却有明显的共同性。例如:红色使人想起血与火,因而带来热烈、兴奋的情绪;黄色使人想起灿烂的阳光,所以感到温暖和明朗;蓝色使人想起天空和海洋,因而有平和、宁静的情绪;绿色使人想起森林和田野,产生生机勃勃、欣欣向荣的感受;白色使人想起冰山雪海,带有纯洁、凉爽的意味;黑色使人想起漫漫长夜,会有阴郁、严肃和恐怖的感受,等等。

3. 声音。声音的物理属性是振动,即由物体运动使空气中各种粒子产生一系列稠密和稀疏的结果。空气粒子的稠密造成音响,稀疏便是声响的减弱和消失。最纯的声响,振动采取正弦波的形式,声波分为振幅、频率、波形。振幅是声波的压力,与振幅相一致的心理经验是音强。频率为声波的周期,一个周波就是一个完整的声波,与频率相联系的心理经验是音响。波形是由振荡和频率组成的,与波形相联系的心理经验是音色。

声音是诉诸听感官、躯体感官的,它以高低、强弱、快慢、纯与不纯,向审美主体显示某种意味。声音在传递信息和表达感情上是异常复杂的,一般说来,高音显为高亢激昂,低音显为凝重深沉,强音显为振奋热烈,轻音显为柔和亲切,急促的声音显急骤烦躁,缓慢的声音显舒缓轻松,纯正的声音悦耳动听,不纯正的声音令人心烦。如果对上述自然界和谐有规律的乐音和噪音加以选择,并按一定的逻辑(旋律、调式、速度、节拍、曲式等)进行组合,在时间中展开,就会产生优美动听的音乐。

自然界中的名山名水总是达到形、色、形式美的高度和谐的统一。它们形状奇特优美,如奇峰怪石、飞瀑流水;色彩斑斓绚丽,如绿水青山、蓝天彩虹;声音悠扬动听,如水声鸟音、风鸣涛响。它们依照一定的规律组合起来,强烈地刺激人们的感官,给人们留下不可磨灭的印象。

4. 构成形式美的形式规律。构成形式美的物质材料,必须按照一定的组合规律组织起来,才会具有一定的审美特征。常有的组合规律有整齐、秩序、比例、对称、均衡、对比、调和、节奏、变化、多样、统一、和谐等等。

(1)匀称和比例。生活中经常强调形体的各部分比例关系,其中黄金分割律为人津津乐道,舞台报幕员的位置,摄影的九宫格式,人体上下比例,甚至门窗、床铺、书刊等宽长之比都涉及之。其实早在古希腊毕达哥拉斯就提出并作了实验,在一根棒子上寻找一点,其位置使木棒两端的比例不相等,但看起来最满意。他在不一样长的棒子上做实验,都得出同样的结论,这一点正好都在一边一段不恰好 $\frac{1}{3}$,另一边一段不恰好 $\frac{1}{2}$ 的地方。对此,德国数学家蔡沁于 1854 年作了几何学的作图与证明。如下图,求将已知线段 AB 作黄金分割。解:在 B 点作 BO 垂直于 AB,并使 BO 等于 AB 一半。以 O 为圆心,BO 为半径作圆。连接 AO 作一直线,直线 AO 与该圆相交于 E、F。在 AB 及延长线上,使 AC=AE,AC′=AF,则 C、C′为黄金分割点。

经几何运算可证:

$$\frac{BC}{AC} = \frac{AC}{AB} = \frac{0.618}{1} \approx \frac{5}{8}$$

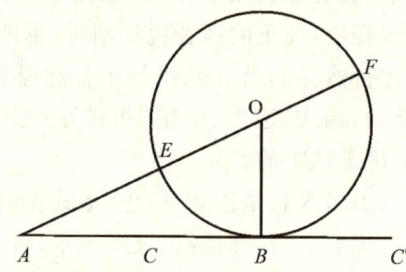

经黄金分割而得来的比例固然令人满意,但也非一切比例都应该如此,生活是丰富多彩的,人的审美需求也是不断变化发展的,不同对象会采取不同比例却不失其美,如果凡比例都要求黄金分割,则事物就会变得单调、僵化、千篇一律了。

(2)对称和均衡。在实践中我们会发现太多太多的对称,并认识到对称对生活有多么大的意义。生物体自身结构就是合于对称而存在,树叶的叶片、叶脉是对称的,动物体、人体的外部器官是对称的。肢体残缺、失去对称的人,他们必须付出多倍于常人的努力才能生存,从事正常的工作。对称自然是一种均衡,它是双边等量等距离的均衡。还有一种是不等量不等距离的均衡,杆秤式的平衡,平衡点双边的秤锤与所购物品总是不等量,但通过距离平衡点的不同而达到均衡。

(3)整齐一律。各种物质材料按相同的方式排列,就形成单纯的反复,外表的一致性,同一形状、色彩、声音的一致的重复。部队操练、阅兵的队伍,齐刷刷的年青军人,清一色的绿军装,同一节奏的脚步声,这就是典型的整齐一律。单纯的东西,像蔚蓝的天空、碧绿的湖水、明亮的月光等,能使人产生明净、纯洁的感受。反复、齐一能给人们以秩序感和一定的生活节奏感。但是,它也可能导致缺陷,即人对它感受太久,缺少变化,则易流于单调、呆板。

(4)和谐。这是形式美法则的高级形式,也就是多样性的统一。"多样"体现了各个事物的个性和千差万别,事物本身的形具有大小、方圆、高低、长短、曲直、正斜;质有刚柔、粗细、强弱、进退、升沉。"统一"体现了各个事物的共性或整体联系,上述个性的对立因素可以统一在某一具体事物上面,形成和谐。大小物体都可以达到和谐,整个宇宙就是一个最大的和谐。

多样性统一的法则的形成和人类自由创造的内容的日益丰富相联系,实践的广度和深度扩大了人们的视野,增添了人们对生活美的广泛追求。人们不喜欢单调,也不喜欢杂乱,单调使人乏味困倦,杂乱使人烦躁不安,多样性统一特点在于统一而不单调,丰富而不杂乱,在单纯中见丰富,在变化中求统一。

对比和调和是多样性统一的两种基本类型。对比是各种对立因素之间的统一,例如长河落日,形状上横卧线和圆形的对立,颜色上暗灰与鲜红的对立,而达到和谐;绿叶扶红花,绿与红的鲜明对立,但可以相反相成,又为互补色而达到统一;幽静山林与鸟语虫鸣,声音中静与响的对比,更显山林幽深,达到和谐。调和是相近的、非对立因素的统一,形成不太显著的变化。像色彩中的红与橙、橙与黄、黄与绿、绿与蓝、蓝与青、青与紫、紫与红都是邻近的色彩。同一色中的层次变化,蓝与蓝绿、苹果绿、红和紫红、粉红、绛红等同类色彩,彼此间可以产生和谐的色彩;音乐中利用谐音原理使两个以上的音按一定规律同时发响,形成和声;古典式建筑配上古色古香的家具、字画、瓷器,形成建筑物内外格调的和谐。

(三) 自然美的多面性

自然美千姿百态、变幻无穷,有它的多面性,其原因在于三个方面:

首先,自然物及其属性的无限丰富,向人们呈现多方面的美。同一自然物,有时表现为这样一种美,有时会呈现出另一种美。旭日东升的朝气蓬勃和夕阳西照的悲壮肃穆,春风拂面的融融暖意和秋风扫叶的萧索杀气,同一自然物在不同时间、环境中给人以不同的审美感受。

其次,自然物与人的关系的多种多样性,也使自然物具有美的多面性。庐山不是"横看成岭侧成峰,远近高低各不同"吗?欣赏者看庐山的视角不同,二者关系发生变化,就产生不同的情趣。游武陵山就有近看雄奇远望秀的感觉,近看山峰拔地而起,雄伟峭立,而登上西海、天子山朝下一看,千座山峰都变小了,像雨后春笋满山遍野。

最后,由于审美主体的文化背景不同,也使自然美具有多面性。不同地区和国家,不同种族和民族,不同宗教和信仰,不同的传统与风格,不同的政治和经济,不同的知识水平和道德水平,都会对自然美的欣赏产生影响,因而不同的人,欣赏同一个对象和对象的一个方面,产生的感受是不同的。例如:红色,政党视为革命的象征,交通警察看成是禁止通行的信号,基督教徒看作耶稣的血,是圣餐和祭奠。粉红色我们看来是轻浮,而西方人视为健康,因为西方人皮肤是粉红的。黄色在中国曾是帝王之色,象征皇权与高贵,而基督教徒最讨厌它,因为叛徒犹大就穿黄色衣服。在动植物的审美欣赏中,我们喜欢的,可能他国、他民族不喜欢,如北非忌狗,瑞士忌猫头鹰,澳大利亚忌兔,伊斯兰教忌猪,意大利忌菊花,法国忌核桃,日本忌荷花,等等。

第二节 社会美

社会美普遍存在于社会领域中,同人类社会实践活动直接联系在一起,可以说,在现实美中,除了自然美之外都是社会美。

一、社会美的特征

社会美与自然美不同在于它的内容是直接地实现,是确定的,其社会性是无可争辩的事实。

1.社会美的最大特点是与社会直接联系。马克思说:"社会生活在本质上是实践的。"[①]车尔尼雪夫斯基提出著名的"美是生活"命题,美是"应当如此生活"和使人"想起生活"的生活,除去其人本主义因素,赋予它历史唯物主义观点,这美就是根源于社会实践,美是本质上社会实践的生活。但是,各种形态的美,与社会实践的关系并不一样,它们存在着直接与间接、明显与隐蔽的差别。自然美与社会实践的关系就比较间接,因为自然界在人类社会出现之前早就存在,自然物的美,只是由于人类通过实践活动,改变了自然与人原先对立或无关的关系,产生了审美主体与审美客体的审

[①] 《马克思恩格斯选集》第1卷,人民出版社1972年版,第18页。

美关系之后,才显示出来。而社会美与社会实践的关系都是非常直接、非常明显的,生产劳动和劳动产品的美,直接来源于生产劳动,因为人类的自由的创造性的活动是"按照美的规律来建造"的活动,是显示人的本质力量的活动,其劳动产品是这活动的结果,并且在其中集中体现劳动的美。人与人之间关系的美,也直接来源于人们的各种交往活动中,在交往活动中体现出哪一些语言、行为、思想是善的,是美的,哪一些是恶的、丑的。

2. 社会美的第二个特点是与社会功利性相联系。美是一种价值。美对人总是有用的,然而,美的效用都不在于经济实用,也不是纯粹的道德工具,它是通过愉悦人的身心,陶冶人的情操,净化人的心灵,达到提高生活质量,有利于个体自由、全面地发展。美的效用是在情感方面、精神方面,但是,由于人的社会实践活动是有意识、有目的的,总是为了实现某种社会实用的需要,这决不是个人狭隘的实践要求,而是人类普通的实践要求和现实性。既然社会美必须依附于社会实践,那么,它与社会实践所追求的一定功利目的就有着密切的联系。社会美最初都明显地附丽于与人的实践有用有利的事物,对人的实践无用有害的事物本质上是不能成为美的。善虽然不就是美,但它是美的前提、基础和内容,在社会领域,美与善是直接统一的。例如:生产劳动是美的,虽然它与劳动者自由自主的创造性发挥有关,但更重要的是它能带来优质、低耗、高产的结果;劳动产品之所以是美的,除了它美观的外质量外,还必须具有功能多样,使用方便,质量上乘的内质量,它的使用价值必须得以实现。

3. 社会美的第三个特点是与社会历史条件密切相连。与自然美相比,社会美更直接依赖于社会历史条件,因为社会美的内容直接就是人们在当时当地的社会生活。人在现实性上是一切社会关系的总和,以生产关系为基础的物质关系制约着人们的政治关系和思想关系,人们的审美关系必须受制于物质条件、政治条件和其他精神条件,并随这些条件的变化、发展而变化、发展。社会美必然具有它那个时代的经济、政治、文化和民族、阶级的特色。例如：封建时代自然经济的田园风光,有别于市场经济条件下都市化的乡镇。寺庙、教堂的清静与肃穆,信徒虔诚的心灵和对生活的淡泊,不同于歌舞厅的喧哗和兴奋、青年自然流露的情感和对生活的追求。

二、社会实践主体——人的美

人是社会实践的主体,也是审美创造、审美感受的主体。人们在实践过程中认识和改造了客观世界,同时也认识、完善了自身,人们在感受美、创造美的同时,也创造出人自身的美并将它作为自己的客体。人的美是社会美的极致,它包括人的外在美和人的内在美,人的外在美包括人体美、仪表美、语言美和行为美;人的内在美,也就是心灵美,包括人的知识美、意志美和情感美。

(一)人的外在美

1. 人体美。人体是自然界长期发展的产物,也是劳动实践的产物,人体各个器官进化成今天的样子,是劳动实践的结果。人体美,也正是在这种长期的劳动实践中历史地形成,人们在劳动实践中改造了人的丑陋、无用的器官,使其变成了美的、有用的器官,这是通过长期的、无数次不断积累的获得性遗传才完成的。

人们很早就把自身人体作为审美对象,神话、宗教故事反映了这一认识。中国神话中女娲捏土造人,古希腊神话中普罗米修斯捏土造人和古希伯来神话中的上帝泥土造人,他所造的人的形象都是神自己的形象,这表明人是上帝、神最钟爱的,而他的潜台词却是:人是爱自己的形象。因为实际上是人造了上帝,是人按照自己的形象塑造上帝的形象,人通过歌颂、赞美上帝、神来歌颂、赞美自身,认为人体美是世界上最美的东西。

人体美主要通过人体的自然美因素表现出来。人体的自然性因素是人体美的基础。人的体型是那么富于造型美,姿态那么优美:"'自然'中任何东西都比不上人体更有性格。人体,由于它的力,或者由于它的美,可以唤起种种不同的意象。有时像一朵花:体态的婀娜仿佛花茎,乳房和面容的微笑,发丝的辉煌,宛如花萼的吐放;有时像柔软的常春藤,劲健的摇摆的小树。"①人的肌肤是那么柔软、光滑和富有弹性:"说到人体,这世界上最美的东西,也是半透明的,我们在人身上不只是能看到一个外表:人体通过皮肤焕发着光彩,因而赋予人类的美以百般的魅力。"②

正常人天生就是那么绝对对称的,一双眼睛、一对耳朵、两只手、两条腿,一样的大小,一样的长短;独个儿不能分的,都集中在身体的正中一条线上。一般人的人体又是那么合乎比例和匀称的,"增之一分则太长,减之一分则太短"③,正常人体上下部分分割正好符合黄金分割线,肚脐就是黄金分割点,上下比例五比八。希腊著名医学家噶伦说:"身体美确实在于各部分之间的比例对称。"④

2. 仪表美。它是人的容貌、举止、态度的美,通常表现为风度、风韵和高雅、俊美。如果说人体美主要是天生、自然的因素占主导地位,那么,仪表美的社会性是明显的、十分重要的,除了自然美的几个因素,如体型、容貌外,仪表美体现在人的服装、发式、表情、姿态、神采等等。这些后天的、具有社会内容的仪态、风度、风采、风貌、风韵是人在长期的社会生活中逐渐形成的,这与整个社会的传统、风俗,与经济、政治、文化的状况紧密相联系。当然,它也与个体的思想情操、品格、道德、精神气质、格调趣趣、智慧常识、志向理想相联系。"文革"期间要求政治上全国上下绝对统一,在

---

① 罗丹:《罗丹艺术论》,人民美术出版社1978年版,第62页。
② 车尔尼雪夫斯基:《艺术与现实的审美关系》第52页,转引自杨辛主编:《青年美育手册》,河北人民出版社1987年版,第868页。
③ 宋玉:《登徒子好色赋》。
④ 北大哲学系美学教研室:《西方美学家论美和美感》,商务印书馆1981年版,第14页。

服装上的体现是以清一色的绿军装或蓝中山装为美,当然,这也体现了经济上物质的匮乏。在表情、姿态上也是惊人的单调、呆板、严肃和狂热。只有在政治上民主、自由,经济上富裕、繁荣的今天,人们才能充分享受到仪表美。各色各样的服装、款式,不同的发式,都体现出人们各自的文化素养、志趣爱好。无拘无束的表情、神态充分体现出各种人的性格特征、仪表风度,有人豪放粗犷、爽朗潇洒,有人文静娴雅、质朴端庄,有人诙谐风趣、热情坦率,有人持重稳健、蕴藉含蓄,等等。人性中被压抑、扭曲的东西逐渐被摒弃,人们正少一点一本正经、矫揉造作,少一点轻浮鄙俗、矜持猥琐。

3. 语言美。语言美表现为两个方面,一是语言必须和气、文雅、谦逊,它使人感觉对方是一个懂礼貌、有修养、讲文明的人,是感情真挚诚意、品格高尚的人。反之,如果出言不逊、脏话连篇、尖酸刻薄、强词夺理则会引起他人的厌恶,会使人认为对方是一个素质低下、思想浅薄、缺少教养的人。

语言美的另一方面是语言的鲜明、准确、生动。言出心声,词必达意,使感受到对方的真诚可信、态度明朗、思路敏捷、条理清楚。再加上表达时许多新鲜事例,活泼的语言,使人感受到对方的文学修养和驾驭语言的高超技巧,从而引起人的快感。反之,语言含糊、头脑混乱、心灵空荡荡,则会引起人们恶感。

4. 行为美。从大节上看,有为民族为祖国奋斗、献身的行为美;有为革命的斗争事业而奋斗、献身的行为美;有为真理而奋斗、献身的行为美。如中国历史上著名的爱国主义者屈原、岳飞、文天祥、林则徐、孙中山;著名农民起义领袖陈胜、吴广、李自成、洪秀全;无产阶级革命家李大钊、毛泽东、邓小平;敢说真话被罢了官的彭德怀,敢说真话被割断了喉管的张志新。……

从小节上看,有些行为并不壮烈和惊心动地,却是天天发生在日常生活中。遵守纪律、尊师爱友、廉洁奉公、团结互助、爱护公物、敬老扶幼、勤奋学习、热爱劳动等都是行为美,雷锋同志就是积日常生活的行为美而成军人楷模、青年楷模、全国人民楷模,甚至是世界人民楷模,因为在他身上散发着人性最迷人的光芒,他的精神是人类共同的遗产。他善良、可亲可近,处处想着别人,帮助弱者,对周围的同志,特别是老人、小孩、妇女、病残者倾注了他全部爱心,这是雷锋精神超越国界的真正原因。

(二)人的内在美

人的内在美也就是心灵美,指一个人内心世界的美。人的外在美绝非纯粹的外在与心灵美无关的。所谓"征神风貌,情发于目",就是强调内在的神、情对外在的貌、目的影响。人的心灵美总是通过人的外在的仪表、语言、行为表现出来,人的仪表美、语言美、行为美无不展现出一个美丽的心灵。人的精神可分为知、意、情三大领域,因而,心灵美大致可包括知识(智慧)美,意志(道德)美和情感美。

1. 知识(智慧)美。知识(智慧)美表现于人的高度文化素养、知识才能、聪明智慧。人类社会即将迈向 21 世纪,经济发展出现了一个明显的趋势,即以高科技信息为主导的新型产业的崛起,推动了经济领域的一场空前革命,知识不但在这场革命中成为经济的直接驱动力,而且掀开了新时代的篇章,这就是知识经济时代。知识经济是建立在信息的生产、分配和使用之上的经济,它以知识、智力为经济发展的关键要素,并如同劳动力和生产资源一样直接存在;在经济生产发展过程中,知识可以形成产业经济,即以高科技产业为标志的产业化经济。随着知识经济的发展,人们的观念,包括审美观念也迅速发生变化;知识的价值,包括知识的审美价值也日显突出;拥有知识经济时代所具备的知识的人,也越成为重要的审美对象。赫拉克利特说过:"身体的美,若不与聪明才智相结合,是某种动物性的东西。"①荀子也说过:"君子之学,以美其身。"有了学问,才使人更美。这些虽有道理,但在落后的生产力和

---

① 《古希腊罗马哲学》,第 111 页。

社会制度下,没有普遍性,而只有强壮的体力,能够拉车,赚工分才是美的。只有在现代化进程迅速、全面展开的年代,人们才充分意识到知识的极端重要性,意识到知识是人的本质力量最充分的体现,因为知识经济社会是一场全球性的知识较量,是知识总量、人才素质和科技实力的较量。知识和掌握知识的人必然成为人们崇尚的对象、审美的对象。从中央电视台的《东方之子》栏目不断推出卓有建树的知识分子形象就可窥豹一斑。

2. 意志(道德)美。意志(道德)美指人的进取精神、顽强斗志、崇高气节、高尚品格、献身精神等等。人的意志(道德)美恐怕在社会美中最具有鲜明的社会性了。自然经济条件下和市场经济条件下人们的伦理道德观念相差甚远,对意志美的感受也不一样。中国古代原始儒家的仁、义、礼、智的伦理价值体系,以仁为核心,"仁者爱人",基于家庭生活中的亲情,根本是孝悌。这种浓烈的家庭亲情扩展到社会和国家政治就是忠恕之道,从而建立起身、家、国、天下四位一体的伦理系统,达到个人伦理、家庭伦理、社会伦理、国家伦理和宇宙伦理的"五伦"贯通,这就是"礼"的秩序。汉代董仲舒把以孔孟为代表的原始儒家理论封建化和抽象化,抓住了五伦中最重要的"三伦",将其原来互惠互动的双向的相对关系以及在上者垂范的作用,变成单向的、以人身依附和服从为原则的绝对关系,即君为臣纲、父为子纲、夫为妻纲的人伦义务方面的片面的等级服从。尽管在中国古代史上曾经出现过一批具有百折不挠、奋发进取的精神,坚韧不拔、勇敢果断的意志和威武不能屈、富贵不能淫的气节的人,但毕竟不具普遍性。自然经济的封闭性和自足性,封建的文化传统,滋生、培育的是大量泯灭自己个性,善于"忍"、服从的人。市场经济则不同,它是自由竞争的经济,是平等竞争的经济,与之相适应的政治制度是民主制度、法律制度,因而它培育出的人是具有独立人格的人。处于资本主义上升时期西方人崇尚的"浮士德"精神,就是一种意志(道德)美。浮士德是德国大文豪歌德的代表作《浮士德》诗剧中的主人公。这本书几乎倾注了歌德毕生的心血,从计划构思到书的完成用了60年。全书分上、下两部,共一万六千行诗句。书中叙述了神话的故事,主人公浮士德经历了知识悲剧、爱情悲剧、政治悲剧、文明悲剧和事业悲剧,他不断地追求,又不断地受挫。最后,当海域开拓成良田,浮士德想象自由的人民有朝一日得以在这片土地上生活时,他说了这么一句话:"那时,让我对那一瞬间开口:停一停吧,你真美丽!"① 由于感到满足,按与魔鬼订的契约,魔鬼梅菲斯特要他的灵魂,然而上帝却把浮士德的灵魂引上天堂。歌德的浮士德实际上是将新兴资产阶级不知满足的个性发展要求,不断进取的精神形象化了,视浮士德灵魂不朽的那个上帝实际上就是歌德,就是当时进步的资产阶级。当然,浮士德精神不是专属于某一个阶级的,而是在市场经济条件下的一切进步阶级和人们都崇尚的。马克思把歌德视为最喜欢的文学家,《浮士德》是马克思最喜爱的一本书,马克思奋斗的一生在某种意义上体现了浮士德的精神并是对它的超越。

在当前的知识经济和市场经济年代,我们不仅需要拼搏、自强不息,需要浮士德精神,而且也需要我们传统文化中优秀的伦理道德遗产。在发展经济、改革开放的同时,也出现不良道德的抬头,表现为人的动机物欲化、举止粗俗化、人际关系冷漠化、行为躁动化、行事无责任化、虚假浮夸化的倾向,这需要用传统的伦理道德中优秀、合理的东西予以润泽。《恋爱·婚姻·家庭》杂志1995年11期上一篇叫《嫂子啊,亲娘!》的文章,真实地记叙了一位叫张敏的长嫂感人肺腑的故事。张敏是省城领导干部的女儿,"文革"中父母被打成反革命自杀了。她回沂蒙山老家插队务农并与某村民结婚,但她遭到女儿夭折,被丈夫遗弃的恶运,后丈夫又死于车祸。而她以惊人的毅力和勇敢挑起了一家七口人的生活重担:她生病的婆婆和五个未成年的小叔小姑。她下田干活,上山砍柴,挖野菜,挖草药,不仅养活一家人,还给婆婆治病,供五个弟妹上学。当

---

① 歌德:《浮士德》钱春绮译本,上海译文出版社1982年版,第706页。

父母冤案平反后,城里干部给她带来"户口迁移证明"和"待业青年就业通知",眼前弟妹怎么办?她把两张通知书给撕了,弟妹跪在张敏面前,连声哭喊:"娘……"穷人的孩子早懂事,兄妹五人学习相当刻苦,相继考入了全国重点和省重点大学,其中一人还考上研究生。当最后一人考入大学的第二年,劳累过度和经常挨饿的张敏身体却彻底垮了,当兄妹五人从全国各地赶回围在她身边时,她已经昏迷不醒了,晚期胃癌夺去了年仅四十岁的张敏的生命。眼看着自己苦心培养的弟妹们一个个成才,自己却悄悄地、永远地走了,但她那比天空还要宽广,比大海还要深沉的爱却常驻人间。

3. 情感美。情感指人对客观事物的态度和体验,表现为积极、肯定的愉快、喜爱、满意,或消极、否定的憎恨、愤怒、嫌恶等,也就是喜、怒、哀、乐的表现。不是所有情感都是美的,美国的美学家苏珊·朗格列举了许多情感的发泄是不美的:"以私刑为乐事的黑手党徒绕着绞架狂吼乱叫;母亲面对重病的孩子不知所措;刚把情人从危难中营救出来的痴情者浑身颤抖淋漓或哭笑无常,这些人都在发泄着强烈的情感,然而这些并非音乐需要的东西,尤其不为音乐创作所需要。"①

美的情感不是纯粹由个人随意宣泄的,而是从个别性中抽出来得到社会认可的一种普遍的情感。例如:对弱者的同情,并由这情感进一步深化为爱的情感(未必是男女爱情),就是一种美的情感。以孔子、孟子为代表的原始儒家早就认识到这一点,他们认为,"仁"发端于人类生活中所形成的"恻隐之心",即同情心,其深化便是爱,故"仁者爱人",父慈子孝、兄友弟恭是家庭生活中亲情之爱。忠恕之德的基本要求是以诚待人,推己及人,其基本内容是己立立人、己达达人;己所不欲,勿施于人,这是由家庭之爱走向泛爱、社会之爱。这正像我们现在津津乐道的"让世界充满爱"。恨

---

① 苏珊·朗格:《哲学新解》第216页,转引自苏珊·朗格:《情感与形式》,中国社会科学出版社1986年版,第9页。

的情感也可以是美的,表现在对假、丑、恶东西的憎恨时。

人在长期的社会生活中逐渐认识到,人们外在美和内在美的辩证关系上,内在美是居于矛盾的主要方面,内在美比外在美更重要。柏拉图说:"应该学会把心灵的美看得比形体的美更可珍贵。如果遇见一个美的心灵,纵然他在形体上不甚美观,也应该对他起爱慕,凭他来孕育最适宜于使青年人得益的道理。"①张海迪虽然生理上有缺陷,但她努力学习、工作,从而创造出平凡人难以企及的美的心灵,并成为中国青年人的楷模。莎士比亚说:"造物给你美貌,也给你美好的德性,没有德性的美貌,是转瞬即逝的;可是因为在你的美貌之中,有一颗美好的灵魂,所以你的美貌是永存的。"②假如你是一个美貌的人,那么,你应注意自己的道德修养,让一个美好的心灵始终伴随你,使你的美貌常在。

---

① 柏拉图:《文艺对话集》,第 271 页。
② 《莎士比亚全集》,人民文学出版社 1988 年版,第 329 页。

第四章 美的范畴

范畴是人的思维对客观事物的普遍本质的概括和反映。列宁称之为"帮助我们认识和掌握自然现象之网的网上纽结"。[①] 美的范畴,又称美学范畴或审美范畴,是人们认识审美现象之网的"网上纽结",是从自然、社会美和艺术美中抽象概括出来的。无论是在自然界、社会生活中,还是在文学艺术作品里,丰富多彩的审美现象给人的感受都存在某种相似性或对立性,可以分别纳入各种不同的范畴。审美范畴可相应分为优美和崇高、悲剧和喜剧。

第一节 优美和崇高

优美和崇高是主要从自然美、社会美和艺术美的状貌上进行抽象概括的美学范畴。古人有两句六言诗:"骏马秋风冀北,杏花春雨江南。"这两句诗每句只举三个具体形象,然而却分别象征两种截然不同状貌的美。仰天长啸、奔驰的骏马,摧枯拉朽、萧瑟的秋风,一望无际、辽阔的冀北,令人想起"雄浑"、"刚健"的字眼;迎风带露、含羞的杏花,淅淅沥沥、缠绵的春雨,流水弯弯、玲珑的江南,令人想起"秀丽"、"纤柔"的词儿。显然,前者是"气概",后者是

[①]《列宁全集》1990 年第 2 卷,第 78 页。

"神韵";前者是刚性美,后者是柔性美;刚性美是动的,柔性美是静的;动如醉,静如梦……这"神韵"、"柔性"、"静"、"梦"都概括了优美的对象的状貌特征,而"气概"、"刚性"、"动"、"醉"则概括了崇高的对象的状貌特征。

一、优美

优美是最早被人们注意,首先作为审美实践的对象。无论古希腊时代蓬勃发展的造型艺术,还是古代中国以乐为中心,首先发展起来的舞蹈、音乐和诗歌等艺术,都自然而然地吸引着、诱惑着人们从事物的感性形式的统一与和谐中来寻找美。那时,人类思维还无法区分美的本质和美的表现形态,还无法对美进行严格的哲学思维,甚至直接把美和优美等同起来,凭感官获得的直接快感,把那些有益于人类的对象纳入自己审美活动的范围。

我们可以用和谐来概括古希腊人对美的本质的基本看法。相传公元前5世纪时希腊雕塑家波克勒特在毕达哥拉斯学说的影响下,著有《法规》一书,从数学和声学的观点去研究音乐节奏的和谐:"音乐是对立因素的和谐的统一,把杂多导致统一,把不协调导致协调。"[①]并把音乐中和谐的道理扩广到建筑、雕刻等其他艺术,探求什么样的数量比例才会产生美的效果,例如"黄金分割"比例、圆球形是最美的。这种数与和谐的原则还应用于天文学的研究,得出"宇宙和谐"的概念,而人体也类似大宇宙,是一个由数与和谐的原则统辖着的小宇宙。柏拉图在对"美本身"、绝对美和分有美、相对美的具体论述上,也是在和谐、统一的意义上寻找不同的美。亚里士多德在表述美的定义时,把美的一般形式归结为秩序、匀称与明确。

中国古代美学思想也是最早把美与和谐、统一联系起来,在"和"与"中"之中寻找美。贵和谐、尚中道,作为中国文化的基本精

[①] 转引自朱光潜:《西方美学史》,第33页。

神之一,早在公元前 800 年就有"和同之辩",郑国史伯反对"去和而取同",认为"和实生物,同则不继",不同的事物相配合而达到平衡,就叫"和","和"才能产生新事物。如果把相同的事物放在一起,只有量的增加而不会发生质的变化,就不可能产生新事物,事物的发展就停止了。史伯可算是中国第一个对和谐理论进行探讨的人。晏婴进一步发挥史伯思想,认为对立面的"相成"、"相济",配合适中,达到和谐统一才是美。孔子主张"礼之用、和为贵"。他说:"君子和而不同,小人同而不和。"把对"和"与"同"的取舍作为区分"君子"和"小人"的标准。《易经》高度赞美和极力提倡和谐思想,提出了"太和"的观念,即至高无上的和谐,最好的和谐状态。正如《中庸》所说:"万物并育而不相害,道并行而不悖。"孟子提出了"天时不如地利,地利不如人和"的人与自然的和谐、人与人的和谐。如何实现"和"的理想?儒家认为,根本在于保持"中"道。"中"指事物的"度",即不偏不倚,既不过,也不要不及;"中"也指对待事物的态度,既不"狂",也不"狷"。①

美的本质是合规律性(真)与合目的性(善)的统一,是现实对实践的肯定,相对静止和绝对运动是现实对象存在的两种不同状态,作为真与善、合规律与合目的性的统一美,也必然表现为两种形态。优美正是美的一种相对静止的状态,是一个已经实现统一的形象实体,以比较单纯直接的形态表现了现实对实践的肯定;是与单纯表现客观现实对主体实践直接否定的丑相对立而存在;是现实与实践、真与善、合规律与合目的性交融无间的辩证统一。质言之,优美的本质特征是和谐。

从审美客体的形式上看,优美的感性形式上是纤巧、玲珑、柔和、圆润、精致、轻盈、飘逸、娴静、淡雅、鲜丽、清新、温煦、洁莹、等等。客体的运动状态是渐次性的变化,相对静止,显现出美的自由

---

① 参阅张岱年、方克立主编:《中国文化概论》,北京师范大学出版社 1994 年版,第 389~392 页。

形式,合规律性与合目的性、没有痕迹和谐统一的静态成果,常表现出形式美的规律,如对称、比例、均衡、对比、调和、多样统一等等。

从审美客体的内容上看,客体的合规律性与合目的性的矛盾对立面的融洽无间、浑然一体,客体内部矛盾处于统一状态决定了它外在的形式表现。

从审美的主客体的关系看,审美主体是通过主客体的交互作用直接地从对象身上获得快感,这种审美快感的获得形式符合人们长期的审美习惯,很容易造成感官感知的宁静和谐,情感上的平和愉悦。这种情感的艺术表现是古典主义的,易于为一般大众所欣赏、所接受。

自然领域的优美,侧重于客体(自然)的真(感性形式)。蓝天飘过的朵朵白云和习习凉风,夜空中温柔的月光和闪烁的星星,潺潺溪水和微动涟漪的湖面,深山中的幽林曲涧和鲜花小草,禽鸟掠岸飞翔和婉转歌唱,幼鹿的羞答凝视和小兔活泼蹦跳……无不真实表现其自然天性的东西。还有人的真实的自然,如女性人体的曲线美、体态婀娜多姿,儿童的天真无邪。社会领域的优美,则在于主体的善(形式力量),合规律性与合目的和谐统一,那些对他人、集体、社会有利有益的言行和心灵,如老人的慈祥,年轻人的稳重,男人的温和,女人的优雅,这些都是优美的性格;说话和气,待人诚恳,扶老携幼,遵守纪律,信守诺言,富有同情心、爱心等等,这些都充分体现了人性中善良、美好的方面。

艺术中的优美是现实中的优美经过艺术家选择加工的产物,因而集中地表现出完满内容与精致形式的和谐统一。如古希腊的雕刻艺术珍宝《米洛的维纳斯》,雕像裸露的上身和线条下垂的衣裙覆盖着的下半身,结合十分自然,并构成巧妙对比,不仅更显出女神的健康丰满,而且使整座雕像十分稳定而富有变化。女神起立而略为倾斜,静静而稍有转动,加上人体各部分之间高低起伏、强弱交替的节奏感,形成整座雕像婀娜向上的优美体态。达·芬奇的《蒙娜丽莎》也是世界艺术珍宝。画面上新时代年轻女性温雅的微笑,深远莫测、别具神采的眼神和若有所思的表情,那只仿佛从袖中缓缓流出的柔和的右手,那柔滑圆润的脸和脖颈,那袒露的富有生气的胸部,使得肖像局部和整体在略有变化中达到和谐、完美。还有莫扎特、舒伯特和门德尔松流畅、甜蜜的旋律,宋朝婉约词派李清照凭窗听雨的冷清环境和凄惨的心境而抒发的千古绝唱,从莫高窟的彩画"飞天"摄取灵感的《丝绸之路》的飘逸舞姿……无不寄托艺术家绵绵情意、悠悠思念,是艺术家真情实感的自然流露。

二、崇高

西方最早提出崇高这一术语的是公元1世纪著名希腊演说术教师阿波罗·多尔·蔡齐利。他不是把崇高看成是美学的范畴,而是看成演说术的修辞格。他曾写过一篇《论崇高》的专题论文,探讨了崇高语体的特殊规则、演说的技巧问题、修辞格和比喻的分类。蔡齐利的专论未能保留下来。另一篇《论崇高》的专题论文却保留到今天,它是对蔡齐利文章的答复,作者是古罗马的朗吉弩斯,但有国外论者考证这篇论文不是朗吉弩斯本人所写。① 这篇论文保留了蔡齐利关于崇高作为修辞观念的解释,他认为崇高的主要来源有五个,分别是"庄严伟大的思想"、"强烈而激越的情感"、"运用藻饰的技术"、"高雅的措辞"、"整个结构的堂皇卓越"。并强调说"这五个来源所共同依靠的先决条件",是"掌握语言的才能"。② 但是,朗吉弩斯说的"庄严伟大的思想"和"强烈而激越的情感",实际上已是美学意义上的崇高。他认为,崇高可以使人生达到神灵般的伟大,赋予他不朽的生命力。当人们看到小溪小涧,

---

① [苏]鲍列夫:《美学》,中国文联出版公司1986年版,第81~82页,乔修业等译。

② 《文艺理论译丛》,1958年第2期,第37~38页。

无论它多么明媚,对人有用,也不会产生崇高的感觉。但是见到尼罗河、多瑙河、莱茵河,尤其是海洋,就会使人感到惊异。他认为,崇高"产生一种激昂慷慨的喜悦,充满了快乐与自豪"。①

在17、18世纪,西方美学中崇高和美联系起来,当时随市场经济迅速发展而来的思想启蒙运动、社会变革和文艺上反古典主义的浪漫主义运动,使人们不满足于宫廷和沙龙里那种小巧玲珑、精雕细刻风格。人们渴望着巨大的社会震荡和激动人心的社会事变;向往着粗犷雄伟的大自然景观。总之,追求宏伟、壮观、新奇、怪异,崇高问题引起普遍注重。爱迪生把审美对象划分为"美、新、奇与伟大"。人们在"无边的景象"面前会有一种"既愉快而又惊奇的心境","一个怪物也显得有迷人的魔力"。② 荷迦兹曾说:"尺寸大的形体,即使外形并不好看,由于它形体大,也会引起我们的注意,引起我们的赞美。""当眼前出现巨大的美的形体时,我们的意识则会体验到一种快感,恐惧就变成崇敬感。"③

1757年,博克发表了《关于崇高与美的概念的根源的哲学探讨》,认为崇高和美的思想原则上是不同的,把它们结合在一种情感中是困难的,甚至是不可能的。他说:"自然界伟大和崇高现象所引起的情绪是惊异。惊异就是灵魂完全停止活动的状态,其中还包含有若干程度的恐怖。""幅度辽阔广大",以及"所有普通的虚无观念如空虚、黑暗、孤独和沉寂都是崇高的,因为这些概念都可怕"。他还说:"崇高感除包括危险的观念之外,还包括力的概念。"这是由某些方面比我们高的力量引起的。这些都是感觉主义出发的观点。④ 以上可以看出,博克认为美以小巧为特征,崇高则是巨

---

① 《文艺理论译丛》,1958年第2期,第37页。
② 《西方美学家论美和美感》,第96~97页。
③ 荷迦兹:《美的分析》,第38页。
④ 《崇高与美》,载《西方名著提要》,中国青年出版社1957年版,第203~204页。

大的、有力量的;美感(优美感)"以快感为基础",而崇高感则"以痛感为基础"。两者是对立的。

康德对崇高的论证,是在博克的基础上作出具有哲学内容的深刻发展,康德把审美判断分为"美的分析"和"崇高的分析"两部分,揭示了崇高与美的差异。就对象而言,美只涉及对象的形式,而崇高却涉及对象的"无形式",即崇高对象是"无限制"或"无限大"。他还把崇高对象分为两类,一是"数学的崇高",主要是对象的体积是"无限大"或"无比的大",即不根据某种外在的单位尺度或概念来进行比较;二是"力学的崇高",它是对于审美主体无法支配的那种威力,康德把它局限于自然界。

就主观心理反应而言,美感是单纯的快感,崇高却是由痛感转化成的快感。崇高感作为一种间接引起的快感,是因为"它先有一种生命力受到暂时阻碍的感觉,马上就接着有一种更强烈的生命力的洋溢迸发"。① 康德强调审美主体的心灵关键作用:"例如暴风浪中的大海原不能说是崇高的,只能说是形状可怕的。一个人必须先在心中装满大量观念,在观照海景时,才能激起一种情感——正是这情感本身才是崇高的,因为这时心灵受到激发,抛开了感觉力而去体会更高的符合目的性的观念。"② 在具体论述面对"数学的崇高"客体时,康德说由于对象的无限大,感性功能(想象力)不足以见到崇高的整体,理性功能就赶来支援,应在这对象本身见出无限大,见出它所要求的整体,而崇高感就是理性功能弥补感性功能欠缺的胜利感。谈到面对"力学的崇高"客体时,他说,对象有巨大的威力,但这威力对于审美主体却不能成为支配力,是因为同时在我们心中引起自己有足够的抵抗力而不受它支配的感觉。这种抵抗力是人的理性力量,这是使自然的威力对人不成为支配力的更大的威力,也就是人的勇气和自我尊严感。所以"力学

---

① 转引自朱光潜:《西方美学史》,第 357 页。
② 同上书,第 376 页。

的崇高"对象既能引起人们恐惧又能引起人们的崇敬,而崇高感就是对我们自己的使命的崇敬。

康德的崇高说成为后来一切关于崇高的讨论的基础。黑格尔承续了康德关于崇高来自理性力量的观点,认为崇高起于感性形象不足以表现精神方面的无限,有限的感性存在容纳不住那无限的理性内容,无限的理念直接外露,"观念压倒形式",于是引起崇高感。东方原始艺术是象征型艺术,其特征也在于此,特别是希伯来民族对于神的观念。

车尔尼雪夫斯基试图从客观对象本身来说明崇高,他批判了黑格尔把理念看作崇高的本质观点,指出所谓无限的理念本身互相矛盾和模糊不清。他认为崇高在事物本身,而与主体无关,所谓崇高是比我们所对比的那些现象大得多、强有力得多的东西。车尔尼雪夫斯基是试图探索崇高的现实基础的。

中国古代美学思想没有提出崇高范畴,但关于"大"的探讨包含有崇高形态研究的雏形。孔子说:"大哉!尧之为君也。巍巍乎!"①孟子说:"充实之谓美,充实而有光辉之谓大。"②庄子说:"美则美矣,而未大也。"又说:"夫在地者,古之所大也,而黄帝、尧、舜之所共美也。"③后来一些文学家的文论也涉及崇高范畴的某些内容,如汉代扬雄针对汉赋雕绘辞藻的倾向而推崇一种博大艰深的美;唐代韩愈从"大凡物不得其平则鸣"出发,推崇一种不同寻常的可畏、可惧、可怪的事物的美;特别是司空图在《诗品二十四则》中明确提出雄浑、劲健、豪放、悲愤、旷达等等。

我们用静态的和谐来概括优美作为真与善相统一的形式的本质特征,而作为真与善相统一的形式的另一种状貌崇高,我们可以用动态的冲突来概括其本质特征。美学史上对崇高的不同说明,

---

① 《中国美学史资料选编》上册,中华书局1980年版,第16页。
② 同上书,第23页。
③ 同上书,第33页。

第四章　美的范畴

其合理之处有益于我们理解崇高的这一特征。

从崇高的客体的形式上看,崇高的客体具有博大、辽阔、遥远、粗犷、雄伟、巍峨、刚劲、豪迈、激昂、震撼、怪异、惊险、庄穆、严峻等等外在形式,像博克、康德等人说的体积巨大,力量无法估计。客体的运动状态是剧烈的变化。

从崇高的客体的内容上看,崇高的客体的内在矛盾双方是处于对立和激烈的斗争冲突之中。地球某两个板块运动、摩擦、碰撞会引起地震。运动越激烈,两大板块的对抗就越剧烈,产生的摩擦、碰撞和造成的地震也就越强烈。暴风才有巨浪滔天;景阳冈老虎威猛,才有武松英雄本色;环境越恶劣,斗争越残酷,越显革命者意志坚强,气节崇高。

从审美主体与审美客体的关系看,崇高是以现实客体压倒实践主体为其外表特征;而其实质在于受到压抑的主体,充分激发人的本质力量,转而抵抗客体的支配,试图征服、改造、掌握客体。这种心理的产生是长期社会实践的结果。自然界起初是作为完全异己的力量与人们对立的,在这种情况下,盲目的自然力对人来说是可怕的,根本不能成为审美对象,随着劳动实践经验的不断积累,人类自由自觉意识逐步觉醒,在一定的社会条件下,便产生了各种认识自然,征服、改造自然的自觉的社会要求,并取得一个又一个胜利的成果,一个又一个原来人恐惧、可怕的对象被人认识,被人征服、改造,使之为人们服务。这种经验的历史积淀,使得现实的审美主体面对压迫主体的客体时能够在其心理过程重演过去,唤起人的理性力量。康德说:"自然之所以被判定为崇高的,并非由于它可怕,而是由于它唤醒我们的力量。"[①]黑格尔也指出:"大海给了我们茫茫无定、浩浩无际和渺渺无限的观念;人类在大海的无限里感到他自己的无限的时候,他们就被激起了勇气,要去超越那

---

① 转引自朱光潜:《西方美学史》,第 380 页。

有限的一切。"①因此,人们从欣赏崇高初始产生的恐惧,转为自豪和胜利的喜悦;崇高感的特点是由恐惧转向愉悦,从痛感转向快感。

自然界的崇高在于它的感性形式,特别是以量的巨大和力的强劲显现出人的感官难以掌握的无限大的特性,如浩渺无际的宇宙星空,千重万叠的高山峻岭,汹涌澎湃的汪洋大海,滔滔不尽的长江黄河,烟波浩荡的大漠平原;还有气势压人的飞瀑、雪崩、泥石流、狂风暴雨、江河泛滥、火山爆发;植物界中参天的大树和苍劲的古树,辽阔的大草原,沙漠中的仙人掌;动物界的大象、雄狮、悍豹,男人强悍的体格等等。

社会界的崇高虽然也表现为真的感性形式,如宏大的战争场面和劳动场面,但侧重于其内容善,具有明显的、直接的伦理性质。那些推动社会历史前进的进步力量和优秀人物,正是社会崇高的本质。英勇、豪迈、伟大、英雄主义等,可以看作崇高的同义语。夸父追日、大禹治水、黄帝战蚩尤、普罗米修斯的不屈、斯巴达克斯的斗争、洪秀全的起义、巴黎公社社员的革命等都是改造自然和社会的壮举,都是实践对现实的艰巨斗争。环境愈是充满矛盾冲突,越恶劣,越艰苦,越折磨人,胜利就越光荣,主体的性格越坚强,主体的形象越伟大,主体的精神越不朽。席勒说:"最高度的道德快感总是有痛苦伴随着的。"②

艺术美领域的崇高是对现实美崇高的反映。意大利文艺复兴时期伟大艺术家米开朗琪罗一生热爱自由、向往共和、反对专制暴政,在艺术上一贯热情于创造巨人般的英雄和寄以战士的理想。他的雕像《大卫》是雕刻艺术史上的不朽之作,全裸的青年大卫左

---

① 黑格尔:《历史哲学》,生活·读书·新知三联书店1956年版,第134页。
② 《论悲剧题材产生快感的原因》,《古典文艺理论译丛》第6册,第78页。

手握投石机弦,右手作出临战动作,眼睛怒视前方,似乎正积累力量给敌人致命一击。圣经传说的大卫是牧羊少年,自告奋勇上阵,用投石打死敌方将领、巨人哥利亚而挽救了整个民族。而米开朗琪罗把他塑造成高大硕健、刚毅英勇的战士,一个保卫祖国抵御外侮的青年英雄的典型,反映了艺术家渴望出现像大卫这样强有力的人物拯救祖国、实现祖国统一的政治理想。贝多芬的第九交响曲中的崇高体现十分明显。微弱的、低沉的、时而又若有若无的音响,渐渐积蓄起来,突然爆发出来,又一切平息下来,再孕育新的能量,又迸发出来。又再度沉寂、再孕育,反复多次,突然,声响如气势磅礴的洪流,滚滚向前,发出惊天动地的战斗呐喊。第九交响曲表达出千百万人民群众参加资产阶级革命的巨大力量和战斗豪情。还有古希腊巴底农神殿宏伟的结构和巨大的立柱,埃及金字塔的巨大简洁和厚重坚实的形体,电影《攻克柏林》及反映我国解放战争三大战役等巨片气势恢宏的场面,等等,都是表现崇高的杰作。

第二节　悲剧和喜剧

哲学家尼采在他所著的《悲剧的诞生》中把古希腊艺术分为梦的艺术和醉的艺术,前者指史诗、绘画、雕刻,后者指音乐、舞蹈。他拿日神阿波罗和酒神狄奥尼修斯来象征这两种艺术。在尼采看来,日神的艺术和酒神的艺术,一种优美,一种崇高,两种相反的美熔化为一炉,从深心进出的苦闷借鲜明的意象而呈现,于是才有希腊的悲剧。悲剧一方面是动的、醉的,像音乐一样,是苦闷从心坎进出的呼号;另一方面是静的、梦的,像雕刻、绘画一样,是一个热烈灿烂的意象。尼采把某门类艺术归结为日神艺术或酒神艺术是错误的,但他认为悲剧包括优美和崇高却是合理的。

悲剧、喜剧和优美、崇高,两对范畴从不同角度对现实美、艺术美进行抽象概括,优美和崇高侧重于对象的状貌,而悲剧和喜剧侧重于对象的过程展开和结果,具有戏剧性色彩。简言之,前者侧重于横向的概括,后者侧重于纵向的概括,而且它们之间相互渗透、相互贯通。悲剧未必都是崇高,小人物的悲剧更多表现出优美;崇高也未必都是悲剧,肯定型的喜剧人物(如济公、徐九经)也可以是崇高的。

一、悲剧

悲剧的雏形是狄奥尼修斯神坛前祭奠者的合唱。公元前6世纪,原先盛行于农村的,为了对掌管万物生机的狄奥尼修斯酒神的祭祀,来祈祷和庆祝丰收,而头戴羊角、身穿羊皮扮成半人半神的角色的人们,悲叹地吟唱酒神在尘世遭受的痛苦,并赞美他的再生。最初的酒神颂歌是由歌队提出问题,一人作答。到了公元前5世纪,"悲剧之父"埃斯库罗斯增加了戏剧成分,加上第二演员,使合唱抒情诗变成了独立的悲剧艺术。悲剧作为一种戏剧文学和舞台艺术的样式,其基本特征是以悲剧性的矛盾作为戏剧冲突,即具有肯定价值的主人公遭受挫折以至毁灭,唤起人们以悲为特点的审美感受。由此推而广之,人们把具有这一根本特征的其他文学作品,甚至把生活中具有悲剧意义的事件,统统称之为悲剧,从而使悲剧成为一个较为广泛的美学范畴。

从古希腊时代的"山羊之歌",我们看到命运之神对人们的捉弄。古希腊的埃斯库罗斯、索福克勒斯、欧里庇得斯三大悲剧诗人,创作了《被缚的普罗米修斯》、《俄狄浦斯王》、《美狄亚》等大量悲剧作品。普罗米修斯创造了人并把火送给人间却遭兀鹰日日啄食之苦,俄狄浦斯力图避免杀父娶母却无法逃脱弄瞎双眼,伊阿宋的残酷变心和美狄亚杀子的残忍报复……偶然性在起作用,阻挠、危害、破坏人们的生活和理想。亚里士多德力图避开不谈命运在悲剧形式中的作用,对希腊悲剧艺术作美学的总结,提出"悲剧是对一个严肃、完整、有一定长度的行动的模仿"。① 强调悲剧是"模仿"人的行动,而且是一个过程。悲剧的主角是好人,但不是好到极点,而是有过失或弱点,使得他在行动过程中,由福转为祸,结局是悲惨的。好人受难,才能引起怜悯和恐惧,净化、陶冶人的感情,引发一种理性的力量,在道德上震撼人心。悲剧不仅给人以美感享受,同时获得精神享受。亚里士多德悲剧观奠定了西方美学史上悲剧理论的基础。

黑格尔对悲剧理论作出的重大贡献在于,他是用辩证的矛盾冲突的观点来说明悲剧的本质。他认为,悲剧的产生不是偶然的,而是相互对立的人物各自代表一种伦理力量,这两种伦理力量既是合理的,但又有缺点。在各自坚持自己理想和所代表的普遍力量而发生冲突的过程中,同归于尽,造成了悲剧结局,从而双方的片面性得到克服,永恒的正义取得胜利。黑格尔最推崇的是索福克勒斯的《安提戈涅》。安提戈涅是希腊神话中忒拜城国王俄狄浦斯的女儿,当俄狄浦斯得知自己杀父娶母后自己刺瞎眼睛流放在外,其两个儿子争夺王位,其中一位王子求助他国来攻城,结果双方都战死。攻城的王子被视为叛国者,新国王克瑞翁下令不准收尸,收尸者将要处以极刑。安提戈涅出于当时希腊人信奉的骨肉至亲的爱是神圣的这一道德观念,偷偷地掩埋了哥哥的尸体,但被发现了。这便形成了国法和宗法两种伦理观念的冲突。安提戈涅为哥收尸是合理的,但又触犯了国家的法令,因而又是片面的、不正义的,同样受到惩罚。安提戈涅的未婚夫、克瑞翁的儿子海蒙闻讯未婚妻处死而悲愤自杀,皇后听到儿子的噩耗也绝望自杀了。黑格尔认为,这种矛盾双方的毁灭,是由其各自的片面性必然造成的,这种片面性的否定,又重新获得国法和宗法的和谐统一,即永恒正义的胜利。

---

① 亚里士多德:《诗学》,见《诗学、诗艺》,人民文学出版社1962年版,第19页。

车尔尼雪夫斯基反对黑格尔把悲剧人物的死亡都看成自食其果、咎由自取的观点,说这是残忍到了使人愤恨的思想。但他否认悲剧产生的必然性:"人的悲剧命运和景象在我们心目中所唤起的,就不是关于必然律的观念","痛苦与毁灭的原因是偶然还是必然,这完全一样,痛苦与毁灭总是可怕的"。①

马克思、恩格斯唯物地改造了黑格尔的悲剧理论,将悲剧中所包含的矛盾冲突的必然性和社会倾向性,与推动历史前进的斗争联系起来,从而深刻地提出了悲剧的本质。这就是恩格斯在《致斐·拉萨尔》的信中所指出:"历史的必然要求和这个要求的实际上不可能实现之间悲剧性的冲突。"②这一论断划清了美学史把悲剧归结为"命运"、"性格"、"道德"等等原因的界线,正确说明了悲剧的本质在于客观现实的矛盾冲突,而这种冲突有其历史的必然性。符合历史必然要求的新生事物,面对还十分强大的旧势力时,斗争必然受挫折,代表人物必然被毁灭。正是在这种挫折与毁灭的过程中,暴露了现实存在的不合理性和必然灭亡,更加显示出实践主体要求的合理性和必然胜利。鲁迅先生说:"悲剧将人生的有价值的东西毁灭给人看。"③有价值的东西,就是符合历史必然要求的东西,"毁灭"也就是这个要求实际上不可能实现,"给人看"就是通过有价值东西的毁灭这种否定的形式使人悲悯和惊赞,引导人们认清旧势力的残忍、腐朽的本质和必然灭亡的趋势,在强烈的感动中给人以为真理而斗争的勇气和必胜的信心。从观念和事态的角度看,悲剧的规律性是死亡向复生过渡;从情感的角度来看,则是悲哀向欢乐过渡。因此,悲剧的美学特征是体现人的本质力量的实践主体暂时被否定而最终被肯定,代表历史发展方向的实

---

① 《车尔尼雪夫斯基论文学》中卷,上海译文出版社1978年版,第86页。
② 《马克思恩格斯选集》第4卷,人民出版社1972年版,第346页。
③ 《鲁迅全集》第1卷,人民文学出版社1981年版,第297页。

践主体暂时受挫折而终将获得胜利。悲剧的情感是深刻的悲哀与高度的欢乐相结合。

由于对悲剧的本质和特征理解不同,据此人们对悲剧进行不同的分类。有的根据悲剧发展的历史过程把悲剧分为命运悲剧、性格悲剧和社会悲剧;有的根据悲剧的题材把悲剧分为神秘悲剧、宗教悲剧、英雄悲剧、道德悲剧;有的根据悲剧的效果把悲剧分为悲壮悲剧、悲愤悲剧、悲悯悲剧。

悲剧的主人公是好人,他在被否定又被肯定、毁灭后又再复生的过程中展现出美的状貌不同,有的总体上是崇高的,我们可将他的悲剧称之为英雄的悲剧,有的总体上是优美的,我们可称之为小人物的悲剧。这样分法,不再是从悲剧主人公某些方面、而是从总体状貌上把握悲剧的表现形态。

英雄的悲剧又可以分为新生力量的悲剧和旧事物、旧制度中合理力量的悲剧。新生力量是新的生产力和社会关系的代表者,新生力量的悲剧是生产力新的发展和新的社会制度代替旧的社会制度的信号。普罗米修斯的盗火悲剧,布鲁诺捍卫日心说的悲剧都对我们昭示了生产力和科学的新发展。商鞅变革的悲剧,基督耶稣受难的悲剧,法国雅各宾专政和孙中山让位的悲剧,巴黎公社壮举和李大钊就义的悲剧,斯大林时期被"肃反"掉的老布尔什维克的悲剧,我国受极"左"路线迫害的"胡风反革命集团"、"右派分子"、"走资派"、"反动学术权威"的悲剧,都集中体现了这种悲剧美。

旧事物、旧制度中的英雄悲剧,主人公是那些不是新的生产力的代表,不能建立一个新的社会制度,仅仅为了改朝换代,暂时改变被压迫阶级悲惨状况的奴隶起义和农民起义英雄,或者是贤明君主,忠君爱民的清官,抵御异族侵略的爱国文武将士。"水浒"英雄被招安和李自成战死九宫山的悲剧,光绪皇帝和康、梁维新派的悲剧,屈原投汨罗江和林则徐禁烟的悲剧,这些人物的思想、行为虽然无法冲破阶级的局限性,但是具有历史的合理性。马克思说:

"无论哪一个社会形态,在它们所能容纳的全部生产力发挥出来以前,是决不会灭亡的,而新的更高的生产关系,在它存在的物质条件在旧社会的胎胞里成熟以前,是决不会出现的。"① 因此,当旧制度所能容纳的生产力还有发挥余地,新的生产力还未酝酿成熟的时候,就是旧制度还有存在的合理性时候,其中必然有许多杰出人物和杰出思想,他们为了被压迫阶级的利益,为了国家和民族的利益,不顾个人利益和安危,谱写出可歌可泣的壮烈诗篇,也体现了崇高的悲剧美。

小人物悲剧中的主人公,既不是旧制度的代表者,也算不上社会的新生力量,他们缺乏反旧制度、进行社会革命的思想、要求和勇气,即使有这种思想、要求也是不自觉的、偶然的、微弱的。有时他们也有一定的勇气,甚至也表现出壮烈之举,但相比于英雄人物,他们抗争的规模、力度、影响都相当有限。贾府红楼弱女子林黛玉之惨死,为爱情而烦恼的少年维特之自杀,被封建扼杀的祥林嫂之命运,都是小人物悲剧的艺术典型。他们追求爱情的失败,被旧制度所吞噬的悲剧命运也能引起惊赞和振奋,也能促人深思,引人探求生活的真理,向往美好的未来,小人物在悲剧过程中展示的美大部分是优美的、纤弱的,因此,比较轻易被丑所否定、毁灭。

二、喜剧

喜剧艺术最早见于古希腊。起初有两种形式,一是与祭祀酒神的仪式相联系,一是在民间流行的滑稽的讽刺性演出。之后,雅典诗人克剌忒斯首先编写了喜剧性情节以代替一般滑稽表演,初步形成了独立的喜剧。"喜剧之父"阿里斯托芬则通过其杰出的作品使希腊喜剧定型化。像悲剧一样,随生活实践发展,喜剧一词的含义也突破了对剧中一个类型的限制,泛指艺术中乃至生活中一切令人可笑的对象,从而成为现在的美学意义上的喜剧范畴。

---

① 《马克思恩格斯选集》第2卷,第83页。

喜剧艺术最早由亚里士多德提到美学高度进行总结,提出喜剧、丑和滑稽之间的关系:"喜剧是对于比较坏的人的摹仿,然而,'坏'不是指一切恶而言,而指丑而言,其中一种是滑稽。滑稽的事物是某种错误或丑陋,不致引起痛苦或作害,现成的例子如滑稽的面具,它又丑又怪,但不使人感到痛苦。"① 这里,亚里士多德指出喜剧对象是对人无害、不使人痛苦反而使人可笑的丑,即滑稽。很显然,喜剧不就是滑稽,喜剧的主角不就是丑,喜剧的主角是丑的一种形式,是滑稽。喜剧是以滑稽为主角的戏剧性过程和结果。车尔尼雪夫斯基关于滑稽的论述也分出丑与滑稽、崇高的区别和联系:"丑,这是滑稽的基础、本质。虽然在崇高中也会出现丑,但是丑在崇高中不是专以丑的面目出现,却是以恐怖的面目出现的,这种恐怖依靠它的通过丑而显现的庞大的威力,在我们心里引起恐惧,由于这种恐怖就使人忘记了它的丑。然而,到了这个丑并不可怕的时候,它就在我们心中激起完全不同的感情——我们的智慧嘲笑我们的荒唐可笑。丑只有到它不安其位,要显出自己不是丑的时候才是荒唐的,只有到那时候,它才会激起我们去嘲笑它的愚蠢的妄想,它的弄巧成拙的企图……因此,只有到了丑强把自己装成美的时候这才是滑稽……否则,不美始终只是不美,它就不会进入美学的境界。"② 车尔尼雪夫斯基指出丑是滑稽的基础和本质,但也指出作为滑稽的丑和作为崇高出现的丑的不同。崇高中的丑是以恐怖面目出现,而滑稽的丑不可怕,并且还强把自己装成美。

作为滑稽的丑不可怕的原因在于,实践主体在矛盾斗争中已经居于主导地位,现实作为实践主体的对立面,已经或即将被战胜,从而成为失却了存在依据的事物,成为可以任意挪揄、摆弄的对象。这时候,这种已经失去存在根据的事物仍然坚持要以往昔

---

① 《西方文论选》上卷,第55页。
② 《车尔尼雪夫斯基论文学》中卷,第89页。

的强大威严的外观而存在,就以其笨拙的、造作的形式引人发笑,从反面肯定了实践主体的胜利斗争,也就是以其独特的形态显现了人的本质力量。这种通过对旧事物的丑的本质的揶揄、嘲笑和彻底揭露,间接地显示出现实对主体实践的肯定,使人类"愉快地和自己的过去诀别"的滑稽,就是否定型的滑稽。以这种滑稽为主角的喜剧过程是发生在事物存在的最后阶段。

马克思从人类历史新生力量与陈旧力量的矛盾斗争中,深刻地阐明了这种喜剧的形成。马克思指出,当欧洲历史已经进入资本主义时代的时候,还保留着封建割据的"现在德国制度是一个时代错误……它向全世界表明旧制度毫不中用;它只是想象自己具有自信,并且要求世界也这样想象",这是"用另外一个本质的假象来把自己的本质掩盖起来,并求助于伪善和诡辩",德国封建阶级"不过是真正的主角已经死去的那种世界制度的丑角。历史不断前进,经过许多阶段才把陈旧的生活形式送进坟墓。世界历史形式的最后一个阶段就是喜剧"。①

并非德国的封建制度的存在是一个喜剧,而是所有的事物都是一个过程,都有发生、发展和消亡的过程,都会出现喜剧。恩格斯指出"这种辩证哲学推翻了一切关于最终真理和与之相应的人类绝对状态的想法。在它面前,不存在任何最终的、绝对的、神圣的东西;它指出所有一切事物的暂时性;在它面前,除了发生和消灭、无止境地由低级上升到高级的不断的过程,什么都不存在"。②在现实生活中,新生力量开始力量弱小,斗争艰苦,必然在强大的旧事物、旧势力摧残下受挫、失败、毁灭,也就是悲剧性的。而一旦它在斗争中逐步壮大并上升为统治力量,也就逐步失去存在的合理性,由新的社会力量转化为旧社会力量,并在与另一新生力量的斗争中逐步走向衰弱,这时就从悲剧转向喜剧。黑格尔曾把这种

---

① 《马克思恩格斯选集》第1卷,第5页。
② 《马克思恩格斯选集》第4卷,第213页。

历史的辩证运动称为"历史的讽刺"。所以马克思指出:"黑格尔在某个地方说过,一切伟大的世界历史事变和人物,可以说都出现两次,他忘记补充一点:第一次是作为悲剧出现,第二次是作为笑剧出现。"①这是非常深刻的思想,也体现了马克思是一个具有自知之明的,非常彻底的唯物主义者和一代伟人。

作为不可怕的丑的滑稽,不仅存在于实践主体否定的对象身上,也存在于主体自身,表现为主体的某些方面的不足、缺陷,但它不是主体内在矛盾的主导方面,而是次要方面。当实践主体愉快地向自己的未来前进,对自身存在的非本质的"丑"的欢快嘲笑,以丑衬美,直接实现对实践的肯定,便构成肯定型的滑稽。如果说否定型的滑稽的特征在于丑的内容用美的形式掩盖起来,那么肯定型的滑稽则是美的内容采取了鞭挞丑的外观,如机械的、愚蠢的、某些类似旧事物的表现形式。例如《史记·滑稽列传》中的优孟,《徐九经升官记》中的徐九经,还有大家最熟悉的济公形象,他们外观的丑陋与心灵的高尚形成强烈对比。以肯定性的滑稽为主角的喜剧在社会主义文艺作品中日见增多,这体现了实践主体自我反省、自我批判的勇气和追求自我完善的愿望。

由此可见,喜剧的本质特征在于,它不是通过丑对美的暂时压倒来揭示美的理想,侧重于对人的本质力量作间接的肯定,而是侧重于在对丑的直接否定中突出人的现实存在。

从审美主体和审美客体相互关系角度看,喜剧的审美特征在于客体使主体直接获得快感,不必如欣赏悲剧那样间接,要由一个从悲哀向欢乐的情感过渡。喜剧通过引发人们在恶的渺小空虚和善的优越的比较中,看到自身的胜利和威力,引起一种对于对象轻蔑嘲笑的审美愉悦。车尔尼雪夫斯基说:"滑稽在人们心中所产生的印象,总是快感和不快感的混合,不过在这种混合中,快感通常总是占优势,有时这种优势是这样强烈,那种不快之感几乎完全给

---

① 《马克思恩格斯选集》第1卷,第603页。

压下去了。这种感觉总是通过笑而表现的。丑在滑稽中我们是感到不快的;我们感到愉快的是,我们能够这样观察一切,从而理解,丑就是丑。既然嘲笑了丑,我们就超过它了。"①车尔尼雪夫斯基在这里指出丑虽然令人讨厌,但由于我们能理解它,超越它,因而嘲笑它,获取了优越感,唤起人们轻松喜悦之感。所以,喜剧虽然直接给人以快感,但也包含有理智批判的特点。古罗马西塞罗说,喜剧应该是人生镜子,品性的模范,真理的反映。我国古代喜剧理论中也说"寓庄于谐";还有卓别林说的:"我有本事既勾出眼泪,又引起笑声。"都说明喜剧艺术的魅力不光逗人发笑,还必须给人以智慧和启迪,它决不是低级庸俗的噱头和无原则的嬉闹。

喜剧的表现形式多种多样,从一般形式看可分为否定性喜剧和肯定性喜剧。这是上面我们已经论及的。它们的共同点都是用一个假象把自己的本质掩盖起来,或者如黑格尔所说是感性形象压倒理念,我们将其改造为感性形象压倒本质内容。否定性喜剧是丑的内容采用了美的外观,因而鲁迅先生说:"喜剧将那无价值的东西撕破给人看。"②喜剧要透过假象,揭其美好外衣,暴露其丑的本质。肯定性喜剧则是美的内容采取丑的外观,通常用误会、巧合等表现形式来表达歌颂或赞扬在本质上是美的事物和人物。

喜剧的具体表现形式有讽刺、夸张、幽默、冷嘲、揶揄、打诨、诙谐等,但它们之间界限很难划清。我们主要介绍讽刺和幽默这两种常见的形式。

讽刺是尖锐有刺的形式,它以真实而夸张或真实巧妙之类手段,把人生无价值的东西撕破给人看,使人贬斥丑和否定丑,以间接地肯定美,从而获得精神和情感愉悦。这是否定型喜剧常用的一种表现形式,用以揭露社会生活中丑陋、落后、反动、庸俗、愚蠢、无聊、虚伪东西的实质。这种辛辣的、冷峭的、尖刻的笑,常常同愤

---

① 《车尔尼雪夫斯基论文学》中卷,第 97 页。
② 《鲁迅全集》第 1 卷,第 193 页。

慨地谴责联结在一起。鲁迅先生的杂文,正是这种讽刺艺术的典范。在反帝、反封建的斗争中,鲁迅先生总是毫不留情地痛揭敌人的疮疤,横撕丑态伪装。他的笑总是那样痛快淋漓,诙谐俏皮,带有对丑的一种摧毁的力量。

对人民中的缺点也可以用讽刺的形式,像现实生活中的不正之风、官僚主义、教条主义、迷信僵化、个人主义等等,都可以进行讽刺鞭挞,使人们的灵魂在笑声中得到净化、升华,以帮助人们提高觉悟,改掉缺点,轻装前进。例如漫画《对自己和对别人》中,某君作自我批评时,用鸡毛掸在身上轻轻掸几下,而批评他人时,则挽起袖子,把鸡毛掸掉转个头,用棍子那头去敲别人。这是对那些马列主义专对别人的人的莫大讽刺。

幽默是通过比喻、夸张、象征、寓意、谐音、谐意、双关等手法,运用机智、风趣、凝练的语言,一方面,对社会生活中不合理的、落后的、自相矛盾的事物或现象作轻微的、含蓄的揭露、批评和嘲笑,使人在轻松的微笑中否定了这些事的不合理现象。另一方面,它歌颂新生事物或正面形象,直接表达先进社会力量的优越感,或者只是轻松地开个玩笑,表现出一种诙谐的风趣。幽默比讽刺更带有快乐的色彩,虽然它也有讽刺的意味,但没有讽刺的尖锐。讽刺较严厉,幽默较轻松;讽刺较辛辣,幽默较温和。幽默是一种含笑的、善良的批评,它使人产生会心的微笑,同情的苦笑。

幽默是一种优美的、健康的品质。它表现出主体的敏锐观察力和机智表现力,一方面能敏感生活中一切丑陋东西并深入其本质,另一方面又能巧智而风趣地把它披露出来,由微笑引导人们深入思考。阿凡提、卓别林、果戈理、华君武、侯宝林等艺术家和艺术形象的幽默,总是同他的正直、聪慧、乐观、勇敢、正义等精神相联系。幽默甚至用于自我嘲笑,具有自知之明、性格开朗的人往往在朋友、公众面前,以轻松、诙谐的语言,嘲笑自己的不足,更显自己坦率、谦虚,又不失其尊严。总之,幽默的讽刺意味的轻微性,突出地反映出人们观察事物本质和坚信历史发展趋向的乐观精神。

第五章 美感的本质和特征

美感和美一样,都是人类社会实践的产物。人类在实践活动中,造成两种结果:一方面是外在自然的人化,建构了以真善统一为内容的客体自然的感性自由形式,创造了美;另一方面是内在自然的人化,建构了人类的审美心理结构,产生了美感。因此,美感的本质是在实践的基础上,人对自己本质力量的观照。它是实践主体对外部世界的一种特殊反映方式,表现为心理诸功能(知觉、想象、情感、理解等)的合规律的自由运动。

第一节 美感的本质

美感的研究在整个美学研究中具有十分重要的意义。"现代美学之父"费希纳在 1871 年出版了他的《实验美学》一书,把美学分为"自上而下的美学"和"自下而上的美学"。"自上而下的美学"是指对美的哲学探讨,即从一定的哲学体系出发,经过哲学思辨和逻辑论证,用演绎的方法从一般到特殊来探讨美的本质的传统美学。而他提倡"自下而上的美学",即着重研究主体的审美感受,经过不断的归纳去寻求美的法则。当代的西方经验主义美学家认为这种变化是正常的,因为鲍姆嘉通本来就以"感觉的科学"来命名美学,而且美学很多问题是包括在审美经验之中的,必须先了解知觉、情感怎样在审美过程中发挥具体作用。于是,心理学在美学中的地位就显得重要了。不仅像完形心理学美学和精神分析美学那样,直接用某种心理学理论去解释美学和艺术创作中的一些问题,而且其他一些经验主义的美学派别也往往从心理学角度去分析审美经验。例如表现论美学、实用主义美学、现象学美学实际上都涉及审美过程的心理学问题。把"美"看作一种心理研究对象,甚至把"美"直接看作一种心理现象,成了一种强有力的思潮,在某些美学家那里,几乎想把美学等同于心理学。这一发展趋势,虽然没有也不可能取消人们对美的本质的哲学探讨,但却证实了审美心理研究在美学中的重要地位。

美感具有广狭两种含义。广义的美感,又称审美意识,指的是审美意识活动的各个方面和各种表现形态,包括审美感受,以及在审美感受基础上形成的审美趣味、审美要求、审美体验、审美理想、审美想象等共同组成的审美意识系统。狭义的美感,专指审美感受,即审美主体接触到当时当地客观存在的某一审美对象时所引起的具体感受。审美感受是审美意识的核心和基础。

特定的审美对象,何以会引起审美主体特定的审美心理反应而获得美感?也就是美感的根源和本质是什么?这是研究美感的一项重要内容。

历史上的唯心主义美学家主张从人的精神活动中寻求美感的根源,认为美感是与生俱来的,是心灵所固有的,与客观存在的美没有关系。如柏拉图就提出,只有少数由于"神灵凭附"而陷入"迷狂"的人,才能观照到最高的美,即存在于尘世之外的理念世界中的"真正的美"。倾向于这一流派的夏夫兹博里和他的学生哈奇生认为,人天生就有审辨善恶和美丑的能力,人们凭着这种天生能力,即"内在的感官"、"内在的眼睛"、"内在的节拍感"等等,亦即后来人称呼的"第六感官",来把握美的观念,直接观照到美。这些说法,既抹杀了现实世界客观存在的美,也抹杀了审美对象在美感形成中的作用,把观念形态的"美的理式"、"美的观念"绝对化、神学化,因而也就把人的审美能力神秘化了。这当然是不足取的。但是,他们却以神秘主义的方式肯定了美感是一种能够把握某种理性内容的直接观照,肯定了主观审美能力在美感形成中的能动作用,还是从另一侧面见到了美感的特点。

旧唯物主义美学家注意到美感是由审美对象引起的心理反应,但忽视主体在审美中的能动性,因而对主体审美能力在美感形成中的作用估计不足。亚里士多德认为美不是如柏拉图所说的存在于"理念"世界,而是存在于我们经验的自然中。因此,可以通过模仿美的自然或各种情感表现方式来表现人的各类情感,使人的情感在观照这些东西中得到净化,即获得美感。以博克为代表的英国经验主义美学家,从"一切认识都起源于感觉"这一唯物主义哲学原则出发,认为美感是依存于客观事物中的可感属性美引起的,即是由审美对象引起五官的快感。但是,他忽视了美感的社会内容和理性因素,把美感和生理快感简单地等同起来了,这就滑向了生理主义或感觉主义的泥淖,实际上也就把社会的人降低到了动物的水平。车尔尼雪夫斯基根据"美是生活"的命题,把美感看成是从对象身上观照到生活所引起的无私的快感:"凡是我们发现具有生的意味的一切,特别是我们看见具有生的现象的一切,总使我们欢欣鼓舞,引导我们于欣然充满无私快感的心境,这就是美的享受。"[①]但是,由于他不能科学地解释人的本质和社会生活的本质,认为人的本质取决于人的自然属性,将人的生活看成生物学意义上的生命活动,不能从社会生活中真正找到美感的根源。

马克思主义强调社会生活在本质上是实践的。实践活动规定着社会生活和人的本质,也必然最终地规定着美和美感的本质。人们经过实践,不仅在对象世界中能动地、现实地复现自己的本质力量,创造了美,而且人们也能从自己所创造的世界中通过感觉直

[①] 车尔尼雪夫斯基:《当代美学概念批判》,《美学文论选》,人民文学出版社 1959 年版,第 54 页。

接观照这本质力量,肯定这一本质力量,引起情感上的愉悦,这就是美感。因此,美感是人对自身本质力量的观照。观照,作为哲学、心理学的专用术语,指的是通过感性直觉达到理性内容的把握的一种心理过程。之所以叫直觉,是指这种思维未经渐近的逻辑推理而是以"跳跃"的形式,一瞬间就把握了事物的本质和规律。但是,这种把握不是主观自身的,它是在一定知识把握和长期思索基础上,由于某种原因才突然顿悟。这种顿悟能力是在社会实践中通过教育和培养才逐渐形成和发展起来的,坐等思维成果的懒汉不会产生直觉。直觉思维的出现是突发性的,故又称为灵感。审美观照作为美学术语,是指审美主体对于审美对象通过感知、想象、情感等多种心理功能的综合作用而达到领悟和理解的感受方式。人们在实践中,合规律性和合目的性得到统一,通过审美观照,主体就获得精神上的享受,情感上的满足。人类审美心理结构的建构过程,这种内在自然的人化大体是分为两个层次进行的。

第一,感官的人化。人的感官和需要与动物不同。动物的感官完全是功利性的,只是为了个体的生存,因而它在实用功能上或许会大大超过人的。如人的眼睛不如老鹰的眼睛那么锐利,看得那么远。人的嗅觉也远远不如狗的嗅觉那么灵敏。但动物的感官再利害却无法欣赏艺术、欣赏美。而人的感官作为自身躯体及其活动的一部分,也是一种物质性的自然,也可以说是在人躯体范围之内的一种外在自然人化,但由于它与内在心理过程相联系,它又是人的内在自然的人化。人的感官虽然也是个体的、感性的、受欲望和功利支配,但经过长期的社会化、"人化"过程,它逐渐失去狭隘的维持个体生存的功利性,获得一种超个体功利性的社会功利性质,从而能产生高度社会化的感觉。在这丰富、全面深刻的感觉基础上,人才能形成有音乐感的耳朵,能感受形式美的眼睛。

第二,情感的人化。这是指人的情感的塑造或陶冶。人是具有感性欲望的个体存在,具有"七情六欲",这是维持人的生存的一个基本方面。随着社会实践的发展,人们可以把自然性很强的七情六欲改造成具有审美特征的情感。比如性变成爱情这个问题。性作为一种欲望是动物的本能,人作为生物的存在,也和动物一样有性的要求。但是,动物只有性,没有爱。爱是人独有的,是社会历史的产物,是人化的结果,是把外界社会环境因素内化于自身的结果。因为人在社会生活中,越来越要求个体的情感必须受社会理性的制约,必须受社会伦理道德的制约。他懂得异性存在的价值和尊严,懂得男女之间的性爱必须由社会各方面因素为深厚的基础,不是动物式的本能的发泄。因此,他就能把这个欲望、本能升华到爱情的高度,即使之具有审美的情感。

这种人的感官和情感的双重人化过程,也就是美感的产生和发展的过程。这是历史的积淀(李泽厚语),即人类经过漫长的社会历史实践,把人类的、社会的、理性的东西积累、沉淀在个体的、自然的、感性的东西之中,从而形成人类审美心理结构或美感的特殊本质。历史积淀可以分为如下三个方面:

(1)原始积淀。原始人类的生产劳动实践创造了最初的美,同时也创造了人类最初的美感。人类最初的审美活动是与劳动、日常生活活动结合在一起的。在制造和使用工具、日常生活用具的过程中,人类既产生了实用需要得到满足的实用感,也积累了从属于实用感的形式感,主要是形体感和节奏感。形体感的进化,可以从远古先民所制造工具造型的演化看出。旧石器时代北京人的打制石器,一器多用,尚无定型;丁村人已有尖状刮削器、橄榄形砍斫器和圆球状投掷器,工具已略见规范;山顶洞人的石器进一步均匀规整。到了新石器时代,磨制石器光滑匀整,造型已有明显的方圆变化和比例对称的形式美因素,说明人们已具有形体配合的观念和线的观念。没有这个形体感的进化过程,新石器时代晚期仰韶彩陶那丰富多彩的造型,令人惊叹的几何装饰纹样是不可能出现的。节奏感的形成,是人身外自然的运动节奏和身内自然的运动节奏,经由人的劳动和日常生活活动,取得协调和应和,使人在内心形成鲜明的节奏感。例如:宇宙有昼夜更替现象,我们人也有活动与休息;天地有季节更换,我们人的活动也有农忙和农闲,也有紧张和松弛,等等。这些节奏感,又进而使人在活动中有意识调节自己的动作,使之节律化,有音乐般的节奏。这最初的形体感和节奏感已具有相当的审美因素。当然,原始积淀的上述形式感,主要还是在社会实践中对规律性的把握,对自然秩序的感受,是人的心意状态与外在自然的普遍形式规律的合一,产生了情感的愉快。

(2)艺术的积淀。严格意义上的美感,是包含着观念和情绪意义的形式感,即审美形式感,它已脱离直接的社会功利目的,以至面对假想的感性形式,也能同面对现实一样,产生情感的激发。在原始积淀中,是在物质生产领域进行,与物质生产直接联系,美感还没有从实用感中独立出来。要把美感从实用感独立出来,必须借助一定的物质外壳,通过精神生产,而不是物质生产,将它作为产品固定下来。这种精神产品就是艺术,艺术是美感的物化形式,它最初产生于原始的图腾崇拜、巫术活动。

远古时代的人类祖先处于生产力极端落后的历史条件下,无法了解自然现象的因果联系,无法认识自然规律,在自然面前束手无策,因而把自然力人格化了,把它们看成是与人一样有生命、有意识的东西,能给人类降临灾难或幸福,这就是神和神话的产生。图腾崇拜和原始巫术活动都起源于原始人这种"万物有灵论"或"泛神论"的幼稚观念,都以神和神话的观念为依据,都在祭祀神的活动中表现出来。

图腾一语,出自北美印第安人的奥基华斯部落,意指一个氏族的徽号或标志。图腾崇拜是一种原始宗教形式,即指原始氏族将某种自然物(动物或植物)认作自己的祖先,以其作为自己的氏族标志而加以崇拜的旧习俗。据研究,在母系氏族社会,图腾崇拜曾在世界各地普遍流行,因此这一时代又称为图腾时代。中国神话故事继燧人氏钻木取火之后,流传最广的就是伏羲女娲两人的传奇了,作为远古中华文化的代表,在远古人们的观念中,它们都是巨大的龙蛇。除他们兄妹(亦为夫妻)之外,远古传说中的"神"、

"神人"或"英雄",大都是"人首蛇身",像著名的共工、盘古。作为中华民族象征的"龙"的形象,是蛇加上各种动物的四脚,鹿的角,狗的爪,鱼的鳞和须等,这可能意味着以蛇图腾为主的远古华夏氏族、部落不断战胜、融合其他氏族部落,使蛇图腾不断合并其他图腾逐渐演变为"龙"。而凤鸟则是与西部集团(炎黄集团)相对峙的东方集团(夷人集团)的另一图腾符号。从帝俊到舜,从少昊、后羿、蚩尤到商契,都以这五彩之鸟作为图腾崇拜。后来,龙一直被当作王权的象征,而凤虽为陪衬,但也是显贵,体现了东、西方两大部落集团经斗争后的融合,以西方集团占主导地位。这两面图腾旗帜具有审美意识和艺术创作的萌芽。因为凝结和聚集在这种图像符号形式里的社会意识,即原始人那种如醉如狂的情感、观念和心理,恰恰使这种图像形式获得超模拟的内涵和意义,使原始人对它的感受取得超感觉的性能和价值,也就是在自然形式里积淀了社会的价值和内容,感性自然中积淀了人的理性性质,并且在客观形象和主观感受两个方面都是如此。

这种原始的审美意识和艺术创作萌芽并不是静观默察,而是一种狂热的活动过程。之所以说是"龙飞凤舞",正因为它们作为图腾所标记、所代表的,是一种狂热的巫术礼仪活动。巫术在原始人实践活动中最缺乏成功把握、最具偶然性的方面,最能大显身手。而这种偶然性的成功又强化了巫术的魔力,使巫术渗透到生产劳动、战争、治病、丧葬等活动中,祭神活动更需要巫术。今天看来已是陈迹的、僵硬了的图像轮廓,龙、凤或者阴阳八卦,当年都是火一般炽热虔诚的巫术礼仪的组成部分或符号标记。它们是具有神力魔法的舞蹈、歌唱、咒语的凝化了的代表。它们浓缩着、积淀着原始人强烈的情感、思想、信仰和期望。

拜神、拜祖先的活动成为原始人生活不可缺少的活动,甚至是非常愚昧和残酷的,以活人祭神。两希文化均有记载,圣经故事和古兰经故事都有古希伯来人杀自己新生儿子祭神的情节,亚伯拉罕杀以撒,易卜拉欣杀司马仪。古希腊神话故事中,为夺取特洛伊战争胜利,希腊统帅阿伽门农就将新生女儿伊菲革涅亚献祭给月神、狩猎女神阿耳忒弥斯。上帝耶和华阻止杀以撒,真主安拉阻止杀司马仪,以活羊代祭之后,才以牲畜代人祭神,这反映了原始人向文明迈步。

在这种图腾崇拜、巫术礼仪活动中,人类最早的音乐、舞蹈、绘画等也逐渐产生出来。因为这些祭神、祭祖先的活动不是现实的物质生产活动,主要是唤起信仰,激发愿望和情感,这一特点决定了人们可以在这活动中充分运用自己的想象力、理解力,进行各种精神方面的生产,把物质生产的原始积淀而产生的零乱的、分散的感受,加以提炼、集中。例如模仿自然环境中的声音和自己在劳动过程中发出的声音,就成为最初的音乐;模仿自然界生物的动作和自己在劳动过程的操作,就成为原始的舞蹈、绘画。这些东西首先是作为巫术、礼仪活动的感性形式,而后固定和发展起来就成为艺术了。这种活动能够把生产活动中分散的东西集中起来,一方面培养、提高生产技能和认识的想象力,另一方面使群体得到协同和动员,在当时起着把人群团结起来、组织起来并延续下去的作用。

艺术生产的出现,是人类进入文明时代之后的事。那时社会分工的发展,使一部分人能够专门从事精神生产。当然,文明时代的艺术还会受史前神话、巫术的深刻影响。例如哺育整个西方文明的古希腊艺术和基督教艺术,就充满了神话、宗教的故事,或就直接为宗教信仰服务。但是,独立的艺术和艺术生产已经出现,人类完全意义上的审美意识业已宣告诞生,并开始了相对独立的历史发展过程。

(3)生活积淀。前面两种美感的历史积淀,原始积淀是发生在物质生产中,艺术积淀是发生在精神生产中,原始积淀是艺术积淀的基础,而艺术积淀反过来巩固了原始积淀,它为美感提供了集中的形式,使审美活动更加自觉。这种集中的审美形式必须有丰富多彩的内容方能万世长存,而提供给它取之不尽、用之不竭的源泉就是生活。

人类的社会生活是自然形态的东西,是粗糙的东西,但也是最生动、最丰富、最基本的东西。文学艺术家把这些自然的、感性的东西加以典型化,使审美理想和社会生活中一般性的东西,凝结化入他们的作品之中,通过个别的、具体的、生动的形象表现生活的本质和理想,这就是生活积淀。人类的社会生活为艺术不断提供了活生生的内容,为人们审美意识的发展提供了永恒的动力。

　　生活实践的拓展促进审美意识的发展,首先表现为审美视野的逐步扩大。从对动物的审美到对植物的审美,再到人自身的审美,从宏观的审美到微观的审美,再到宇观的审美,都充分说明了这一点。处于狩猎生活时期的欧洲原始洞穴画作者,尽管生活在鲜花盛开的深山丛林之中,但他们着意描摹的只是经常与之周旋的野兽形象。无论是属于"奥纳瑞文化"的洞穴画上的牧马或野猪,还是属于"马格德"文化的洞穴画上的驯鹿,一概如此,只是当原始人转入农耕生活之后,人们才能感受到植物花卉的美,植物的形象才广泛得到描绘,被用于装饰。而后当实践发展生活水平有了一定提高时,原始人对自身装饰就十分讲究,用颜料涂身、涂脸,用美丽的羽毛装饰头部,还有各种木制、骨制、金属制的耳环、项链、手镯等。到古希腊人体艺术十分盛行,甚至在运动场上也裸体竞技,表现出对人自身美的观照。

　　人们开始观照到的周围世界是宏观世界,是人的五官不借助其他先进工具所能涉及的对象。这是我们居住的地球表面的自然风光,习俗人情。随着科学的发展,实践领域向微观世界和宇观世界进军,人们可见到平时肉眼无法感受到的极其微小的东西的美,如细胞、分子、原子等,也可见到平常肉眼无法到达的遥远的星球的美。这里宇观世界也与五官不凭借先进工具感受到的世界共称为宏观世界。

　　生活实践的拓展促进审美意识的发展,还反映在美感内容的日趋丰富和深化上。对山水美的观赏,人们既可"比德",也可"畅神"。周秦以来,观赏山水美时,人们主要赋予它自己社会生活的内容,习惯于将自然物的属性人格化,人的品性客体化,自然物的美丑,就按其比附的道德情操的价值来评定,这就是"比德"。《诗经》常以鸟兽草木比兴,作为抒发情意借用物。《离骚》以香草喻君子,以萧艾喻小人,都表明"比德"观念对艺术创作的重要作用。孔子"知者乐水、仁者乐山"和他以玉比德的观点,都影响着人们对自然物的欣赏。那些品德高尚者常以松柏喻坚贞,兰竹喻清高,莲花喻清白,鸿鹄喻志向。晋宋以后盛行起对自然物的"畅神"的审美观,它强调的是自然美的欣赏可以使欣赏者的情感得到抒发,得到满足,从而精神为之一畅。它所看重的,不是给自然物披上附加的道德伦理价值,而是它自身足以令人舒畅怡悦的审美价值。王羲之《兰亭集序》写到自己面临会稽山阴兰亭一带的崇山峻岭、茂林修竹、清流急湍的美景时,产生出"游目骋怀"的审美感受。宗炳酷爱山水之作,认为再现山川流水之美,可以"畅神",肯定从自然界可以直接得到审美感受。实际上,严格说来,"比德"与"畅神"密不可分。比德者未必不畅神,像屈原之比德,是畅爱国主义的崇高之神。畅神者也未必不比德,总是由于对现实生活获得的感受倾注于对象,引起移情式共鸣,才会畅神。

  美感内容的深化,反映出人们不仅对自然界加深理解,对社会现象扩大了解,而且对人本身的认识也进一步深化。人不仅了解客观的外部世界,而且也了解人的主观世界,艺术不仅是模仿外部的客观世界,再现客观世界,而且还表现自己的内心精神世界。例如小说、戏剧的发展,大体经历过三个阶段:起先是生活故事化的展示阶段,作品的重心是动作性很强的故事情节,故事中的人物是为了展开故事情节之用。即使其中也刻画一些人物的性格,但这些性格不是很真实的,而是传奇性、神奇性的,不是普通人、真实人的性格。我国古代小说大都是如此。唐代之前的"志怪"书,如干宝的《搜神记》,还有"志人"书,如刘义庆的《世说新语》,以及唐代后的传奇,宋代的白话小说都是如此。古希腊的荷马史诗虽出现我国早期小说未达到其成就的英雄性格人物,如俄底修斯、阿喀琉斯,但重心还是放在情节上,而且人物性格还带有神性和传奇性。反映这个时代的文学观念的亚里士多德的《诗学》,就把情节列为悲剧艺术六大要素中最重要的位置,其余分别是性格、言词、思想、形象、歌曲。

第二阶段是人物性格化的展示阶段。作品的重点开始移向人本身,人成为小说、戏剧的表现中心。艺术家注意人物形象的塑造,把人物性格的发展作为情节发展的基本动力,而故事变成塑造人物性格服务的手段,变成性格的载体。像《水浒传》中的"白衣秀士"王伦,打虎英雄武松,《红楼梦》中的凤姐和黛玉,都是性格人物的典型。王伦的性格只是单一的"褊狭"性格;武松则是众英雄的集合体,是向心型的性格。凤姐和黛玉是展示性格内部的矛盾内容,是两重性格的组合,突破了"叙好人完全是好,坏人完全是坏"的传统格局。从西方的文学整体着眼,第一个进入人物性格展示阶段的是莎士比亚的戏剧。在莎士比亚戏剧中,固然故事情节曲折动人,文采斐然,但是,它最重要的价值还是人的旗帜真正飞扬起来了,人的性格无可争议地成为文学作品的决定因素,人作为宇宙的精英,万物的灵长,占据了文学的轴心地位。这些以人为中心的小说、戏剧,在美感上,已不再像第一阶段的作品那样只限于满足人们的好奇心,给人以离奇的刺激性的低级审美感受,它能给人一种高级的审美感受,即满足人们情感的需要。它使读者在作品的人物中发现了自己,联想到自己的现实生活。读者不再是纯粹的旁观者,而是与作品表现人物的情感发生共鸣。

第三阶段是内心世界审美化的阶段。作品在塑造人物形象的性格时,向内心世界发展,发掘人物性格深层结构的矛盾内容,把人物内在世界作为审美对象和表现对象。他们所表现的人的内心世界,是一个真实的、充满矛盾的世界,但又是一个诗化了的生气勃勃的世界。鲁迅先生称为发掘"灵魂的深"的陀思妥耶夫斯基的小说,常把性格深化到人的内心世界,并充分地展示人物内心的感觉、幻觉、冲突、痛苦等等。契诃夫常用"内心独白"直接剖析一个人的内心生活。鲁迅先生的《伤逝》中有一段男主人公涓生的内心独白:"……我愿意真有所谓鬼魂,真有所谓地狱,那么,即使在孽风怒吼之中,我也将寻觅子君,当面说出我的悔恨和悲哀,祈求她的饶恕;否则,地狱的毒焰将围绕我,猛烈地烧尽我的悔恨和悲哀。我将在孽风和毒焰中拥抱子君,乞她宽容,或者使她快意……我要向新的生活跨进第一步去,我要将真实深深地藏在心的创伤中,默默地前行,用遗忘和说谎做我的前导……"①这痛楚的内心表白,正是把涓生的彷徨、自私、良知、悲哀等心灵世界充分揭示出来。涓生和恋人子君在个性解放的时代潮流中,冲破传统观念的枷锁,建立了自己的家庭。后因经济拮据,自身弱点和灵魂深处自私卑劣的意识支使,涓生要子君离开他,想以此赢得新的自由的生活。但子君离开他后却死去,又使他灵魂深深愧疚和忏悔。这种展示内心世界的形式在后来的发展中出现了意识流的艺术。意识流小说、戏剧和影视等作品,能够以如小河流淌一样的意识再现人的内心世界,甚至是无意识层面的。如本世纪初的爱尔兰作家乔伊斯的《尤利西斯》、我国著名作家王蒙的《布礼》、《蝴蝶》等作品。意识流作品除运用内心独白外,还常用内心分析和感官印象技巧。作者运用这些技巧会把人的内心图景一层一层地剥开给人看,这种内心图景不是给人以好奇心的满足,也不是一般地发现自己,而是使人在更深的层次上发现自己,与自己的灵魂对话。

社会实践的发展,艺术的繁荣,促进了美感的发展。美感的历史积淀过程还由意识层面向无意识或潜意识层面渗透,上述的意识流文艺作品揭示了这个过程,我们还可以进一步研究它。

无意识是一种心理状态,是在个体发生的觉知不到的心理过程。它包括两种:一是先天的本能倾向,例如性欲本能。二是后天的本能倾向,如童年生活经验和意念,这是值得注意的两种情况。

---

① 《鲁迅选集·小说散文卷》,山东文艺出版社1990年版,第231~232页。

一种情况是由经验熟练而成的无意识。干一件事情,对其规律熟练掌握了,甚至达到不假思索了,就会变成一种无意识。这是长期地对某种技能、技巧苦练的结果,像卓别林喜剧片中的工人,千万次地上螺丝的动作,使他没有上螺丝时也同样重复这动作,这就是无意识。艺术创造中灵感非自觉性也是这样得来的。这种无意识只能心领神会,不能用语言传授,只有自己亲自去实践、去积累才能获得。另一种情况是集体行为的模式、语言的模式、观念的模式等等,在长期的历史过程中成为个体心理的积淀物。容格把无意识分为个人无意识和集体无意识。他认为集体无意识不是由个人的经验所获得,而是由于人类的大脑在历史中不断进化,久远的社会(主要是种族)经验,经过无数代人,无数次的重复,在人脑结构中留下了生理的痕迹,形成了无意识的原型而不断地遗传下来,隐藏在人的内心深层,成为超个人的,人人生而具有的"集体无意识原型"。艺术善于唤起人们这种沉睡在心中的"集体无意识原型",使人们获得审美愉悦。

可见,人的审美心理结构,既是人类现实的审美活动的成果,也是人类历史的积淀的成果。它是人类集体的某种深层心理结构,却保存、积淀在有血肉之躯的感性的人类个体之中。个体通过一定的教育过程,获得这种结构,并在现实的审美活动中,其内在自然人化而成积淀着理性的感性,表现为心理诸功能(知觉、想象、情感、理解等)的合规律性的自由运动。

第二节 美感的特征

美感和科学意识、道德意识一样,是社会意识的一种形式,但它又是对象世界的一种直接观照,这又决定了它具有和科学意识、道德意识相区别的一系列特性。

首先,从美感的呈现形式看,美感具有包含着理性的个人直觉性。

个人的直觉性包括两层意思：第一，它是指感受的直接性、直观性。也就是说，审美过程始终要在形象的、具体的、直接的感受中进行。这和科学、伦理学中那种通过概念的逻辑推演进行的思维不同，它们重要的是冷静的分析和严格的逻辑推理，感性只能以间接的方式，即给主体以必要的热情，推动它们进行思维。而审美感受一定要非自己感受不可，并且无须借助抽象思维就可以不假思索地判断对象美或不美。一件艺术品，不论使用的手段是形象还是声音，总是对我们的直观能力发生作用，而不是对我们的逻辑能力发生作用，欣赏一幅画，也许还没有看清物象或弄清它包含的深层社会内容，我们就为它的形式和色彩所激动。听一首歌，也许我们根本不知歌词的内容如何，却为它悦耳动听的旋律而心醉。离开人的直觉性，就无法欣赏美。第二，美感的个人直觉性还指美的创造过程的直接性、直观性。人们在美的创造过程中不必对审美对象作太多太细的分析，不必等待理论家作充分论证之后才开始创作。因为审美对象虽有特定的形态，但它呈现出的美是多方面和多变的，人的思想、情感也在不断地变化而无固定范围和模式。因此，你可适时地捕捉活的形象，马上加以表现，不经意之间也许浑然天成，达到美的极致。殚思竭虑，倒可能失之粗疏。郭沫若先生《水调歌头·粉碎四人帮》："狗头军师张，还有精生白骨，自比则天武后，铁帚扫而光。"与他年轻时的《凤凰涅槃》相比，前者过于理性、过于白话；后者则感情充沛、气势磅礴，不失为传世之作。有时候艺术创作可能在根本没事先安排好和想到自己在描写什么的时候，突然笔下生花。有时艺术家对评论家很有意见，因为评论家一定要从作品本身挖出笔者的思想，有变作者创作的初衷。

个人直觉性是非概念性的，但不是说它完全不要理性内容。美感的个人直觉性只是美感的外在呈现形式，如同概念和推理是认识的外在呈现形式一样。欣赏者感知审美对象时，那富有感染力的感性形象会使人产生相应的表象，而且会有相应的情绪反应，诱发联想和想象活动，将表象改造为朦胧多义的审美意象。意象不等于概念,却包含着一定的意义,能把人引入某种非确定的概念。而当我们感受和表达表象或意象时,一定要运用概念、判断。例如:"多美的一朵红花啊!"这里就有"红花"概念和对红花美的判断,这都是以往人们理性认识的成果,它必然作为人的整体心理结构不可缺少的部分,参与审美活动的一切过程,这便是渗透在美感中的理性因素。

美感的个人直觉性之所以具有理性因素,是因为其中蕴含着普遍的社会内容。人类长期的社会实践,使一代又一代文明成果融会在审美的形式之中,当人们在直观美的形式时,便能体会到其中丰富的观念情感意义,通过一定的教育和训练,又可把这成果转化为个人的审美能力,其中包括社会生活经验、审美感受经验和健康的审美趣味、正确的审美观点和科学的审美理论等等,所以,在社会历史中形成的个人直觉的审美感受就不可避免地具有时代性、民族性和阶级性。人们可以在复杂的美感直觉的具体形态中,认识其中包含的意蕴。例如:我们欣赏长城的壮丽景观时,实际上已带上它的理性因素——建筑之艰难、工程之伟大以及中华民族的象征等等,我们才能领悟出它震撼心灵的崇高之美。

其次,从美感的内容上看,美感的个人非功利性中潜藏着社会功利性。

关于审美的非功利性,康德曾作出著名的论述:"鉴赏是凭借完全无利害观念的快感和不快感对某一对象或其表现方法的一种判断力。"①这是康德对快适、善、美三者引起的愉快作对比后得出的结论。他认为快适是感觉里使诸官能满意,它引起的愉快是和利益兴趣结合的。善是依着理性通过单纯的概念使人满意的,我们称呼一些东西有用,那是作为工具使人满意,而另一些东西是自身好令人满意。因此,我们去发现一个对象的善就是了解对象是怎样一个东西,从它获得一个概念,它因对主体有益、使人满意而

---

① 康德:《判断力批判》(上),商务印书馆 1965 年版,第 47 页。

引起愉快,这也是与利益兴趣结合着的。只有对美的欣赏的愉快是唯一无利害关系的和自由的愉快,因为既没有官能方面的利害感,也没有理性方面的利害感来强迫我们去赞许。的确,我们并不为实用的目的而去审美,审美时不作实用考虑便可产生愉快;审美时我们尽可能产生强烈的情感反应,而不立即作出实用的行动反应;我们获得美感的同时,就急于与他人分享,把美感传递给周围的人。例如:当我们旅游名山胜水时,发现一特别美的景观,我们会忘乎一切,欢喜若狂,急于招呼同伴一起欣赏,没有人会作出"我不告诉你们"的举动。这表明美感与个人利益无关,是一种无私的、社会性的享受。

但是,在个人的无功利中,美感却潜藏着社会的功利性。原始人的最早美感比较明显地体现出社会的功利性质。如他们将装饰于身上的兽皮等视为征服野兽的标志,以显示自己的勇敢和力量。现代人摆脱了原始人那种狭隘的功利观念的束缚,初看上去美感似乎失去了社会功利色彩,实际上它的深处却潜藏着以曲折、隐晦、复杂形式出现的社会功利内容。博克说,审美价值是在想象中转化为实用价值。我们在日常生活确实有许多通过想象使个人无功利性的审美价值转化社会的功利性(实用价值)。例如:我们男士在百货公司看一双高跟鞋或一条裙子而觉得很美,这对于他来说无功利性,因为他不能穿。他觉得美是无意识地或不是刻意地想象到某一女士穿起来很合适,对他人有社会功利才是美的。

美感的社会功利性的另一种表现,就是满足精神生活需要的这一普遍而广泛的功利性质。一个人健全的心理结构必须由充分的精神生活给予培植和滋养,包括对科学的追求、道德的教育和审美的修养。通过审美活动获得的美感是一种愉快的情感,它在人的精神生活中起着一种重要的、健康的调节作用,不至于使人的精神老处于一种紧张、拘谨的状态。它使人心灵获得休息和安慰,也使人心鼓舞、斗志增强。因而,精神愉悦转化为人们进行生产斗争和社会调节活动的力量时,美感就具有社会的功利性了。

再次，从美感的过程看，美感始终是动情的，具有愉悦性。

美感的动情性，反映了主体对于对象的主观态度，表现了美感的强烈主观倾向。审美客体满足人们的需要，就会在主体身上产生肯定的情绪反应。从根本上说，是因为对象在感性形式中潜藏着社会功利性，能够满足人们的需要和愿望，才使人动情的。

由于美感的社会功利内容，使得它不同于生理快感和满足感。人的需要既有生理的需要，实用的需要，也有精神的需要。不同需要的满足，产生不同的快感。人们只有通过利用以至消灭客体的实际存在，取得个人功利，才能获得生理快感和满足。而审美需要表现为一定的审美趣味、审美标准和审美理想，这是精神生活的需要。它所产生的快感是建立在摆脱狭隘的个人功利的基础上，由快感和实用感升华为一种人类高级的情感形态，在其深处潜藏着无私的社会功利性，因而能够陶冶人的情操，激励人的思想，培养人的意志。

美感的个人非功利性内容，还使得它不同于道德感。道德感是对别人的行为和自己的行为的情绪态度，它的感受对象是善的事物。道德感是在一定的社会道德准则和行为规范的基础上发展起来的，它要求立即化为符合某种道德准则的现实活动，而活动的过程和结果必须对个体和社会有用和有利，因而它的个人功利性和社会功利性都是十分明显的。而美感是个人非功利性中潜藏着社会功利性，就其表现看来是无功利性的，不表现为现实的利害关系。因此，人们在审美活动中尽可产生各种各样的审美感受，或舒缓，或强烈，或悲痛，或狂喜，但都不要求立即化为实际的行动。

美感的呈现形式具有个人直觉性的特点，这使它有别于科学认识过程发生的理智感。理智感包括好奇心、求知欲、惊讶感等，它由求真来满足。美感发生过程中是直接地渗入审美对象，渗入主体感受的活动，使审美直觉同时变成一种情感体验。而科学研究过程中，无论理智感是如何强烈，是开始的强烈的好奇心和求知欲，还是探索过程暂时的成功的满足和失败的痛苦，都必须抑制下来,排除这些情感的干扰,继续对研究对象作客观的、周密的观察和试验,作冷静和合乎逻辑的思考。因而,作为广义的认识活动,美感的感知由于情感的推动而进入想象,趋向理解;而科学认识则将强烈的理智感抑制下来,把感知的成果改造为概念,进而按照一定的逻辑规则进行判断和推理。

恩格斯在《反杜林论》中,对道德感、理智感和美感的区别作了论述。资本家剥削工人造成愈来愈不平等的分配,产生了道义上的愤怒,诉诸道德和法,"人们才开始从已过时的事实出发诉诸所谓永恒正义。"这是道德感的直接个人功利性和社会功利性驱使人们这么行动。但作为科学,它是冷静地观察和思考,寻找产生这种现象的本质的东西:"道义上的愤怒,无论多么入情入理,经济科学总不能把它看作证据,而只能看作象征。相反的,经济科学的任务在于:证明现在开始露出来的社会弊病是现存生产方式的必然结果,同时也是这一生产方式快要瓦解的标志,并且在正在瓦解的经济运动形式内部发现未来的、能够消除这些弊病的、新的生产组织和交换组织的因素。"这是理智感驱动使然,要揭示对象规律并按一定的逻辑规则说明这一规律。而艺术便不同了:"愤怒出诗人,愤怒在描写这些弊病或者在抨击那些统治阶级否认或美化这些弊病的和谐派的时候,是完全恰当的。"[①]艺术家按照自己的审美观点和审美理想,不作理论探讨和分析,凭个人的直觉,捕捉新鲜、典型形象,就可把对社会不平等的愤怒感直率地表现出来。他的创作过程或欣赏者对其作品的观赏过程,始终是动情的。

---

① 《马克思恩格斯选集》第 3 卷,第 189 页。

第六章 美感心理和审美意识

我们把握了美感的本质与特征之后,就能够更深刻、更具体地了解美感的心理构成过程和审美意识的概貌。

第一节 美感的心理构成因素

美感是审美感知、想象、情感、理解等多种心理功能综合交错的矛盾统一体。它们既有自己独特的心理功能,又彼此依赖、相互诱发、相互渗透,形成合规律的自由运动,从而产生一种非概念认识所能表达或穷尽的自由感受。为了深入研究的方便,我们暂时把统一的、在任何时候都共同起作用的美感心理四要素分别开来,逐一进行研究。

一、审美感知

感觉和知觉,不论对于理论认识还是对于审美反应,都是进行更高一级精神活动的基础。正如没有生动的直观,就没有抽象思维,也就没有整个人类的理论认识一样,没有生动的直观,就不可能有审美的想象、情感和理解的和谐活动,审美的心理功能也就无法实现。

从心理学的角度看,美感的门户是感知;从生理学的角度看,美感的门户便是主体的各个感觉分析器。然而，人的耳、眼、鼻、舌、身等感官，在审美过程中所起的作用并不相同。柏拉图早就认为，视觉和听觉产生的快感高于饮食色欲之类的快感。托马斯·阿奎那也认为"与美关系最密切的感官是视觉和听觉"①，而黑格尔就承认听觉和视觉是审美感官。根据五官在审美过程中作用大小的不同，我们可以把它们分为高低两个层次：高级的审美感官是眼睛、耳朵，低级的审美感官有鼻子、舌头和身体。

这种分法的依据是它们感受客观对象的方式不一样。低级的感官与客观对象直接接触，没有间隔适当的距离，这样容易诱发人们在实用观念和占有欲望支配下的反应和行动。黑格尔说："嗅觉、味觉和触觉只涉及单纯的物质和它的可直接用感官接触的性质。"②黑格尔否认鼻、舌、身作为审美感官未免绝对化，但的的确确这类感官感受到的观念和欲望是主要支配人为了满足自己生理的、物质的需要，如人的食欲和性欲的需求，得到的主要是生理上的快感，难以为美感的萌生和发展服务。

高级的感官在感受客观对象时和对象相隔一定的距离。这样，容易引起人的精神性的反应，可以不去盘问效用，可以镇住本能的冲动，而把感觉到的事物悬在心眼里，当作一幅图画来观照，主要是为满足人的精神需要服务，容易引起美感。另外，视、听感官所能接触对象面广，有比较广阔的感知领域。所以，博克说："视觉和声音之所以优越，根本原因就在通过它们可以表达更为广阔和更为深刻的感情生活和思想生活。"③可以说，作为审美感官主要是视觉和听觉，"能感受形式美的眼睛"可以看到各种色彩、线条、动作、光线、形体、表情等；有"音乐感的耳朵"可以听到各种声音、音调。一些科学家经过研究、分析得出结论，审美感知中的各

---

① 《西方美学家论美和美感》，第67页。
② 黑格尔：《美学》第1卷，第48页。
③ 博克：《美学原理》，商务印书馆1965年版，第52页。

种感官的作用分别是：眼睛占85%，耳朵为10%，其余感官合占5%。可见眼、耳在审美感知中的重要作用。与之相适应，审美对象的形象，主要分为视觉形象和听觉形象。

审美感知具有以下几个特点：

首先，审美感知具有整体性的特点。感觉以反映对象的个别属性为特点，这是我们对各种感官作用研究的理论抽象。在实际感受中，各感官的感觉绝非孤立地进行，人们总是将对象作为整体来知觉的。西方完形心理学，又称"格式塔心理学"的代表们做了种种实验，证明知觉并不是各种感觉要素的复合，所谓知觉并不是先感知到个别成分而后注意整体，而是先感知到整体的现象，而后才注意到构成整体的诸成分。他们认为，知觉的完整性取决于人在知觉活动中将杂乱无章的对象改造成一定结构、一定形状的"完形"的能力。他们强调知觉的整体性特点，反对把知觉看成感觉的总和，反对把整体看成是部分机械相加或凑合，认为部分只有放在整体中来感知才能见出意义。这些见解都是合理的。我们以唐代诗人张继佳作《枫桥夜泊》为例："月落乌啼霜满天，江枫渔火对愁眠，姑苏城外寒山寺，夜半钟声到客船。"这里有落月、枫树、渔火、寺庙、船舶等视觉形象，又有乌啼、钟声等听觉形象，还有霜满天的触觉形象。可见作者是自然而然地整体地感知枫桥夜景，各种感觉是有机地融合在一起，描绘出一幅完整的、立体的画面，即江南水乡秋夜幽美的景色。

审美知觉作为对事物感性面貌的整体把握，突出地表现着"统觉"的作用。统觉，指的是知觉内容的总和，包含着人们已有的经验、知识、兴趣、态度，因而不再限于对事物个别属性的感知。因为有统觉作用，主体就能将已有的知识、经验、情感、兴趣、意志的目的指向性融于眼前对象的知觉之中，使知觉内容不再限于事物感性面貌本身，而融进特定的观念和情绪意义。当我们面对浑浊的滔滔江水，如果有人指出这是黄河，我们情感会骤然发生强烈变化，这信息会唤起我们以往对黄河的知识、中华民族不屈不挠的斗争精神的回顾,并融入当下的江水的知觉中,对眼前江水的崇敬、热爱、赞美之情油然而生,因为她不是一条普通的河,而是我们的母亲河,是培育数千年中华文明的母亲河,我们会一遍又一遍地把眼下的河流看个够,感受的内容会极大丰富起来,这与未传递给我们黄河的信息之前是截然相反的。

其次,审美感知具有敏锐的选择力。审美感知将对象作为整体来感知,并不意味着主体毫不选择地能将对象一切属性一览无余。对象的感性形式是千姿百态、变幻莫测的。当主体专注于一定对象时,审美感知凭借敏锐的选择能力,能善于捕捉对象在每一瞬间所给予的某些印象,以及对象在运动中的某些精微变化。我们相信,张继夜泊枫桥时,肯定还有许多东西他不在意,即使感知到了也毫无印象。凭诗人的敏锐的选择能力,就有诗中富有诗意那些意象。而元代作家马致远的散曲《天净沙·秋思》中,非常突出审美知觉的选择性:"枯藤老树昏鸦,小桥流水人家,古道西风瘦马。夕阳西下,断肠人在天涯。"这是一幅意境相当美的秋郊夕阳图,渲染出一派凄凉萧瑟的晚秋气氛。当然,作者当时感受到的绝非尽是枯藤、老树、昏鸦、古道、瘦马之类衰败的东西,这是作者选择的结果。主体的这种选择能力是在长期的生活实践和艺术实践中培养出来的。因而对艺术家来说,这种选择性往往带有专业的倾向,表现为专业性的敏感。画家对于色彩和线条,音乐家对于音乐和节奏,感受特别灵敏,能发现一般人不易发现的对象的极细微处。马致远选择的意象也是平常人意想不到的独特,这种敏锐的选择力是由作者特定的情感所决定的。

最后,审美感知带有浓厚的感情色彩。审美主体对对象选择性的整体感知过程,始终受情感推动。马致远的选择与他的期望和这种期望的内在图式(心理结构)有关,即与作者所处的历史背景、文化背景、长期生活所形成的先在心理结构,特别是他的由此产生的情感息息相关。作者感知选择的东西是受"断肠人在天涯",即出旅人漂泊生活所形成的悲凉情感支配的。所以,在审美感知时,人们总要调动以往的经验作为补充,把过去总结建立的某种暂时联系恢复起来,从而使过去经验中的情绪因素转而附着在眼前的表象上,使得一般表象融入某种程度的情绪因素,具体表象也融入某种程度的情绪因素。具体表象所带有的情绪色彩恰恰成为人们着意追求的东西,使整个审美感知过程笼罩着浓厚的主观情绪因素。正是这种情感作用,使审美主体所感知的对象呈现出不同的意态,使感知所得,不是关于对象的一般表象,而是充满情趣的审美意象了。

二、审美想象

在长期社会实践中逐渐发展起来的想象力,被马克思称为"人类的高级属性"之一。审美欣赏和艺术创造都需要想象。所谓形象思维其实就是创造性的想象,特别是能够表现内在本质的艺术想象。想象是审美感受的枢纽,它能借助情感的推动,把审美感知和理解联结起来。想象的心理实质是建立在记忆基础之上的表像运动,即表象的再现、组合和改造。当审美感知所获得的生动活泼的审美意象是包含着过去经验在内的时候,它容易诱发旧存想象的复活,创造出新的审美意象。这样,审美感知可以借助想象超越时空的限制而获得感受的相对自由,取得更为深广的理解了的感受内容。人类早在野蛮期的低级阶段,就用想象和借助想象征服自然力,支配自然力,将自然力形象化,产生大批神话传说,给予人类以强有力的影响。想象力是人类自觉的有意识的本质力量的重要表征,在西方,许多美学家早就肯定过想象的创造性的品格,把它当作衡量艺术才能的重要标尺,波德莱尔甚至将想象尊为一切心理功能中的"皇后"。事实证明,不仅艺术创作,而且一切科学探索都需要联想、想象、幻想、猜想等。想象是一个有广泛内容的心理范畴,它的初级形式是简单的联想。联想又可分为接近联想、类似联想和对比联想等多种形式。想象的高一级形式,则是再造性想象和创造性想象。

第六章 美感心理和审美意识

接近联想是甲乙两事物在时间、空间上相当接近,人们在经验中经常将它们联系起来,以致引起稳固的条件反射,由甲自然联想到乙,并引起相应的情绪反应。如"憎恶和尚恨及袈裟"、"见瑞雪而兆丰年"等。有的因时间接近也引起空间方面联想,如中秋夜,月光照窗棂,通过明月的意象,月光会同时照在家乡,时间的接近引起对故乡的思念,似乎故乡的亲人就在眼前,空间上的距离拉近了。有的因空间接近也引起时间方面的联想,重游故地,如果依旧不变,特别会引起对往年的联想,似乎过去的一切就在眼前,自己又会回到昔日的日子。类似联想是由甲乙两事物在性质上或状貌上的某种类似引起的。如以桃花比喻少女的容颜,以猛虎比喻小伙子的体魄;以暴风雨象征革命,以鸽子象征和平。这些都是抓住二者之间的某些相似点指此说彼,以唤起类似联想。艺术创造中广为运用的比喻和象征手段,其心理根据就是类似联想。对比联想是建立在甲乙两事物性质或状貌对比关系上的联想。对比联想的功能,主要不在于强化对某一对象的感受,而在于强化对两事物所具有的对立关系的理解和感受。我们从曹植"七步诗"中的萁豆相煎,联想到其兄曹丕对他的迫害,也联想到皖南事变中国民党对新四军的迫害。从杜甫的"朱门酒肉臭"联想"路有冻死骨",从《红岩》中的英雄江姐联想到叛徒甫志高。这些都是从鲜明的两极对立中使人获得深刻的感受。

联想的一种特殊形式叫"通感",它是指五官感觉在感觉中互相挪移,各感官交相为用,互换该官能的感受领域。例如:用"甜"形容歌声,用冷暖、轻重区分颜色。在审美活动中,运用通感的心理功能可以使人产生新鲜隽永的意象,用于文艺创作会收到料想不到的效果。俄国抽象表现主义画家康定斯基在写生莫斯科夕照景色时曾这样描述过自我的感受:"太阳将整个莫斯科熔为一团,宛如一只疯狂的号角,震撼着心灵——整个灵魂;不,这一片红色,并非最绚烂的景色!那仅是交响乐最极致的一个音符,它赋予每种色彩以旺盛的生命力,让整个莫斯科像巨型的管弦乐队一样鸣奏着最强音(fff),而且强有力地与心灵相结合着,粉红、淡紫、黄色、白色、蓝色、淡黄绿色的草坪、殷红的房屋、教堂,——都自成一曲——芳草的呼唤、树木隐隐的婆娑声,以及雪花以千种声调在歌唱,或者落了叶的枝丫奏着小快板,这红色的围墙,傲慢而默默地环抱着克里姆林宫,在那上面,耸立着伊凡·维利基钟楼的妩媚而虔诚的线条,宛如一曲洁白而挺秀的、全无俗念的圣歌《哈利路亚》。它的高顶,伸长着脖子,拼命不停地向上刺破了天空。这金色的圆屋顶,在莫斯科所有圆屋顶的金色和五彩缤纷的星星之中闪闪发光。"[1]用音乐的语言来描绘夕阳西下莫斯科的色彩画面,这真是一段美妙无比的文字!是通感心理功能的精彩发挥!

想象的高一级形式中的再造性想象,是把知觉过的真实事物的表象,包括别人提供的形象化描述进行种种组合,构成一种新的、但客观上已经存在的表象。电视剧《红楼梦》就是编剧导演阅读了《红楼梦》小说,通过作品中的语言、修辞、人物塑造、故事情节等,在头脑中再现大观园的生活和林黛玉、贾宝玉、薛宝钗、王熙凤、晴雯等人物形象,然后依此选景和选演员扮演,再造《红楼梦》中描述的形象。创造性想象是无须借助他人的叙述或文字的描述,而是将自己记忆中储存的表象作创造性的综合,独立创造出新颖、独特的形象的心理活动。艺术上创造性想象,既可以创造出实际生活中存在的类似的、典型化的人物形象,也可以创造出实际生活中根本不存在的形象,如《西游记》中大量的神、半人半神、妖怪的形象。黄河发源于青藏高原的巴颜喀拉山脉各姿各雅山麓,但诗人李白却说"黄河之水天上来,奔流到海不复回"。"天上来"更显黄河气势恢宏,这是创造性想象的结果。在审美创造中,特别是现代艺术,常常使用变形、浓缩、黏合等手法。变形主要是利用梦中光怪陆离、荒诞不经的幻影,经过想象创造出某种怪诞的表象。如毕加索、达利等人的画。浓缩是把许多表象进行有机的结合,经

---

[1] 迈厄斯:《康定斯基》,载《美术译丛》1981年第1期。

过想象创造出一个具有许多隐义的新的表象。如鲁迅笔下的阿Q和狂人。黏合是把不同的表象联结在一起成为新的表象。如人面狮身的斯芬克斯,猪头人身的猪八戒。在想象的世界中一切界限都打破了,幻觉、梦境、神话、传奇、可能、现实、理想在这里融为一体,这给审美欣赏和审美创造提供了自由驰骋的广阔天地。

再造性想象和创造性想象也没有严格的界限,往往再造中有创造,创造中有再造。一百个导演导出的一百个《红楼梦》绝对不一样,都必然会带上导演的主观能动性和创造性。电影《泰坦尼克号》和《冰山沉船》,都是复现同一次大海难,但二者相差甚远。《泰坦尼克号》塑造了一对追求纯真爱情的年轻恋人的形象,讲述他们在海难中的悲剧故事,这在海难中是未必有的,完全是编导者根据其审美理想,创造性想象的结果。而创造性想象中有再造性想象因素,神或妖怪形象,都是对现实中实际存在的人或动物歪曲的反映。鲁迅说得好:"天才们无论怎样说大话,归根结蒂,还是不能凭空创造。描神画鬼,毫无对证,本可以专靠了神思,所谓'天马行空'似的描写了,然而他们写出来的,也不过是三只眼、长颈子,就是在常见的人体上,增加了眼睛一只,增长了颈子二三尺而已。"[①]

三、审美情感

情感是人们在社会实践中对客观事物的一种主观态度。审美情感以日常情感为基础,但它要求于对象的,已不单纯是主观需要的满足,而是审美需要、审美理想的满足,其中包含主体对审美对象理性的、社会的评价,是高级的情感类型。审美情感又是审美心理中最活跃的因素,它广泛地渗入其他心理因素之中,使整个审美进程浸染着情感色彩。同时,它还能诱发其他心理因素,推动它们的发展。

审美中的情感活动是以对审美对象的感知作为基础的。同

---

① 《鲁迅全集》第6卷,第219页。

时,从审美感知开始,情感因素就介入。

刘勰《文心雕龙》中讲"登山则情满于山,观海则意溢于海",就形象地说明审美中情感活动随感知而展开的这一现象。如果对象是比较熟悉的,眼前的感知就会撞开形象记忆和情绪记忆的大门,使主体产生一定的情绪反应,转过来支配感知的选择方向;如果对象是陌生的、新颖的,新奇感和期待感便会增强主体的注意力,强化感知,产生强烈的第一印象。审美中的情感活动又与想象密不可分。情感因素给想象因素提供了动力,给想象插上翅膀。审美情感与理解因素有着特别密切的关系。情感作为主体对待客体的一种态度,必然与人的活动、需要等利害关系相联系,从而表现出种种不同的情感,如肯定与否定、爱与恨、喜与悲等。所以,情感最能在感性里表现理性,将理性积淀在感性之中。

在审美活动过程中,情感活动的方式是多样的,其中最著名的是"移情"说。移情现象是原始民族形象思维中的一个突出的现象,在语言、神话、宗教和艺术的起源里到处可以看出。亚里士多德说它是一种隐喻,以荷马为例,说他常用隐喻来把无生命的东西变成活的。我国汉代《诗大序》中说兴是一种隐喻,在艺术实践中有极其悠久的重视抒情写意的优良传统,像杜甫的"感时花溅泪,恨别鸟惊心",辛弃疾的"我见青山多妩媚,料青山见我应如是"等诗句不胜枚举。我国传统诗论、画论历来主张"情景交融",还提出"化景物为情思",即客观景物的描写转为主观情意的表现。这些都涉及审美过程中情感因素渗入感知和想象的心理现象,从理论上支持了写意派的诗画创作。18世纪意大利的维柯对移情问题作出较大贡献,他把移情现象看作形象思维的一个基本要素,认为"人心的最崇高的劳力是赋予感觉和情欲于本无感觉的事物"。①19世纪德国费肖尔父子奠定了移情的基础,劳伯特·费肖尔把父亲弗列德里希·费肖尔的"审美的象征作用"改称为"移情作用",

---

① 转引自朱光潜:《西方美学史》下卷,第599页。

第六章 美感心理和审美意识

意思是把感情渗透进去。对移情说作出最大贡献的是里普斯,他认为,所谓"移情"就是通过主体意识的活动将对象人格化为"自我"。移情所产生的快感,是对自我"内心活动"所体验到的愉快和欣喜。里普斯从古希腊神庙中用以支撑屋顶压力的道芮式石柱为例说明:当"自我"与道芮式石柱呈现的那耸立飞腾的空间意象融为一体时,是以人的动觉经验为中介的。由于石柱的空间意象能唤起主体自身处在石柱位置时对压力反抗的动觉经验,这种动觉经验会进一步引起人的相应情感感受,而最终又会把主体自身那种挺直身体,承受重压,不甘屈服和顽强反抗的情绪和气概转移到石柱身上,因而人们在欣赏石柱耸立上腾的气势时,不过是在欣赏"自我",欣赏一个"客观化的自我"。里普斯从三个方面界定了审美的移情作用的特征:第一,审美的对象不是对象的存在或实体,而是体现一种受到主体灌注生命的有力量能活动的形象,因此它不是和主体对立的对象。第二,审美主体不是日常的"实用的自我",而是"观照的自我",只在对象生活着的自我,因此它也不是和对象对立的主体。第三,就主体与对象的关系来说,它不是一般知觉中对象在主体心中产生一个印象或观念那种对立的关系,而是主体就生活在对象里,对象就从主体受到"生命灌注"那种统一的关系。因此,对象的形式就表现了人的生命、思想和情感,一个美的事物形式就是一种精神内容的象征。"移情"说在西方经久不衰,是因为它在审美活动中是相当普遍的现象。当然,它也不是绝对普遍的现象,像狄德罗就力主冷静观察。后来德国美学家佛拉因斐尔斯在他的《艺术心理学》里把审美者分为"参与者"和"旁观者",前者通常都起移情作用,后者通常都不起移情作用。但是这两个类型的人都可以享受美感。他以看戏为例,"参与者"说,"我忘了自己,我只感受到剧中人物的情感。我时而跟奥赛罗一起发狂,时而跟苔丝狄蒙娜一起战栗,时而又想干预他们,挽救他们。""旁观者"却说,"我面对着戏剧场面就像面对着一幅画,我随时都知道这并不是实人实事,我固然感到剧中人物的情绪,不过这只是对我自己的美感提供材料……我的判断力始终是清醒的。我也始终意识到自己的情感。"①

四、审美理解

如何看待审美理解,美学界尚有争议。现代西方直觉主义、反理性主义只看到审美不同于认识,在强调美感特殊性的同时,却否认美感有认识功能,存在有理解因素。机械唯物论美学,只看到审美有认识功能,在强调审美与认识的共同性时,却把美感的理解因素等同于认识,否定形象思维的特殊规律。我们承认美感的审美因素,但绝不把它同理论认识简单地等同起来。如果认为对美的感受、体验也得经过抽象化阶段,需要一个概念、判断、推理的逻辑过程,那是错误的,这样就会在艺术创作中导致图解化和概念化,去适应上述感受方式。实际上,我们在审美活动中总是不假思索地让自己的感知、想象和情感循着对象的指引而自由和谐地进行着,在获得审美愉快中蕴涵着对于对象所有的社会理性内容的理解和认识。因此,这种理解是在美感诸要素的自由运动中暗地起作用,而使美感既不同于生理快感,也不同于概念认识。

审美理解有它的两个特点:一是它的非概念性。审美理解表现为超感性而又不离感性,趋向概念而又无确定的概念,是理性积淀在感性之中,理解溶化在感知、想象和情感之中。也就是说审美和艺术有理解、认识的功能、成分和作用,却找不到它们的痕迹和实体,它不是通过概念而是通过形象来表达某种本质性的东西,给人以一种不脱离具体形象的感受和体会。中国绘画传说中有以"深山幽谷埋古寺"为题作画的故事,众人纷纷在寺庙上下工夫,但有个画家没画寺庙,只画一个和尚在涧边挑水,反而使人通过想象深深感受到深山幽谷处僻静古寺的意境,理解消融于丰富的想象之中。可见,只有审美理解、认识功能,才使画家和欣赏者有如此

---

① 转引自朱光潜:《西方美学史》下卷,第 625~629 页。

丰富的想象。

二是意的无穷性。审美理解对于对象的理性内容的理解和认识，不像理论认识那样确定，它往往是朦胧多义的，一时难以用概念穷尽表达。审美活动不是抽象思维，因而其指向不是既定的概念，而是生动活泼的自由联想。在这里，各种感性具体的感知、联想、想象、意象、情感都被唤起和活动起来，使人百感交集，浮想联翩，所以它包含的内容比概念远为广阔具体、多样丰富，值得玩味，反复体会，这不是几个概念能说明清楚和替代的，它只能"可以意会而难以言传"，但在意会中却能"微尘中有大千，刹那间见千古"。清代著名画家朱耷的《荷花水鸟图》，画面上荒石与残荷夹在一片干涸的池塘，那块孤单奇怪的石头冷落地隐在泥泽中，古苔满身。石上站立的水鸟蜷缩着，白眼向上，一只脚独立在怪石的尖角上，动势极险。大块的空白，使天地空阔而又苍白。但荷花却是秀健的，拔地而起的荷茎，扶摇直上，顶天立地，荷花繁茂，横踞半空，最高的一叶浓墨荷叶，充满着跃动的趋势。荷叶之中映着秀美的荷花，皎洁而清润。画中每一个形象都自有独立的天地，决不依附于他物。这幅画包含的意义难以用一两个概念准确表达出来，只有对这位号称"八大山人"的艺术家人生经历和技法的深入了解，你才能在欣赏过程中获得自由。作者孤傲、淡泊、冷峻的性格，愤世嫉俗的心境和对自然执著的爱，这些生活本质的无限、必然的内容，才能在作者那有限、偶然、具体的形象中捕捉和把握住。

由于理解因素的渗入，审美首先必须有明确的观赏态度。必须把审美或艺术中的事件、情节和情感与现实生活中的事件、情节和情感区分开来。欣赏者在观赏时能寂然凝虑、神与物游，使情感和其他经验有充分发展的余暇，可以从容进行情感再体验，主体始终保持静观而不含实用、伦理的态度。这样，审美主体在欣赏艺术时，尽管可以被审美对象感动得痛哭流涕或义愤填膺，但不会忘记艺术世界和现实世界毕竟是两回事，不会因看《白毛女》而枪击"黄世仁"，看《奥赛罗》而枪杀"瑞高"。关于审美的态度问题，瑞士美学家布洛提出"距离"说,主张审美时主客体之间要保持一种无功利、非实用的"心理距离"。这种距离必须适中,过大了无法欣赏,过小了导致距离消失,也无法欣赏。这正如空间距离,太远了看不清对象,太近了只及一点,看不清全貌。也如时间距离,太久了忘了,刚发生的不甜美,适中回忆起来才是甜美。审美心理距离过远,不理解会态度漠然,观赏时想入非非,心理距离过近了,把艺术中的幻象与现实生活等同起来,演员控制不了戏演不下去,观众控制不了会出人命。1909年,美国演员威廉·巴文在纽约大剧院演莎士比亚名剧《奥赛罗》,扮演坏蛋瑞高,因演技高超、栩栩如生,当苔丝狄蒙娜被丈夫奥赛罗杀死时,观众席上一位年轻军官开枪打死了挑拨他们夫妻关系的"瑞高"。当年轻人清醒过来,发现自己干的傻事,也开枪自杀了。几天后人们把他们合葬在一起,碑文上写着"理想的演员和理想的观众"。实际上,理想的是演员,观众并不理想,他没有起码的观赏艺术的态度,假戏真做。

其次,要有与审美对象相关的必要知识储备。这些知识包括对对象的象征意义、题材、典故、技法、技巧程式等项目的理解。比如:西方的宗教画中,百合花、十字架、羊都是有一定含义的,百合花象征玛丽亚的重负;十字架象征耶稣受难;迷路的羔羊象征圣教的信徒。同样是女人的画像,苏珊娜代表正义,而拔士巴象征邪恶。还有许多英雄人物,如摩西、大卫,以及画面表达的圣经故事,都是西方古典绘画艺术中的重要题材。人们形象地比喻两希(古希伯来、古希腊)文化像母亲丰满的乳房,哺育了西方文明。如果我们对两希文化一无所知,就根本无法欣赏西方古典艺术。对于中国古典艺术也是如此。例如:你懂得京剧程式,看见演员扬鞭绕场数周,就会理解他已骑马奔驰了千里路程。《三叉口》中,纵然舞台上灯光明亮,人们仍可以从演员的神态和动作中理解到这是一个伸手不见五指的黑夜。懂得三国《空城计》故事的人,虽然看见诸葛亮和司马懿近在咫尺,也能理解一个在城上,一个在城下。

最后,要有较高的文化素养和丰富的生活经验积累。除了具备起码的审美态度和关于对象含义的理解外,审美主体本身的素质也是很重要的,同样欣赏一个对象,具有丰富的知识和生活阅历深广的人,会比一般人引发出更丰富的联想和想象,激发起更深沉的情感。例如对王之涣的《登鹳雀楼》诗中"欲穷千里目,更上一层楼"的理解,一般人是从日常生活中登楼的感受,理解为登高些,可以看到更多的景物。而胸怀大志的人,有政治抱负和高素养的人,是理解这是抒发一种向上进取的精神,高瞻远瞩的胸襟,道出要站得高才能综观全局,方能看得远的哲理。这样,就不仅能够充分把握和理解审美对象中蕴含的深刻的内容、意义,而且还能在接受过程中予以创新,真正地品评出其中的味道来。德国美学家姚斯认为,文学史就是文学作品的消费史,即消费主体的历史,强调读者的能动作用、阅读的创造性,强调接受的主体性。他提出,在20世纪,创造的概念从作者转到了读者,即读者的再创造。姚斯的接受美学和接受理论给我们以启示,在审美过程中,主体本身的素质是至关重要的。

总而言之,美感是审美感知、想象、情感、理解等多种心理功能综合交错的矛盾统一体。它们既有自己独特的心理功能,又彼此依赖、相互渗透,密不可分,不能独立存在。如果感知没有理解和想象参与,失去了审美"判断"能力,就成为生物性的快感,动物性的信号反应。如果想象中没有情感和理解的参与,失去了动力和规范,就成为一种反理性的胡思乱想。如果情感没有理解和想象的参与,失去了规范和载体,就成为生物本能性的欲望发泄。如果理解没有想象和情感的参与,失去感性的特征和活力,就成为在抽象概念中游离的逻辑思维。由此可见,感知是美感的出发点和归宿;想象是美感的枢纽和载体;情感是美感的中介和动力;理解是美感的制导和规范。美感就是它们复杂交错的动力综合,是它合规律性的自由运动。

第二节 审美意识结构

审美意识是人们反映现实、认识现实的一种方式,它是指审美主体反映美的各种意识形式。在审美活动中,主体反映美的表述依程度深浅、层次高低、方式不同、角度不同、作用不同等,我们称之为审美感知、审美想象、审美快感、审美理解、审美需要、审美意向、审美满足、审美能力、审美判断、审美趣味、审美注意、审美态度、审美评价、审美标准、审美观念、审美理想、审美感受、审美经验、审美立场、审美观点等,还有美学思想、美学观点、美学学说、美学理论等。我们还是依主体反映美的各种意识形式的高低层次不同,先分为审美经验和审美理论。

一、审美经验

审美经验是审美功能活动形成的情感体验,它是多种心理功能的活动而产生的审美满足或愉快,它是积淀着理性的感性,是一种自由的感受。审美经验包括三方面主要内容:第一,审美能力,也就美的鉴赏力、判断力。它是由感受力(感觉力、知觉力)、表象力、想象力、思考力(理解力、知性)、情感力以及某种潜在的无意识意向等多种心理功能综合而成的,它是审美的主体可能性。第二,审美倾向,它包括审美态度、审美趣味和审美理想。审美态度又包括心理水平的审美注意和观念水平的审美立场。审美注意是对审美对象的一种审美指向和选择,它不同于一般注意,不是把注意力指向与主体的实用及目的有关的问题,而专注于对象形式或结构的选择与感受。审美立场是由审美需要、目的而形成的,它要求审美主体把自己作为一审美者,即非处于现实生活中的实用者,也非作为理性地考察对象的研究者。审美趣味是对审美对象一种倾向性的评价,审美主体对审美对象或对象某些方面表现出特殊的喜好和偏爱。在各不相同的审美趣味之间,不但有高低之分,而且有健康和病态、进步与落后之别。在美学上,审美趣味常常被视为主体审美能力发展水平的标志。审美趣味是非道德的、非实用的,是情感性的评价,理性因素渗透在情感之中。审美理想是对审美最高境界(相对的)的一种向往和追求,是审美的最高范型和标准,它是以往审美感受中提炼集中的产物,但又是非概念、非逻辑的,是意象的、范型性的。与其他审美经验不同在于,它更鲜明地显示一定时代阶级的历史必然的理性要求,其想象因素和情感因素比较突出,这种情感是渗透着理性内容,与一定的世界观、社会利益和实践要求紧密相连的。审美态度、审美趣味、审美理想是主体审美的选择性。第三,审美感受,它包括审美感知、审美想象、审美情感、审美理解四要素,是个体接触到当时当地客观存在的某一审美对象的具体的心理活动过程,表现为上述四要素综合的自由活动。审美感受是审美能力的现实性,通过审美感受体现出审美主体的鉴赏力、判断力。审美感受也是在审美态度、审美趣味和审美理想的指向下进行的,也表现为这审美倾向的现实性。

审美经验与科学知识的经验认识不同。关于客观对象的经验认识,明显是在理论的指导下,它必须收集丰富的感性材料,并予以初步的理性加工。而作为审美经验未必以理论指导,主要用直觉的活动,用"自我"的一部分。对于对象不是求它全部、本质,而是感受它的部分、形象,它的意义和效用都暂时避开,审美主体只是聚精会神地观赏一个孤立、自足的意象,不问它与其他事物的关系如何。知识的经验认识与现实生活紧密相关,距离很近,强调认识的实用的、伦理的意义。而审美经验是在观赏的对象和实际人生之中开辟出一种适当的距离,不计较利益关系,但又在个人审美的非功利中潜藏社会功利性。知识的经验认识过程始终保持着清醒的头脑、冷静的观察和思考,而审美经验却经常由物我两忘走到物我同一,由物我同一走到物我交注,于无意之中以我的情趣移注于物,以物的姿态移注于我。知识的经验认识的对象是固定的、相对稳定的,而审美经验的对象展现出的形象却是依欣赏者不同而呈现多种多样和变幻无穷,最易体现欣赏者的主体性和创造性。

二、审美理论

审美理论是一种自觉的审美观体系,是对审美现象的总观点,是在审美经验基础上进行的理论概括,是理论化的审美意识形式。因此,它与哲学、政治、伦理、宗教一样,作为社会意识形态而存在。

审美理论与审美经验的不同在于:第一,从发生学考察,审美经验发生较早,审美理论是审美经验有了一定发展之后才产生。一般说来,在人类原始社会,审美经验就在劳动中与美对应而产生了,人类早初的美感逐渐摆脱了实用感,经原始巫术礼仪、原始歌舞等活动巩固下来,培养了自己的审美鉴赏力和判断力,形成自己的审美趣味和审美理想。到了奴隶社会,原始人类真正跨进了文明大门,生产力发展和社会分工的发展,出现了专门从事精神活动的生产,理论思维也有了发展,人们开始对自然和人类自身进行思考,产生了哲学。在这种情况下,人类也必然会对审美经验进行理论思考,予以概括和总结,力图寻找其中规律性的东西。这种反思活动最初是和哲学以及艺术的见解结合在一起,并未独立分化出来。先是散见于个别言论、个别观点,而后形成局部思想和学说,最终成为系统的理论体系,不过这是在近代才完成的。审美理论作为思想、学说,在西方起于柏拉图和亚里士多德,在中国则起于先秦诸子。

第二,从形态学考察,审美经验广泛存在于社会群体之中,同普遍社会心理、社会意识如传统心理文化、风俗、习惯交织混杂在一起,直接受制于生产方式和生活方式,随着生产方式和生活方式变化、发展而变化、发展。同时,也直接反作用于生产方式和生活方式,影响其变化、发展。因此,审美经验是具体的、非概念的、变动不居的,是丰富多彩的、普遍存在的。而作为理论形态化的审美理论,一般限于理论界和有一定理论素养阶层的人。与审美经验相比,审美理论的显著特点,是它带有自觉性的概念体系,是将审美活动和审美经验的成果总结、凝缩、概括为概念、范畴的体系,而与理性直接联系在一起,成为相对稳定的系统。从这意义上讲,如果说审美经验是以非概念性、非逻辑性区别于科学认识初级阶段的经验认识,那么,审美理论则以它的概念性、逻辑性而与科学认识高级阶段的理论认识相同一了。

审美理论对审美经验会产生积极影响。在社会生活中获得的个体的审美经验毕竟是有限的,而且要通过漫长的感受、探索和积累的过程,才能使自己的审美能力和审美水平有所提高。而审美理论是对人类在社会生活获得的总体的、普遍的审美经验的总结,学习审美理论可以在短期内继承先人的审美经验的优秀成果,在审美实践中能够站在历史的较高处,有较高的审美能力和欣赏水平,能够更多地捕捉、感受审美现象,更深刻地把握审美对象,有更丰富的审美体验。同时,还能指导、促进现实和艺术美的创造。

三、审美意识的共性与个性

任何一种事物都是共性与个性的辩证统一。审美意识从整个社会总体角度看,它的共性是指它的历史继承性、统一性和永恒性。例如有些早已陈迹的古典文艺会具有永久的魅力,仍然感染着、激动着今天和后世。解决艺术的永恒性的秘密在于:由于人类在自然的人化中,不断地积淀着历史的文明,建构了人类社会的共同审美心理结构,尽管人们所处的时代不同,阶级地位不同,但是由于人类审美心理结构内在形式的普遍性、共同性和延续性,由于不同时代积淀和体现在这些文艺作品的情理结构与今天人们的审美心理结构也有相对应的同构关系,也能产生近似和相同的美感,因此,我们今天仍能欣赏早已成陈迹的古典文艺作品。审美意识的个性体现在它的时代性、民族性、阶级性。审美意识的时代性指审美意识是随着时代的变化、发展而变化、发展的,带有时代的鲜明烙印。狩猎时代的原始人只懂用动物身上的东西,而不懂用植物的东西来装饰自己,直到农耕时代,植物成为人类实践的主要实践对象,才用鲜花、树枝等装饰自己。米洛的维纳斯在古希腊人眼中是爱神、美神,是人们崇拜的偶像,艺术美的典范。而在中世纪的基督教徒眼中则是女妖,类似美神全在扫荡之列。到了文艺复兴之后,维纳斯又成为人们追求的理想,不过明显带有世俗的色彩。审美意识的民族性是由于每一民族长期生活在共同地域,过着统一的政治、经济生活,形成了统一的生活习惯,接受共同的语言和文化传统,历史地形成了自己民族独特的审美意识。如我国的旗袍,被称为国剧的京剧,都具有鲜明的中华民族特色。在阶级社会里,审美意识还有它的阶级性,对于同一审美对象,社会各阶级、各阶层的人,三教九流、文人学士,各自的立场、观点、思想倾向和审美观念是不同的,会得出不同的感受。例如:对于《红楼梦》,每一个接受者都从自己的立场、观点去评价它,正如鲁迅说的:"经学家看见《易》,道学家看见淫,才子看见缠绵,革命家看见排满,流言家看见宫廷秘事……"①

根据共性与个性辩证关系原理,二者在一定条件下可以转化。上述的审美意识时代性、民族性、阶级性对于个体的审美意识又成为共性的了。审美个性作为个体审美的差异性,是由先天和后天两方面因素构成的。先天因素指人的生理素质、神经类型、气质、禀赋等等。古希腊著名医生希波克拉底凭经验观察,认为人体内有四种不同体液即血液、黄胆汁、黑胆汁、黏液,这四种体液混合比例,以某种体液占优势而形成四种气质类型:多血质、黏液质、胆汁质、抑郁质。这是最早的气质体液说。巴甫洛夫根据高级神经活动两种信号系统学说,把高级神经活动分为艺术型、思维型和中间型。先天因素还指先天官能的完美或缺陷,也对审美个性的形成影响很大,如视力对绘画欣赏,听力对音乐欣赏都起重要作用。

后天因素指个人的生活实践丰富与否,个人文化素质高低与否。生活实践引起人的内在自然的人化,改变了人的感官、情感的

---

① 《鲁迅全集》第 7 卷,第 419 页。

个人狭隘功利的性质,使之社会化、理性化。文化素质的提高,对审美趣味、审美理想的影响很大,使之趋向对高品位审美对象的追求。正是社会实践的深入和文化的发达,人的气质、禀赋的特点、差异和各种潜在的可能性,才能充分地发展起来,从而形成丰富多彩的现实的审美个性。

审美个性极其丰富多样,难以确定有多少类型。有的专注审美对象对于主体感觉情绪和意志的影响(主观类型),有的专注审美对象本身特征、形态(客观类型),有的专注审美对象引起的联想(联想类型),有的专注把审美对象拟人化,似乎有人的某些性格(性格类型)。有的在审美活动中突出审美感性的方面,审美感知因素十分敏感;有的则突出审美理性方面,理解和想象因素发挥十分充分。另外,审美个性还和人的年龄、性别、职业、生活方式等关系密切,各方面综合作用,使其千姿百态,各有特色。

每一审美意识的个性都包含和体现着审美意识的共性。因此,我们去欣赏艺术品,尤其是古代珍品,都不能离开它们创作的历史背景,它们必然带上那个时代、民族甚至阶级的特征的痕迹。在创造美的过程中,由于审美意识共性的东西积淀在个体意识,它也必然在自己的作品中体现出来。所以,要把审美的共性与审美个性割裂开来是不现实的,我们根本不必要在创造美方面人为地设置种种框框,按统一的模式格式来规定创造者的行为,应该充分发挥审美主体的主观能动性,以其独特的思维方式去感受、理解审美对象,运用自己的独具风格、手法去创造美。这样,我们每个人才能得到自由、全面的发展,外部世界才格外精彩。

第二篇

第七章 德育与美育

弄清美育与其他教育的关系,是克服教育实践中忽视美育的重要一环。自从阿贝·巴托把艺术从技术中分离出来,追求美就为艺术的本质特征,艺术活动作为一种审美活动是不言而喻的,但审美活动不局限于艺术活动,审美活动是人类实践积极性的一种特殊品质,任何实践活动在某种意义上也是一种审美活动,都是按美的规律进行建造。相应的,艺术教育是以艺术为手段,而审美教育是以包括艺术在内的各种美的事物为手段的,这些美的事物都是人化的结果,是打上人的认识和实践活动烙印的。当然,艺术美是集中地、强烈地反映现实美的,因而,艺术教育也就成为审美教育中的一个最重要的组成部分。但它还不能统摄审美教育,更不能取代审美教育,审美教育除以艺术教育为重要内容之外,还通过其他教育环节实施。

存在着一种以德育统摄美育的观点,这是不妥的。因为德育与美育是不同性质的教育,它们之间的不同正如德育与智育的不同。人的意识分为知、意、情三个部分,对于这三方面的培育,追求真、善、美,正好分出智、德、美三方面的教育。这三方面的教育对造就全面发展的一代新人都是不可缺少的,以任何方面取代另一方面在教育史上的证明都是错误的。"文革"中以红代专就是典型的例子,长期以来以红代美,培养的人才缺少创造性精神也不乏此例。以德育代替美育,对于陶冶人的情感,完善人的审美心理结构,培养具有感受美、评价美的创造美能力的人是不利的。因为美育的广泛的内容是德育无法包容的。当我们正确估量它们的同一性时,不能忽视它们之间的差异性。体、智、德、美四方面教育,恰好体现了人的肉体和精神方面健康发展的要求。即使我们从它们同一性的角度看,美育也是不可替代的,美育不仅只与德育相同一,而且也与智育、体育处于不可分割的联系之中,都对它们的发展起重大的促进作用。从培养一代新人的角度看,我们不仅要了解美育与艺术教育的辩证关系,还应了解美育与德育、智育、体育之间的辩证关系,了解美育与劳动实践的辩证关系。这一章将探讨美育与德育的辩证关系。

第一节 德育中的审美因素

美与善的关系在古希腊最早是苏格拉底阐述的,在此前毕达哥拉斯学派和赫拉克利特等人都主要从自然科学的观点去看美学问题,要替美找自然科学的解释;到了苏格拉底才主要从社会科学的观点去看美学问题,他把美和效用联合起来,美必定是有用的,有用有效就美,有害就丑。这就把美与善联系在一起,认为凡是行为符合美本身,都是美德。他说:"公正的行为和一切以美德为基础的行为都是美的和好的。"① 柏拉图在《理想国》中把社会分为三个等级,即统治者、武士和生产者,"人人都应守本分",各等级的人也就有了美德了,国家也就和谐美好了。亚里士多德在《修辞学》中把"美"定义为一种善:"美是一种善,其所以引起快感,正因为它善。"②

---

① 转引自章海山:《西方伦理思想史》,辽宁人民出版社1984年版,第66页。
② 转引自朱光潜:《西方美学史》上卷,第84页。

在柏拉图和亚里士多德为代表的古希腊传统理论中,美德理论占有主导地位:他们把培养美德的品质特征列入道德的首要功能之中。美德是一种有益的气质,是有益的习惯或者说是一个人们所具有的或渴望具有的特征。道德的基本问题正是"我应当做什么",一般的回答是应当按照特定类型的道德原则中的全部行为的规则或普遍命令去做,这是以义务为基础,或许去做的本人未必很自觉、很自愿的。而美德是要求把"我应当是什么样的人"作为首要解决的问题,强调一个人品质的性质,因而他回答"我应当做什么"时,不是靠义务的推动,而是出于圆满地形成的美德而自发地去做。中国古代伦理也强调美德,孔子以"仁"这个道德原则作为它首先规范的核心,孔子把他所认为的人类美德和有价值的道德,都包括在"仁"之内,仁成了"全德之称"。

一、中外美德中的审美因素

应该说,道德中最具有审美价值的当推美德。古希腊人认为社会有四种主要美德:正义、智慧、勇敢、节制。德谟克利特和柏拉图都对它们作了系统的论述。

智慧。德谟克利特认为这是最高的德目,人全赖智慧才成为善的和幸福的,智慧就是按照自然的因果必然性行事。柏拉图认为智慧是灵魂理智部分的表现。智慧就是对善本体的观照,使人有最高的知识,从而使人的灵魂不再受外界事物的扰乱,也不受人的苦乐等欲望的困扰,人生就能得到真正的幸福。

勇敢。德谟克利特不仅把勇敢看成是对敌作战的取得胜利,而且也是精神上的坚强,能够控制自己的欲望。柏拉图说,对个人来讲,勇敢就是服从灵魂,肉体对于理性的命令,不管是快乐还是痛苦都要服从。

节制。德谟克利特认为它是为快乐服务,因为对感官享乐的节制,不仅能保持健康,而且使享乐得以持久。节制使人满足于力所能及的事物,不再为达不到的妄想折磨,所以,节制使快乐增加并使享受加强。柏拉图认为节制对个人来讲就是欲望服从理性,理性控制欲望的状态;对社会来讲,节制就是被统治者服从统治者。

正义。德谟克利特认为它要人尽自己的义务,另外,正义的力量还在于判断的坚决和无畏。柏拉图认为正义对个人来讲是使灵魂三个组成部分,即理智、意志和情欲,在理智的统辖下,灵魂其余部分各做本分之事,使灵魂达到一种秩序井然的和谐状态。对社会来说,每个人必须在国家里面执行一种最适合于他们天性的职务。

尽管他们在论述各德目的过程中明显打上了阶级的烙印,但我们加以改造,其合理的部分依然可以作为美德,为后人承继。

基督教的三美德是信仰、仁爱、希望。其中仁爱是最高德性,也是一切美德的源泉。这种仁爱是泛爱众人,爱朋友,也爱仇人,其原因是爱上帝。这种泛爱实际上是不现实的,不同宗教(包括基督教)因信仰不同而发生对抗乃至战争之事屡见不鲜。但人必须有爱心是应该大力提倡的,它是一种美德,因它世界才会减少仇恨,人与人之间才能和睦相处。

布鲁诺针对人类 12 种罪恶,提出 12 种新道德,它们是诚实、守信、明智、智德、法律、裁判力、勇敢、知识、悔悟、纯朴、勤劳、人道或仁爱。还有一种高于 12 种美德的最高道德理想,即英雄的热情。英雄的热情是一种过渡的对立矛盾,是一种内心精神的分裂,英雄只有通过分裂和痛苦的磨炼,才能达到道德上完满的境界。

许多思想家、哲学家、伦理学家都把自由、平等、博爱看作美德。布鲁诺说自由是美德的前提和必要条件;孟德斯鸠把自由看作是做法律所许可的一切事情的权利;霍布斯说自由与必然是一致的,是没有阻碍的意思,臣民在遵守法律的前提下,可以有各种自由;洛克把自由归结为在法律允许的范围内支配着人身和财产的自由。斯宾诺莎认为人要达到自由,就要依理性的指导而生活,认识自然的必然性。

平等的观念在早期基督教表现出反奴隶主压迫的进步性,一切人都有原罪的平等,在上帝面前人人平等。资产阶级提出消灭封建等级制度的平等要求。卢梭把人类不平等的起源和基础归结为生产力发展和私有制的产生,他认为"美德"的王国是平等的王国,但卢梭不相信有可能完全恢复平等。马布利把平等看作人的一种天赋权利,平等感越是活跃,人就越幸福、自由,他准备只满足于稍微接近平等。现代美国伦理学家罗尔斯提出两个原则:一是要求平等地分配基本的权利和义务;二是社会和经济的不平等(例如财富和权力的不平等)只要其结果能给每一个人,尤其给那些最少受惠的社会成员带来补偿利益,它们就是正义。

文艺复兴后,人们对爱的理解和追求与基督教不同,基督教鼓吹禁欲主义和自我牺牲。边沁认为人都是追求幸福和逃避祸害的,道德的标准就是追求大多数人的最大幸福。穆勒也将最大数人的幸福作为道德最高标准,而且幸福引来的主要应该是精神的高级的快乐。费尔巴哈认为追求幸福是人生的目的,道德就是使得人人幸福,铲除人间不公正,使人类过着美好的生活,必须依靠爱,甚至要建立爱的宗教:"爱就是上帝本身"。

上述各种美德尽管有阶级的局限性,但其中合理的因素是人类精神的宝贵遗产,具有审美的价值,为现代人的人格塑造服务。我国也具有传统美德,它是在自觉的或习俗的道德规范中那些为大多数人所接受并实际操作的,而且是古今一以贯之的,在现代生活中仍发挥影响的,具有审美价值的德目。我们可以将它概括为中华民族十大传统美德。一是仁爱孝悌。它是中华美德中最具特色的部分。"仁"虽然被统治阶级利用,但它毕竟是中华民族道德精神的象征,是在各个历史时期,在各种道德中最基本的,也是最高的德目,在世俗生活中也是最基本的、最高的德目。"仁"与"人"、"道"是同一的,是人之所以为人的根本特征。"仁"发端于人类共同生活中所形成的"恻隐之心",即同情心,基于家族生活中的亲情。"仁"德的核心是爱人,"仁者爱人",其根本是孝悌。孝悌之德的基本内容是父慈子孝、兄友弟恭,由此形成一种浓烈的家族亲情,对家庭的关系,从而也对中国社会的稳定起了极为重要的作用,是民族团结的基石。孝悌之情的扩展就有所谓忠恕之道,"忠恕"由"仁"派生出来,是"仁"由家族之爱走向泛爱的中介环节,形成"四海之内皆兄弟"的中华民族大家庭社会生活的浓烈人情味和生活情趣。忠恕之道的基本要求是以诚待人,推己及人。具体内容是:己立立人,己达达人;己所不欲,勿施于人。董仲舒的"三纲五常"是具有封建糟粕的,它只要求在下者对在上者的绝对服从,与上述的仁爱孝悌提倡的双方互动互爱是完全不同的。

二是谦和好礼。"礼"是中华文化的突出精神,中国是世界闻名的礼仪之邦。好礼、有礼,注重礼义是中国人立身处世的重要美德。中国人把礼看作人与动物相区别的标志,是治国安邦的根本,是立身之本和区分人格高低的标准。礼的内容有作为伦理制度和伦理秩序的,称之为"礼制"、"礼教";有作为待人接物的形式,称之为"礼节"、"礼仪";有作为个体修养涵养的,称之为"礼貌";有用于处理与他人关系的,称之为"礼让"。作为一种伦理制度的"礼教",在历史上曾起过消极的作用,但作为道德修养和文明的象征,礼貌、礼让、礼节却是中华民族传统美德的体现。好礼必须"谦和","谦"就是谦虚、谦让。谦德根源于人的辞让之心,其集中体现就是在荣誉、利益面前谦让不争,以及人际关系中的互相尊重。"和"就是中和。和德体现在待人接物中的"和气",在人际关系中的"和睦",在价值取向上的"和谐"。虽有不同看法还是可以求和,无论是和睦家族、邻里,还是协和万邦,始终提倡"和为贵"。

三是诚信知报。中国美德由于性善的信念占主导地位,强调主体的自律精神,所以特别重视"诚"与"信"的品德。"诚"即真实无妄,指为人的诚实,待人的诚恳,对事业的忠诚等等。"信"与"诚"是相通的品德,孔子把它作为做人之根本,守信用、讲信义是中国人公认的价值标准和基本的美德。"信"之基本要求是言行一致,"言必信,行必果"。"信"可以训练和证明人的诚实的品质,也是取得他人信任的前提。知报即知恩思报,回报既是中国人的传统美德,也是道德生活的重要原理与机制。"滴水之恩,当涌泉相报"在世俗生活中是公认的美德。中国人强调要报父母养育之恩、长辈提携之恩、朋友知遇之恩、国家培养之恩等等,这都体现了正义。相反,忘恩与忘本则是负义。

四是精忠爱国。自从爱国诗人屈原投汨罗江以来,精忠爱国的浩然正气和民族气节始终为中国人民所称颂。在中国社会中,爱家、爱家乡与爱祖国的情感是相通的,人们总是把祖国作为衣食之源、情感之源,爱祖国是爱亲爱家情感的升华。在中国传统道德中,爱祖国、爱民族历来被看作"大节"。虽然在封建社会中,它是与忠君联系在一起的,具有时代的局限性,但在本质上,由于人们把君主作为国家的代表所在,在"忠君"的背后,是一种深层的国家意识,岳母在爱国将领岳飞背上刺"精忠报国"四字,就充分说明精忠与报国是一致的。因此,每当中华民族处于危难之时,各族人民都扛起"精忠报国"的大旗,抵御外来侵略,出现过许多著名的爱国主义者和民族英雄。

五是克己奉公。中国历来提倡整体主义精神,"礼"的精神本质上是一种秩序的精神,突出的是整体秩序对个体的意义,要求个体服从并服务于整体,把"公义胜私欲"作为道德的根本要求,甚至把"公"作为道德的最后标准。"公"的核心是去私意,因此,奉公就必须克己,"克己"就是克制己私超越自我,服从整体,克尽己私便是公。当然,传统的公私观中具有整体至上主义的倾向,它被统治者利用后成为封建专制主义的工具。但中国道德并不完全反对私利,关键看它是否合乎道德。克己奉公的精神,本质上是先公后私,个人私利服从社会公利的精神。中国人历来把"廓然大公"、"天下为公"作为价值理想。中国文化中的大同境界,其基本精神也就是一个"公"字。克己奉公精神强化了人们对社会、民族的义务感和历史责任感。

六是修己慎独。中国传统伦理深信,人性中具备了道德的一切要素与可能,因而只要安伦尽份,反躬内求,便是道德的完成。由此形成向内探求的主体性道德精神,集中体现为以律己修身为特征的道德修养学说。这种修养学说强调自主自律、自我超越以维护人伦关系和整体秩序,建立道德自我,其基本精神是"求诸己"而不怨天尤人。儒家就把修己、养身看作立身处世、实现人的价值的根本。在中国伦理史上,形成了一整套富有民族特色的修养方法,如慎独、内省、自讼、主敬、集义、养气等等。慎独就是在自我独处时要严于律己,戒慎恐惧。修己慎独的修养传统培养了中华民族践履道德的自觉性和主动性。

七是见利思义。对义利关系的处理体现了中国伦理的价值取向。传统的义利观的内容十分复杂,重义轻利的倾向也曾影响中国社会经济的发展,但应该说先义后利、以义制利才是传统义利观的基本内容和合理内核,也是中华民族十分重要的传统美德。孔子强调"见利思义",并把它作为区分君子小人的重要标准。"杀身成仁"、"舍生取义"更是中华民族的崇高道德境界。孟子说:"鱼,我所欲也;熊掌,亦我所欲也。二者不可兼得,舍鱼而取熊掌者也。生,亦我所欲也;义,亦我所欲也。二者不可兼得,舍生而取义者也。"[1]这种道德观念成为鼓舞仁人志士为民族大业义无反顾献身的精神动力。

八是勤俭廉正。勤俭朴素、廉明正直是中华民族历来提倡的美德。中国人民是世界上最为勤俭的,他们热爱劳动,吃苦耐劳,自立自强,与此相适应,又有尚俭的传统,珍惜自己的劳动成果。"锄禾日当午,汗滴禾下土,谁知盘中餐,粒粒皆辛苦"的诗句就反映了"勤"与"俭"的天然联系。俭能使为政者廉正。廉德主要针对为政者,无廉则不洁,不洁则不明。清白不污,纯正不苟,为廉洁;能辨是非,以义取利,是廉明;能自我约束而不贪求,是廉俭。廉的根本在于取舍之间,取道义,去邪心,严格自我约束。有了廉便可

---

[1]《孟子·告子上》。

做到"正"。正体现了人的品格上的正直,待人的公正,境界上的正气。正人必须先正己、正心,要想处理好事情,待人公正,首先必须自己廉洁、廉俭,才能廉明,达到正义。

九是笃实宽厚。中国长期的"自给自足"的自然经济,形成了中华民族质朴的品格和务实的精神。生产力水平有限和生活水平不高,养成人们朴素过日子的习惯,社会交往较少,自我封闭,保留了人性中本真的部分较多,因此形成崇尚质朴、朴素的传统道德。中国人在为人处事方面,形成许多以"实"为标准的规范和美德,如老实、诚实、求实、踏实、实在,提倡崇尚实干,反对空谈、虚伪、虚妄的务实精神和实践精神。在待人上,中华民族一向以宽厚为美德,严于律己,宽以待人。在人与人的关系上,中国人以"将心比心"、"以心换心"为原则,推己及人,己所不欲,勿施于人。在现实生活中提倡德化、感化、感通,以宽厚的道德人格打动人。正是这种笃实宽厚的美德,才使中华民族这个大家庭能够和睦相处,形成连绵不断的民族历史和民族活力。

十是勇毅力行。这是中华民族在践履道德方面所具有的德性和德行。和古希腊思想家一样,中国自古就把勇作为主德之一,都强调道德实践的重要性。孔子以"知、仁、勇"为三大德,其中仁是核心,知是知仁,勇是行仁。勇虽然也指气力的血气之勇,但最重要的是理直气壮地坚实恪守道德信念的大勇,是行仁的大勇。"勇"与"毅"相联系,毅是在艰难困苦中坚持下去的毅力,以及遵循道德标准方面的毅力。它的突出表现就是养气守节,固守高尚的情操。"富贵不能淫,贫贱不能移,威武不能屈"的大丈夫人格,也是以坚毅、勇毅为基础和前提的。要坚持实现成圣成仁的目标,还必须强调"力行",通过勇毅精神去身体力行,达到"知行合一"、言行一致,把道德认识真正化为自己的行为。

二、道德人格中的审美因素

在德育中我们不仅用高尚的道德教育人,而且还以圣人、英雄、先进人物作为道德的模范来教育人。当有人问我们"我应当是什么样的人"时,我们会回答"是一个像某某一样的人",所谓某某,或者是指一种理想的品质,或者是指被当做这种理想的代表的一个实际存在的人,也就是一个榜样。我国传统美德在历史上造就了各种道德人格,这些道德人格按照具体道德理想的不同程度可分为圣人、贤人、仁人、大人、君子、成人、善人等等。这种分法太细,我们综合起来可分为圣人、英雄和先进人物。圣人是指具有高超的智慧和最高尚的品质的人。无超凡智慧不能为圣人,圣人都是先知先觉者,他能够敏锐地观察和捕捉人世间万事万物之变化,在一番深思熟虑、潜心研究中发现其变化的规律性,前瞻性地向世人发出警喻、预见。无高尚品质的人也不是圣人,圣人的智慧和预见都是为了造福人类,造福国家,造福民族,甚至为了人类利益可以牺牲个人,其道德也是人们学习的榜样。由于圣人的高智慧和高品德,因此,他的影响是超时空的,往往经历了数百年、甚至数千年的时间考验,也获得全世界的公认。像中国的孔子、老子、孟子,古希腊的苏格拉底,佛陀释迦牟尼,基督耶稣,伊斯兰教创始人穆罕默德等都是古代著名圣人,尽管其思想具有时代的阶级的局限性,未必全是真理,甚至有的是唯心主义的,但他们对世界各国文化的影响是相当久远的,其思想是人类共有的宝贵遗产,具有它存在的合理性。还有在某些方面具有超凡智慧,为社会作出卓越贡献者,如史圣司马迁、诗圣杜甫、词圣苏轼、文圣欧阳修、书圣王羲之、草圣张旭、画圣吴道子、医圣张仲景、药圣李时珍、茶圣陆羽、酒圣杜康等等。

英雄是才能勇武过人的人,是不怕艰难险阻,不顾自己,为人民利益而英勇斗争、令人敬佩的人。英雄人物是美德的实践者,是在历史各种生死危亡关头,涌现出来的那些挺身而出,不顾个人安危,维护正义事业和民族大义的仁人志士。有为人类造福的英雄,如古希腊神话故事中普罗米修斯不仅创造了人,还给人智慧,从天上盗火给人间,而自己因此受到上天最高统治者宙斯的严厉惩处,成年累月受鹰啄食其内脏之苦;我国古代大禹治水,三过家门而不入。有反抗阶级压迫的英雄,如罗马奴隶起义首领斯巴达克思;德国农民战争领袖托马斯·闵采尔;法国资产阶级革命山岳党领袖罗伯斯庇尔等;我国农民起义领袖陈胜、吴广、洪秀全,资产阶级维新派主将谭嗣同,无产阶级革命先烈李大钊等。有维护祖国尊严的民族英雄,如古希腊斯巴达国王列奥尼达斯在希波战争中扼守温泉关壮烈牺牲;公元14—15世纪英法百年战争中的法国农村少女圣女贞德为国捐躯;世界范围的反法西斯战争中的无数英雄;我国民族英雄屈原、苏武、杨家将、岳飞、文天祥、林则徐等。

圣人、英雄和先进人物不仅仅是干了某种事业的人,而且他们是我们期望成为的人,是我们要求自己仿效的榜样。因为在我们眼中,他们的思想、行为具有很高的审美价值,是我们心中的理想所祈求的。仿效他们不只是去重复做他们曾做过的事,而是以他们的精神熏陶自己,使自己能够成为像他们那样的人。即使我们知道成为圣人或英雄是不可能的,只要我们能够把他们和普通人区别开来,努力使自己在某些方面有点像他们,那也就够了。

第二节 美育对德育的促进作用

德育中包含有审美因素,同样,美育中也包含着德育的因素,二者的相互包含,相互渗透,引起二者的相互作用。从美育的角度看,它对德育有着明显的促进作用。

一、美育促使人的意志心理结构趋向完善

伦理道德的核心是自由意志,它表现为主体、人对行动不是受动的约束,而是通过自己自觉自愿的选择。要达到自觉自愿,自由意志,又不违反道德规范,这对于主体的意志心理结构的塑造是要求很高的,主体要培养自己能够自觉地排除生理本能的非理性的冲动和意念,战胜忧虑、愁苦、空虚、烦恼、恐惧等心理状态,而进入

美的生活境界。这需要审美主体对现实美与艺术美有深刻的感受和领悟能力,特别是对于生活美,他能够对生活充满信心和乐趣,对他从事的事业充满热爱和执著的追求。一个人一生必定要历经种种挫折,甚至磨难,必定有许多事不能称心如意,甚至予人以重创,这是对人的意志的严峻考验,是走向意志自由的必经之路,问题是如何走出困境。大文豪歌德一生也充满艰难,在爱情和事业上,尤其在政治上屡遭挫折,但在此刻,他总是走出原地,外出旅游,投入大自然的怀抱,在欣赏大自然的风光中重新振作起来,促使眼前的愁和苦迅速化为乌有;或者投入艺术创作中,通过艺术使自己精神得以升华,化腐朽为神奇,变愁绪为乐趣,重返美的生活境界,重新去追求爱情,去从事他执著追求的事业。毛泽东在革命生活中屡遭打击、失败、挫折,但他从不灰心丧气,总是自觉地将它作为磨炼自己意志的机会,因为他坚信共产主义事业是人类最美的事业,对困难总是带着诗意的微笑从容处之。例如:第五次反围剿的失败,红军被迫战略转移,人员大量伤亡,可谓党与红军命运处于最危难的时刻,但毛泽东依然对革命充满胜利的信心,在万里长征结束时,他写了不朽的《长征》诗:"红军不怕远征难,万水千山只等闲。五岭逶迤腾细浪,乌蒙磅礴走泥丸。金沙水拍云崖暖,大渡桥横铁索寒。更喜岷山千里雪,三军过后尽开颜!"这是何等的气魄!把长征途中的千难万险都诗化了,把残酷的战争生活美化了,充满着革命乐观主义精神,体现了一位无产阶级革命家的自由意志。

当今中国正处于改革开放,建设社会主义的新时期,计划经济体制向市场经济体制转型,那种明显带有以儒家为核心的传统文化痕迹的传统社会主义文化,受到了极大的冲击,市场经济孕育的新的道德观念悄然兴起,西方文化随改革开放蜂拥而入。这些文化撞击的结果,是使传统文化所建构的意义世界趋向解体,生活在社会大变动中的中国人开始丧失支撑其生命活动的价值资源和意义归属,从而陷入深刻的精神迷惘和意义危机。原先的行之有效的儒家伦理原则已经失落,传统社会主义伦理受到怀疑和挑战,而新的道德律令又未能完全建立起来,颇有"道德迷失"之感。当以往被禁锢的个人利益被释放出来之后,如洪水猛兽肆行,人们利益获得失去均衡,再加上改革进程遇到不可预测的因素,昨天还在欢呼、歌颂改革给我国人民带来实惠,而今天却面临下岗和重新择业的困境。当人们在"工具理性"的驱使和摆布下,走出了传统伦理设计的单向度的道德人本主义的迷境,返回世俗生活的真实,这是一次解放,也是历史进步的标志。但是,现实的并非一定是合理的,现实是达到理想的中介,不是理想本身。当我们把形下的世俗过程作为终极目的来认同,把人生的全部意义倾注于世俗生活而不能在理想与现实之间保持一定的距离的时候,就会出现现代精神迷失,就不可能达到意志自由。它有可能导致两个迷误:或者对现代化进程发生的挫折估计不足,对其负面作用缺乏心理准备,一旦遇到重大挫折,尤其自己的重大挫折,就会对现代化失去信心,对生活感到失望。或者是一味沉溺世俗生活的感官享受与快乐,心灵却极度空虚寂寞,急功近利、斤斤计较、贪图酒色,如同行尸走肉和精神乞丐。这些,绝非夸大其词,现实中也屡屡发生,证明了意义世界和"终极关怀"的失落,确会使人意志衰退,道德沦丧,与道德自由相去甚远。

美育是使现代人走出道德危机、道德迷失状况的一种途径。美育会带来感官享受和快乐,迎合现代人感性需要,但它不局限于感官层次,而是超越感官达到精神上的快感,它会成为人的精神空虚、浅薄时的调味剂和营养物,以免遇挫折时缺乏意志力支持而精神崩溃。美育总是引导人们超越功利性,潜移默化地给人们提供终极性价值依托,随时给人们指点生活中美好和光明的一面,总是给人们一种希望、期待、憧憬。因此,美育使人们生活空间弹性加大,使人的意志多了韧性,逐渐趋向完善。

二、美育活动为德育提供丰富生动的内容

美育活动不仅仅令人们感官舒畅、精神愉快,而且还渗透着大量的德育内容。对祖国山河的自然美欣赏,会激起人们对家乡、祖国的无限热爱的情感,这无疑是生动的爱国主义教育。自然美的各种形态,也会激起人们对生活的各种追求,或崇高、或柔美、或抗争、或平和。例如我国伟大诗人李白游遍祖国山山水水,留下了许多不朽诗篇,他以丰富的想象、大胆的夸张、深入浅出的语言、豪迈爽朗的风格,达到了浪漫主义诗歌艺术的高峰。其诗歌如高山流水,从天上来,流淌在难于上青天的蜀道;从庐山飞流直下,流过青海湾;在天姥山吟唱,消逝在长江天际……诗中表达了对祖国山河的无限爱恋,对权贵的蔑视,对开明政治的向往,对朋友的忠诚和对自由的追求。著名文学家范仲淹的《岳阳楼记》描绘洞庭湖"衔远山,吞长江,浩浩荡荡,横无际涯"的壮丽景色和磅礴气势。继而又写了其景物变化:一是"霪雨霏霏"时的萧然悲凉景象,二是"春和景明"时的明丽和乐风光。作者"不以物喜,不以己悲",托出他的崇高抱负"先天下之忧而忧,后天下之乐而乐",为后人永远称赞。泰戈尔写他对大地母亲的眷恋和热爱,是一首对大自然的颂歌。作者病后休养,身体虚弱,感到大自然对自己的调护真是甜柔的,那温暖的阳光,也似乎闪耀出自己的喜乐。这时他觉得世界对于自己永远是新鲜的,自己好像是一棵树,从大地新形成的土壤里长出来,展开密叶,他甚至觉得:"我的大地母亲今天穿着阳光照射的金色衣裳,坐在河边的玉米地上;我去她脚边、膝下、怀中翻滚游戏。……她坐在那里,用遐思的眼光盯着过午的天边,同时我无尽无休地在她身边喃喃地说着。"[①]作者把大地比作母亲,自己正受到母亲的抚爱,而自己也对母亲倾注了一腔深情。泰戈尔通过对

[①] 转引自徐治平:《散文美学论》,广西教育出版社1990年版,第119页。

自然美的欣赏,抒发了对祖国、对人生的热爱。英国诗人雪莱的《西风颂》则描绘了西风横扫落叶的威武气势,这不羁的西风,"败叶为你吹飞,好像魍魉之群在诅咒之前逃退",用此比喻革命力量清除反动政权。又颂它:"你又催送一切的翅果速去安眠……直等到你阳春的青妹来时,一片笙歌吹遍梦中的大地,吹放叶蕾花蕊如像就草的绵羊,在山野之中弥漫着活色生香。"借西风吹送种子来比喻革命思想的传播,寄托诗人对于未来的希望——这就是《西风颂》中歌咏西风是"破坏兼保护者"这个主题思想的两个方面。他坚信革命胜利必将来临:"严冬如来时,哦,西风哟,阳春宁尚迢遥?"[①]苏联伟大作家高尔基的《鹰歌》通过鹰和蛇的形象,歌颂了为追求光明和自由而勇敢战斗不怕牺牲的革命者,批判了苟且偷生、自私保守的人生哲学。他对鹰的精神赞美道:"勇士们的狂热的精神就是生活的真理!啊,勇敢的鹰!在同敌人战斗中,你流尽了血……但是将来总有一天,你那一点一滴的热血将像火花似的在黑暗的生活中发光,许多勇敢的心将被自由、光明的狂热的渴望燃烧起来!"[②]

对于社会美的欣赏和创造,更是充满德育的内容,二者达到直接的统一。五讲四美活动既是美育,又是德育。人的仪表美、语言美、行为美、心灵美也是传统美德中所要求的。美育过程要求一个人要达到外在美和内在美的统一,这种人也是道德教育所渴望的、理想的道德人。而用这些道德人的思想和行为来教育人时,我们往往是通过具体生动的艺术形象为媒介的,尤其是对传统美德的教育,我们不是简单地复制过去,而是按我们的审美理想予以创新,因而我们所接受的道德人的形象是审美化的形象。任何一个现实的人都必然有他的优点和缺点,公心和私欲、美与丑、善与恶、

---

① 邵鹏健编:《外国抒情诗歌选》,江西人民出版社 1980 年版,第 59~62 页。

② 易漱泉等编:《外国散文选》,湖南人民出版社 1981 年版,第 155 页。

真与假等矛盾对立的方面,无论是圣人还是英雄,只是因为他们能够常常通过斗争,使真、善、美战胜假、丑、恶,使自己不断完善起来。而我们常常仅看到他们完美的形象,这是艺术家们或者教育家们所理想的"应该是怎样的人"的形象。因此,大量的优秀文学、艺术作品包含着丰富的德育内容。"悲剧之父"埃斯库罗斯的《被缚的普罗米修斯》中的悲剧人物普罗米修斯被马克思称为"哲学历书上最高尚的圣者和殉道者",他成为争取人类解放斗争的象征。基督耶稣的死,被圣徒视为替人类赎罪,为神与人和睦的媒介。耶稣是要将上帝爱人,人当互爱的生命传给世界,他的死是不可免,正是通过自己牺牲,使这理想超越 2000 多年。透过宗教的面纱,耶稣也是作为拯救人类的象征。中世纪法国的英雄史诗《罗兰之歌》中,罗兰被写成一个理想的骑士,他爱国、忠君,对敌勇敢作战,不惜献出自己的生命,阵亡时,他把脸朝向敌人,以表示其仇恨和不屈。这种刻画都体现了封建阶级上升时期的理想,也是符合人民保卫自己土地的愿望的。类似罗兰的英雄还有西班牙史诗《熙德》中的熙德,德国英雄史诗中《尼伯龙根之歌》中的尼伯龙根,英国《罗宾汉谣曲》中的罗宾汉,以及我国的岳飞、杨家将等。16 世纪末英国著名作家莎士比亚的《罗密欧与朱丽叶》是一场悲剧。罗密欧和朱丽叶一见钟情,但因封建世仇,恋爱受到阻挠,导致二人的死亡。最后,双方家长鉴于世仇造成的错误,言归于好。青年主人公虽然双双牺牲,但是,剧本表明美好的事物和真正的爱情是不朽的。作者以抒情笔调,特别在月夜阳台两个主人公对话一场中,写出了一首赞美青春和爱情的颂歌。诗中多用日光、月光、星光等代表光明的事物来形容青春爱情的美,在封建的黑夜放出光芒。我国类似的作品有《梁山伯和祝英台》、《红楼梦》等,梁山伯和祝英台,贾宝玉和林黛玉的爱情悲剧也和罗密欧与朱丽叶一样,对封建恶习是一种鞭挞,而对青年是一种爱情观的教育。总之,美育中的德育内容是举不胜举,俯拾皆是。

三、美育活动的形式是德育的重要手段

传统的德育主要是靠说理、灌输,甚至半强制地执行,如规定专门政治学习时间,听报告,写学习心得,做思想汇报,其缺点是容易使受教育者感到千篇一律、枯燥无味。而美育是寓教育于生动形象之中,寓教育于情感的波涛之中,寓教育于娱乐欢愉之中,寓教育于潜移默化之中,因而它为受教育者所欢迎,所巩固。尤其是美育的自由性,它不是强迫的方式,而是自觉自愿地让受教育者接受教育。这一特点,如果德育能够很好地、自如地利用它,就能保证德育持续不断地进行,保持它恒久的效果。例如:我们适当地组织学生去郊游,既引起了学生的浓厚兴趣,开阔了眼界,又增强了组织纪律,团结互助的观念,有可能到著名的旅游胜地,培养起学生热爱家乡、热爱祖国的情感。在学校可以组织各种兴趣小组,发挥他们的主观能动性,去思考他们感兴趣的课题,尤其社会上的热点,积极引导他们正确对待人生,对待社会上出现的现象,把握时代的本质。可以通过美育活动,欣赏名曲、名画,观看优秀的电影、电视,让优秀的艺术作品中的健康思想、内容在娱乐中被学生所接受。还可以组织大家搞书评、影评、画评等,在鉴赏艺术品过程中,分清其内容的善恶界限。还可以组织有关德育内容的辩论和有关德育内容的智力竞赛,智慧的较量和角力也是很适合年轻人好胜向上的特点,为取胜也会自愿地去把握有关竞赛的德育内容。这样,能够引导受教育者在愉悦的心境中,潜移默化地接受健康、积极向上的思想、情操,比单纯的政治学习和听报告的效果要好得多。

第三节 思想教育工作者的审美修养

在影视中我们常常看到被称为"马列主义老太太"的传统思想教育工作者的形象,但他决非现代人审美理想中的思想教育工作

者的形象,而是被揶揄、嘲弄的喜剧性人物。应该说,这些传统的思想教育工作者的自律是令人敬佩的,但是,他们没有按照美的规律来塑造自身的人格形象,不是被视为可亲、可爱、可敬的形象,而是僵化、严肃、呆板的形象。因此,思想教育工作者如何适应现代化的生活方式,重新塑造自身的形象是十分重要与迫切的。

一、思想教育工作者的素质结构

作为我国现代社会中的一个特殊角色,思想教育工作者的素质结构主要包括知识、品德、审美修养三个要素。

1. 知识要素。传统的思想教育工作者之所以被戏称为"马列主义老太太",是因为他们在时代变化了的情况下,仍然采取传统的教育方法。除此之外,还因为他们只会背诵一些马列主义词句,缺少适应现代生活方式的新的知识结构。改革开放之前,中国社会基本上是封闭的,生产力落后,人们生活水平提高缓慢,在计划体制下人们生活方式基本上没有什么改变:服从领导安排,遵守纪律,老老实实干活,尽可能简单朴素地生活,少思想少讲话等等。因此,只要有一些马克思列宁主义常识就够做人们的思想工作,人们生活虽艰难,但对于马克思列宁主义还是信仰的。但随着改革开放时代和知识经济时代的到来,人们对于生活的追求既现代又多样化了,市场经济引起的人们民主、自由、平等、竞争意识增强,思想异常活跃,眼界十分开阔,计算机国际联网,使得绝大部分人的信息无法保密独享。在这种情况下,只掌握马克思主义的只言片语,就显浅薄了。以其昏昏,以其无知,如何教育昭昭者、广博者?因此,思想教育工作者首先自己必须是博学者,他未必是自然科学方面的专家,但应该是社会科学方面的行家、通才。

2. 品德要素。德育工作者不能是马列主义专对别人的,而更重要的是自身的人格魅力潜移默化地影响受教育者,以自身高尚的道德品质和模范行为去感召人们,以善良的爱心和满腔的热情去打动人心。"榜样的力量是无穷的",这不仅要求受教育者学习英雄人物是如此，还应要求德育工作者也应该如此，他应该是受教育者的良师益友，是他们在道德品质和人格精神方面的学习榜样。

3. 审美修养要素。德育工作者还必须具备完善的情感结构，有着丰富的内心情感、美好的生活理想、敏锐的感受美的能力和持久的情感创造力，即具有较高的审美能力和审美修养。这样，才能在德育过程中避免对任何对象都采取统一的教育模式的弊端。过去传统德育模式都是以主体所谓的无产阶级情感看待客体的非无产阶级情感，具有居高临下、盛气凌人的气势，把一个人内心非常复杂的情感看成十分简单的阶级对立的情感，以自己的单纯或佯装的单纯，以自己感官的迟钝对待客体，必然无法与对象进行情感的沟通，从而深入进行思想的交流。只有自己内心情感丰富，才能对众多对象各自性质的情感产生交汇的可能性；只有自己感受能力较强，感官敏锐，才能捕捉对象心灵深处表现于外的种种蛛丝马迹，创造性地开展生动活泼、别开生面的思想教育，以情感的感染力影响受教育者，使之与自己进行广泛的情感交流，渐渐地进入心灵的沟通，达到教育的目的。

知识、品德和审美修养三要素不仅仅是德育工作者的素质要求，实际上也是所有教育工作者的素质要求。这三要素的完善与否是检验一个人精神状况是否健康、完善的标准。正如前面曾经提出的，人的精神包括知、意、情三大部分，它的完善性就体现在人们是否具有丰富的知识、高尚的品德和较高的审美修养，三者缺一不可，只能在相互作用、相互贯通中得到协调发展，以至趋向完美。

二、思想教育工作者进行审美修养的途径

德育工作者审美修养的提高也是依据其他接受美育的受教育者同样的途径和方法。只不过德育工作者更有一种历史使命感和自觉性，这种自觉也是经历过教育实践的成功与失败的锤炼后逐渐形成的，因此，理性的自觉和努力的审美实践是德育工作者提高审美修养的基本途径。

(一)理论学习

这是专指德育工作者通过学习有关理论,形成对美育工作正确认识,并具备一定的美学理论素养,以指导自己审美实践,提高自身审美修养。

从拒斥美育到统摄美育,再到德育与美育相互包含、相互贯通,这是德育工作者对待美育观念的两次飞跃。最早德育工作者视美如虎,把美看成是资产阶级或小资产阶级情调的东西,后来接受了美育的观念,但仅看成是德育的一个部分,属于德育的范畴。通过理论学习,从哲学的高度把人的精神分为三大块和与之相应的教育,就将美育与智育、德育并列,都作为一个人全面、自由发展之必需和不能相互替代的。这使德育工作者去掉了以老大自居的傲慢,寻找到自己正确的位置。

学习美学理论、艺术理论是提高德育工作者审美修养的较快的途径。这决不违背从实践到理论的认识路线,因为美学理论和艺术理论的学习,仅仅是把广大德育工作者在日常生活中熟视无睹的美的现象加以理论化,提升到理性的高度,以指导以后的审美活动。

(二)审美实践

要从根本上提高自己的审美修养水平,就必须在审美理论的指导下,积极参与各种审美实践,尤其接近符合时代与未来要求的、具有新的审美价值的对象。审美实践包括审美欣赏活动和审美创造活动两个方面。

第一,审美欣赏活动是审美的感受和体验过程。它以德育工作者对现实和艺术中的审美对象的观照为主要形式,通过教育工作者自身内在审美需要、审美心理结构、审美价值意识之间的协调运动,来培养教育工作者的心灵和性情,起到审美修养的作用。这里应该提出,德育工作者在欣赏活动中,不要拒斥前卫的东西,不要用传统的审美观念或者政治的理念来看待新潮的东西,应该先接触,先了解再进行分析,不要急于下结论,而且要去感受其是否具有审美价值。德育工作者曾经有过这样的历史：自己穿着中山装和绿军装去批评穿西装的、穿牛仔的；自己只会唱历史革命歌曲而反对流行歌曲。要避免这种回味起来十分尴尬的局面，除了提高自己的欣赏水平之外别无他路，不仅要学会鉴赏传统的艺术，也要学会鉴赏现代的艺术，不仅要观照美的过去，更要观照美的现在和未来。

第二，审美创造活动是一个具体的操作性行为过程。它以德育工作者个人的具体的实际操作方式，动态地进入其内在审美需要、审美心理结构、审美价值意识的相互运动过程，以实现自己内在精神追求与外在客体对象的和谐统一，从而陶冶自己的性情，提高审美能力和达到较高的审美境界。具体地说，就是参加文艺、体育、游戏等有意味的造型活动，确证自己的审美创造能力，体味自己审美创造成果的意义。因此，我们提倡每个德育工作者必须学会某种艺术创作或表演，因为各门艺术尽管有各自的特点，但它们之间具有共同性，共同的艺术规律，我们大概地了解、把握某门艺术，就会对美学理论、艺术理论有更深刻的理解，也会对欣赏其他艺术起引导、启示的作用。这是德育工作者审美技能的艺术表现方面。另一方面就是审美技能的艺术批评方面。有了一定的审美和艺术实践的成果，再加上一定的美学或艺术理论的修养，就可以适当参加艺术批评活动，它能不断地充实和完善自身的整体审美修养，又能在教育中有效地指导他人对美的事物、艺术品进行合乎规律的鉴赏、判断。

第八章 智育与美育

"科学和艺术是不可分割的,就像一枚硬币的两面。它们共同的基础是人类的创造力。它们追求的目标都是真理的普遍性。"(李政道语)智育和美育也是不可分离的,无论科学研究还是艺术创作,没有智慧和没有激情同样一事无成,这种智慧与激情的培养必须由智育和美育共同担任。

第一节 智育中的审美因素

美育是离不开智育的,任何审美感受的产生都必须以主体的一定智力为前提。一个受过智力教育训练的人,在欣赏艺术作品时,肯定比没有受过教育训练的人具有更高的审美层次。很难想象,不懂凡·高、贝多芬的身世、经历和他们所处的历史阶段、历史条件,不懂绘画、音乐的基本知识,能获得对他们艺术作品的审美感受;没有中国文明史的知识,能够欣赏出土文物的古拙之美;没有相应的科学知识,能获得科学领域各种现象和理论的审美感受。但是,智育作为美育的基础,是因为其本身包含有审美因素,与美育有相通之处。

一、科学美

恩格斯在他的《自然辩证法》导言中曾经从哲学的高度提示了一个很深刻的思想:由于物质世界的统一性和普遍联系,理论自然科学必须把自己的自然观尽可能地制成一个和谐的整体。这样一来,反映自然界物质运动图景的科学理论必定也包含美学的因素。物质运动的永恒循环和运动发展的因果联系,通过有规律的人类思维反映出来。加工出来的自然科学理论必须具有首尾一贯的逻辑严密性,以保证它在体系上的和谐性。科学理论除了具有正确描述自然界客观属性的运动规律的真的本质之外,还遵守一些美学的共同的原则。

首先是和谐。科学的和谐性在于科学理论体系内部的自洽性。就内在结构方面说,和谐本质上是逻辑的正确性和构造的严密性。这如同建筑美学,一座完美的建筑艺术品,必须是完美的设计与所需的材料、工艺相结合。科学理论的大厦必须是完美的科学思想与科学方法的有机统一。第一,科学思想的真是科学理论和谐美的基础,一个真的完美的科学理论必定是自洽的,逻辑上是精密的。如果仅仅在逻辑上表现理论的和谐,而实际上理论不是真的,那么整个科学理论大厦迟早要倒塌。就像德国数学家希尔伯特所说:你只要承认 $2\times2=5$,我就能向你证明女巫飞出烟囱。17 世纪的燃素说理论体系如此完美,连 1775 年英国化学家普里斯特利从实验室中已经制得了氧气,却因为被燃素说的框架所炫惑,仍然想方设法为燃素说修补漏洞。直到法国化学家拉瓦锡提出了燃烧的氧化学说之后,近代化学才真正建立在科学之上。第二,理论体系和谐、完美,一般说来科学思想是真的。我们不能因为燃素说而否定体系与思想的一致性是科学理论的普遍现象,科学理论必定是二者的有机的统一。门捷列夫的化学元素周期律是一个精彩的范例。门捷列夫按照化学元素的原子量和化学性质之间的相关秩序,把当时已知的化学元素排列成尽可能和谐的层次和系列。它们的和谐关系突出地表现在每一化学元素在周期表中的位置同其物理特性和化学特性(包括比重、颜色、硬度、酸性或碱性、化合价等)的协调一致,使周期表在整体上呈现出美妙的周期、循环的节奏。为了更充分地展示这种内在结构的和谐,门捷列夫给当时尚未发现的几种化学元素留下了空位,并对未知元素的性质作出预言。后来新元素的发现是受门捷列夫的周期律启发和推动的,它完善了周期表的和谐结构,同时也是对和谐结构的检验。历史证明,门捷列夫周期表不但具有征服人的和谐美,而且发挥了和谐的潜在功能。假说是科学的先导,一个具有惊人和谐美的假说总是值得重视的。19世纪黎曼、波耶和罗巴切夫斯基等人根据欧氏平面几何学的和谐体系,采用类比方法建立的非欧几何学,在很长时期内被怀疑为"不真"的假说。但是,非欧几何逻辑上的严密的自洽却是不容怀疑的,只是在当时的水平上,人们无法对它的功能进行检验。关于这方面的成就,在几十年里被数学家们忽视了,连非常重视数学美的高斯,也以自己在非欧几何方面做出的研究表示怀疑,始终没有公开发表。直到爱因斯坦建立广义相对论时,才把黎曼几何的和谐体系同广义相对论新奇的物理思想结合起来,使科学理论美达到一个新的境界。

  其次是对称和均衡。科学理论的对称性和对称方法来源于自然界物质形态及其运动图景所具有的广泛的对称性。物理学中的守恒量或不变性都可以用某种对称性来表示。如动量守恒和坐标平移的对称性相联系,角动量守恒和坐标转动的对称性联系。能量守恒表明物质系统的能量不随时间变化,这称为时间移动下的对称性。这样一来,自然界的多种对称性就表述为这样或那样的守恒定律。这些守恒定律在解决物质相互作用的各种问题中有重大作用,因为对称性就是有条件的相等。对称的世界是美妙的,而世界的丰富多彩又由于它也常有不那么对称。有时,对称性的某种破坏,哪怕是微小的破坏,也会带来某种美妙的结果,它并不失去均衡。宇称守恒定律的否定,正是由于发现基本粒子在其弱相互作用中有左右不对称的变化。任何一个数学方程、公式都是由等号两边彼此均衡的两部分构成,有时是对称的,更多的是表现不对称的均衡美。

再次是简洁美,科学理论的简洁性是指科学理论、定律、公式的简单形式和深广内涵的统一。一个理论所赖以建立的基本前提愈概括,它所涉及的事物种类愈多,则它的应用范围就愈广。爱因斯坦说,自然规律的简单性是一种客观的特征,也是它的美妙所在,因而它必须是科学真理的美学标准。人们普遍推崇牛顿的万有引力定律是一简洁的典范。从形式上看,它比开普勒行星运动第三定律和伽利略的自由落体定律并不更复杂,但是它却概括了天体和地面引力场中物体的相互作用。美国物理学家霍耳顿评论说:"现在,关于两个物体相互吸引的简单公式,广泛地认为它的适用范围包罗万象。假定这个定律适用于一物体的每个部分,我们由它便得到某个外部物体的引力。对于球形天体这个特殊情况,它提供了一种充分而必要的力,可进行开普勒第三定律的推导,也可以解释长期观察到的微小偏差。这在更大更深远的理论范围内证明哥白尼、开普勒和伽利略学说的正确性。"①有人甚至认为,自牛顿力学定律和万有引力定律提出后,经典力学取得的所有成果,都是在上述定律的基础上发展的演绎和数学形式。实际上,所有用数学公式表示出来的科学定律都兼备有和谐、均衡和简洁这三个美的特征,只是程度不同而已。英国哲学家罗素说:"数学,如果正确地看它,不但拥有真理,而且也具有至高的美,是一种冷而严肃的美。"②

但是,并非一般人都能体验到科学的美,只有具备一定科学知识的人才能感受到。和达尔文同时提出生物进化论的英国生物学

---

① 霍尔顿:《物理科学的概念和理论导论》,第 225 页,转引自张相轮等《科学技术之光》,人民出版社 1986 年版,第 57 页。

② 罗素:《我的哲学发展》,商务印书馆 1988 年版,第 193 页。

家华莱士在捉到一只不知道种属的新奇蝴蝶时,体验到只有一个博物学者才能理解的强烈兴奋和战栗。他回忆说:"我的心狂跳不止,热血冲到头部,有一种要昏厥甚至担心马上要死的时候产生的那种感觉。"①那一天,他整天都感到头痛,因为当时太高兴了。康德的《自然通史和天体论》一书某些篇章就犹如美的散文诗:"宇宙以它的无比巨大、无限多样、无限美妙照亮了四面八方,使我们惊叹得目瞪口呆。如果说,这样的尽善尽美激发了我们的想象力,那么,当我们考虑到这样的宏伟巨大竟然来源于唯一的具有永恒而完美的秩序的普通规律时,我们就会从另一方面情不自禁地心旷神怡。"这段崇高的、严谨的、壮丽的、形象而富有韵律的动人叙述确实"让人不由得想到巴赫为风琴谱写的旋律明晰的情感"。② 英国哲学家斯宾塞说,一滴水对普通人来说不过是一滴水而已,可是物理学家了解它里面所包含的分子数以亿万计;隐藏在其间的能量释放出来犹如闪电惊雷。一块石头上平行的刻痕虽然会激起人们的遐思冥想,但也许并不了解这是百万年以前冰川剥蚀的遗迹。一个从未从事过科学研究的人,永远难以了解日常所生活的环境里处处存在着奇情丽景以及诗一般的节奏的韵律。因此,德国动物学家海克尔说:"一枝藓,一根草茎,一个甲虫,一只蝴蝶,只要详加研究即可发现其美,而人们对这却往往忽视。"③科学家在用求真的眼光观察自然界时也以一种特定的审美意向观照自己的研究对象,而普通的人却感受不到这些科学美,决非他们不热爱美、向往美、追求美,而是主体自身意识结构的某些方面的欠缺,这是因为他们涉及的科学领域太少。体验科学美,不仅要求有渴望美欣

---

① 转引自贝弗里奇:《科学研究的艺术》,科学出版社1983年版,第147页。

② 转引自米·贝京:《艺术与科学》,文化艺术出版社1987年版,第226页。

③ 海克尔:《宇宙之谜》,上海人民出版社1974年版,第323页。

赏美的激情,还要有一种透视对象内涵的能力,即对自然规律的理解力和直觉判断能力。这是通过学习科学即智育来实现的。

二、科学创造和美的创造

李政道写道,艺术是用创新的手法去唤起每个人的意识或潜意识中深藏着的已经存在的情感。情感越珍贵,唤起越强烈,反响越普遍,艺术就越优秀。科学是对自然界的现象进行新的准确的抽象。科学家抽象的阐述越简单,应用越广泛,科学创造就越深刻。尽管自然现象本身并不依赖于科学而存在,但对自然的抽象和总结乃属人类智慧的结晶,这和艺术家的创造是一样的。

这就是说科学的创造与美的创造(例如艺术)是同一的。首先,科学的创造与美的创造过程有同一之处。无论是科学创造还是艺术创造都是对未经历和未认识的事物领域的大胆介入,同样是我们的感官和思维参与到这种认识中。在这里,感性的东西和理性的东西以其密不可分的相互联系的形式表现出来,除此之外,还有主体对客体的注意、情感、情绪、动机和价值取向的观照。现代认识论揭示,科学认识同样需要艺术创作时所需要的想象力和直觉力。关于想象力,列宁说过:"有人认为,只有诗人才需要幻想,这是没有理由的,这是愚蠢的偏见!甚至在数学上也是需要幻想的,甚至没有它就不可能发明微积分。"[1]美国物理学家、社会活动家富兰克林揭示闪电秘密就运用联想的方法。他在实验中曾经仔细地观察过放电现象,带有不同电荷的物体在接触时,会发出噼噼啪啪的声响,并能产生明亮的电火花,这给他留下了深刻的印象。他想,放电时的噼啪声多么像是隆隆的雷声,而电火花和闪电又是多么相似啊!这样,富兰克林就首先在思想上把当时人们看得非常神秘的闪电同用摩擦方法产生的电现象联系起来,从而在揭示闪电之谜的道路上迈出了重要一步,后经大胆试验而证实。

---

[1] 《列宁全集》第33卷,第282页。

爱因斯坦在创立相对论过程中就大胆运用了想象力。他在十五六岁时就常常思索两个问题,其中一个是:"如果有人跟着光线跑而企图抓着它,那么会发生什么呢?"当然这在现实中是无法进行实验的,可他在后来于思想中"设计"并完成了一系列的"思想实验"。他想象,当两道闪电同时下击一条东西两个方向的铁轨时,恰好有一个人站在两道闪电正中间的铁轨旁,那么这个人看到的两道闪电确实是同时发生的。假如这时恰好又有一个人坐在一列以接近光速的速度自东向西飞驶的火车里,又恰好这时经过站在铁轨旁的那个人面前,那么,由于火车是迎着西方那道闪电而来,远离东方那道闪电而去的,因此车厢里的人所看到的情况是西方那道闪电要比东方那道闪电发生得早。如果火车是以光速飞驶,那么,由于东方那道闪电追不上火车,因此车厢里的人根本看不见东方那道闪电,而只能看见西方那道闪电。这就是说,在静止不动的观察者(如站在铁轨旁的那个人)看来是"同时"发生的事(两道闪电),在高速运动的观察者(如车厢里的那个人)看来并不是"同时"的。这就是狭义相对论的"同时的相对性"原理。

过去,我们认为只有美的创造、艺术的创作才靠直觉、灵感、顿悟,实际上,它是一切创造性的能动的思维和一切科研工作的绝对不可缺少的成分。在通往揭示真理之路和探求未来结构的形象之路上,会产生阻止思维向前发展的障碍。这是因为人的思想总是辩证地发展着,总会出现思想的习惯和自然的动机成为取得结果的道路上的障碍。直觉力能够帮助克服障碍,因为直觉思维是在长期思索的基础上,以高度简略、凝聚浓缩的方式,在某种突显的形象的诱发下,瞬间豁然开朗而观察到问题的底蕴的一种思维。它作为认识行为,符合认识的高级阶段。它不是在普遍的形式逻辑的推理和概括方法下的心理行为,恰恰相反,它是服从辩证法逻辑的规律、有创造性的、能动的思维的表现。它能翻越认识的障碍物,以跳跃的形式,一瞬间就把握了事物的本质和规律。德国地球物理学家魏格纳的大陆漂移说的创立,就是科学家长期科学研究和直觉力发挥的结果。1910年的一天,年轻的气象学家魏格纳躺在病床上,对着墙上的一张世界地图出神。他突然发现大西洋两岸的轮廓正好是相互对应的,南美洲巴西东部突出的直角部分,和非洲西岸几内亚湾凹进去的直角部分是多么吻合呀!再往南看,巴西海岸每一个突出的部分,都恰好同非洲西岸海湾相对应;而非洲西岸第一个突出的部分又同巴西的海湾相对应。这难道是一种巧合吗?忽然,在他的脑海里闪现出这样一个念头:在很久很久以前,非洲大陆同美洲大陆是连在一起,后来出于某种原因分裂了,并慢慢漂移,成为隔着烟波浩渺的大西洋的两块大陆地。魏格纳之所以瞬间产生如此大胆的假说,是他长期科学研究的结果,在那时代,包括他在内的地质学家已经掌握了大量的地质资料,认识到地壳的垂直运动,知道了沧海桑田的变化。但是,对于大陆的大规模的水平方向的运动却没有认识,谁也没有从全球范围内对海陆的起源进行考察。而魏格纳在一张地图的突然提示下,直觉到这陆地运动的规律,然后在全球范围内作了考证,过了五年,他写了《海陆的起源》一书,提出了大陆漂移说。德国有机化学家凯库勒发现苯分子结构的梦更是科学界趣闻。1865年圣诞节后的一天,凯库勒长期研究苯分子结构已经疲惫不堪。他早已测定苯分子是由六个碳原子和六个氧原子组成,但它们是以什么方式组织起来的呢?他写了几十种苯的分子式,但都不对,他百思不解,累极了,便在热烘烘的壁炉旁坐在安乐椅上慢慢地睡着了。突然他看见六个碳原子和六个氢原子连在一起,形成了一条弯弯曲曲的蛇,这条蛇开始蠕动起来和跳起舞来。突然间这条蛇又像被什么激怒似的,一口狠狠咬住自己的尾巴形成一个环形,然后就不动了,仔细一看,蛇又变成一只宝石戒指。凯库勒睁开眼睛,原来那是梦境,但那蛇咬住尾巴形成的环形依然在他眼前模模糊糊地晃动着,他灵感一动,那不是苯分子结构图形吗?就这样,他长期未决的苯分子的排列顺序和形状被发现了。这一梦成功当然是与凯库勒的长期研究和知识积累紧密相连,但也证明了直觉力对于科学发现是多么的重要!

其次,科学创造和美的创造在其创造物上体现了真善美的辩证统一。就科学成果的内容达到了对客观规律的正确认识而言,它是真;就科学的成果的应用价值而言,它是善;就科学成果的结构上的和谐和形式上的悦人,它是美。真可以使人产生关于主客体关系的严肃内省;善可以引起人的欲望,使人产生要利用或占有某种对象的动机;而美则引发人们对于对象的观赏,产生令人陶醉的欢乐。应该说,科学的创造和美的创造都付出了艰辛的劳动,都经历了痛苦的过程,像法拉第为了研究电磁感应现象共做了16041个试验;爱迪生寻找电灯丝材料进行了上万次试验,而去试验碱性电池时的试验达到5万次左右。因此,化学家有一条玩笑式的规则:圆满的成功是靠最后一次试验取得的,至于这是第几次试验,那就无关紧要了。而艺术家的创作也是艰苦的,像果戈理的《钦差大臣》的结尾部分居然写了6年,至于对结尾的构思方案的数量,他自己也未必记得清。有一次,人们问他怎么会有如此华丽的风格,他答道:"来自烟与火。我边写边烧。写了烧,烧了再写。"而歌德的不朽之作《浮士德》则写了60年!当然,相对于艺术的创作,科学劳动过程更带有压迫甚至十分痛苦的心境,同美的自由情境是对立的。这时,科学劳动者面对重重困难时的体验,如同原始狩猎部落的勇敢猎手面对狂暴的野兽时那种忘我的情景。战胜困难的理智和求生的欲望混合在一起,不同程度地支配着他,使他无暇观照自身。只有在取得成功之后,科学劳动者达到善的目的的同时,才会以轻松、自豪的心情观照科研对象和科学成果的美。由此而产生心理上的愉悦和美好的感受。19世纪法国著名生物学家巴斯德说:"当你终于确实明白了某件事物时,你所感到的快乐是人类所能感到的一种最大的快乐。"[①]这种快乐就是科学工作者在自己的创造物中,看到了自身的智慧、力量和探索精神。这与艺

[①] 引自贝弗里奇:《科学研究的艺术》,第148页。

术家面对自己的作品的感受是完全一样的。

同样,学生在学习过程中也会发生如同科学工作者发挥想象力、直觉力等创造性思维过程,也会经历痛苦、艰难的探索过程而获得对问题解决后,那种走过"山重水尽"而至"柳暗花明"时的轻松、愉快的美的心境,感受到一种劳动之美、求索之美。教师对学生的智育过程也是教学科学探索过程,科学美的因素,科学工作者创造过程和创造成果中的美的因素依然体现在教学过程中。如语文课教学中的语言美、意境美,历史、生物、地理课教学中关于古今中外的社会风貌、自然风光、风土人情、动人的历史故事都会给人一种美的享受。任何一门课的严密的逻辑体系,范畴之间关系体现出的和谐、对称、简洁,尤其概念、数学中的形状、线条、公式的"形式美",学生论文如流水般不间断的行文,在教学过程中对教学内容和教学法的探索,与学生情感的交流、智慧的传递,以及学生一个个毕业、成材,在国内外竞赛获奖,等等,无不闪耀着诗意的光辉,体现着科学与艺术的统一。

第二节　美育对智育的重要作用

从智育角度,它是离不开美育的。美育在培养人们的审美感受能力、鉴赏能力和创造能力时,必须调动人的感知力、记忆力、理解力、想象力等多种心理功能,使它们受到训练、提高。这些能力的强化,对于创造性思维的发育和智能结构的完善,具有十分重要的意义。

一、美育可以引发人们对科学研究的兴趣和追求

虽然有人进行科学研究是为了功利的目的,但大部分世界级的伟大科学家却是以美学作为科学创造的动力,他们用审美的眼光透视自然界,常为自然界永恒的和谐而陶醉,为描绘这种和谐而进行充满激情的探索。这是因为,美所激发的虽然是审美情感,但

同时也能诱导人的理智情感,使人对客观世界产生惊异感、疑问感和了解欲、探索欲,凝结成为追求美的对象内在规律的稳恒热情,鼓舞人们去揭示真理、攀登科学高峰。因此,列宁说:"没有'人的情感',就从来没有也不可能有人对于真理的追求。"[①]

在自然科学领域,通过追求美去发现真成为科学界的美谈。

关于地圆说。"大地是球形的"这个论断最早见于古希腊的文献,随后西方天文学都接受了这个观念。而中国是"天圆地方"说。两地天文学家看太阳南高北低现象相同却得出不同的结论。古希腊天文学家深受毕达哥拉斯美学观念的影响,毕达哥拉斯学派对数的完美的信仰,对于宇宙和谐、比例和完美结构的信仰,几乎有一种宗教的虔诚。毕达哥拉斯认为球形是一切几何立体中最完善的形体,因此,天体和宇宙都应该是球形的,地球也应该如此。这是天才的预测,直到2000多年后哥伦布发现美洲大陆、麦哲伦环球航行后方被证实。实际上,中国也有人推断地球必须是圆的,他不是天文学家,而是著名的爱国诗人屈原。他在《天问》中,完全可能基于几何学的分析与美学的分析的结合,应用精确的推理,并以气势磅礴的诗句写下了最早的宇宙学论文之一。其中二段写道:

"九天之际,安放安属?
隅隈多有,谁知其数?"
"东西南北,其修孰多?
南北顺椭,其衍几何?"

诗中"九天"指东、西、南、北、东南、东北、西南、西北、中天球九个方向。

在第一段中,屈原推理道:假定天空的形状是半球的,若地是平的,天地交接外必将充满奇怪的边边角角。什么能够放在那里?它又属于什么?宇宙的这种非解析的几何形状太不合理,因而不可能存在。因此,地和天必不能互相交接。两者都必须是圆的,天

[①] 《列宁全集》第20卷,第255页。

像蛋壳,地像蛋黄(当然其间没有蛋白)各自都能独立地转动。

在第二段中,屈原推测,地的形状可能偏离完美的球形。东西为径,南北为纬。屈原问道,哪个方向更长?然后他又问道,如果沿赤道椭圆弧运动,它又应当有多长?

这真是与毕达哥拉斯派相媲美的科学与美学统一的杰出例子。

关于日心说。哥白尼在《天体运行论》中开宗明义写道:"在许许多多的、各式各样的研究给予人的智慧以精神食粮的科学和艺术的工作中间,我认为,首先应当专心研究那些涉及最完美的和比较值得认识的东西,并且要为之献出最大的努力。科学就是这样的东西,它研究世界的神妙的转动,星球的流动,它的大小、距离、升起和陨落,甚至探索天体其他现象的原因,最后,还要解释宇宙的整个形状。有什么东西能够跟天空相媲美,能够比无美不臻的天空更美呢!"[1]哥白尼认为天空最美,所以要全力以赴研究,这是推动哥白尼研究天体的美学动力。而在实际的操作过程中,还运用了美学的方法,他直截了当地写道,指引他向前走的与其说是要获得比地心说更好的计算结果,不如说要追求一种具有"完美的形式"和"令人惊叹的对称性"的宇宙模型。果然,追求这完美的形式是哥白尼成功的重要原因。二者相比较而言,在解说天体运行的水平上,日心说并不高于地心说。实际上,凡日心说能解释的现象,地心说也都能解释,凡地心说有困难的地方,日心说照样有困难。而且就理论的精确度来说,日心说还不如地心说。最好说明和明显优于地心说的是天体动力学,可惜,这是哥白尼死后100年才发展起来的。哥白尼的日心说能够完成天体学革命,最动人之处就是它简单、一致、和谐,这是地心说远远不及的。在地心说里要用复杂的均轮、本轮体系才能说明天体运动,而日心说去掉了所有的本轮,每个天体的轨道都是个美满的圆。德国天文学家开普

---

[1] 转引自米·贝京:《艺术与科学》,第86页。

勒在读了哥白尼的理论之后由衷地赞叹道:我从灵魂最深处证明它是真实的,我以难以相信的欢乐的心情去欣赏它的美。

关于天体运动规律。开普勒是一位非常自觉的毕达哥拉斯主义者,从小就坚持宇宙和谐的信念。他说,天体运动只不过是一首歌,一首连续的、几个声部的歌,它只为智慧的思索所理解,而不能由听觉感受到。开普勒把天体运动看作一首歌,并不是文学式的比喻,而是他的原则和方法。开普勒研究天体运动的原著,有的就是用乐谱写成的。他正是从研究一首古老的名为《和谐的序曲》的乐曲受到启发,进而识解了行星运动的音乐,并通过他的行星运动第三定律表达出这首乐曲的主调。有趣的是,他的这一科学成就居然引起了一些音乐家的共鸣。现代的德国作曲家保罗·享德米特根据开普勒的传记写出了一部名为《宇宙的和谐》的歌剧。音乐家和开普勒一样深信宇宙的和谐美,而且由于自己和开普勒有相似的人生经历而增强了创作热情,要用音乐形式再现开普勒的一生。后来,又有人尝试用先进的电子计算机作为工具,把开普勒的天文数据译成音符并录制成唱片,真可谓创造力的"两极相通"。当发现了行星运动第三定律之后,开普勒感到自己洞见了宇宙惊人的和谐。这种大自然固有的美又激发了他的情感和力量,使他几乎处于狂喜之中。爱因斯坦说,他所赞赏的不光是开普勒这样卓越的科学人物,而且还以赞赏和敬仰之情审视着我们出生于其中的自然界神秘的和谐之美。

关于相对论和统一场论。被誉为"20世纪的哥白尼"的爱因斯坦终生坚实相信宇宙和谐论,他认为科学的历史本身是"一部剧,一部思想剧",而新旧观点之间的斗争是"对知识的永恒追求,对世界和谐的一种不可动摇的信念"。就是这种美学动力使他致力于物理定律在更大范围的统一,建立了相对论。后来,他又进一步寻求统一场的真理,认为"那该是最美的",以致他用后半生精力孜孜不倦致力于建立统一场理论。这理论的真理已不断为后人所证实。而奇怪的是,相对论和统一场论在当时的物理实验都是不可能的,而爱因斯坦都能天才地建立起来,这完全与美学的方法有关,与科学的创造性思维的直觉有关。正如爱因斯坦所说:"物理学家的最高使命要得到那些普遍的基本规律……要通向这些规律,并没有逻辑的道路,只有通过那种以对经验的共鸣的理解为依据的直觉,才能得到这些定律。"①

总而言之,追求美是科学巨匠们从事科学研究的巨大动力。法国数学家、科学家彭加勒说得好:"科学家研究自然,是为了从中得到乐趣,而他得到乐趣是因为它美。如果自然不美了,就不值得去了解。"爱因斯坦重申了"我同意昂利·彭加勒,相信科学是值得追求的,因为它揭示了自然界的美"。② 科学的发现史正是一部追求美,追求和谐的长卷。后代的科学家被前辈人展示出来的和谐图景所吸引、所鼓舞,攀登到前人的立足点上,站在前辈巨人的肩膀上,这时,他们站得更高了,也看得更远了。他看见前辈努力建造的理论大厦是何等和谐完美,但又看到它在更大的时空中显示的不足。因而,他原先欣赏过的那幅和谐图景,已经逐渐地溶入更广阔的场面中,将被更为壮丽的新图景所取代。这些新的发现,进一步唤起人们的自信心、好奇心,尽管前方的道路更险峻、更困难,但人们进取的欲望更强烈。人们相信,未知的世界比眼前的世界更美,更和谐,更值得探求。因此,爱因斯坦说:"要是不相信我们世界的内在和谐,那就不可能有科学。这种信念是并且永远是一切科学创造的根本动力。"③

在社会科学领域,追求未来社会的美,成为人们进行社会革命、社会建设的动力。马克思、恩格斯、列宁、毛泽东、邓小平都是由于对共产主义美好未来的执著向往和追求,才去指导或直接领导无产阶级和广大群众进行波澜壮阔的社会主义革命和建设事

---

① 《爱因斯坦文集》第 1 卷,商务印书馆 1977 年版,第 409 页。
② 《爱因斯坦文集》第 1 卷,第 304 页。
③ 《爱因斯坦文集》第 1 卷,第 379 页。

业。这美好的社会,马克思和恩格斯在《共产党宣言》中作了描述:"代替那存在着阶级和阶级对立的资产阶级旧社会的,将是这样一个联合体,在那里,每个人的自由发展是一切人的自由发展的条件。"①这是对现实的社会运动规律进行考察而得出的科学结论和形成的信念。宗教徒把来世虚幻的天堂生活视为追求的美好对象,鼓起了狂热的宗教热情,也从反面说明追求美是人们进行社会活动、追求真理的巨大动力。

二、美育可以完善人们的认知结构,发展智力

现代脑科学证明,美育可以开发大脑右半球的潜能,调动大脑两半球的互补作用。大脑左半球是"语言脑",司言语、逻辑推理、数学和其他逻辑思维功能。右半球是"非语言脑",主要识别空间图形,感知音乐等完形知觉能力,司形象思维。科学研究中,我们平常多用左半脑,因而压抑了右半脑脑细胞的"积极性",使之巨大的潜能不能发挥出来。左半脑脑细胞在长久的逻辑思维过程中,往往会遇到障碍而处于疲劳状态,这时,如果暂时停下来听听音乐,读读诗歌,跳跳舞蹈,或者去领略自然风光,就会使被压抑的右半脑脑细胞活跃起来,频频向左半脑发射模糊的、多义的信号。而处于休息状态的左半脑脑细胞虽然进入潜意识,但还没有"沉睡",而是在继续工作,它会对右半脑脑细胞发来的信号进行积极的处理,当发现对解决问题恰恰有好处的信号时,就会迸发出"耀眼的火花",从潜意识中跃起,这就是灵感,是问题的解决,是真理的发现。

令人惊奇的是,很多著名科学家,尤其是科学巨匠的生活都离不开音乐、诗歌、绘画等艺术,而且他们本人往往曾经是一位职业艺术家或向往做一名职业艺术家。如歌德既是一位大诗人、大文学家又是一位杰出的数学家、物理学家和工程师;从毕达哥拉斯到

---

① 《马克思恩格斯选集》第1卷,第273页。

开普勒,再到发现天王星的威廉·赫歇尔生等人都精通音乐,并且能把人世音乐与天体音乐有机联系起来。爱好音乐的科学家特别多,如赫尔姆霍兹、波尔兹曼、能斯脱、奥斯特瓦尔特等德国科学家都是天赋的音乐爱好者。普朗克、海森堡和玻恩都是熟练的钢琴演奏者。普朗克童年时就是优秀的钢琴手和风琴手,原来准备专攻音乐而不是数学或物理。海森堡常常在工作后休息的时候一连几个小时弹奏舒曼或李斯特的曲子,他的妻子就是他在一次音乐会上演奏钢琴时结识的一位年轻姑娘。爱因斯坦家庭充满爱好音乐的气氛,他妹妹玛雅是个职业的钢琴演奏者,爱因斯坦无论到哪里旅行,总是带上他的手提琴,他认为演奏乐曲形成的轻松气氛有助于科学问题的思考。人们甚至传说他构思关于相对论论文时的情景:喝完了咖啡就走到钢琴跟前,开始弹琴,时而弹几下,时而停一会儿,记下一些什么……然后回到楼上的书房里,谢绝了别人的打扰,两星期之后,他说自己写的是相对论。我国著名的科学家钱学森说,他的创造发明的成绩一半要归功于他的妻子蒋英,一位优秀的钢琴家、声乐教授,因为他的许多创造灵感是在欣赏妻子弹奏曲子时产生的。应该说,音乐最容易使工作疲劳的科学家很快转入一个无压力的、轻松的和谐环境,而产生自由抒发的气氛,这最有助于右半脑脑细胞潜力的充分发挥和激活左半脑脑细胞创造性的功能。其他形式的审美活动也同样会起这样的效果,例如海森堡一生中两个最重要的发现都是产生于这样自由抒发的气氛中,一次是1925年,他因病在赫尔岛海滨度假时,写出了他关于量子论的首篇重要论文《关于运动学和力学关系的量子论解释》;另一次是1927年3月,他同玻尔在挪威滑雪旅行中得出了测不准关系。

三、美育凭借的感性材料和艺术作品为智育提供丰富的内容

艺术自产生那天起,就是反映人类的实践活动的,尤其把实践活动中获得的经验、智慧、情感、价值取向等以各种艺术形式固定下来，承继下去。希腊的荷马史诗《伊利亚特》、《奥德赛》，把从原始社会的公社制度向奴隶制社会过渡的整个时代都描写出来了。他的作品向我们呈现了主人公的精神世界，他们的民族智慧，他们的理想，而且还让我们了解到古代文化世界的宗教、伦理、哲学和科学思维。

《罗兰之歌》、《熙德》、《尼伯龙根之歌》等英雄史诗给我们提供了一幅中世纪社会的画卷，尤其是骑士阶层的生活、斗争、理想。文艺复兴时期薄伽丘的《十日谈》、拉伯雷的《巨人传》描绘封建社会向资本主义社会过渡时期的社会生活，特别是揭露封建社会的黑暗和罪恶。

马克思在评论19世纪英国小说家狄更斯、萨克雷等现实主义作品时写道："现代英国的一派出色的小说家，以他们那明白晓畅和令人感动的描写，向世界揭示了政治的和社会的真理，比一切职业政客、政论家和道德家合起来所做的还多。"[1]恩格斯说巴尔扎克是比过去、现在和未来的左拉都要伟大得多的现实主义大师，"他在《人间喜剧》里给我们提供了一部法国'社会'特别是巴黎'上流社会'的卓越的现实主义历史"。说巴尔扎克用编年史的方式把上升的资产阶级在1816—1848年这一时期的阶级冲突，生活方式的变革等万花筒般的图画展示出来，汇集了法国社会的全部历史，"我从这里，甚至在经济细节方面（如革命以后动产和不动产的重新分配）所学到的东西，也要比当时所有职业的历史学家、经济学家和统计学家那里学到的全部东西还要多。"[2]

托尔斯泰是一位在迅速、有力、激烈地摧毁旧俄国的一切旧基础的过渡时期形成的艺术家和思想家。他主要是属于1861—1904年这个时代的，作为艺术家，同时也作为思想家和说教者，在

---

[1] 《马克思恩格斯论文艺和美学》，文化艺术出版社1982年版，第407页。

[2] 《马克思恩格斯选集》第4卷，第462页、第463页。

自己的作品里异常突出地体现了整个第一次俄国革命的历史特点,它的力量和它的弱点。列宁称托尔斯泰是俄国革命的镜子,是因为托尔斯泰的一系列巨著,如《复活》、《安娜·卡列尼娜》、《战争与和平》等给我们提供了那个时代无与伦比的社会生活的宏大的画面,揭示了社会各方面的矛盾,并真诚地剖析自己。列宁深刻地揭露托尔斯泰的所有矛盾:"最清醒的现实主义,撕下一切假面具。""和鼓吹世界上最卑鄙龌龊的东西之一,即宗教,力求让有道德信念的僧侣代替有官职的僧侣,这就是说,培养一种最精巧的因而是特别恶劣的僧侣主义。"托尔斯泰的这些矛盾并不是偶然的,"而是19世纪最后30几年俄国实际生活所处的矛盾条件的表现。"因而,托尔斯泰是"一面反映农民在我国革命中的历史活动所处的各种矛盾状况的镜子"。①

我国大部分人了解中国古代社会是从中国文学中获得的。如从清朝的志怪小说《聊斋志异》、讽刺小说《儒林外史》、言情小说《红楼梦》中,我们就知晓明末清初的社会各阶层人们的生活、风俗人情。尤其透过《红楼梦》"这部封建社会的百科全书",我们几乎能览遍封建社会政治的、经济的、道德的、宗教的等各方面的状貌。鲁迅先生称赞它"敢于如实描写,并无讳饰",不像过去的小说,写好人完全是好的,写坏人完全是坏的。《红楼梦》所叙述的人物,"都是真的人物"。② 它为腐朽的封建社会唱了一曲挽歌:"为官的,家业凋零;富贵的,金银散尽。有恩的,死里逃生;无情的,分明报应。欠命的命已还,欠泪的泪已尽!……看破的,遁入空门;痴迷的,枉送了性命。好一似,食尽鸟投林:落了片白茫茫大地真干净!"③

---

① 《列宁选集》第2卷(上),人民出版社1972年版,第370页、第371页。
② 鲁迅:《中国小说史略》,人民文学出版社1973年版,第306页。
③ 鲁迅:《中国小说史略》,人民文学出版社1973年版,第199页。

第三节 智育工作者的审美修养

智育工作者和德育工作者（经常二者是同一的主体）一样，他必须具有包括知识要素、品行要素和审美修养要素在内的基本的教师素质结构。鉴于多年来应试教育的弊端，升学率总是成为学校教育的无形指挥棒。如果说德育工作者在认识上的偏颇是将美育作为德育的一个部分，以德育代替美育，那么，智育工作者在认识上的欠缺恰好是拒斥美育，把它看成可有可无的东西。这可以从许多中、小学砍音乐、美术课（或不重视、上不足）可窥豹一斑。智育工作者要真正树立素质教育观念并非易事，因为他必须落实到具体的工作上去，面临着是否因素质教育降低升学率的考验。如果这个问题解决了，那么提高审美修养，在智育过程中体现和发挥美育的重要作用则会得心应手。

一、教师的使命感和敬业精神

21世纪的素质教育如何展开？我们必须培养什么样的人才？这必须立足于目前国内外发展的现实予以回答。20世纪末国民意识发生了两次重大飞跃：一是改革开放引起的个体意识的觉醒。在以小生产为基础的长期封建社会统治和以计划经济为主体的体制下，国民的个体意识被"家——国"的群体意识所消解，这种群体意识在封建统治下是少数人极端个人主义役使下的群体意识，在计划经济体制下是少数人浪漫主义役使下的群体意识。在社会主义市场经济发展中，个人的潜力得到前所未有的释放，个人的创造力得到了空前的发挥，人的主体意识、竞争意识、自由意识得到了高扬。二是可持续发展带来的人的类意识的觉醒。各国各地区人们为了自身的发展，不惜牺牲他人和后代人的利益，造成环境状况的恶化，贫富差距悬殊；不同社会制度、意识形态的激烈对抗；科学技术迅猛发展给人们带来经济腾飞的奇迹，也给整个人类生存以重大威胁。世界各国，包括我国人民看到人类在宇宙之中的渺小和危机,不同民族、阶级、国家亟待寻找走向共同未来之路——可持续发展之路。人的类意识开始觉醒。人们普遍认识到,现实的人既是一种个体存在物,又是一种类存生物。因而,必须把个体的利益、群体的利益都统一于类利益之中,人的意识必须是个体意识、群体意识和类意识的统一。我们要把这些认识成果运用于教育战线上,那就是要培养能够把个人的创造性发展与国家、民族的发展,乃至整个人类发展统一起来的跨世纪人才大军,以适应未来社会发展的需要。

要完成这项使命,必须把科学教育与人文教育结合起来。传统的工业文明观把社会主义建设单一地理解为经济建设,把经济发展片面理解为经济增长和产值的提高,因此,它培养人才的目标是能掌握一门可以促进经济某个方面增长知识的专业人才。反映在教育上就是强调智育,有科学知识就行,这实际上是把现代化运动看成纯粹世俗化,是为了追求财富和产值。用马克斯·韦伯的话说,它代表的是"工具理性",而不是"价值理性"。在"工具理性"的驱动和摆布下,人们走出了传统伦理设计的道德人本主义的迷境,返回世俗生活的真实,这无疑是一个进步。但是,如果我们把形下的世俗过程作为终极目的来认同,把工具理性当价值理性来追求,不在现实的基础上追求更高的理想,那就失去了人生的真正意义。自然科学是一个知识体系,侧重于教人求真;人文科学既是一个知识体系,又是一个价值体系,更多地教人求善求美。前者急功近利,但它创造出来的物质文明无疑是精神文明的厚实基础。后者通过学习哲学、历史、文学艺术熏陶出一种人文素养、人文关怀和人文追求,使科学技术创造的财富服务于人与自然、人与人的和谐相处、共生共荣的生存方式,以博大的胸襟关心他人、社会和自然。这样培养出来的人,是以审美的眼光看待人生和周围的世界。要培养出这样的人,需要教育者首先是审美的人,是重素质的人。他们的敬业精神不仅体现在自己有渊博的知识和诲人不倦,而且还表现在处处以自己美好的形象去感染人,为受教育者营造一个美好的教育氛围,使他们能够除却升学率的压力和恐惧,真正使自己得到全面、自由的发展。

二、教育氛围的美

提高智育工作者审美修养的途径和德育工作者相同,就不再赘述了。这里,补充阐述教育者如何在教学过程中体现其审美风采,渗透美育的方法、成果。教师是教育氛围美的设计师与主角。教师要充分利用小小讲台,诱导学生打破日常生活的狭小天地,把他们引入无限丰富、瑰丽的知识世界。教师动用自己的语言、板书表达思想,以其仪表、教态辅助其思想的表现力,因此,他必须做到吐字清晰、语句流畅、节奏鲜明、调值适中、表达精确、言语规范,语言形象、句型多变等语言美;必须做到整洁、大方、庄重等服饰美;还要有使人感到亲切、诚恳、激情、耐心、机敏、优雅等教态。

课堂活动还是教与学之间双向互动的,不仅要发挥教师的主体作用,还要充分调动和发挥学生学习的积极性和创造性。首先,必须融洽师生之间的感情。从教师角度必须热爱教育事业,关心学生,爱护学生。教师要尽可能地参与学生的各种活动,消除学生对老师的敬畏感。其次,教师必须有广博的知识结构,并能与本专业有机结合起来的艺术。教师的文化造诣愈深,就愈能赢得学生的尊敬,教学时学生就愈能与教师密切配合。再次,要有生动而有秩序的教学气氛,疏密相间、张弛结合的课堂节奏。教师的内在世界的丰富和生动的表达是教学秩序正常进行的基础,反过来,严肃课堂纪律,也有助于教师能力的发挥。课堂安排也是一门艺术,它如音乐富有节奏感,有重点,有难点,有高潮起伏,也有轻松过渡。要改变以往由老师提问,学生作答的单一方式,适当加入学生提问,老师作答的方式,以启发学生独立思考的能力。最后,开辟第二课堂活动,其主旨必须十分明确,那就是充分发挥学生的主动性和创造性,教师必须讲学生之所想、之所兴趣的热点问题、难点问题,开拓学生的运思能力。

第九章 体育与美育

体育与德育、智育一样,具有审美的因素和美育的功能。由于体育的根本任务是从体质方面教育和培养全面发展的人,所以要求教育者必须具备一定的审美修养,努力发现、创造体育运动的美,寓美育于体育之中,引导受教育者按美的规律增强体质,掌握体育运动的技能,以及培养他们优秀的体育道德品质。

第一节 体育运动的审美因素及其特点

一、体育运动的审美因素

体育运动的美具有广泛的范围,它涉及教育者、指导者与被教育者、竞技者各自表现出的美,以及他们之间相互协调、统一融合的美;包括体育锻炼、教学、比赛、表演等活动中表现出来的各种美。上述不同的主体可归结为从事体育运动的人,而不同的体育活动展示的美都是体育运动主体的身体美、运动美、精神美的具体表现。

(一)身体美

身体美是人类健康的身体所呈现的美,它是由能进行生命活动的机体表现出来的美。身体美与人体美有不同的地方。人体美主要指人体表面轮廓的美,例如人的曲线美,通常将它作为区分人与非人的属性的概念。而身体美则是有层次地贯通着生气的整体,例如人的健康、强壮的美,通常可与人的其他美(如心灵美、行为美)的概念相对应。

身体美的最重要因素是健康美,即健美。健,指强有力;康,含愉快平安之意。健康涉及人的身体和情绪两个方面,要求身心俱泰。所谓健美的体魄,是指人的身体强壮结实,无病理反应,并且具有良好的精神状态。健康美不仅是针对人的身体而言,还能用来衡量人的动作姿态以及各种运动项目所产生的积极效果。因此,它是体育活动中进行审美判断和审美评价的一种重要尺度。

健康美通过人的优美的姿态、健壮的体形和充沛的精力等表现出来。优美的姿态指人的身体各部位的匀称,具有优美的曲线,站立、坐卧的姿态稳当,"立如松、坐如钟、卧如弓、行如风"。外在的优美姿态是由内在的健壮体魄支撑着的,端正、均匀、协调的健壮体形能给人带来愉快的美感。这种体形美的比例由构造、发育良好的骨骼决定,附着于骨骼上的发达肌肉和红润、光洁的皮肤,会给人以柔软的弹性感。发育和锻炼而成的健壮体格是无病理反应的,在精神上体现出一个人气度轩昂,富有生命活力和能动性。

(二)运动美

运动美是指人体在运动中形体变化表现出来的美。技巧美是运动美的重要内容。人体运动的直接目的是完成运动技术,运动技术的要求与美学要求具有一致性。运动动作必须按规格完成,达到准确、熟练、轻松、自然,以至于运用自如,形成优美的技能和技巧,使之具有变化美、安定美、造型美、准确美、和谐美、韵律美等。运动动作越科学、越成熟,运动技巧水平越高,体育效果越好,美学价值就越大。不同的运动项目体现出不同的活动美,或以跳动美为主,或以速度美为主,或以爆发美为主,甚至表现柔软美、优雅美、弹力美和轻快美等。并非一切运动项目都体现刚性美,而更多的是刚柔结合。

(三)精神美

精神美是人体在体育运动过程中,通过各种行为所反映出内心世界的美,是体育美中经过升华的成分。人体是身心统一的整体,身体运动的过程,也伴随着心理、意识发展的过程,人在掌握运动动作的同时,也会塑造自己的心灵。罗丹说:"没有一条人体的肌肉不表达内心的变化的。一切肌肉都在表示快乐和悲哀,兴奋和失望,静穆和狂怒……伸着的两臂,斜倚的躯干,是和眼睛与嘴唇同样能温柔地微笑的。"①这说明了人体动作总是与内心活动密切相连的。

人的精神世界是丰富多彩的,体育的精神美涵盖知、意、情不同领域。如通过体育活动可以激发人们对美好生活、事物的理解和追求,锻炼人的坚毅、忍耐、机敏、果断、勇敢等意志,养成遵守纪律、友爱合作、拼搏牺牲的高尚道德,并具有热爱生命、热爱集体、热爱祖国的情感。

二、体育运动美的特点

体育运动中的美除了具有美的一般特性之外,还有它自身的特点。首先,体育运动美具有表演性。体育运动以人体的塑造为基点,人们利用大自然造福于人体的一些因素,进行各种体育活动来改善自己的生理机制和功能。一旦发明有利于完善人体的运动、动作,它就必须通过人体自身的优美动作来教育他人,使他人在欣赏人体的运动美中得到美的熏陶,进而接受新的运动项目和新的动作,同时还通过不断的表演来完善原有的动作。因而体育运动的美不是藏而不露的,而是在公开的场合尽情地表现出来。体育运动美的表演性在体育运动的发展过程中不断完善、丰富,成为有系统、有组织的体育表演。有以充实运动会内容与活跃运动会气氛为目的的竞技表演,如运动会开幕时的大型团体操和跳伞

---

① 葛赛尔:《罗丹艺术论》,人民美术出版社 1978 年版,第 16 页。

表演等；有以吸引人们参加体育竞技与提高技术为目的的示范表演，如地方请国家队运动员来传经送宝的体育竞技表演，甚至舞台上的武术表演；有以汇报学习成绩为目的的体育节目的表演等等。特别是近年来，以音乐、舞蹈为主的艺术成分大量地渗入体育运动，使体育运动美的表演特性越来越突出，出现了表演性很强的体育项目。如艺术体操、花样滑冰、滑水、花样游泳、健美等。

其次，体育运动美具有竞技性。体育运动以最直接和最不掩饰的竞争方式，呼唤着人的本质力量。只有竞争，人类才会发展，才会进步，为了在竞争中取胜，人们认识与改造世界的创造性便充分地发挥了出来。当然作为审美范畴的竞技美中的竞争内涵，与其他竞争，例如资本主义社会的商品竞争有着根本的不同。竞技美可以从技术角度、社会道德角度和意志角度加以考察。

从技术角度看竞技美，又可具体表现为技巧美、统一美、韵律美、力量美。统一美指在体育运动项目中，一整套的运动技术结构、技术流程、力量的统一等美的因素。例如排球运动从发球、接球、传球到扣球，甚至拦网等连续的完美过程体现出技术的统一性，给人一种美的享受。恰当流动的韵律因素，有开始、发展、重复、高潮、结束等过程，动作的展开犹如音乐的韵律线起伏，这就是韵律美。如体操动作连续完美的过程体现的美。竞技技术与竞技者力的要素美是力量美。如排球发球、扣球凶猛有力但又不失之技术性。举重、拳击、武术等充满爆发力，犹如雄狮般壮美等等。从整体上看，体育运动的统一美、韵律美和力量美构成了技巧美。高超而熟练的技巧必然表现出动作的统一性，富有韵律感和力量感，使人感受到生命的强盛活力。例如，美国职业篮球赛"NBA"中芝加哥公牛队，天皇巨星乔丹精湛绝伦的球艺无人与其匹敌，他进攻时，对方必须二至三人防守，而乔丹整体观念又强，善于与队友配合，使对方处于十分尴尬的局面；不重点防他，他频频得手，全力防他又造成巨大漏洞，其他队员发挥了作用。皮蓬除了与乔丹密切配合外，又善于防守，迫使对方犯规；库科奇在外围神准，篮板王罗德曼积极抢篮板球,这些都是公牛队战胜强大的爵士队等夺取三连冠的重要因素,都充分体现了篮球运动高超的竞技美。

从社会道德角度看,在以亲善友好为目的的竞技中,由于不计较胜负,故表现出亲切交往的美的要素,如有的友谊赛还以自己的主力队员加入对方阵容。在以比赛夺魁为目的的竞技中,则表现出斗志旺盛、严肃认真的美的因素。从运动员的行为中所表现出的良好礼仪、守法、责任、合作等美的因素,可以表现出一个国家、地区、队的体育道德的高低。

从意志角度看,运动员个人或集体所表现的顽强拼搏、坚持不懈的精神状态,也具有审美的价值,它体现出人的意志方面的竞争。例如,在强队面前得分太少,败局已定的时候,还是认真竞争,力争多扳回一分;或者在遥遥领先、稳操胜券的情况下依然不要松懈;或者在双方力量均衡情况下顽强拼搏,具有压倒对方的气概。我们常为长跑中最后一名坚持下来的运动员鼓掌,就是对他在意志上战胜对手的最高奖励。

第二节 体育教师的审美修养和美育的方法

一、体育教师的审美修养

在体育教学中对学生进行审美教育起决定作用的是体育教师。教师的思想品德、情操修养、学识水平、行为表现、语言表达、仪表服饰等状况都会给学生以潜移默化的影响,所以教师必须具备美育中应有的基本素质。这样,才能把美育与体育有机地结合起来,把进行体育教学和在体育活动中陶冶生动、活泼的美的情趣融为一体,以免把体育课变成纯粹的技术性动作的教授。

体育教师应具备的审美修养包括:

第一,要有思想、道德、情操的美。热爱祖国、忠诚党的教育事业,热爱教育对象,朴实正直,谦虚谨慎等,这也是一般教师所必须具备的。

第二，要较好地掌握体育运动技能和理论，这是衡量体育教师学识水平的一个重要标志。教师在任课时，要体现出自己对体育运动事业的追求和探索精神，对体育运动发展历史和运动技术水平发展现状的了解和掌握，同时，注意把美学知识运用于体育教学中去。这都有利于提高学生对运动技巧学习的兴趣，有助于他们对教师实力美的感受和鉴赏。

第三，在行为上表现出敏捷、勇敢，语言简洁，声音洪亮。体育教师虽需要一般教师所具有的为人师表、任劳任怨的行为和生动活泼、规范条理的课堂语言，但也需要体育教师自身的生理和心理健康状态所表现出的行为和语言上特殊的美。他的行为和语言要给人一种相当力度的感觉，机敏、果断、干净利索的动作，军人式的队列操令，这些都会使人感到生命脉搏鲜活的跳动，使受教育者心灵感受到一种积极向上的力量，而产生雄伟、崇高的美感。

第四，在体态上落落大方，体魄健美，服装上简洁、自然。体育教师是从事人的身体教育工作的，他自身的状态就是课堂说教的最好模特儿。他必须有良好的姿态，经过锻炼而获得的匀称体格，筋骨强健，皮肤光泽，肌肉柔韧而富有弹性，显示出富有生命活力和朝气蓬勃的美。体育教师的服饰必须与自身职业相匹配，特别在任课时，即使是体育理论课，衣着也必须简洁大方，不能烦冗拖沓。在服装设计上，既体现体育领域的统一美，又具有个人特点的新颖美。在色彩上选择具有纯粹、明朗等情趣的色素。在服装上还要注意清洁、熨烫平整，体现出一种整洁的美。

二、美育的方法

要实现对学生体育中的审美教育，不仅要求体育教师具有一定的审美修养，而且要具备一定的美育方法。

寓育于练和寓育于形是体育中美育与一般美育不同之处。体育中的美育是以人体表现的美为主要内容的。但是，作为体育美学概念的身体美不是自然发生的,必须通过后天的锻炼才能达到,而且要反复练习方能升华到意识净化的境界,具有体育美学的价值。因此,必须组织和指导学生坚持以健美为目的的体育实践,在实践中进行美育,这就是寓育于练。此外,体育中的美育不是靠说理来进行,而是通过人体及人体运动的艺术形象来进行的。这些艺术形象可以来自直接的形象,如教师的榜样和示范,他人的表演、练习;也可以来自间接的形象,如图片、录像、幻灯片等,这就是寓育于形,这个"形",是包含着艺术因素或艺术化的人体及人体运动。

依据寓育于练和寓育于形的原则,加强体育方法的艺术因素去求得美育的效果,这是体育中进行美育的方法要义。

首先,通过教学和训练中审美因素的挖掘对学生进行美育。从美学角度来区分体育教学和训练的内容,可以分为两类。一是艺术性较强的体育活动,如冰上芭蕾、艺术体操、健美运动等,它们的美育作用主要是通过对其艺术价值的理解,美感的体验,技术形象的塑造等,通过艺术因素完美的表现和练习过程中的心灵感受反映出来。另一类是艺术性较弱的体育活动,如田径、球类、器械体操、游泳等,搞不好容易变成纯技术性的、枯燥无味的活动,因而更需要教师对其内容的美育蕴藏进行发掘,通过人体运动动作的正确性、熟练性、优美性,以及练习过程的体验和感化,对人的思想、意识、情感的影响等等反映出来。讲解的语言,示范的动作,组织教学的技巧都要讲究艺术性,做到形式多样活泼,使学生在融洽、欢快、舒畅的环境中学习。

其次,通过竞赛与表演提高学生的审美感受和审美鉴赏能力。竞赛与表演是体育运动中进行教育最有代表性、最集中的方法。竞赛与表演是通过身体运动来显示和解决人体各种对抗性矛盾,促使人体生物能力和精神能力向前发展的创造性活动,是体育美表现最充分、最高级的形式。通过竞赛和表演,学生可以从中欣赏到群体的团结、友谊、合作的美;个体的竞争、奋进、拼搏、坚毅、敏捷、忍耐的美；胜利者欢快的美，失败者悲壮的美；人体及人体运动无拘束展示的生命美、自由美，运动员表现的诚实、牺牲、礼仪、守纪的美。竞赛与表演中刚与柔、悲与喜、动与静的对抗与统一的过程，展示出美的无限丰富性。

第三节　体育运动美的欣赏

通过体育活动，特别是竞赛和表演，体育教师必须善于引导学生在活动中去感受、陶冶、欣赏它的美，从而达到培养他们具有美的动作、美的形体、美的心灵、美的言行的目的。任何的体育项目都综合着多种多样的因素，但具体的、不同的体育项目都展现出它突出的美。因而，我们在欣赏具体体育项目中的运动美时，必须了解它的特殊性。下面试分析几项重要的体育项目，帮助大家在体育活动中获得相应的审美感受。

一、球类运动

大多数球类运动是集体运动，例如足球、篮球、排球、水球、冰球、垒球、棒球、曲棍球、橄榄球等，乒乓球、羽毛球、网球虽然有个人项目，但更多的是团体项目，因而在球类比赛中，没有整体的默契配合，就不能在比赛中赛出水平，取得胜利。这种配合不仅指技术上、战术上的配合，而且指精神上、情绪上配合。技术上的配合，是在个人努力训练获得优秀技能基础上的相互配合，每个队员都必须技术过硬，才能配合默契。如排球比赛，一传不到位或二传手应变能力差，就很难组织进攻，拦网技术不好，也难以组织反攻。战术上的配合指服从教练的指挥，队长组织实施战术进行，运用灵活多变的战术，使对方难以适应，从而获得主动权。精神上斗志昂扬，情绪上相互照应，即使队友一时失误也不应该埋怨。胜不骄，乘勇追击；败不馁，一球一球扳回来。因此，我们在欣赏和参加球类训练和比赛中，必须反复向学生强调集体主义精神，强调配合，使他们充分认识到,没有队友的支持,没有一个团结合作的集体,个人的才华、技能便不可能得到很好的发挥,使之在活动中获得集体美、统一美、协调美、合作美的感受。

二、体操运动

体操运动员在鲜艳的地毯或器械上,时而凌空飞旋,时而平衡伫立;紧张之后有节奏的松弛、收缩与放松的动作交替。人体的各部分的协调、力量、速度、耐力、柔韧等有规律的依次运动,构成体操美的立体画面。那曲线和谐的人体,会令每个人,特别是青年学生期望能有这种健美的体形,尤其对女子线条柔和清晰,关节和肌肉富有弹性倍加赞赏。因而体操运动能训练学生的形体美和姿态美,使身体的各部分得到健康、合理的发育,体形均匀协调,合乎比例,不至于过胖或过瘦。使学生有正确的立态、步态、动态,活泼中寓有稳健,给人以精力充沛的印象。那协调、柔韧、大胆、准确的动作中,会使我们感受到自然、流畅、波浪起伏、节奏上升的美;欣赏到音乐节奏的快与慢,旋律线的上升与下降,激情与抒情的结合。因而体操运动能培养学生对结构美、勇敢美、韵律美、协调美的感受。

三、田径运动

田径运动项目繁多,呈现出的美也是丰富多彩的。短跑、跳高、跳远、跨栏、铅球、铁饼、标枪等运动员都有一种爆发美、速度美。起跑、起跳、跨栏、投掷时蕴藏力量突然爆发,犹如暴风雨来临的气势,震撼人们的心灵。那突起骤落的快节奏动作,使人感受到干净利落、勇猛非凡的速度美,尤其像肌肉饱满、膀大腰圆的投掷手,他们美吗?可是当我们看到他们勇猛雄劲的动作达到常人所不能及的难度,你就不能不为他们的强健和剽悍惊叹了,那是一种力量的美。长跑运动员在运动场上表现出来的美又具有它的特点,那就是充满坚韧不拔的精神,这是一种坚持美、忍耐美,它对培养人的毅力，磨炼人的意志，具有重要的作用。因而，长跑运动经常作为球类运动，体操运动等基础的训练项目。

四、武术

武术作为运动项目历史悠久，在中国尤其源远流长。武术具有姿态美、力量美、节奏美、意境美和结构美。姿态美如长拳中四肢与躯干等线条充满骨力，而且协调、匀称，或撑拔张展、或勾扣翘绷，无一处松软，可谓既工整又遒劲。太极拳则处处呈圆弧，舒松中正，体姿柔和而含沉实，无懈可击，另有阴柔之美。力量美指武术中力度和力法，既刚猛而又娴熟，有力而不僵，或者柔中寓刚，绵里藏针，这些都能给人以坚韧、力量、机智和勇气。节奏美指武术套路节奏鲜明多变，气韵生动，快慢相间，长短错接。近代自选套路的发展在节奏上变化尤为突出，动作挂串，连续性强，干净利索，变化迅速，起伏转折有韵律，构成了快速、鲜明、多变的节奏美。意境美指武术套路重视精、气、神的运用，讲究神形兼备。扣人心弦的对打，可使人紧张得透不过气来，一俟结束，方觉淋漓酣畅之快；单练动作所表现的气势、神采，渗透着一种坚韧不拔、机智勇敢的文学性格美，使人进入忘我之境，引起观众与表演者心理上的沟通，这就是一种意境之美。结构美指武术套路讲究结构的完整性，在符合技击规律的基础上，对如何开头，引向高潮，以至收势，都作精心构思，犹如一首完整激昂的乐曲，起伏跌宕。布局上又注重往返穿插、迂回转折，即不应偏重一隅，也不可散乱无章。

体育项目和结构的不断创新，体育运动中的美也不断地涌现，这里不能一一枚举。它需要大家一起去不断地捕捉。我们将在欣赏体育运动美的现象中，看到人类机体功能发展的美好前景，感受到人类创造美的巨大潜力。

第十章 劳动与美育

劳动不仅创造了美,而且劳动本身就是美。当劳动者从奴役制中解放出来,不将劳动仅仅看作生活的第一需要,而是看作自己生命活动中不可缺少的东西时,劳动的美就展示出它无限的丰富性。劳动的美是劳动主体在自由、自觉活动中创造出来的,它包括劳动环境的美、劳动过程的美和劳动产品的美。正是生产劳动的审美价值,决定了生产劳动中实施审美教育的基础。

第一节 劳动环境的审美因素

劳动生产,特别是现代化大工业生产过程具有十分复杂的结构。在"机器——人——环境"的系统中,呈现出多方面、多层次、多环节的调制关系,既有"人——机器"、"人——环境"和"机器——环境"的制约关系,又存在"人——人"的调节关系。在所有相互依赖的关系中,都有一定的审美因素对生产过程发生影响。劳动环境的美是从劳动客体方面(作为它的一部分)来考察生产劳动美的。舒适、高效、优美的生产环境,是"按照美的规律"进行生产劳动的一个不可缺少的条件,它直接影响劳动者的注意力、创造热情和身心健康,有利于提高劳动者的生产效率和产品质量。

通常,把劳动环境划分为四种类型:不能忍受的、不舒适的、舒适的和最舒适的。舒适的环境呈现出美的因素有：室外景观宜人、室内光线充足、空气流通、音响适中、装饰美观、生产工具排列的有序性等。

一、室外景观

这里的景观指劳动者视觉范围的自然景观、建筑景观、人文景观。它既可以是改造天然的环境，也可以是塑造人为的环境。环境的美化不仅有利于劳动者的身心健康，保持生态系统的平衡，使人经常受到美的熏陶，而且能直接提高生产效益。据有关资料报道，凡是环境优美的场所，劳动效率可提高15％～35％，工伤事故可减少40％～50％。

劳动生产环境中的景观首先应当考虑把自然景观和人文景观结合起来，在选择工作单位的建设地址的时候，就要充分利用原有的自然山水、地形地貌条件，根据工作不同的性质和要求进行合理的、精心的设计和建设。如在生产企业的"人——环境"系统中，必须以主建筑车间、厂房、办公楼为中心，布置一系列相配合的小型建筑、雕塑、水池、喷泉、花坪、花坛、树木和业余休息场所，使景观和生产者之间融合成为一个整体，具有和谐、亲切的感受。

二、光线和色彩

劳动环境中光线和色彩不仅能引起人的生理上不同的感觉，而且还会在心理上产生情绪的变化。充分的、合理的照明系统，能够保证劳动者保持良好的感觉和心情愉快，使操作准确、可靠，一般说来，劳动场所要求对工作目标照明均匀，具有合理的亮度，不能太弱或太强，在工作目标和背景之间的照明程度上应有明显的对比，但要避免闪耀的光源。

色彩的正确使用，不仅能减轻人眼的疲劳，提高识别的速度和能力，保证生产操作的安全，而且还能使环境变得美观、舒适，给人带来心情上的轻松、愉快感。根据人对色彩的心理的反映，可以把人对色彩感受分为七种,即冷暖感、轻重感、软硬感、强弱感、明暗感、兴奋沉静感以及华丽质朴感。我们可以根据不同的对象、不同的条件、不同的场合,分别使用和组合不同的色彩。例如,温度较高、尘埃较多的热加工车间,千万不能用暖色(例如红色)涂料粉刷墙。墙下方可镶砌白色方砖,而上方则粉刷成白色,天棚采用淡黄色,这样就能造成一个阴凉而又洁净的环境。某些重要的部件,如开关、吊钩、加油处等,为了避免危险和引人注意,最好用鲜明、显著的颜色涂漆,如红色、橙黄色等。

三、声音环境

声音既可给人带来欢乐,也可给人带来烦恼。这是因为人们所适应的声音强度是有一定的限度的,当声强界限超出一定的频率和强度时,就会产生对人有害的噪音,即音高和音强变化混乱,嘈杂不和谐的声音。噪音严重刺激人的神经系统,导致不必要的紧张,使人易于疲劳和烦躁。实验证明,70分贝的噪音,就有损害听觉的危险;音强超过90分贝的噪音,将会影响人的听觉,并能导致暂时耳聋;120分贝以上的噪音,将会危害人的生命。长期生活、工作在60分贝以上的噪音中,会导致高血压、头痛、溃疡等疾病。

消除噪音的根本方法是控制和消灭噪声源。其次是控制噪音的传播途径,如在高噪音设备上安装隔音罩,在噪音区域建筑隔间墙,绿化的林带是天然的隔间墙,不仅起消声作用,还可美化环境。

相反,和谐、悦耳的声音却能给劳动者带来欢乐。在15分贝到35分贝的声强环境中,人们并不感到任何不适。优美的音乐不仅能陶冶人的性情,鼓舞人的斗志,而且还能解除疲劳,有益健康。就是在有噪音的环境中,也可以用音乐调节来防治噪音危害,在生产劳动过程中播放适宜的音乐曲调,创造优美的音乐环境,能够减少噪音给工作带来的影响。当然,播放的音乐曲调必须经过严格、科学的选择,要考虑不同的工种、劳动者的年龄、性别、文化程度、习惯、风俗等因素,以及选播的时间、周期、数量等。

四、空气环境

空气的清新对于建立良好的工作环境也起重要的作用。空气中的尘埃和水蒸气都能降低目标的能见度,使人难以辨别操纵的信号或标志甚至看不清操作的对象。特别是工厂排出的废气,如一氧化碳、二氧化碳、二氧化硫、氧化氮、氯乙烷等,含量过多,造成空气严重污染,使人的健康受到危害。难闻的气味,更直接地刺激劳动者的神经,造成烦躁不安,影响正常工作。因此,净化工作环境是不可缺少的。

有计划的绿化,是改造环境的有效措施,也是净化环境的良好办法。据统计,有种植杉、刺槐、榆树、紫薇、臭椿、香樟、茉莉等植物的地区,空气中含菌量要比没有绿化的环境减少一半多,因为这些植物都有较强的滞尘或杀菌的能力。当然,不宜选择具有异味或巨大刺激的绿化树。除此之外,要使工作场所保持经常的空气清洁,必须搞好室内卫生,定时清扫洗涤,要有完善的通风设备,保持空气流通。

五、室内布置

室内环境除色彩、光线、声音、空气等因素外,还有内部的装饰美化,各种设施的合理安排,这都有助于保证正确无误地完成劳动工序,维持劳动的准确性和协调一致,减轻劳动者的疲劳程度,防止工作中意外事故和粗心大意事情发生,提高工作效率和提高劳动者的积极性。

对于不同性质的工作场所要有不同的室内装饰和设施的安排,对于脑力劳动的工作场所,可以布置合适的石膏像、雕塑、花瓶及小玩具等,对平衡布局,协调色彩,活泼气氛,增加室内环境的生气,都带来良好的效果。室内养花和种植观赏植物,不但能美化环境,而且能净化空气。对于体力劳动的场所,例如工厂的车间不宜狭窄拥挤,这样不利于操作;同时也不宜过于高大、宽阔,操作顾此失彼。在适宜的空间内,要使各种车床、机器、设备、原料、成品等安放得井然有序,有条不紊,这不仅操作起来方便省力,而且整齐美观。据苏联有关资料统计,仅仅由于工作地点正确安放工具和零件,就可提高工作效率5%～10%。

第二节 劳动者的美育

劳动过程是一个复杂的现象,在其中劳动主体能够最充分地发挥自己创造美的积极性,因此,我们主要是从劳动主体方面来考察劳动过程的美。按照马克思主义观点,只有当人的劳动成为一种体力和智力的表演时(这里谈的是人的本质力量在劳动过程中自由地、尽可能充分和多方面地表现),人才能享受到劳动乐趣。所以,自由地施展(表演)体力和智力是这活动的审美形式,它包括劳动产品的设计、劳动者技艺的发挥和严整的生产秩序的组织。

随着生产和分工的发展,出现了现代化大生产,劳动过程不像个体手工业时期那样,设计、操作和生产的组织可以由一人或几个人就可完成,而是需要许多不同的劳动主体协作完成,特别是现代工业,劳动主体已分化为设计师、操作工人和企业家等结构层次,在生产过程中,在不同的环节和不同的程度上,需要运用美学原则,发挥各自创造美的积极性。现代工业生产中劳动美可以集中地表现出社会各种劳动的美,观照它和对不同劳动主体的美育实施,可以帮助我们观照其他劳动美和对劳动主体采取相应的美育措施。

一、设计师的美育

现代工业产品都要事先设计,这设计是由科学家、发明家、工程师、技术人员等脑力劳动者共同完成的。科学思维在其活动中占重大比重,它与艺术思维之间是相互联系、相互渗透、相互贯通的。首先,科学思维与艺术思维有共同的创造特征。在科学创造与艺术创作中,认为形象思维和逻辑思维起"互补作用"的控制论创始人诺伯特·维纳指出,数学家加工逻辑材料犹如雕刻家加工顽石,只有通过创造性的劳动,才能使那些平凡的、毫无生气的材料富有生命意义。其次,科学思维和艺术思维都需要灵感作为辅助。阿基米得因洗澡、牛顿因苹果落地,双双获得灵感,分别发现浮体定律和万有引力定律,这些都成为美谈。科学创造的灵感稍纵即逝,同艺术创作构思的出现十分类似。以上共性说明科学思维和艺术思维虽然各有特殊性,却又同大脑左右半球一样不可分离,健全而完美的创造思维过程,必定是两者协同配合的结果。正如在艺术活动中,对数学美的欣赏,出现康定斯基的纯抽象"即兴画"一样,人们在科学思维活动中能够观照到类似艺术活动领域的那种美。

科学思维活动观照到的美主要有两个基本方面的内容:第一,实验美。这是在科学实验中发生的各种现象所展示出的美。居里夫妇欣赏镭在黑暗中闪现的美丽光芒,觉得这就是人生所能见到的神仙世界的奇观。哥白尼把观察到的宇宙看成华美的殿堂,太阳是宇宙之灯,是高踞在王位上的宇宙主宰。第二,理论美。公式可以说是未展开的理论,它的标准化、规范化、简洁化所带来的和谐、对称、简洁三个美的特征,能使人获得美感。科学理论给我们展示了科学技术研究者发掘的新世界的美丽图景,闪烁着他们智慧的光芒,综合了优美的假设、实验、公式和逻辑推理,建构一座无比辉煌的理论大厦,具有相应的科学知识的人都会从中获得赏心悦目的美感。许多了解爱因斯坦理论的人都称爱因斯坦"更是个科学的艺术家"。

因此,对于设计师的美育,首先要进行科学美的教育,目的在于激发他们科学创造精神的发扬,不断创新优良的产品。爱因斯坦对那种出于征服、描绘未知世界的好奇心,用一种审美眼光看待世界的科学家最为崇尚。这种追求科学美的人成就最大。像毕达哥拉斯十分推崇和谐美,根据他唯美主义信念,球形是几何立体最完善的形体,天才地猜测出地球是圆形的。哥白尼说科学是研究最完美的东西,他认为没有什么东西能与无美不臻的天空相媲美,这一美学动力促使他完成天文学上的伟大革命。开普勒把天体的运动看成一道连续的、几个声部的歌。拉狄克、薛定谔、玻尔、爱因斯坦、彭加勒、海森堡、杨振宁等人都将美学作为科学创造的动力。可以说,离开美和对美的追求,科学领域将是空寂的。

其次,必须对设计师进行艺术美的教育,科学美不易为一般人所观照到,要欣赏它,正如欣赏音乐美要有音乐的耳朵一样,需要有科学知识的大脑、观察和倾听科学领域出现的各种现象的眼睛和耳朵。但对于大众来说,科学美的魅力是通过物化的产品的优良性能,可靠性的内在质量,加上外观上艺术美的诱惑共同实现的。因此,要使设计师的创造物能用大众化的喜闻乐见的形式表现出来,要适合人民群众日益增长的消费需要和审美需求,从它高贵的殿堂走向社会生活的广泛领域。艺术,特别是造型艺术为广大群众所喜爱,它赋予科学技术以美丽衣裳,使它倍发生辉。要通过艺术美的教育,使设计师具备有一定的绘画、雕塑等艺术修养,以便通过艺术的感人形式让自己的劳动成果获得广大消费者的青睐。

二、操作工人的美育

设计师所设计的产品必须通过操作工人的制作过程才能完成。操作工人以体力劳动为主,体力劳动当它能使劳动者充分地施展出技艺和出于自愿,而不是强迫的,那么,它的活动也具有美的属性。

从主观方面努力看,操作工人必须从审美的角度掌握新技术,让自己充分地在劳动中施展技艺。技艺是一种创造性活动,它包含在劳动过程所完成的各种动作中。它还包括:对所加工的材料性质的丰富而深入的知识、对劳动器械和工具的掌握、意志力的集

第十章 劳动与美育

中以及洞察形势和主动行为的能力等等。当技艺自由、充分地展开，必然带来良好的结果。创造性的激情和对劳动所获取成果而感到愉快心情，这就是在劳动过程本身作用下所产生的审美感。

从客观方面的努力，要使操作工人感到是自愿的，而不是强迫的劳动。企业领导人必须造成良好的企业人文环境，建立起干群之间亲密友爱的人际关系。

在资本主义条件下，人们通常把劳动的非人道化，劳动产品和人的生活条件的非审美化归咎于技术，因为技术造成恶魔机器工厂，在这个残酷的技术化世界中，人本身变成没有灵魂的机器人，或者仍然是独自存在的局外人。而一些眼光锐利的人则将之归为资本主义的生产关系，因而，协调劳资之间的关系，缓和他们之间的矛盾，已经成为有战略眼光的公司的重要任务。他们一反过去认为职工是被雇佣来为公司、企业发展需要的传统观念，而树立起另一新观念：职工自己也要获得发展，因而设法给职工个人成长提供一个工作和学习的有活力的环境。我们可以从中借鉴合理的东西。例如：给工人提供学习的机会；多面手化，使工人学会更多的新技能；调换工作以全面发展，等等。这些做法是适应现代化科学技术进步和生产力高速发展的需要的。现代生产和工艺过程的技术装备正在迅速地更新换代，相应的，新的生产行业也正在迅速出现和更替。所有这一切都要求工人讲求效能、讲求速度、反映准确、有周密的思维和慎重的行动，要求他们在生产环境中适时地从一种工序转回另一种工序，从过时的工艺规程转向新的更进步的工艺规程。

因此，我们倡导操作工人发扬主人翁的精神，热爱本职工作，尽其职为企业、国家出力，也赞成他们凭个人掌握的知识和工作乐趣，选择更有利于自己发挥的，特别是因新技术出现的新工种。如果他们的活动按其内容来说符合人的情趣，并且为人最充分地表现自己的才能提供广阔的空间，那么不论内容和条件如何，这种劳动都能给劳动者带来美感。

三、企业家的美育

现代生产劳动必须靠设计师、操作工人等不同劳动者和不同工种、工序的协作进行。把广大劳动者科学地组织管理起来,使一整套劳动工具、机器、设备合理和相互配合,让劳动者与劳动对象处于和谐的关系中,那么,劳动过程的高度组织水平,它的有序性和完美性,它那一定的速度和富有节奏的画面,无疑会给劳动者以美的感染力,从而激起高昂的劳动热情,形成壮美的劳动场面。

组织生产是企业家的职责,为了适应人民群众的日益增长的审美需求,企业家本身必须具备一定的美学知识、艺术修养,注意国内外不断变化的审美观念,及时组织创造出新奇、美观、耐用的产品,要熟知各民族、各地区的风俗、习惯、爱好,要对企业、产品、广告所产生的印象做社会调查等等。但最主要的还是要善于管理,把自身的审美意识融于管理之中,使管理中美的因素不断增长,对发挥设计人员和工人美的创造的积极性起促进作用。企业家的这种努力的一个重要方面,体现在对于人体工程学研究方法的变革。

人体工程学是研究人与各种活动的工具、手段相互作用时产生的心理、生理因素的一门理论科学和实验科学。它最重要的部分是工程心理学,它研究"人—机"系统中人的条件怎样和技术相协调,从而把劳动条件对人的精神系统和工作能力的消极影响降到最低。人体工程学的具体内容细节是包括工业艺术设计师在内的专家们研究的。但是,企业家必须高瞻远瞩,对人体工程学的研究方向、方法作出抉择,变革旧的研究方法,以利于人的创造性因素的增长。

19世纪,企业家通过美国工程师雷德里克·泰罗,第一次将人体工程学的研究运用到生产实践,泰罗试图用科学分析的方法,使人的有机体适应工作。他按科学来分析人在劳动中的机械动作,省去多余的笨拙的动作,制定最精确的工作方法,实行完善的统计和监督制。它是以最低的劳动消耗和物质消耗,来获取最大生产效益的科学的组织技术措施和美学措施的总和。泰罗的这种研究方法称为动作、时间研究法,即研究如何操作以及如何合理编排组织操作,才能达到省力高效。这种研究方法虽然也研究人,但主要是研究人如何去适应和服从机器,不是把人作为一个能动的、富有创造性的主体,而是服从于物、机器的被动的主体。

由于人的尊严、人的价值的重新肯定和估价,随着劳动者的主动精神在生产过程中的作用日益增长,人体工程学的研究方法也进一步变革。从研究劳动者如何适应和服从机器转向机器如何适应、服从劳动者身心状态,改造机器、工作环境,使之有利于发挥劳动者体力和精神的创造作用,研究方法转向人体测量法、生理学测量法和心理学测量法。人体测量法测量人体正常位置时人体各部分大小,以及人体四肢向不同方向伸展时所能达到的距离,寻找人体各部分活动的相互关系,以此为基础,企业家改进机器、设备,使之与人体的大小、形状、结构和活动协调一致,达到安全、高效、适用。生理学测量法,是根据人在工作中和活动时承受不同的负荷所带来的变化,进行各种生理测量,确定人体对外界各种负担的适应能力,进而研究在工作中如何减少疲劳和能量消耗,同时,也有利于选择和创造适宜、高效、优美的工作环境。心理学测量法,是通过心理测定法,确定人的心理对周围环境的承受能力和适应能力,进而研究如何使劳动者能够在劳动过程中保持良好的心理状况。当然,以上方法是紧密联系的,就是泰罗制,被应用于某些方面还是合理的,比如应用于多工序的组合和提高人和机器设备的利用率方面。

当今世界上,人体工程学中工程心理学独占鳌头。因为人力资本逐渐取代金融资本成为战略资本,信息、知识和创造性成为企业发展中最有价值的东西,企业要获取这些,就是要依靠拥有这些资源的人,只有人的全面的、自由的发展,才能有社会的真正进步。因而,企业家必须让工作性质和环境适应人的知识结构、心理状态,使劳动者深感工作有乐趣,自己能得到自由的发展。这就要求企业家在人体工程学研究中着重考虑人的能力、习性和心理反应,研究人的知觉、智能、适应性和运动反应速度等基本因素,以便创造出安全、高效、舒适、美观的设备和机械系统,使劳动者一到工作环境就被吸引住。不仅要创造出优美的"机器—人—环境"系统,利于专业性的活动进展,还要创造出优美的职工家庭生活和娱乐生活的活动空间环境、活动方式等。也就是既要研究职业性的人体工程学,又要研究非职业性的人体工程学。其目的,都是使劳动者能心甘情愿地为企业效劳,尽其能,发挥其创造美的积极性。

第三节　按照"美的规律"创造劳动产品

劳动产品是劳动主体按照美的规律制造出来的,它体现了人自由创造的本质。人在他的创造物中,获得直观自己本质力量的审美愉悦,因而它具有审美价值。但是,劳动产品作为人类生活的必需消费品,首先要考虑它的使用价值,并在经济交往的活动中实现它的价值,也就是说它要作为商品出现在现实世界中。马克思、恩格斯有关美学问题的最重要论断,是他们在研究政治经济学的同时提出来的,这些理论已经成为马克思主义美学的奠基石。这不仅表明了美学与政治经济学的内在联系,同时也在实践上启示人们从商品交换的意义上去研究美学的重要意义。因此,我们不仅要弄清劳动产品的审美价值与使用价值的关系,而且还要研究审美价值与商品价值实现之间的关系。

一、劳动产品美的特性

由于劳动产品具有审美价值,因而我们可以将它作为审美对象来观照和实施审美教育。劳动产品美的一般特性可以概括为一句话,那就是使用价值与审美价值的统一,它不仅具有美的事物所拥有的形象性、感染性和社会性,而且还具有它的使用价值。

劳动产品的美作为内容和形式的有机统一,都有一种感性的具体形态,它们的内容都要通过一定的色、声、形等物质材料所构成外在形式表现出来,离开了特定的感性形式,美也就无所依傍了。而且这种感性的具体形态,还必须有很强的感染力。它不是直接诉诸于人的理智,而是诉诸于人的情感,通过它以情感人,使人愉悦。但是,如果不顾及内容,把美仅仅看作是颜色、线条、声音等形式因素的组合,依旧不能把握劳动产品的美。只有劳动主体从这些感人的形式中看到自己的本质力量时,看到自己在改造自然和改造社会的实践活动中对客观规律的把握和自己审美理想的实现时,这些形式才有它强烈的感染力量,才是美的。

劳动产品的美始终与劳动产品的使用价值有机结合起来。从原始社会利用最简单的工具——如石器、弓箭等开始,就更多地注意到它的使用价值,注意到它们的实用功能和形态之间的关系,只要形态符合实用功能,能够进行合规律性和合目的性的活动,那么他们才会感到自己心意状态与外在自然的契合,就会产生情感愉快。从人类历史的漫长年月看,劳动产品的审美价值是从属于使用价值的,一件衣服,首先要能遮体御寒,只有在此基础上,才能向更高标准要求:必须美观、新颖。

随着生产力的迅速发展,人们的消费结构发生了重大变化,从一般的衣、食、住、行的物质需求,转向精神文化的需求,其中包括审美需求,要求创造出无比丰富的、不断更新的、美的劳动产品。在现代社会,劳动产品作为商品,它的美还有它的具体特点。其中有:

第一,劳动产品的国际性。现代社会是开放性的社会,在世界范围内,不同的文化也有趋向统一的一面,劳动产品的共同美表现了商品美的国际性。许多商品,如飞机、汽车、彩电、家具等在美和审美问题上,在国际上有共同性。因而,要使我国商品的价值能够实现,打进国际市场,必须借助劳动产品美的国际性。

第二,劳动产品的地域性。从人们审美趣味差异性的方面来看,劳动产品美在空间上表现为不同地域、民族有不同的商品美。例如,中国人喜爱龙,伊朗人喜爱狮子,日本人喜爱樱花,东南亚人喜爱象等,而伊斯兰地区忌猪,北非忌狗,英国忌象,澳大利亚忌兔等。因而设计商品图案和商标时都要注意把不同地域人们的风俗习惯、宗教信仰等因素考虑在内。

第三,劳动产品美的流行性。从人们审美趣味差异性方面看,还在时间上,劳动产品美表现为它的流行性。在一个时期流行的美的商品,过了这一时期就会发生变化,甚至成为不美的。这是人们求变爱美心理的表现。同时也受一定时期政治、经济等变化因素的影响的结果。中国文革时期的绿军装,尼克松访华时美国因"中国热"流行的中国蓝制服,都与政治有关。经济状况不佳,流行色单调灰暗;经济状况好转,流行色鲜艳明朗。

二、劳动产品的艺术设计

人们的审美趣味在日新月异地变化,人们对审美需求迅速增长。现代化科学技术和工业的高度发展,给满足这一需求提供了强大的物质基础。从社会发展趋势看,现代化工业生产的重要一环是工业品的艺术设计,它是劳动产品的美以及商品价值实现的关键所在。

在个体手工业生产时期,设计与操作没有分离,设计具有充分的灵活性,可以事先设计,也可以边操作边设计,设计的好坏可以影响个别产品的质量、销售,但不会造成广泛的、重大的影响。但在现代化的大生产中,无论什么产品都必须事先设计。过去产品设计囿于比较单纯的工艺技术,现代产品质量观念却发生了重大变化。过去衡量产品质量大都限于牢固性、灵敏度、大小等实用技术标准规格上,而不注重于审美功能。而现代社会生活十分讲究产品造型、图案,强调对产品的"第一印象",它与产品的性能、可靠性、耐用性等内在质量有机结合起来。因而要求现代工业品设计艺术化,把技术设计和艺术设计结合起来,这种现代化工业品艺术设计被称为"迪扎因"活动。它要求综合着工程师、工艺师和艺术家等各方面因素,要求设计师既要有技术设计的专门知识,又要有艺术设计的能力,才能够设计出既经济、耐用的实用品,又是美观、新颖在某种意义上的艺术品。

自1919年德国建筑师格罗皮乌斯创建"包豪斯"工艺学校以来,"迪扎因"活动在当今世界已成为人们生活不可分割的部分。在各国的工业部门,都拥有艺术家参与的庞大设计队伍。1983年10月23日至28日,在意大利米兰召开的第十三届国际技术美学大会上,会议的主题是意大利代表团提出的"从小匙到大城市"。这一别致的主题不难看出,"迪扎因"活动已渗透现代社会生活的广泛领域,大至现代城市的规划和建设,小至作为餐具的汤匙这类生活日用品,他们的产品作为文化影响着整个社会。

第二篇

第十一章 艺术的本质和特征

艺术教育是美育的最重要手段和中心环节,因为艺术美是现实美最集中、最强烈的反映,艺术形式最具有震撼人心的魅力和最受普遍欢迎。艺术教育必须从娃娃抓起,从青少年时代抓起,主要是艺术美的创造和欣赏。高等教育中的美育应该把以往的美育实践、艺术教育的实践上升到理论形态来把握,以指导未来的艺术教育实践,把艺术美的创造和欣赏提高到一个崭新的水平。

第一节 艺术的本质

从一般艺术社会学的角度看,艺术作为一种社会意识形态,必然是对现实生活的反映,同时,这种反映是创造性的能动反映。但是,艺术能动地反映现实生活,有其独特的掌握世界的方式,并有其独特的表达术语。

一、再现

再现论是西方延续时间最长的一种艺术概念,它在近 2000 年的时间内,不仅支配着西方艺术哲学,而且支配着其艺术批评和艺术实践。我们可以把它分成三种主要的形式:

（一）单纯的模仿

单纯的模仿主张艺术形象与原型的极其相似，就像一幅由肖像画家小心翼翼画出的肖像一样，对所有认识画中的人的那些观众来说，可以立即认出他是谁。如果作品酷似原物就是成功的作品；如果不是酷似，就是失败之作。这种酷似是模仿者追求的目标，它既是评论作品成败的标准，也是评价艺术家能力高低的准则。持这种观点的主要是古希腊的艺术家、批评家和教师。荷马的《伊利亚特》中就有描写战将阿奇利斯头盔上凸起的表现田园风光的图案；尽管它是黄金制作的，但它再现的土地看上去仍然是黑油油的，就像被刚犁过的一样。这便是这件作品使人惊奇的地方。按历史学家都瑞悠斯的记载，阿波莱斯画的马如此逼真，以致引动真马长嘶，似乎要和画中的马亲昵。在赛克西斯同巴尔哈西悠斯的一次比赛中，赛克西斯画的葡萄如此逼真，以至引动飞鸟来啄食；但是，当赛克西斯正要掀起巴尔哈西悠斯画的遮羞帘子时，他才发现这个帘子本身就是一幅画。这样一来，奖品就被巴尔哈西悠斯赢去！柏拉图在谈到达伊达鲁斯的雕塑时曾说过，这尊雕像看上去如此逼真，以至使人看上去如果不用绳子捆住，它就要走掉似的。在漫长的中世纪宗教艺术中，这种单纯的模仿理论曾经销声匿迹，因为艺术家只能把虚无缥缈的天堂作为艺术对象。一直到文艺复兴时期，由于人们热衷于恢复希腊传统，并认为人的直接的感觉经验才是达到科学真理的钥匙，这种写实主义的理论又重新提出来，认为艺术家应当忠实地复现现实世界，于是，那些曾经用来赞扬希腊罗马艺术家的故事又重新出现。瓦萨里的《画家的生活》一书中，描写了一只孔雀如何啄食贝那左尼壁画中的樱桃；一条狗如何猛地扑向弗朗西斯科·蒙西格那瑞画中的狗。书中还有一个画家乔托的故事：乔托原来名声平平，一天，他的老师西麻布发现自己画的一幅肖像画人物的鼻子有一只苍蝇，想将它赶走，没想到这竟是乔托画的，骗过老师的眼睛，因而他一跃而成为一个有名的艺术家。

这种艺术观的缺点,可以从柏拉图对此看法的改变得到验证。柏拉图开始是接受了当时这个流行的观点,而他后来对它进行了严肃的思考后,却对它进行了批评。柏拉图认为艺术家模仿无论如何逼真,它依然是显示出一种假象,或一种本质上就带有欺骗性的虚假存在。如果艺术家显示的仅仅是我们早已知道的和熟悉的东西的复制物,它们对我们又有什么好处?我们直接观看原物不更好吗?按照这种观点,原物永远比它的复制物高级,因为它永远比它的复制物真实、准确。总之,比起原物,复制物永远不会增加什么新东西。柏拉图把艺术家想象为一个手拿镜子向周围照射,并用这种方式创造出形象、表象或幻象的人,即艺术品不过是客观世界的镜像。这道出了艺术写实主义的本质。

单纯模仿的理论所主张的艺术,并不能广泛地适用于所有的艺术,只有少数的艺术,如绘画、文学才能属于它所限定的范围,音乐和建筑这样的艺术形式是根本无法进行这种模仿的。把单纯模仿作为艺术的本质,由于它没有普遍性,显然是行不通的。

(二)本质的模仿

在讨论模仿问题时,柏拉图的学生亚里士多德首先修正了艺术模仿这一概念,开创了美学中以"本质的模仿"为标准的新路子。亚里士多德在《诗学》中说过,诗人的职责不在于描述已发生的事,"而在于描述可能发生的事,即按照可然律或必然律可能发生的事"。① 亚里士多德将历史学家和诗人作比较,认为他们的差别不是在于一个是叙述已发生的事,另一个是描述可能发生的事。历史学家叙述的是个别的事,而艺术家(诗人)是描述有普遍性的事。因此,在他看来,艺术家不再受事物之真实发生或存在方式的限制,艺术不再服从于艺术品之外的事物之特征。相反,艺术家可以在自己的作品中改变所谓"真实"的东西和"现实的生活",使之满足艺术品本身的内在需要。一个艺术家当他再现一件事物时,这

---

① 亚里士多德:《诗学》,第29页。

件事物可以是它过去的样子,也可以是它现在的样子;可以是传说的样子,也可以是人们想象的或它一度曾经呈现的样子,还可以是其应该的或可能的样子。但是,这不等于说,艺术家脱离了现实就是错误的,艺术家对现实的脱离只意味着他的想象力是不受限制的。不可否认,我们的想象世界和构造要根植于现实世界,但这不应该用它限制艺术家,给他们制定种种清规戒律,使他们不能随心所欲地超越现实。例如,"杰克和豆茎"的童话中,说一只母鸡下了金蛋,这当然是荒唐的,因为在现实中是不可能的、不真实的。但是,细读这则故事,就会发现,这种说话是十分可信的,因为它说的是在巨人王国里发生的事情,它是一个奇特的和充满魔力的地方,是居住在天上的。在这样一个王国里所发生的种种事情必定同我们居住的世界大为不同。因此,在这个不同于我们的世界的巨人世界,发生母鸡下金蛋却是可信的。但是,这不等于说与"现实生活"不发生任何联系,或者说,艺术品的内在世界已完全脱离了日常生活的现实世界。应该说,在某些方面,故事的可信性仍然要来自于现实生活情境,要与现实生活相符合,再如上述故事,杰克(人间凡人、小孩)在巨人的世界遇险时,为什么会被巨人的妻子藏起来?因为在现实世界中,凡是女人总是比男人仁慈一些,尤其对小孩。而且她救杰克时会把他藏在木头盒子里边,因为巨人和普通人一样,他的眼睛不能穿透像木头盒这样的不透明物。

因此,艺术家可以根据作品的内在需要改变所谓"真实"的东西和"现实生活",只要能满足作品的完整性、统一性、合理性。用亚里士多德的话说,一旦非合理的东西进入作品,并看上去具有一定的可能性,它本身再荒唐,我们也能接受。

无疑,亚里士多德的"本质模仿论"比"单纯模仿论"是高明得多。单纯模仿论总是通过把作品同作品之外的物体和情景相比较而对作品的好坏作出判断,因而被证明是一种与作品的内在结构几乎无关的外在或他律的标准。实际上,不存在什么忠实模仿的艺术,也不存在什么完全客观的视觉形象,更不存在所谓不偏不倚

的自然主义艺术。这是因为:

第一,人感知外物总是模糊性的,这是人感觉器官的局限性。例如,遥远的东西在我们看来十分渺小(如星星),但实际上却十分巨大。而相反,眼前十分宏大的东西(如建筑物),实际上与星星相比却渺小得可怜。

第二,人感知外物要受到文化传统的影响。鲁道夫·阿恩海姆在其《艺术和视知觉》中曾描写了一段想象性的争论,即文艺复兴时期艺术家同古埃及艺术家的争论,争论的焦点是,在再现同一个四周长满了树的方形池塘时,谁的画更加写实。那么,这两幅画究竟谁更加写实呢?两幅画同样是写实,但双方都会指责对方荒谬,正如阿恩海姆所说:

> 一个埃及画家在看了用中心透视法所画出的池塘后,可能会作出以下议论:这幅画整个说来都是错误的,而且看上去极其混乱。池塘的形状被歪曲得不成样子,它看上去与其说是一个正方形,倒不如说是一个不规则的四边形。在现实中,池塘周围的树木是等距离排列的,每一棵树都是与地面垂直的,树的高低也都是一样的。可是在这幅画中,某些树跑到水里去了,另一些树则留在水的外边,某些树与地面是垂直的,而另一些树与地面相交的角却是倾斜的。所有的树都高低不一,其中有一些树看上去要比其余的树更高得多。
>
> 一个西方画家听了上述评论后,也许会提出这样的反驳:埃及人所画的池塘只有从飞机往下看时才是那个样子,因为池塘周围的树看上去都像是躺在地上似的。
>
> 埃及人在听了上述反驳之后会觉得这样说法是荒唐的,也是不可理解的。①

当然,古埃及人和文艺复兴时的西方人都是写实的,都只画他

---

① 鲁道夫·阿恩海姆:《艺术与视知觉》,中国社会科学出版社 1984 年版,第 135 页。

们亲眼看见的东西。古埃及人按照他们的艺术传统必须把正方形的池塘画成正方形，而西方人按照他们的艺术传统，眼前的池塘应该是不规则的梯形。埃及人显示的是眼前情景的总体意味，而文艺复兴艺术家则集中于呈现一瞬间看到的池塘景象。

第三，艺术作品都要受不同时期的艺术风格的影响。例如，在绘画中，用于表现光线照射的方式基本上有两种。第一种是古典主义的风格，是把物体描绘成一种具有两种同质的色彩和亮度的物体，以后又在此基础上分别增加了照射光线和阴影，这种方法一直延续至今仍被使用。而19世纪印象派画家运用的却是另一种方法。如果绘画能为眼睛提供一种它在物理空间中所受到的那种单一的刺激，那将更为理想。如果想象能够使画面的每一点都有适合的亮度值和色彩值，各个层次分离就会由观赏者自己的知觉中产生出来。这时候，他在画面上所看到的照射作用也就会与他在物理世界空间中看到的照射作用一般无二。在印象派的画中，世界往往显示出一种内在的明亮的光辉，这种又往往因为物体的轮廓显得很模糊而得到了更进一步的加强。因为在这样的画中，你根本就看不到物体的清晰的轮廓线，它的表面也不是由表面的肌理或质地来确定的，它的唯一质料就是涂在画布上的色彩和式样，结果，物体看上去就是不透明的，也不像处于空间之内。光线似乎是从物体的内部向四面八方发射着。因此，印象派对宇宙的观察是和古典技法的画家是不同的。印象派创始人之一莫奈说："当你去画画时，要设法忘掉你面前的物体：一棵树、一片田野……只是想：这是一小块蓝色，这是一长条粉红色，这是一条黄色，然后准确地画下你所观察到的颜色和形状，直到它达到你最初的印象为止。"[①]如果同时代两派画家同样面对一模特儿而风格不同，其艺术品是根本不同的，谁是真实地模仿现实？

---

① 转引自刘德滨等编：《西方美术名作鉴赏辞典》，吉林美术出版社1989年版，第218页。

通常被称为最忠实地模仿现实的摄影艺术,现在也不能帮写实主义的忙了,通过改变照相机的位置、摄影角度或镜头的焦距,即使同一物体始终留在同一位置上,也可以使摄影师创造出无数种不同的作品。如果我们进一步改变照射到物体上面的光线,或使用滤色镜,就可以使这件物体的任何一种性质改变。还可以通过改变曝光的时间、感官乳剂和冲洗方法,来改变照相底片上感光部分的相对质,而感光底片上的相对质还可以继续改变;在印片时让较多或较少的光线进入,从而影响底片的某些部位。总之,仅仅对使用的媒介作出改变,而不必使用摄影外的其他控制方法,就可以随心所欲地改变照相效果,使其不是忠实的录制。摄影师就是通过上述种种方式从一个主观视点再现客体,从而表现他自己的感情和心境。

综上所述,单纯的模仿理论试图以艺术品与它所反映的对象相比较酷似为好坏判断的他律标准,在现实的艺术创造和艺术批评中是难以实现其客观性和公正性。而本质的模仿理论以作品的内在结构和艺术家对于艺术对象的能动地改造、独特方式的再现,体现了艺术作品的自律标准。现在,单纯模仿的理论已被绝大部分艺术家所抛弃,当然,还有一时尚的艺术派别——新批评主义依然宣称,模仿写实性质是艺术的无价之宝,但响应者寥寥无几。而本质模仿理论仍然有相当多的艺术家信奉,特别在大约1550年到1750年的"新古典主义"时代,它成为中心和基本的概念,支配着当时的美学思想和文艺批评。关于这些,当时两位英国的文艺批评家塞缪尔·约翰逊和乔舒亚·雷诺兹对此作了阐发。约翰逊把"本质的模仿"看作艺术的一种真正的功能,他称赞莎士比亚,首先是因他描写了人类经验的普遍性。这样,艺术家所要模仿的自然是"普遍的自然"。雷诺兹认为自然本身不能被太近似地加以模仿,艺术家应该通过对某一同类的事物的许多对象的观察,把偶然的特质和那些能反映本质的特质区别开来,这本质的特质被雷诺兹称之为"不变的普遍形式",它是通过观察某一种类事物的大量个别成员而获得的。认为在这种方式上的模仿,艺术作品比单纯模仿具有更为巨大的逼真性。那些能认识到树的普遍特征的艺术家会比那些仅仅把注意力放在一棵树的特殊细节上的艺术家产生出更为真实的树的外观。

(三) 理想的模仿

与"本质的模仿"十分接近的是"理想的模仿"。它是18世纪中期著名的英国批评家,即上述的约翰逊和雷诺兹提出的。约翰逊认为艺术家在进行模仿时,必须弄清楚自然中的哪些部分最适合于模仿,这意味着需要一种选择。如何选择呢? 理想的模仿论认为有两种选择:第一,艺术家所描写的事件本身是令人钦佩的,它是一种高尚的英雄行为的片断;第二,要把模仿对象身上的道德上的缺点去掉,把现实生活中的对象理想化。这种原则被称为"美化自然"的原则,在17、18世纪广泛流行。他们把理想的理论看成判断作品主题的唯一法则,约翰逊坚持主张一个戏剧必须去描写一种美德的胜利,他批评莎士比亚"牺牲美德而迁就权宜之计,注意给读者以快感远胜于给读者以教育,以致他所写的作品几乎没有任何道德目的……他未能给善恶以恰当的比重……结尾时草草收兵,显得不近情理"。①

这种理论令人想起"文化大革命"中所谓"伟大旗手"江青领导下的样板戏创作和文艺理论。革命样板戏都是依据"三突出"、"典型化"的原则创作出来。"三突出"是剧中人物要突出正面人物;在正面人物中要突出英雄人物;在英雄人物中要突出主要英雄人物。而"典型化"的结果使主要英雄人物毫无缺点,一个个是"高大泉"(高、大、全),甚至缺少正常人的七情六欲,样板戏中的女主人公既无丈夫、又无恋人,如《龙江颂》的江水英、《杜鹃山》的柯湘。如果早知道存在这么一种"理想的模仿"理论,那么,"文革"中的红卫兵

---

① 约翰逊:《〈莎士比亚戏剧集〉序言》,转引自斯朱狄:《当代西方美学》,人民出版社1984年版,第344页。

就不会对"旗手"那么崇拜了。

"理想的模仿"的理论似乎看来比"本质的模仿"理论更加前进和完善,实际上正相反,因为把主要英雄人物的缺点都抽去,过于完美和理想化,无疑将他当作至善至美的上帝来看待,而在现实生活无法寻找,就整体看来,显得人物不真实、不可信,反而损害了人物的形象。在现实的生活中,任何伟大人物总是一个充满矛盾的人,总会有这样那样的错误和缺点,总是在克服和改正自己的错误和缺点的过程中显其伟大。况且,依据这种理论也就否定了悲剧的价值,悲剧恰恰是因为主人公(好人)的缺点和局限成为造成自身的毁灭的因素之一。对于"本质的模仿"理论来说,"单纯的模仿"和"理想的模仿"刚好处于其左右两极,偏颇之处显而易见。但是,任何一种把"模仿"当作中心概念的艺术理论,它强调的东西必然是艺术品之外的被模仿的原型事物,它可以是一般的模特儿或日常经验,也可以是所谓的"本质"、"理想"。这种理论主要要求人们把注意力集中在对模特儿的再现上,模仿艺术家身外的客观世界,而对艺术家自身的丰富的主观世界漠然处之,这在自我意识日益觉醒和充分发展的时代,再现论的欠缺之处也逐渐暴露出来,必然有一新的艺术理论试图弥补它的不足,甚至企图取代它。

二、表现

这是一个相当现代的概念,把艺术看作是一种"情感表现"。这概念的阐述早在古代就已出现,在文艺复兴、中世纪甚至罗马时代,以及我国古代的许多哲学家、艺术家也都断断续续地对其作过表述,尤其是19世纪兴起的浪漫主义是它在艺术中的同盟者。19世纪后半叶,哲学家才真正地重视它,因为这时人类意识发生了自我意识与对象意识的分化,自我意识愈强,人的意识的发展程度愈高。现代神经生理学研究证明,人脑在其最发达的区域形成了"自我意识槽",它执行着对"自我"连续性和整个意识统一性的使命。对象意识与自我意识是两种不同类型的意识过程。对象意识指向客观世界的各种事物、现象、关系和过程,它形成对客体的"物的尺度"的认识;而自我意识则指向人类自身内部的各种关系、体验,以及人在世界中的地位,形成主体的"内在尺度"的认识。在现代人的意识体系中,对象意识和自我意识是统一的,对象意识是人类自我意识到的对象意识,而自我意识又是把自我作为对象来认识的意识,二者存在着相互渗透、相互转化的关系,再现论试图通过艺术所模仿的外部客观世界来解释艺术,这与人的意识处于对象意识层次相关联,而表现论则把注意力放在内部的主观世界,即人的感受的情绪和情感等方面,这反映了人的意识已上升到自我意识的层次,是人的意识发展程度高的体现。如何达到二者和谐的统一,尚需一个过程。

现代派艺术主张自我表现。毕加索有一句名言:"表现就是一切",这可以看作现代派艺术的纲领。对于艺术表现什么样的情感和如何表现情感,有不同的看法。

(一)艺术是人类情绪的宣泄或情感的展示

在日常英语中,"表现"这个词有两种含义,一种类似人们的"哎哟"的喊声来"表现"自己痛苦的情感;另一种则指用一个句子来"表现"作者想要传达的某种意义。把艺术看成是人类情绪的宣泄或情感的展示,与对"表现"的第一种含义的理解有关。据此,艺术表现是指,一个艺术家内心有某种感情或情绪,于是便通过画布、色彩、文字、音乐、石头和灰泥等创造出一种艺术品,以便把它们释放或宣泄出来。这件艺术品又能在观看和倾听它的人心中诱导或唤起同样的感情或情绪。

这一观点的直接先驱是晚期的浪漫主义者。如欧盖尼·弗尔龙等人认为艺术表现是指人的一种内在感情因受"挤压"而喷涌和流淌出来,从人的心中进入艺术品之内。他在《美学》一书(1878)中写道:"所谓艺术,就是感情的表现,表现即意味着使情感的线条、形式或色彩排列,有时通过具有特殊节拍或节奏的姿势、声音或语言文字。""艺术品的价值……最终要通过它的表现力量来衡量……它所表现的感情对其价值起着决定性作用……一件作品之所以是美的,是因为作者的个性特征在它身上留下了深刻的印痕……一句话,作品的价值是来自于作者本身的价值。"[①]欧盖尼·弗尔龙断定作品的价值来自于它表现的感情的"质量",而最终是归结于创造这种艺术品的作者的"质量"。这种理论明显有如下缺点:

第一,没有说明人的情感如何从心中进入艺术品,艺术品是如何被艺术家创造出来。再现论可以说艺术品是模仿了现实的物创造出艺术形象,而表现论所谈的艺术品是由于艺术家内在情感流入或深入到画布其他艺术媒介之中而产生出来的,这便显得神乎其神了,这过程如何发生,内在情感感受怎么可能成为艺术品的外在性质,难以说清楚。柏拉图早就认为,既然艺术家不能从道理上讲清楚他们的艺术是怎样创造出来的,就说明他们根本不知道自己在干什么,他们的创造实际上是在"神性的疯狂"中完成的。这种活动有时被称为"灵感",有时被称为"缪斯",在本世纪,它又被称为"无意识"。据说,凡·高总是把强烈的感情倾注到画布上,这种强烈的感情最后使他成了疯子。西班牙绘画三杰之一、"怪才"达利也与凡·高类似,几乎成为疯子,还好他妻子几次把他从危险的精神边缘上拉回来。

第二,这种理论使人注重于对艺术家的本人欣赏。因为艺术的本质是在于它唤起人的情感,这情感不属于作品本身,而是作者的心理活动,是他情感的宣泄,作品仅仅是激起或唤起这样一些心理活动。因而,我们在欣赏作品时,从开始对绘画、诗歌和雕塑等的分析,不知不觉地便转向对艺术家内心之中的心理活动的分析。于是,人们不再注重作品本身,而是去考证艺术家的个人身世,他的私生活,以便从中找出与作品相对应的部分。或者更荒唐是从

---

① 转引自布洛克:《美学新解》,辽宁人民出版社 1987 年版,第 129~130 页。

作品中的人物经历去寻找作者的生活经历。当然不可否认，作品中某些情节、人物可能是作者亲身经历过的，或许还因为此，成为作者描写、叙述中最成功之处。但不能倒过来说，作品中的人物的经历必定要作者都要经历过的，以为作者必然有着与作品中主人公相同或相类似的经历。这种"索隐派"古今中外都有。按照"索隐派"的观点，在作品中主人公所想所为，也是作者所想所为，才把他产生的情感宣泄到艺术品中去。这恐怕令一切艺术家难为情，特别是作家，笔下人物无奇不有，是否他是千面人？既是上帝、天使，又是魔鬼、恶棍？

但是，艺术的创作和欣赏过程的真实性情况是否如此？比如，一个人想写悲哀的作品，他自己是否真正地悲哀？或者一个要欣赏表现悲哀的作品，是否他也必须真正地悲哀？事实上有两种可能性，作者或观众可能真正的悲哀，也可能并不真正地悲哀，像许多电影、戏剧、舞蹈演员虽然表现悲哀的情感，但他们未必真正地悲哀。看来，必须改变表现论的说法。

（二）艺术是人类情感的审美理解

艺术所要表现的人类情感是什么样的情感？美国著名美学家苏珊·朗格说："发泄情感的规律是自身的规律而不是艺术的规律。""纯粹的自我表现不需要艺术形式。"（重点号为朗格所加）她嘲笑地诘问：号啕大哭的儿童恐怕比一个音乐家表现出更多的个人情感，可谁又会为了听这样的哭声去参加音乐会呢？[①] 但是，我们却喜欢欣赏表现悲哀，甚至痛苦、恐惧的艺术品。我们听那些催人泪下的歌曲时，也许真会流下眼泪，在听可怕的神话故事或看恐怖小说，也许会感毛骨悚然，可是我们还喜欢一直欣赏下去。日常生活的恐惧和悲哀是谁也不愿意经历的，它可以是情感的宣泄，而欣赏艺术时产生的悲哀、恐惧，人们却心甘情愿，这是因为两种情感的性质根本不同。由于欣赏艺术时，我们处于一定的"审美距

---

① 转引自苏珊·朗格：《情感与形式》，第9页。

离"上,所以能对这样一些相对来说比较弱的感情作出反思或观照,从而把这些感情转化为审美感情,使之在一件艺术品中得到外化或对象化。在这里,它们是供人欣赏、观照的,是在反思层次来享受这种情感,以达到精神上的升华。正由于这反思性的"审美距离"概念的引入,这时,我们不再是宣泄感情,而是理解感情;感情不再是通过释放而得到外化,而是通过将之变为一件意象或概念,转变为一种我们能够驾驭的感情,一旦能够驾驭,就能让人在一段心理距离外进行观照和反思。

英国的美学家罗宾·乔治·科林伍德对此也作了充分的论述:"真正表现的循环标志是明了清晰或明白易懂;一个人表现某种东西,他也就因此而意识到他所表现的究竟是什么东西,并且使别人也意识到他身上和他自己身上的这种东西。"[1]他例举说,当一个女演员表演一个悲痛的场面时,她可能使自己激动到流下真实的眼泪,人们有时会认为这是一个优点。但是,演员的任务不是娱乐而是艺术,她追求的目标不是在观众身上造成一种预想的情感效应,而是凭借一整套的表演手段,去发现她尚未察觉的她自己身上的种种情感,同时允许观众也目击这种发现,从而使他们在自己身上也做到同样的发现。因而科林伍德说:"流出真实的眼泪并不表明一个优秀演员的能力,使演员本身和观众都清楚眼泪为什么而流,这才是演员的真正本领。"[2]

苏珊·朗格认为,艺术表现的正是人类情感的本质。她说,自我发泄、自我表现严格地讲是一种暂时的、个别的情感的流露,它没有普遍性和典型性,自然没有概念的抽象,是与动物一样,停留在信号行为而不是符号行为的标准上。因此,她主张:艺术表现是一种艺术家所认识到的人类普遍情感,一种关于情感的概念。这情感是一种脱离了每一个人的情感,是各具体情感的抽象物。这

---

[1] 科林伍德:《艺术原理》,中国社会科学出版社 1985 年版,第 125 页。
[2] 科林伍德:《艺术原理》,第 126 页。

概念是标示情感和其他主观经验产生、发展和消失过程的概念,是再现人类内心生活和统一性、个别性、复杂性的概念,这些概念就是艺术形式的内涵,艺术正是那种将这些概念细腻而深刻表现出来的符号手段。

综上所述,所谓艺术表现,就是从某种情感状态向审美理解的转化。所谓内在情感的外化,不是情感的释放或涌出,而是改变它的性质,使它从一种非理性的冲动变成一种艺术的理解。而当艺术家理解了这种情感,就意味着从一种"感情状态"转变为"审美概念"。这是具有认识论色彩的表现论,把情感和理解,非理性和理性交融在一起,这是符合客观实际的。这种理论并不否定艺术家某种心理状态的感情的重要性,应该说,艺术家原始感情的强烈与丰富,尽管只是意识到的但还不知道它是什么样,它都是艺术家创造的动力。但它并不是艺术品最后表现出来的东西,这种原始的感情在表现中已发生了转化。

(三)现代派的艺术特点

由于人们习惯于现实主义或再现论的艺术手法,而对现代派的特点和艺术手法比较陌生,有碍于人们对现代艺术的鉴赏,所以,必须简略地介绍一下现代派的特点和艺术手法。现代派或表现论的两个主要特点是:

第一,在内容上体现了它的内向性。现实主义是把主体之外的客观世界作为他的艺术对象,是反映现实生活,体现了它的外向性。而现代派是把注意力转向艺术家的主观世界、内心世界,他们也强调说是反映现实的,是真实的。但这现实是"内心的现实"、"内省的现实"或"心理的现实";这真实是"深在的真实"、"纯粹的真实"或"最高的真实"。这样,艺术家本来只是主体,现在却变成了客体,"主体即客体"成了表现论的一个重要的理论观点。有的论者据此说现代派走向唯心主义、主观主义,这实际上是一种误解。主体把自己作为艺术实践的对象,这与认识论方面的进步是一致的。认识论中的认识主体从过去仅把人之外的客观世界作为认识对象,转向也把主体自身的内心世界作为认识客体,这是自我意识的觉醒和进步。问题是不能把人之外物质世界完全抛开不理。实际上艺术家的内心世界是对外部客观世界的反映,表现内心世界是以曲折的方式反映外部世界。

第二,在形式上表现出抽象性。对形式的追求应该区分两种情况:一是如19世纪下半叶奥地利的音乐理论家爱德华·汉斯立克,其代表作《论音乐的美》中论述了自律主义美学思想,被誉为音乐思想史上的哥白尼革命。他认为:"音乐在自然界中没有范本",[①]他不仅反对艺术的对象是具体的客观物象,而且也否定音乐表现确定的情感。音乐的形式本身就是内容,"音乐的内容就是乐音的运动形式",[②]音乐中声音的有规律的组合本身就是音乐的全部内容,即形式就是内容。因而,他被称为"形式主义者",否定音乐本身之外还有什么内容。因此,严格上说他虽然追求形式,追求抽象,但由于反对音乐表现情感,不算是现代派。

二是认为艺术形式不反映客观的物象,而是表现人类情感内容的。这才是真正的现代派、表现论。如19世纪末、20世纪初俄国著名的画家兼艺术理论家瓦西里·康定斯基,其主要论著《论艺术的精神》被誉为"现代绘画启示录"。康定斯基认为,"形式是内容的外部表现",[③]因而他反对把形式神圣化,而是将它作为人的内在精神的表现手段。他说,形式中有"具体成分"和"抽象成分"。他并没有完全否定具体成分,甚至认为它和抽象成分在本质上是相同的:"一个艺术家采用的是写实的还是抽象的形式,其意义无关紧要的。"[④]再现了的事物也能引起人们内心的激动。他只不过

---

① 汉斯立克:《论音乐的美》,上海音乐出版社1980年版,第51页。
② 同上书,第50页。
③ 康定斯基:《论艺术的精神》,中国社会科学出版社1987年版,第76页。
④ 同上书,第86页。

强调,这些形式都是为了表现人的情感,而不是为了模仿客观物象。但他要倾向于追求"抽象成分",认为抽象成分虽然外表简化,但实际上却带来内容的充实。抽象形式愈自由,引起的冲突就愈纯粹,愈原始。艺术家愈广泛采用抽象形式,对抽象领域涉猎愈深入,自信心亦愈加充分,因而它将拥有大批的观众。当然,由于抽象形式采用增多,艺术难度随之增加,表现形式在数量和质量上也随之增加。但是,艺术家能更多地运用隐藏其形式中很深的内在结构来显露它的内容,体现艺术中"含蓄"的巨大力量,从而推动艺术表现手段向前发展,这无疑推动着艺术自身的发展。他断言,抽象形式的逐渐发展和最后胜利是自然而然的,"因为再现性的形式退居到次要位置,抽象形式便必然取而代之"。①

康定斯基的这些看法的形成绝不是偶然的,而是艺术实践中感受到的。他曾在自传中回忆过他两次的重要经历:

"一天,暮色降临,我画完一幅写生后,带着画箱回到家里……突然,我看见房间里有一幅难以描述的美丽图画,这幅画充满着一种内在的光芒。初起我有些迟疑,随后,我疾速地朝这幅神秘的图画走去——除了形式和色彩之外,别的我什么也没有看见,而它的内容,则是无法理解的。但我还是立刻明白过来了,这是一幅我自己作的画,它歪斜地靠在墙边上。第二天我试图在日光下重新获得昨天的那种效果,但是没有完全成功。因为我花了很多时间去辨认画中的内容,而那种朦胧的美丽之感却不复存在了。我豁然明白了:是客观的物象损毁了我的绘画。"②

所谓"客观物象损毁了我的绘画",是指由于画面展现了现实的物象,这就势必使观众的注意力由绘画本身(纯粹的形式和色彩)转向辨认物象上,因此,绘画的审美目的由形式下降到功利(实用),审美价值也下降了。

---

① 康定斯基:《论艺术的精神》,第40页。
② 同上书,第5页,译者前言。

另一次经历是 1895 年,在莫斯科首届法国印象派画展上,他看到莫奈的作品《干草堆》时的感受:

"我突然看到了一幅前所未有的绘画,它的标题写着《干草堆》。然而我却无法辨认出那是干草堆……我感到这幅画所描绘的客观物象是不存在的。但是,我怀着惊讶和复杂的心情认为:这幅画不但紧紧地抓住了你,而且给了你一种不可磨灭的印象……这种色彩经过调合而产生的不可预料的力量使我百思不得其解。绘画竟然有这样一种神奇的力量和光辉。不知不觉地,我开始怀疑客观对象是否应当成为绘画所必不可少的因素。"①

显然,康定斯基强调形式不一定要模仿客观物象的,但他强调艺术的表现和构成因素是首要的。他将表现性的内容(即情感)先予以抽象,以某一色彩或形式(指一个面与另一个面的边线)象征它。但这不是达到完全的目的,还要通过理性的、有意识的构图,艺术家才能完成自己的使命,才达到人类心灵的目的和交流。因此,绘画中人们可以不求助于外部世界,而凭已成型的象征就可以进行情感的交流。当然,要达到这一点是相当困难的。因为对不同生活经历的人,具体的色彩和形式引起的心理反应不尽相同,所唤起的情感也非康定斯基感受的那样。因而人们难以通过他的绘画,与艺术家进行心灵上的对话和情感的交流。

一些艺术家无休止地追求抽象化结果,出现了 60—70 年代的"概念艺术",如用文字所表达的事物概念,来代替事物的具体形象的"艺术"。一位画家干脆按照字典的形式,把文字直接打到底色是黑的一块四英尺见方的画布上。一个结构主义者、新小说派作家索莱尔的小说《数目》,堪称是一种数学和几何学的游戏。它最后体现为一个公式,反映出这部小说结构(实际上也是内容)的特点:

$$(1+2+3+4)^2=100$$

---

① 康定斯基:《论艺术的精神》,第 5~6 页。

更有甚者,还产生无画面的绘画,不演奏、无声的音乐等等,抽象到"无"。当然,这是极端者,应该看到,表现论在追求抽象表现时,在艺术形式上进行了可喜的革新和探索,形成了各种流派和艺术表现手法。

(四)表现论的艺术手法

表现论的艺术手法有象征、意识流、共时性、冷漠、荒诞等,我们主要介绍象征、意识流和荒诞三种。

1. 象征。这是现代派艺术,特别是文学最常用的手法之一。这一手法的认识论前提,是世界上各事物之间的联系和相通。据此,表现一事物或思想,可以不直说其本身,而去说与它有某种联系和相似点的另一事物,从而使要说的事物或思想通过另一事物来联想和暗示出来。这就是波德莱尔所说的"相应"。他发现世间万物之中存在着广泛的对应(相应)关系,因而把大自然比作一个物物之间互通信息的"象征的森林"。后象征派首席代表托·斯·艾略特,特别提出了所谓"为思想寻找它的客观对应物"的理论,使抽象的思想产生一种形象感,知觉化,变成可感触的东西,大大地增强了诗的感染力。

艾略特的成名作、长诗《荒原》,是现代派诗歌的里程碑,是象征艺术手法运用的杰出代表。长诗用干涸不毛、缺乏生机的"荒原",象征西方社会,从多方面揭示了资本主义社会黑暗和丑恶、人们卑劣猥琐的生活、委靡枯竭的内心世界,深刻地反映了第一次世界大战后,西方社会的精神危机和知识分子幻灭、绝望情绪。这本来是资本主义社会制度的必然产物,但是,诗人却从人性出发,从"原罪"出发,并且当作人类的普通灾难求救于宗教,认为只有皈依基督教,才能得到拯救,死而复生。长诗的基本主题是在一则寻找"圣杯"的神话传说的影响下展开的。这则故事大致如此:相传某处渔王,因病老使自己肥沃的国土荒芜了。只有具有"起死回生"之力的"圣杯",才能治好渔王。一位少年英雄身佩利剑,历尽千辛万苦寻找"圣杯",以便治好渔王使大地复苏。西方人士通常认为,

"圣杯"代表女性,利剑代表男性,两者代表繁殖力。而鱼,被视为象征生命力的符记,又与渔王有关。由于人的物欲、色欲横流,人们在绝望中沉沦,人与人之间尔虞我诈、貌合神离、人人自危,等待救世主的来临。艾略特笔下的伦敦,与波德莱尔笔下的巴黎一样,都具有象征意义,是资本主义城市的代词,都是一片黑暗,充满污浊和罪恶。长诗中各种人也是具有特定意义,也是一个象征。诗人用象征的手法反映了资本主义社会的现实问题,但解决方法却向宗教寻求出路。不过,象征上帝的雷霆虽然宣布上天的意旨,要人们舍己为人、同情、克制,才能得到平安,但是,解决干旱的雨仍须等待,可以说这是诗人的绝望情绪的反映。

2. 意识流。这是一种心理描写的技巧。它的主要特点是打乱时间的逻辑顺序,以时间的错乱和颠倒来表达人的思想意识不受拘束的自由流动。它可以使人的思想添上想象的翅膀飞跃驰骋。

意识的这种自动性不可避免地引起了传统的情节结构观念的改变。它不仅打破了那种围绕中心人物经历的贯串始终的情节模式,而且使无情节的作品成为可能。意识流也冲破了各个意识层次的界限,把艺术创作引向对人的下意识活动的描写。因此,它与传统文学基本上以理性为基础的心理刻画并不相同。它丰富了文学的心理描写技巧,特别适用于描写特殊的心理变态者、精神病患者、癔病人和正常人在特殊环境中的特殊心理活动状态,为现代心理小说和心理艺术的发展提供了重要的表现手段。

意识流的技巧多种多样,最主要是内心独白、内心分析和感官印象。内心独白是从思想或印象形成过程中的思维里的直接引述。像舞台上自言自语或者"向一旁"说话。内心分析也称间接的内心独白,这是把人物的意识汇总在作者的叙述之中,只与意识的一小部分,即语言领域有关,因此这是一种间接的叙述体,而且永远也不会脱离理性的控制,这种方法在传统艺术中也常用。感官印象也仅仅与意识的一小部分有关,但这是距离注意力中心最远的一部分，接近于无意识，常用破折号、删节号、大写字母、斜体字、新造词语、拟声词、不正常的句式、不断句等手段，接近于机械的书写。

西方文学评论界奉为"意识流"的百科全书的《尤利西斯》的作者是爱尔兰的小说家乔伊斯。这部作品从1914年开始至1921年完成，前后花了八年时间。作品规模宏伟，长达一千多页，翻译的中文版上、中、下三厚本。主要人物只有三个人：青年艺术家斯蒂芬·德达路斯，在某私立中学当历史教员；某报馆广告业务承揽员列奥波尔德·勃鲁姆和他的妻子莫莱。小说情节发生在都柏林，时间是1904年6月16日早晨八点到深夜两点四十分。乔伊斯用象征主义和自然主义的手法，把三个人将近十九个小时的活动组成一幅光怪陆离的万花筒式的图画。乔伊斯极其详尽地把他们不受拘束的感情冲动，复杂的本能欲望，通过意识流程提示出来。

青年艺术家斯蒂芬是个挣扎在泥潭里的知识分子。他对现实不满，但优柔寡断，烦躁不安。乔伊斯把斯蒂芬的这种精神状态解释为性本能的冲动结果：斯蒂芬对母亲有过情欲的爱恋，总觉得对不起父亲。母亲在弥留之际，他拒绝顺从母亲在宗教（天主教）上的要求，这成了他终生的内疚。他抱着负罪的感觉，渴望在精神上重新获得父爱、母爱。这天他刚好在妓院里与勃鲁姆相遇。勃鲁姆多年前失去儿子，性机能衰退，妻子对他不忠，精神上也受到重创。在妓院里，斯蒂芬喝得酩酊大醉，勃鲁姆细心照料，期间他们似乎都在对方身上找到了精神上需要的东西：一个找到了儿子，一个找到了父亲。他们一起到勃鲁姆家，勃鲁姆告诉妻子莫莱，斯蒂芬要和他们一起生活。莫莱是个头脑简单而性欲强烈的女人，她刚刚告别了情人，见斯蒂芬来临，使她朦胧地感到一种母性的满足，同时又混合着对一个青年男子的性欲冲动。最后，她入睡时又回忆起她与勃鲁姆年轻时热恋的美好时光。

乔伊斯成功地描绘这三个人对性的追求和挫折造成的精神上的痛苦和不安，他们都失去了英雄主义的追求，无力摆脱精神的创伤,但又朦胧地向往某种比较合理的健全的生活。通篇作品没有完整的故事情节,事件发生没有明确的时间顺序和逻辑联系,整个叙述风格受到变幻莫测、稀奇古怪的意识流程所制约。特别是表现人物内心独白时,为了强调其思维、内心杂乱无章,常常用词、标点符号不规范,仿佛语言也在"流动"。他在准确再现人物的每一个精神活动的基础上,往往走向极端,令读者入迷宫不知往返。例如,勃鲁姆走向街头,目光偶然落在面前的男男女女身上,他的思想出现大幅度的跳跃,一下子想到脚上的袜子,又跳到诗歌创作,再跳到警察,再跳到老哈利斯家,又想到他的望远镜,这些没有任何联系的事物接连不断地涌现在勃鲁姆的意识之中,反映出他漫步街头、无所用心的精神状态,联想系列完全失去现实的基础,没有中介,完全是自由流动的。

3. 荒诞。这是现代派惯用的艺术手法。除了荒诞派戏剧外,这一手法在表现主义、立体主义、存在主义、新小说、黑色幽默、超现实主义和魔幻现实主义等流派艺术家创作中被广泛运用。

荒诞就是不和谐,失去正常的节奏。主要表现为两个方面:一是表现为变形、解体,把对象按主观意图和概念重新进行组合。二是表现为行动、语言的怪诞反常,环境背景的杂乱无章等。其中,变形是荒诞的主要表现,在一定意义上,现代派艺术就是一种变形的艺术,是对传统艺术中追求"完整性"、"和谐性"创作原则的否定。

表现主义文学最有代表性的作家,是出生于奥匈帝国布拉格的卡夫卡(1883—1924),其短篇小说《变形记》是荒诞艺术的典型之作。《变形记》写的是旅行推销员格里高尔·萨姆沙变成一只大甲虫的故事。一天早晨,在惊愕的亲人面前,萨姆沙一下子感到自己被抛进了另一个世界——非人的、虫的世界。他作为一个"人"所具有的和应该享受的一切都被剥夺了。虫性不断侵蚀,使这个始终没有失去人的思想和理智的变形人感到极大的痛苦。早就不满意他的父亲,由于平时需要他挣钱养家而不敢发怒,现在找到了怨恨的发泄的理由；抚爱他的母亲，在他丑陋的形象面前而一次次昏厥；最后是一直照料他的、亲爱的妹妹也疏远和厌弃他了。他同人间联系的门被封死了。无法自理的萨姆沙终于在饥渴和精神的孤独中死去……

卡夫卡在《变形记》中所探索的是贯串在他整个创作中的基本主题——人的异化。人在变形后的复杂心理矛盾和巨大的精神痛苦，构成了小说的基本内容。变形，这意味着人与社会、人与人的联系的中断。这种联系本来是十分薄弱的，因为它只借助于一种东西——金钱。萨姆沙之所以被认为是人类中的一员，是因为他的劳动可以使他产生价值：在公司是老板雇员，剥削的对象，给老板带来利润；在家里是父母和全家借以糊口和延续生命存在的工具。这是衡量他价值的唯一尺度。一旦他失去劳动力，他的价值也随之丧失，即使在亲人面前也一文不值。这就是资本主义制度下的人与人关系的残酷本质。可是，善良、可怜的萨姆沙迟迟不相信自己变成甲虫就成了非人，一文不值了，还丢不掉回到人间的生活的幻想，以为回到亲人身边便可重新得到失去的一切。卡夫卡就是通过这种在现实中根本不可能发生的荒诞故事喻示：一个人"非人化"以后，他所遭遇的就是一只甲虫的命运。

三、艺术是再现与表现的统一

上述两种艺术观孤立或对立起来是错误的。应该说，再现与表现二者之间存在着不可分割的联系，在同一艺术创作过程和艺术品中都体现着再现与表现的统一。

从再现的方面说，当你描绘一件事物时，不可能没有主观作用或主观兴趣的渗透。因为当艺术家知觉对象时，他的精神结构，包括认知、意志和情感结构绝非一片空白，如洛克所说的"白板"。而是由以往生活实践和艺术实践产生的精神成果编织成稳定的、多彩的结构和相应的材料。因而去再现新的艺术对象时，他必然要依靠现成的精神材料和结构，要用旧的文化意义去创造新的文化意义。同一个景物,不同的画家所见和描绘都不相同,因为他们都有自己独特的主观视象,情绪阴郁的画家往往会把充满活力的轮廓给改造成僵直呆板的,并且特别喜欢使用蓝色的色调。达·芬奇曾声称,他所做的只是用一面镜子对准自然;左拉说他只是观察和录制事实;萨特说要清除主观偏见,描绘"赤裸裸的现实"本身。但是,他们实际做的却远不是这么回事。达·芬奇的《蒙娜丽莎》之所以要找一个新兴的资产阶级的女性作模特,不是要以此寄托自己反对神性、赞美人性的理想和表现自己对人、对生命热爱的强烈情感?萨特不是总是以一种悲剧式的、挑衅的和浪漫的态度对待周围毫无理性的物质实在?

同样,也不可能有离开再现的纯粹的表现。首先,艺术家最初那种受挤压的、喷涌的情感是从现实生活中来的,是对现实的感受、理解而逐渐积累起来的,是包含着再现因素在内,反映客观现实的结果。表现主义画家克利曾对艺术家和创作过程作了形象的比喻:艺术的大树,伸向各处吸收营养的树根,就是艺术家对现实的理解和感受的触须。这些营养即树的汁液,流过树干即经过艺术家对现实的消化。然后,树顶生长,而且在时间和空间之中扩张,这树顶的繁茂的树叶就是艺术作品。"没有人希望一株树的树顶完全按照树根那样生长。根与枝不可能是一模一样的两个形象。"[①]克利在艺术观上是表现论,但他否定情感的表现可以脱离现实,相反,它是源于现实生活的。其次,现代派所取得的任何情感效果,必须处处依赖于艺术品之外的客观事物之外观特征,它总是通过我们现实生活中某事物的形象加以改造的。否认这种事实的,最突出要算对于音乐的认识,最早见于 1799 年的 H·瓦肯路德:"音乐呈示了人精神的一切活动,音乐是无须物质体现的艺

---

① 转引自赵乐生等主编:《西方现代派文学与艺术》,时代文艺出版社 1986 年版,第 103 页。

术。"①诗人海涅也说:"在我看来,贝多芬的两耳失聪,是极有意义的,因为这时那无形体的音乐世界,对他已不再是一个发出震响的实体。"②黑格尔也有类似看法,他谈到浪漫主义艺术时说:"它无疑于一种纯粹的音乐形式——一种既非具体物,又不占有实际空间和时间的形式。"③但是,黑格尔又指出,浪漫主义者所追求的这种纯粹精神的、无须物质体现的艺术,乃是在反对古典主义艺术概念中发展起来的,这种摆脱了物质体现物的艺术最终是不可能的。在追求这一目标时艺术最终会使自己毁灭,沦为纯粹的思想。的确,我们看到现代派中的"概念艺术"印证了黑格尔的预言。我们认为,艺术离开其客观关系(结构)是不可思议的,情感或精神的内容是在形状、图像、线条和色彩等构成的物理结构中得到艺术的体现。即使是音乐,也必须通过声音才能体现出来。如果贝多芬出身时就两耳失聪,从来未感受过音乐,他是永远成不了贝多芬,而如果贝多芬在两耳失聪后却感到幸福,这完全是荒唐的。

可见,任何艺术都不可缺少再现和表现的因素,是再现与表现的统一。当然,对于某一具体艺术,可能再现因素比表现因素多,或二者相反。

第二节 艺术的特征

艺术世界是美的世界,艺术创造是美的创造,但并非一切艺术都是美的,那些粗制滥造、庸俗低级的艺术非但不美,还是丑的。艺术反映现实生活中的美,但它也表现现实生活中的丑,但这种表现决非纯客观地描述和宣扬现实生活的丑,而是批判地反映,为了反衬美,使美更显它的光辉。艺术美相对于现实美,有它自己的特点:

---

① 转引自布洛克:《美学新解》,第 174 页。
② 转引自布洛克:《美学新解》,第 174 页。
③ 转引自布洛克:《美学新解》,第 174 页。

一、艺术美的典型性

现实美虽然是丰富生动,千姿百态,但它往往要受到时间、空间的限制,缺乏时间上的稳定性和持久性,空间上的统一性和普遍性。例如,月有阴晴圆缺,花有娇艳凋枯,人有生老病死,最美好的时光和容貌都无法留住。现实美还比较笼统、不充分、不确定,其中会包含有许多偶然的、芜杂的成分在内。如美之山水或许还有臭水沟或动物腐尸,外貌娟秀女子或许心灵空虚。现实美一般是比较粗糙的、分散的、相对的。任何事物都是一个过程,从低级向高级、从不完善走向完善,呈现在人们面前绝大部分是有欠缺的,但也有美的因素,总是美与丑的混合体,极少有尽善尽美的。

艺术美与现实美不同,艺术家在创造美的过程中,能够把现实生活中不充分的、分散的、美丑因素混杂在一起的东西,经过提炼、概括、加工、熔铸为比现实更为完满、更为集中、更为精炼、更具有典型意义的艺术美。黑格尔把这种典型化的过程说成是观念性的"灌注"、"清洗"、"还原"的过程,其中"清洗"最为重要:"艺术要把被偶然性和外在形状玷污的事物还原到它与它的真正概念的和谐,它就要把现象中凡是不符合这概念的东西一齐抛开,只有通过这种清洗,它才能把理想表现出来。"[①]巴金的《家》以作者的家为模特,但又不是如实的反映。如瑞珏的性格与作者的嫂嫂不同,在作者的祖父死后他嫂嫂被逼搬到城外茅舍里去生产,可她并未像瑞珏那样悲惨地死去;作者确实也有一个像梅那样年纪的表姐,但是现实中的这位表姐后来成了可笑的胖女人;鸣凤的模特儿是家里的丫环翠凤,但翠凤性格与鸣凤完全不同,也没爱上哪一位少爷,而是宁愿嫁给一个贫家丈夫。巴金说:"我并不是写我家的历史,我写了一般的官僚地主家庭的历史。"这就是从生活的真实上升到艺术的真实,从个别中提炼出一般,又将一般凝聚成个别,使

---

① 黑格尔:《美学》第 1 卷,第 200 页。

这个别具有典型意义。

艺术美的典型性还有另一层含义,即现实中的丑经过典型化的艺术,可以转化为艺术的美,正如别林斯基所说的,通过否定的方法来达到、有时甚至是更忠实地达到那些专门选取生活理想的一面作为写作对象的诗人所能达到的同样的目的。① 通过这种"否定的方法"能够深刻认识丑的本质,并通过美与丑的斗争,美对丑的否定、克服,反衬美的光辉,从反面肯定美。同时,生活丑获得了和谐优美的艺术表现形式,构成了具有审美价值的艺术形象,既可作为审美的对象(就其形式),也可作为鞭挞的对象(就其内容)。例如《白毛女》中的地主黄世仁。作为反衬美的人物喜儿的丑的形象,昆曲《十五贯》中的盗贼娄阿鼠、县官过于执作反衬知府况钟的丑的形象,他们是艺术家精心塑造的、活灵活现地展示其丑恶灵魂的反面艺术形象,被赋予很高的审美价值。

二、艺术美的情感性和理想性

艺术美的典型化过程,是按照艺术家的情感和理想进行的。艺术家的强烈情感,如对现实美与丑的爱与恨,肯定与否定的态度是艺术创作的动力。同时,艺术家在创作过程中又将其审美理想熔铸到作品之中,化为作品的血肉和灵魂,使之表现的意蕴比现实生活本身更加理想化。例如莎士比亚在塑造人物性格上总体看来是成功的,他的爱憎情感和审美理想跃然纸上,对某些人物甚至过于偏爱而使之至真至善,如苔丝狄蒙娜、朱丽叶;而有的憎恨至极点,把他看成是彻头彻尾的坏蛋和恶棍,如挑拨奥赛罗与爱妻苔丝狄蒙娜关系的瑞高,就写得绝对坏,似乎不太真实,令托尔斯泰不满,说瑞高真丝毫都不像活人。当然,我们不能固守一种模式,要把某些人物写成绝对好或绝对坏才是典型化、理想化,更多的是应该具有矛盾的或二重性格的才更具有典型化,又不失理想化,像奥

---

① 《别林斯基选集》第 2 卷,时代出版社 1952 年版,第 185 页。

赛罗、麦克白,好人不是绝对好,坏不是绝对坏。这样更靠近真实,人物更丰满,因而也具有理想化。托尔斯泰的安娜·卡列尼娜形象比托尔斯泰的《复活》,甚至比《战争与和平》中的女性形象更丰满。她的性格世界更加深邃,感情世界更加丰富。这是因为安娜在更大程度上已经摆脱理念的束缚(《复活》),摆脱"史诗"结构的束缚(《战争与和平》),因此她更富有人性的光彩和魅力。安娜以具有全面人性的完整的人物形象体现了艺术美的情感性和理想性。

三、艺术美的普遍性和个性

艺术的典型化和理想化,揭示出现实生活中本质的东西和它发展的方向,因而它更具有普遍性。但这普遍性是寓于个别性之中,通过许多具有个性特征的人物和事件表现出来。黑格尔说:"我们原来的出发点是引起动作的普遍的有实体性的力量。这些力量需要人物的个性来达到它们的活动和实现,在人物的个性里这些力量显现为感动人的情致。但是这些力量所含的普遍性必须在具体的个人身上融汇成整体和个体。这种整体就是具有具体的心灵性及其主体性的人,就是人的完整的个性,也就是性格。"[①]黑格尔强调了包含着普遍性的个体,他应该是具有主体性、完整的个性的人,即有性格的人。所谓人物的性格,正如恩格斯说:"人物的性格不仅表现在他做什么,而且表现在他怎样做。"[②]也就是指行为的现实和行为的方式两个方面。人的行为方式千变万化,心理特征也千差万别,因此,人的性格本身是一个很复杂的系统,总体看来是一个矛盾的统一体,都是由相反两极构成。从生物进化角度看,有保留动物原始需求的动物性一极,有超越动物性特征的社会性一极,从而构成所谓"灵与肉"的矛盾;从个人与人类社会总体

---

① 黑格尔:《美学》第 1 卷,第 300 页。
② 《马克思恩格斯选集》第 4 卷,第 344 页。

的关系来看,有适应社会前进要求的肯定性的一极,又有不适应社会前进要求的否定性的一极;从人的伦理角度来看,有善的一极,也有恶的一极;从人的社会实践角度来看,有真的一极,也有假的一极;从人的审美角度来看,有美的一极,也有丑的一极。除此之外,从其他角度还有刚与柔、悲与喜、崇高与滑稽等。多组对立的性格元素之间的排列组合,就形成了具有强烈个性的各种各样的人物形象。因此,我们遵循典型化原则进行创作,并不意味着把现实中的人物都看成简单的"类型",大好人便是大好人,好得一点儿缺点都没有了;大恶棍就是大恶棍,坏得一点优点也都没有了。这种典型,这种理想脱离现实太远,就失去真,最终也失去美(美是真与善的统一),在现实生活中的人物绝非分为这样两极的,因此,也没有普遍性。只有二重性格辩证统一的人物才具有普遍性。

例如,法国作家欧仁·苏的长篇小说《巴黎的秘密》中的主人公玛丽花的性格描写,玛丽花原是贵族出身,年幼时因父亲出走和母亲改嫁,她被卖给一个叫"猫头鹰"的女人作养女,八岁时因忍受不了凌辱出走,但终于没有生路,以至被诬为小偷入狱。十六岁被迫回到"猫头鹰"身边当妓女。一次,一个外号"刺客"的流氓来调戏她,她进行了搏斗,就在这时候,一个工人打扮的人来制止了流氓作恶,他就是玛丽花不相识的父亲鲁道夫。正是鲁道夫这样世俗的人们把玛丽花看成是恶的化身,但玛丽花回答鲁道夫时替自己辩解:"是的,我曾经不止一次地透过河岸的栏杆凝视着塞纳河,可是,过后我又转过头来看看花,看看太阳,并且自言自语地说:河始终会在这里,可是我没有满十七岁呵,谁会知道呢?在这一刹那间,我觉得我不应该有这样的命运,我觉得自己身上有些好的地方。我对自己说,我的苦是受够了,但是至少我从来没有害过什么人!"马克思在引证了这段对话之后,接着就指出:"……她总是合乎人性地对待非人的环境",她的天性"像太阳和花一样纯洁无瑕","她的境遇是不善的,因为它给她一种反常的强制,因为它不是人的本能的表露,不是她的人的愿望的实现,因为它令人痛苦和毫无乐趣。她用来衡量自己的生活的境遇的量度不是善的理想，而是她固有的个性、她天赋的本质"。① 马克思特别指出："这一切都证明，她在社会中的境遇只不过伤害了她本质的表皮，这种境遇大不了是一种歹遇，而她本人则既不善，也不恶，就只有人性。"② 马克思从这个有鲜明个性的少女形象（妓女）的分析，见出人的普遍的人性："而她本人则既不善，也不恶"。这种普遍的人性只是因为复杂的社会环境的影响和决定，才使得它有千奇百怪的表现形态，玛丽花是碰上了一种歹遇：万恶的资本主义制度和扭曲的家庭环境，才使得变成了妓女。但是她内心世界仍然隐藏着像太阳和花一样纯洁无瑕的东西。因此，玛丽花的性格是一种真的活的性格，是富于人情的性格，是普遍的人性和独特的个性相统一的性格。

但是，我们在艺术创作中，无论是过去还是现在，仍然存在抽象化和概念化的倾向。如封建时代宫廷文人的"应制之作"，现代社会图解观念的"奉命之作"，大都不是从现实的生活实际和深切的感受出发，而是先有概念，甚至"指示"，再挤情感体验，先有逻辑主题，再凑审美知觉，以主题代美感，以观念定形象，这样的文艺作品当然不能打动观众，不能在人物性格的塑造上产生典型性的、具有艺术魅力的形象，不可能具有永恒的审美价值，当然也就没有艺术美的普遍性。

---

① 里夫希茨编：《马克思恩格斯论艺术》第3卷，人民文学出版社1960年版，第51～52页。
② 里夫希茨编：《马克思恩格斯论艺术》第3卷，人民文学出版社1960年版，第51～52页。

第十二章 绘画与美育

绘画是一种视觉艺术和造型艺术。它主要通过线条、色彩和形状的有机结合构成有意味的"形式语言",在平面的二维静态空间中反映复杂的客观现实生活,表现艺术家丰富的审美情感和审美理想。因而它具有直观地认识社会生活、怡养性情、陶冶情操的功能。

第一节 绘画的审美特性

绘画的种类十分繁多,可以从不同角度予以分类。按题材内容划分,可以有人物画、历史画、风景画、风俗画、静物画等;按画面形式和功用划分,可以有宣传画、漫画、装饰画、连环画;按使用物质媒介和技法划分,可以有水墨画、水彩画、版画、油画、色粉画、漆画等。而根据审美理想与艺术风貌的不同,又可分为东方绘画与西方绘画两大体系。不论体裁样式如何,绘画作为审美对象,仍然具有别于他种艺术的一致的共性。

一、造型性和直观性

绘画具有造型美,它是客观物象经过画家精神的熔铸,塑造成比自然物象更美的意象。绘画是通过线条、色彩和构图等基本要素和造型语汇构成的有情感的形式。

　　线条是形体与形体、色块与色块会合的地方,是我们想象力在它们之间创造出来的可视语言。线条是最简单、最基本的造型语汇。儿童学画最早用线条,原始人绘画也是用线条。15000年前的西班牙的《阿尔泰米拉石窟壁画》和一两万年以前的法国《拉斯科洞窟壁画》都是用线条来表现的。线条又是最复杂、最高级的造型语汇。保罗·克利说:"用一根线条去散步。"这句名言说明线条可以表达画家的精微的感觉和丰富的情感。线条有硬软坚柔、轻重缓急、光滑滞涩、清晰含混等等品格;有长短、粗细、疏密、干湿、曲直、快慢等等节奏变化,它们都可以表现出无限丰富的情感层次。画家的线条品格,就是他的笔法,也就是他的品格。意大利画家达·芬奇作品中冷静、准确的线条,表现出艺术家的精确、理性、富于逻辑性的个性。法国画家德拉克洛瓦作品奔放有力的线条,则表现这位浪漫主义艺术家火焰般的激情和热烈的性格。荷兰画家凡·高作品中弯曲、动荡的线条,则表现出这位现代派画家急躁而冲动的天性。中国晋代画家顾恺之的线条,敛约娴静,反映了画家内向、深思的性格。唐代吴道子的线条,豪放飘洒,用力不一,迟速不一,反映了作者奔放、雄浑的气质。元代倪云林的线条,枯涩中见丰润,疏荡中见遒劲,表现了作者的飘逸和空灵。

　　色彩来自客观世界的光与物。18世纪以来,艺术家把色彩和谐比作音乐的调式,发明了"色调"一词。色彩的构成变化有如音乐的旋律和节奏的变化,是无穷无尽的。如对普通人来说,红颜色可能只是一面红旗,但在画家的眼中却有70多种,像蓝颜色则有700多种。它们是由不同色阶之间颜色的互相结合,包括色相对比,明暗对比,色度对比,色彩面积对比,色彩透明度对比等等,所产生出各式各样的和谐。绘画中所运用的色彩和大自然本身固有的色彩是不尽相同的,画家并不完全按客观对象的原色进行描摹,将色彩当作表现客观对象的一种手段,而是巧妙地与主体情感内容处于某种"异质同构"关系,使色彩产生不同的情感效果。实验心理学的研究证明,色彩是具有强烈的情感表现力的。各种不同的色彩与人的情感反映之间有某种相对应关系。如红色和热烈、庄严、兴奋情绪相对应;黄色和明朗、欢快、活泼相对应;蓝色和清秀、广阔、朴实相对应等等。当然,色彩和情感的关系并不仅仅是简单的一一对应关系,色彩还能通过明暗、强弱、深浅的变化及色相的对比与互补来表现更加微妙、复杂、矛盾的感情。由于色彩富于个性和情感的表现功能,每个人都有自己的色彩标准,每个人对色彩的选择都有相对的稳定性。一些画家在一生之中,一生中相当长的一段时间里,作画总是保持在一个狭窄的色彩范围,例如,荷兰画家伦勃朗最喜爱用金黄色、褐色、黑色、银灰色,偶尔也用淡绿色。凡·高总喜欢用苹果绿。德国画家德加喜欢绛红色、黑色和翠绿色。从印象派开始,人们更注重于光的变化,色彩的运用。莫奈的《日出·印象》通过光与色的相互作用,让观众看到晨雾中的色彩折射,起伏的流水中反光的变化,海面与天空在云雾中混成一体的气氛,给整个艺术界确实留下一个深刻的印象。而中国画由于材料的限制,色彩虽不如西洋丰富,但它依仗墨色的浓淡来充当色阶和色相,着意营造的是色彩的调子。那单色的水墨画,其精妙之处就在于用笔时色调的精微变化与调和,即所谓"墨分五色,"通过焦墨、浓墨、次墨、淡墨到最淡墨多种层次的交替与变化,象征性地描绘出对象的色彩感和质感来。中国画的墨色,是一种净化、升华了的色彩,是带有某种象征性的色彩。

构图的首要任务是物体空间的组织、安排、取舍。绘画要通过几何透视(几何线条及几何形状变化产生的空间距离)、视觉透视(色彩气氛造成的空间感)、晕光处理(物体轮廓的晕光造成空间距离)以及中国画中散点透视(一种不断变化的、流动的视点处理的空间)。在绘画中,物体空间的组织形式有极强的表情。例如:横向线式构成常暗示着安闲、和平、宁静;斜线式构成常包含着运动和力量;金字塔式的构成常暗示稳固、持久;锯齿状的构成常包含着痛苦和紧张;倒三角的构成则显示出不稳和危险;圆状的构成常显圆润、完满。如果把这七种构成综合性地进行处理,进行交错、对比,就能唤起崇高、庄严、挺拔、升腾、坚实、扩张、悲壮、舒展、温柔、优美、烦闷、逼迫、紧张、寒冷、畏惧、萎缩等等情绪。19世纪初法国画家席里柯的油画《梅杜萨之筏》再现1816年7月法国政府的巡洋舰"梅杜萨号"的海难事件,画面采用了奇峰突起的"金字塔构图",在它顶峰是站得高高的黑种人手挥红巾,向着远处的船影振臂高呼,"塔"底部是一堆在惊涛骇浪中垂死挣扎和已死的人物形象,画面的筏上人物求生欲望和激动、紧张的气氛,给人留下深刻的印象。古典派画家注意这幅画的严谨构图;德拉克洛瓦等欣赏它的动人心魄的悲剧气氛,从而开创了浪漫主义画派;它取材于生活,又启发了后起写实派(现实主义)画家。中国画的构图是以立意、气韵为出发点和归宿。它重视情势,在画面物象内在联系上讲究脉通气贯;在位置经营上讲究环环相扣,节节相连,从内外两个方面形成一种起伏而又连贯的情感节奏。如清代画家石涛的《黄山图》,将距离三里远的山峰"石虎"与"鸣弦泉"勾画在一起。层出不穷的云山,烟云流动的空白,使画面豁然开朗。画中虚山脚,空山腰,山无坡脚,松不露根,求其虚虚实实,藏露适宜,实处是云山,虚处为烟云,把山川氤氲的气象充分地描绘出来。远景是起伏多变的山峦奇峰,醒目突出,富有节奏感,以此结束这幅画的全局。右上角的大篇题字,填补了这块空白位置,成为构图中不可缺少的部分。其构图和运笔,是奇险之中蕴藏着沉雄,腴秀中不乏风骨,严谨处迭显清空。让人感到气势冲出画面,感情激荡于天地之间。

绘画的造型美具有视觉的直观性。它不像文学和音乐等那样,必须借助语言文字或音乐符号的中介,并通过联想和想象,让欣赏者在脑海中间接地浮现作品所描绘的社会生活画面,而是通过准确、具体、丰富的具有形质感的外部造型来进行艺术创造,从而从视觉上直接把握比文字、音乐等艺术都更为确定、具体的艺术形象。荷马史诗中希腊人与特洛伊人打了十年仗,并使特洛伊毁灭,就为了希腊最美的女人海伦,而海伦究竟有多美,至今仍是谜。哈萨克族民歌《美丽的姑娘》,把一位美丽姑娘比作"冲出朝霞的太阳"、"比鲜花还鲜艳"、"好像天上的神仙",但究竟长什么模样却不得而知,任你充分想象。而达·芬奇的《蒙娜丽莎》,那恬静、神秘的永恒微笑却使人过目难忘,刻骨铭心。

但是,绘画视觉的直观性又不能像戏剧、影视那样,把所表现的对象实际存在的矛盾运动过程全部展示出来。要把处于不断变化生活长河中的现实场景,人物形象,通过线条、色彩、构图把它们凝固起来,这是一个矛盾。莱辛在《拉奥孔》里,曾经提出了造型艺术家要善于选择能够反映事件前后联系的某一瞬间,从而使固定不变的艺术形象在欣赏者头脑里引起对事件过程的联想。这就是化动为静,以静写动。例如上述的《梅杜萨之筏》描绘了真实的海上灾祸,却又不是平凡的、琐碎的生活记录。其所以达到这种艺术效果,首先在于场面选择得好。如果选海难中殴斗、残杀、吃人肉的场面,画出来不仅不堪入目,而且也只是历险过程中的一些枝节。如果采取"最后得救"的场面,那又是"万事告终",毫无余味。只有这个"瞥见天边船影"的刹那情景,才是整个戏的高潮。在这一瞬间,"筏"上已尸体纵横,几个人奄奄一息,这足以暗示过去十几天里的残酷遭遇。主要一组人物形象,是由几个惊呼、指点、盼望的人物,其中最高处挥动红巾的黑种人所组成,这群人正处于希望与绝望、生与死悬而未决的关键时刻。这种多样性统一的安排,是戏剧性的高潮,艺术家从这一可视的瞬间来概括在这以前和以后事件发展的过程。

二、再现现实的具体性

绘画艺术当然也可以抽象地再现现实(如现代派的抽象表现主义),但是,我们从绘画的造型和运用的材料的特点看,它再现现实的功能大大超过其他造型艺术,如雕塑、建筑等。

由于绘画的二度空间性,它不但能够再现人物的具体形象,而且能够反映人物所处的具体背景,能够把对立的、所要认识和改造的自然的或社会力量代表直接地安置于面对面的冲突之中。人与自然、人与社会、人与人之间的各种矛盾,内心冲突都在绘画里得到远比雕塑更为直接和具体的反映。而雕塑是不便于和不必要直接模拟生活实况的圆雕,按其形式的特长和局限性,不对人物行动的环境作直接的描写。而且,人与人的关系的描写,在雕塑中往往间接地、曲折地体现于构成关系之一方的人物动作、姿态、神情的直接描写。再由于色彩在绘画中的运用比雕塑要多得多,比雕塑更便于支配它与光线的关系,比雕塑更细致、更近似客观事物的外貌,所以在某些方面更能引起欣赏者"似真"的感觉。这种"似真"感是艺术家运用了远近透视法,明暗对比法和冷暖对比法,通过对色彩、形体、远近明暗的巧妙处理和空间透视,让人的感官产生一种错觉,进而造成视觉上三度空间的效果,使欣赏者能够在一个只有长宽二度空间的平面里,感觉出画面上的形象是立体的。另外,这种"似真"感还通过艺术家再现客观对象的神气和性格,使画面中的物象富有表情美。清代沈宗骞说:"传神写照,由来最古……以天下之人,形同者有之,貌似者有之,至于神则有不能相同者矣。"①这说明神是很重要的,它很能反映对象的个性。以形写神,从而达到形神兼备、气韵生动的境界,这不仅是中国画家的追求,也是西方艺术家的追求。我们以维纳斯的艺术为例,说明绘画艺术再现现实的具体性。

在雕塑《米洛的维纳斯》那里,由于她造型的单纯,无背景,色彩简单,所以她只有爱和美的纯粹观念。而绘画中的维纳斯却能和人间生活紧密联系,她的个性就存在于她与环境所处的关系中。例如,意大利文艺复兴早期著名画家桑德罗·波提切利《维纳斯的诞生》一画,经过中世纪的长期冬眠,1486年维纳斯又重新苏醒或重新诞生。画中的维纳斯从海水的泡沫中出世,乘着巨大的海贝,

---

① [清]沈宗骞:《芥舟学画编·传神》。

带着羞怯的神态被两位塞佛罗风神吹到岸边。季节女神迎候着,准备给她披上鲜花织成的衣裳。在广阔的天空与海洋的淡蓝的背景烘托下,一头长发闪烁着金色的光辉;温柔的海风,把它"梳"出一种特殊的韵律感。女神形体修长优美,那似乎是毫无重量感的双脚造成了一种轻盈飘忽的神的境界。人物充满忧思的表情,又添了一层人间的色彩。这是一位女神,又是一位女人,含着少女的娇羞,袒露着圣洁的身躯,她带着古典世界的柔美静穆,又充满了中世纪的哀愁忧思;她揭示了文艺复兴时期人们复杂心理,也显露了人本主义的胜利曙光。世俗的审美情趣借古代希腊女神的庇护又重新抬头。

资本主义的发展加速了爱神世俗化的过程。15世纪的威尼斯是意大利水都,是世界最和平、宁静的贸易中心,世俗的趣味在这个神权薄弱、精神自由的市民社会中得到充分的发展。如果说波提切利的维纳斯还带有古典规范而拘谨站着的话,那么乔尔乔内的《睡着的维纳斯》则一下子松弛地躺下来,乔尔乔内的意向,更多地把神话题材转换成一种对大自然的沉思。丰腴柔润的躯体与恬静优美的草原和山丘协调呼应,巧妙组合,构成了一个闲适幽雅的理想世界。在那日暮的天空中,大自然将入睡,女人正在酣睡,人体与大自然融成一气,躯体的曲线与山脉的曲线合成了一个节律,同一个梦把人和自然笼罩在一起了。作为人文主义精神的体现,它与以往的人物画作品的明显区别,是对自然界的关注。

后来,受乔尔乔内的影响,提香也画了许多躺着的维纳斯。比如《乌比诺的维纳斯》一画,展现在我们面前的女人体,完全是一位富足的宫廷贵妇。堂皇富丽的室内装饰,女人优美的形体轻松舒展地躺在松软的床榻上,床上还卷卧着一只小狗,维纳斯手上还有耀眼的手镯,靠近窗台还有她的侍女和小女孩。

在三幅不同的维纳斯画面可以看出三种不同的个性和对爱的不同理解。波提切利的维纳斯还是半人半神,把人置于神的环境中,她既有中世纪妇女那种古典规范缠身,又有文艺复兴时人文主义精神的光辉闪耀,说明人们对爱的理解的矛盾心理,要从封建的束缚中求解放的向往。乔尔乔内的维纳斯,神灵消融于大自然中去,只有淡淡的余味,说明人们把爱看成是很自然的。而提香的维纳斯,神的味道荡然无存了,完全是一个世俗的、现实的女人,说明人们对爱的理解走向世俗化,与物质因素,尤其与金钱、财富连在一起了。绘画之所以能表现维纳斯不同个性,在不同时期人们对爱的理解,这是由于绘画的特点所致,它的二度空间、色彩能够容纳大量的自然环境和社会内容,它的线条能详细刻画人的细微表情,特别是脸部,尤其是眼睛的神态,这些是雕塑不能达到的。

三、情感表现的丰富性

在传达和表现情感上,绘画不如音乐,它不像音乐那样具有最适合情感本性,即流动变化性的乐音;绘画从可视的直观性来看,与电影、电视、戏剧、舞蹈又不相同,电影等艺术是在一系列时间流动中徐徐展开的画面,不仅可以自由地完整地反映客观对象的全部过程,而且也适应情感的本性,通过人物形象和情节展开的过程,也将艺术家的情感通过它们逐渐地展现出来。而绘画的可视性却是静止的,人物、事件、表情都凝固在瞬间。因而,有的理论家就认为绘画擅长于再现现实而难以表现艺术家情感而称之为再现艺术。如果从古典主义绘画艺术看,这种看法尚可成立。但是从现代派艺术看则不然。著名的野兽派画家马蒂斯说:"按照我的看法,表现并非仅仅指反映在人的面部上的激情,也不单指强烈的姿态所流露出的激动,我画中的一切处理都是表现的。被形象和物体占据的空间、包围着它们的空白以及各种比例——一切都起作用。"在他看来,情感是"弥漫于作品的每一根线条,每一块颜色。"①

后印象派之所以区别于前印象派,其关键在于他们已从像莫

---

① 转引自苏珊·朗格:《情感与形式》,第98页。

奈那样热衷于忠实地追随外在景象的瞬息万变、再现现实的角度，转向热衷于借用外在形象，涂抹他们内心的色彩，这色彩可以是源于情感，也可以源于理智的。他们追求的不是所见的东西，而是所想的东西，当所见的不合乎所想的，他们可以在画布改变它，红的可以画成蓝的，短的可以画成长的，直的可以画成弯的。前印象派是捕捉光线的瞬间印象给心灵的一种深刻刺激，予以真实描绘出来，而后印象派是艺术家长期生活的感受、未来的幻想和一生全部理解，作综合后经过某一外在对象给表现出来。凡·高和塞尚、高庚同为后印象派主要画家。他在替一位朋友画像时，以最纯最亮的黄色画头发，以虚构的蓝天为背景，以补色造成鲜明的对比，"好像星星嵌在深沉的碧空中"，以此表达他对朋友的敬佩与热爱。而对丑陋的东西却表现出另一种强烈的情感，如关于名画《夜咖啡店》，他说："在这幅画上，有六七种不同的红色，从血红到玫瑰红，来和浅绿到深绿进行对比……画面上到处是各种不同的红色和绿色的斗争和对比。我探索以红绿色来表现人类的强烈情感。……那是一种没有一点儿现实观点的色彩，可是这种色彩暗示着一种狂纵的情欲……我设法表现咖啡店是使人败坏、使人发疯、使人犯罪的地方。我是用对比的方法来表现对下等咖啡店强烈恐惧的。"①

高庚抱着寻求人类早已失去的"乐园"的决心，抛弃妻子、女儿，远离巴黎这繁华的都市，南渡太平洋，来到塔希提岛，自以为在这荒岛的热带风光和原始村民中，能找到心中失去了的那片"乐土"。当面对殖民压迫、生活贫困潦倒而身心俱悴时，他曾自杀未遂。这时，死的渴望居然给他带来了巨大的创作热情："我打算在这死前画一件宏伟的作品。"于是他以空前的狂热，用了一个月时间画了《我们从哪里来？我们是谁？我们往哪里去？》这张画。画的右边有一个刚刚诞生的婴儿，中间有一个采摘水果的青年（据说

---

① 雅克·拉塞涅：《凡·高的创作思想》，载《美术译丛》1992年第2期。

他似乎暗示亚当采摘智慧之果),左边是一个行将就木的老妇。这一主线的贯穿,暗示着人类从生到死的命运。从作品中的形象,色彩的构图,看上去似原始民族的神话传说,富有异国的渺远的、神秘的情调。这幅画是画家的主观的臆想梦境,是对人和自然的交融的一种渴望了解的探究心情。高庚说这画,"其意义远远超过所有以前的作品,我再也画不出更好的,有同样价值的画来了。在我临终以前我已把自己的全部精力都投入到这幅画中了。这里有多少我在种种可怕环境中所体验过的悲伤之情,这里我的眼睛看得多么真切而且未经校正,以至一切轻率仓促的痕迹茫然无存,它们所看见的就是生活本身。"① 其内心悲怆而强烈情感不仅见于画面,还溢于言表。

与法国野兽派同时出现的德国的表现派,其代表是来自挪威的蒙克、来自瑞士的克利和来自俄罗斯的康定斯基。蒙克出身贫寒,童年时母亲和姐姐相继死于肺病,而父亲和一个弟弟又先后在他身边死去。孤独、苦闷铸成了他的性格。他的大部分作品都是悲剧生命的自我表述。但正因为其生命的悲剧是整个当代社会悲剧的缩影,所以他的自我表述自然而然地成为整个社会的自我表述,从而具有深刻的震撼人心的力量。他的最负盛名之作《呐喊》,几乎把人类、把表现派画家内心的痛苦、狂乱和挣扎全部用绘画语言的外在形式和盘托出了。画面上一个面容消瘦近于骷髅似的人,双手紧紧地捂住耳朵,好像受到极大的惊吓,张口狂呼。背景那种阴惨的天空红色和阴郁的海湾绿色给人以非常恐怖的印象,那种惊悸颤动,如人的神经纤维般的粗犷线条,在人物形象周围形成一个湍急的漩涡,就像那绝望的叫喊的回响,紧紧地纠缠在他脑际,使得他不得不紧捂双耳。蒙克自述道:"我和两个朋友一起散步。太阳下去了,突然间,天空变得血样的红,一阵忧伤涌上心头,我呆呆地停在拉杆旁。深蓝色的海湾和城市上方是血与火的空

---

① 转引自刘德滨等:《西方美术名作鉴赏辞典》,第268页。

际,朋友们继续前进,我独自站在那里,由于恐怖而战栗,我觉得大自然中仿佛传来一声震撼宇宙的呐喊。"[1]这是由于作者内心极度孤独、剧烈的痛苦而战栗,发自人类本能的无法遏制的呐喊。

和毕加索、米罗齐名合称为西班牙"三杰"的萨尔瓦多·达利,深受奥地利精神分析学家弗洛伊德的精神分析学说影响,艺术上追求潜意识、非理性,常以梦境和自由联想作为创造源泉。达利最喜欢用精确写实手法描绘某一物体或物体局部,但将其置于一个完全非真实的环境或整体中,即梦境才可能的状况中,局部的高度写实技巧与整体荒诞奇妙安排结合在一起。如《记忆的永恒》画中变形的扁平挂表像面粉制成的,软软的,有的折叠着悬挂在树枝上,有的置放在木箱的边缘上,正向下滑落。在画面中心横置在地上的长着睫毛的幼芽上,覆盖着一块软表,而那个幼芽的形体实际上是被扭曲不堪的人头。这些畸形的东西在惨淡的加泰罗尼亚风景的衬托下,以细致入微的手法描绘出来。以"逼真"的超现实的描绘,创造出一种过激的梦境。

从以上几个现代派的艺术流派代表的艺术品中,我们可以看到,绘画艺术不仅可以再现现实生活的具体,而且在表现艺术家情感和内心真实方面也是得心应手的。

第二节　绘画的美育功能

绘画艺术主要通过其视觉艺术形象去感染人、陶冶人,对人的思想感情发生影响,实现它的美育功能。

一、培养人们视觉上的审美敏感

绘画作为视觉艺术,是运用线条、色彩、构图等视觉性的形式因素,表现人的审美经验和审美意识。而人们对一幅画欣赏,也完

---

[1]　林小平:《蒙克的艺术》,载《世界美术》1981年第2期。

全通过视觉感官对艺术形象的整体知觉。具备正常的视觉感官,是进行绘画创造和欣赏的先决条件。与造型艺术另一形态的雕塑相比,绘画虽然没有雕塑的三度空间实体性,但绘画里的形体,因为比雕塑更近似客观事物的外貌,所以,它常常又能引起欣赏者视觉上的"似真"的感觉。绘画艺术对于视知觉的这种毫无条件的依赖性,以及在视觉形式中所凝缩着的审美内容,决定了它在培养人们敏锐的视觉审美能力方面,具有比其他艺术形式更为突出的功能和作用。从美育的角度来看,绘画艺术主要能培养人们对线条、色彩和构图等视觉形式的审美敏感。

当形状和色彩组成的样式被看作表现某种内容的形象时,便产生了艺术创造或艺术想象问题,这可以说是人的一种天赋,一种丰富的想象力,在一般儿童时期就已经潜藏着的。当儿童开始运用色彩和形状去创造形象,他所要做的第一件事便是创造某种方法,以利用已有的媒介去再现他所经验到的对象,他主要靠自己创造性的想象力。我们从幼儿园的儿童中挑选出的儿童画中发现,尽管这些孩子们没有成心去炫耀自己的独创力,但他们显示出来的创造性想象力是十分惊人的。例如,他们画人都有自己独具特色的形象,组成这些画的形象的各种因素是千差万别的,各个部分之间的比例都是相当不一致的。在处理身体各部分的排列时,也使用了各种极不相同的办法,不仅分成的各个部分的数目不一样,各个部分的轮廓线所处的位置也不一样。在某些画像中,我们可以看出各部分的细节及细节变化。在表现相同的部分时,有的儿童用了圆形和菱形,有的儿童则运用了条形式或椭圆形,还有些儿童使用了并置法和重叠法。在整个外形看,有的显稳定又合理,有的则粗心大意而走样;有的图形显得精密,有的则显得粗糙;有的简单,有的复杂;有的胖大,有的苗条。总之,每一幅画像都显示出一种特定的姿态,显示他们身上具有潜藏着的丰富想象力。可惜,在他们更高的发育阶段,这种潜在能力就逐渐消失了。这是由于他们缺乏自信心和我们教育不得法,没有抓住机会把这种潜在的想象力保持下来。这就说明,人们对线条、色彩和构图所包含的情感意味的感知和体味,与主体的天赋条件和经验联想有关,但是,如果不经过正确的有关这些形式美的教育,是难以发挥其潜力,变得敏锐和精确,相反,却变得陌生、"看不懂"了。

只有通过经常性的绘画欣赏活动,或者直接参与绘画艺术的创作实践,人们就有可能把自己对于这些视觉审美形式的感受,逐渐地内化为自己的审美能力,特别是现代派艺术正如现代社会变化迅猛一样,其形式日新月异,如果没有持续地、长期地与其保持一定的联系和接触,即使对于古典艺术比较熟悉的人,也许也会对它们看不懂了。例如,1863年法国的"落选沙龙展览"中马奈作品《草地上的午餐》,引起了轰动。拿破仑第三和皇后斥责它"不道德",并以马鞭抽打作品。这是因为画面上出现两个衣冠楚楚和一个全裸的女人,在野外草地共进午餐,这些人物都是真实的人物。但公众的愤怒不在于此,而主要在于他的画法"粗俗",抛弃了习惯上的光滑细腻的用笔,而对背景与细部作了概括的表现,并利用色彩的对比或简单地画出轮廓,必要时再加上果断的色彩的笔触,而不是借助于线条来造型。公众同样的不满导致印象派和野兽派的名称由来。1874年,以另一个印象主义画家莫奈为首举办了战后第一届联合展览会,展出莫奈、塞尚、德加、雷诺阿、毕沙罗、西斯莱等"这一伙人"165件作品,展览会受到许多观众的嘲笑,甚至有人把看后感觉编造一个笑话:这些画家的画法是把几管颜料装入手枪打上画布,随后签个名就算完成。许多评论家看完讽刺它说只是印象而已,印象主义由此而来,马奈虽然反对这次展览会,但他认为,在绘画中人们是能够并且应该满足于"印象"的。印象派的意图是在一个飞逝的瞬间捕捉可以入画的主题,而世界因光而显现和变化,因而,光与色彩就成为绘画的主题。莫奈在同一主题《泰晤士河》连作一百多幅,以不同光线和气氛表现变幻无穷的外观,用色彩把它记录下来,通过观照景物的过程,表现光线瞬间印象。他曾深表遗憾说,太阳落得那么快,我追不上它。他的好友、著名作家莫泊桑说他作画时像个猎人。这是非常形象地比喻他对阳光、阴影、反光等追求。

1905年,一群年轻画家在巴黎秋季沙龙展览期间,专有一间展室展出自己独特作品,他们追求塞尚、凡·高、高庚的精神,以鲜明强烈的色彩,扭曲夸张的形象,狂放粗豪的笔触作画。他们的画带着原始混沌的粗犷风格,充溢着极其天真烂漫的儿童稚气的美。那些自命为文人雅士的先生太太们步入展厅时,竟然如入兽穴。一位细心的批评家沃塞尔发现,在这群"野兽"中还有一位叫马尔开的画家、雕刻家,用文艺复兴古典风格做成的小男孩雕像,因而喊道,"看哪,多纳泰罗(意大利文艺复兴初著名雕塑家)置身于一群野兽之中。"于是,"野兽派"就成为20世纪初与古典主义大相径庭的一个现代美术流派的名称。

随着改革开放的深入进行,国外的文艺包括绘画艺术也被介绍给我国观众,开始,我们也重现了印象派、野兽派的最初命运,人们大都以传统的审美观念、审美趣味来拒斥它们,甚至用"意识形态的阶级斗争"高度"警惕性"地看待它,将这些作为批判的对象,当作资本主义腐朽没落的东西。只有我们不带有色眼镜,大量接触外来文化,客观地对现代派艺术进行分析研究,才能保持我们视觉上的审美敏感,并且大胆地吸收其合理因素为我所用。现在,越来越多的舞台美术设计、广告设计、建筑设计、装饰设计、服装图案设计、工业品艺术设计等采用了现代派绘画艺术的不同表现形式,如立体主义、野兽派、表现主义、超现实主义等艺术风格。

二、帮助人们直观地认识社会生活风貌

由于绘画的二度空间和色彩的丰富性,其描绘手段要比雕塑更为广泛,在再现现实方面有更大可能性,另外,与音乐、舞蹈、戏剧等相比较,反映客观事物的具体性更为确定。这种具体性传承下来,由于其使用材料、中介的优势更显方便、更加容易,而且复制临摹也比较容易。因此绘画作品对于我们了解过去人们社会生活风貌,了解异国风情,提供了丰富而生动的材料。

　　对于中国古代绘画艺术的欣赏,可以使我们对原始社会、奴隶社会和封建社会的生活风貌有了直观的了解。比如,新石器时代的彩陶上,制作者在陶器上描绘出各种纹饰,如几何图形、人面纹、鱼纹、鸟纹、蛙纹、鹿纹及花叶纹,等等,形态别致,富有生活气息,使我们了解到当时人们在采集、渔猎、农耕等生活中接触的东西。丰富多彩的陶纹饰,反映了它已经初步具有对比调和,均衡对称等艺术特征,表现了鲜明的时代特点与浓郁的民族风格,体现了当时劳动者淳朴、健康的审美情趣,以及人们对美的认识和追求。我国绘画从工艺美术(如彩陶)中独立出来大概在春秋时期,迄今发现的中国古代绘画中最早的作品是战国的一幅人物龙凤帛画。画中左上方之兽,躯体两侧各有一足,身躯不仅弯曲,而且尾端呈卷曲状,是我国古代神化之龙;画的正上方和左上方的一只鸟,头顶是一长飘带形的冠,翅上尾端呈孔雀羽毛状,是我国古代神化之凤。在它下方绘一侧面站立,合掌祝祷的妇女,头后挽着一个重髻,并系有装饰物,衣长曳地,大袖身,小袖口,束腰,服饰庄严,体态婀娜,看来是一个盛装打扮的女巫。全图描绘一个女巫为死者祝福,祈愿飞腾的神龙、神凤引导死者的灵魂登天成仙。这为我们了解奴隶社会时期文化提供了生动的材料。

　　在漫长的封建社会中,古代艺术家创作了不少历史故事和世俗生活的风俗画,对我们了解封建社会的风貌提供了其他种艺术难以提供的形象化资料。如南唐著名人物画家顾闳中的稀世珍品《韩熙载夜宴图》,它以南唐中书郎韩熙载的生活轶事为题材绘制而成。韩熙载原是北方贵族,因战乱南逃,被南唐朝廷留用。后主李煜想重用他,但又不放心。身处逆境的韩熙载以生活上的纵情声色的方式,去转移同僚视线,蒙蔽朝廷的耳目。李煜出于"惜其才",以为他生活太放荡,特命顾闳中夜至其弟,偷看并识心记,绘成此图,并想通过此图规劝韩熙载。《韩熙载夜宴图》是一幅由听琴、观舞、休憩、赏乐和调情等五个既可独立成章,却又相互关联的片断所组成的画卷,绘声绘色地表现了韩熙载玩世不恭的生活态度和忧郁孤趣的苦闷心情,客观上起了揭露封建统治阶级奢靡腐朽的生活和内部激化的矛盾的作用,是具有一定思想深度和现实意义的作品。本图对衣冠文物制度,以至樽俎灯烛,帐幔乐具的写照,也均工致精美,具有高度的艺术性,为史学家考据工作提供了相当形象化的资料。

《清明上河图》为北宋画家张择端杰作,是一帧高 24.8 厘米,横 528 厘米的绢本设色长卷。因为画中所描绘的是北宋都城汴梁(今开封)和汴河两岸清明时节的市俗人事,故名。该图规模宏大,结构严谨,从总体上看可分为郊野、汴河和街市三大段。首段描写城郊农村清明时节的田野景色:疏林薄雾掩映着农舍酒家,阡陌纵横,小河流淌,农民正忙于田野耕作;几匹驮物的毛驴行于小道上;村头大道上一队人员肩挑背负,护拥着一骑马者和乘轿者,轿顶上还插满了杨柳杂花,似名门豪富踏青扫墓归来,向城内进发。通过环境和人物点染,对时间、地点、风俗,作了简明交代,为全图展开序幕。中段以拱桥为中心,描绘了汴河两岸繁华而又闲适的景象。这个临近京城的水陆码头,一座结构新颖、形式优美的巨大拱桥横跨两岸。拱桥上来去客人拥挤,桥顶上不少人观看河中过船。陆上车马喧闹,河中舳舻相接,人声鼎沸,热闹非凡。拱桥南端,柳树吐绿,屋宇错落,临河的酒楼茶肆里,人们或闲谈于席中,或凭眺于窗台,洋溢着一种闹中取静的闲暇意趣。后段描写汴梁街市的实况。这个宋代政治、经济和文化的中心城市,城楼、官府、民居、商店、街坊、鳞次栉比。街上人马喧嚣,车轿穿梭。正是这番形形色色、熙熙攘攘的情景,把北宋末期工商业发达的面貌,以及隐藏在这种繁华景象背后的那种有闲者酒楼欢宴,劳动者辛劳操作的贫富差别,表现得淋漓尽致。全图共画了仕、农、商、医、卜、僧、道、胥吏、妇女、篙师、缆夫等不同阶层的人物五百五十余位,他们有赶集的,有买卖的,有闲逛的,有饮酒的,有推舟的,有乘轿的,有骑马的,有农耕的,等等,千姿百态。另外还画了驴、马、牛、骡、骆驼等各类牲畜五六十匹,不同类型的车轿二十余件,大小船只二十余艘,楼房农舍三十余幢。通过上述三段内容把它们组成统一画面,从商业、交通、漕运、建筑等几个具有代表性的角度,集中再现了12世纪我国都市社会的生活面貌,反映了当时政治、经济、文化和社会风俗习惯。这为我们研究宋代绘画,了解宋代社会,提供了具有综合性价值的形象化资料。

我们从西方的绘画艺术中也会获得西方社会有价值的形象性资料。例如,我们从极力用抽象的色彩线条来表现上帝、圣母等神的世界和虚幻的精神的基督教艺术中,可以看到中世纪对现实人生的否定,禁锢人性和摧残人性的封建社会的本质和宗教的本质。我们从波提切利笔下的维纳斯的风致优雅,到乔尔乔内、提香笔下的维纳斯的健硕丰满,看到了文化复兴后人们要求人的情感必须从宗教的桎梏中解放出来。而从达·芬奇笔下的蒙娜丽莎的微笑看到人的理性的觉醒。继文艺复兴之后的"巴洛克艺术"的代表卡拉瓦奇则追求"无情的真实",即使他笔下的基督、圣母、圣徒也是以当时普通人特别下层人为模特。伦勃朗也努力探讨普通人的精神世界,他的许多肖像作品可以说是那个社会的缩影。深刻的心理描述,永远使人动情。他的画四周几乎是黑暗的,中间明亮部分突出画中心人物、事件。这也反映当时威尼斯建筑、民居的特点,即窗户很小,光线集中射入室内,因而伦勃朗的艺术有酒窖艺术之戏称。包括表现放纵的生命力的另一位巴洛克大师鲁本斯在内,他们的艺术作品富有个性。后经法国新古典主义和浪漫主义的发掘,这种个性美达到新的高峰。浪漫主义杰出代表德拉克洛瓦的《自由引导人民》和新古典主义大师大卫的《马拉之死》,都真实地反映了法国资产阶级大革命的火热斗争。

《自由引导人民》取材于1830年七月革命,那是法国人民最后推翻封建王朝的"光荣三天",也是法国近代史上最光辉的一页。画家选择了巴黎街垒战的场景,运用了浪漫主义的象征比喻手法,在画面中央安排一个硕壮的象征自由的女性形象,她在透过硝烟的强烈光照下突兀街垒,头戴着法国大革命时期流行的红色弗里吉亚帽,左手提枪,右手高擎飘扬在整个金字塔结构顶端的三色旗帜,正猛烈转身回首号召民众向封建君主专制勇敢冲击。在她后面、下方有各阶层勇猛战士,脚下有倒毙禁卫军尸首和为自由捐躯的勇士。德拉克洛瓦用浪漫主义和现实主义相结合的手法,创造出反映七月革命真实的杰作,歌颂了法国人民争取自由的战斗激情。大卫的《马拉之死》描述了1793年7月13日发生的悲剧事件,大卫的战友、著名的法国大革命时期的革命家、雅各宾派主要领导人之一马拉,被吉仑特派分子夏洛特·科黛刺杀在浴盆中(马拉得了皮肤病,须浸泡在热水中工作)。画面中的马拉倒毙在血泊染红的浴盆中,惨白的尸体突出在深色的背景前,包着浅黄色头巾的脑袋低垂着,鲜血从马拉的胸肋部沿着浴盆流淌,染红了白色的织物。握着鹅毛管笔的右手无力地下垂着,凶手的匕首就抛在左角的地上。画家没有渲染死者的痛苦,而是表现了一个革命者的永生。马拉手里拿着一张便笺,上面写着:"1793年7月13日玛丽·安娜·夏洛特·科黛,致公民马拉:我十分不幸,为指望你的仁慈,就足够了。"这是狡猾的凶手留下的。在覆盖着绿色毯子的浴盆前,放着一只木柜,上面题词:"献给马拉,大卫。"木柜上放着墨水瓶、鹅毛管笔和附有纸币的信笺,笺上写着:"请将这份钱转给一位有五个孩子的母亲,她丈夫已经为国捐躯了。"所以这些细节的真实描绘,表达了革命家马拉生活的简朴、工作的勤奋以及为共和国英勇献身的精神。

即使以表现情感为艺术目的的现代派艺术家也有大量包含再现现代生活因素的作品。如抽象表现主义画家康定斯基的《即兴作品第30号》,在抽象的纷乱的线条和上色的形体中,辨认出是一尊安在轮子上的大炮和被轰击的建筑物。费尔南德的立体主义画《城市》,表现对"机器美"的兴趣,一切都是工业社会的产物,连上下楼梯的人也画成机器一样。而立体主义大师毕加索的最著名作品《格尔尼卡》,正是再现了法西斯残害平民的罪行。1937年4月

26日,佛朗哥法西斯空军轰炸了西班牙北部马斯克重镇格尔尼卡,杀害了众多的无辜和平居民。这震惊世界的惨案激起毕加索强烈愤怒,他用半写实、立体主义和象征主义的语汇,创作出这长7.76米,宽3.49米的巨幅油画。画面把象征的情节和生活的情节相糅和。它表现了格尔尼卡被炸之时的代表性细节:右旁一座房子着火,一位妇女从大火中跌落下来,举手呼号,另一个妇女为逃避灾祸,向画中央狂跑而来,而一位战士已经战死,躺在黑暗之中,手里还拿着拼杀时折断的剑。这个战士的形象仿佛是一个过渡,既含有生活的真实,又带有象征意义。在战士上方痛苦嘶叫的马和从左边门上闯进的野牛则完全是象征性的。野牛——法西斯闯入和平的国度,践踏着妇女和儿童,它蛮横霸道而又不可一世。马——人民,她身上中了从上方射来的暗箭,受了重伤,愤怒地嘶叫着。画面上方,一位妇女从窗口探出了头,举着油灯,力图看清这场历史的惨剧。法西斯卑劣和野蛮是黑暗掩饰不住的——一只巨大的眼睛(眼珠是一只灯泡),她的光芒照亮了一切。

三、怡养性情、陶冶情操

鲁迅在《拟播布美术之意见书》曾经指出,美术可以辅翼道德。这说明绘画艺术的又一重美育功能是能怡养人的性情,陶冶人的情操。叔本华在谈到人要摆脱痛苦,就要舍弃欲求,摆脱意志的束缚,否定生命意志,既可通过艺术来达到暂时的解脱,也可以通过禁欲来达到永久的解脱。固然他极具悲观色彩,但也谈到艺术(特别还谈到绘画)能够怡养性情的。而他自己在《作为意志和表象的世界》的厚厚著作中,也用相当大的篇幅论述各种艺术,就像他悲观主义漫漫路程中一座心灵安慰的驿站。中国文人士大夫也常常把他们的志趣、抱负、理想、情怀,寄托在笔墨丹青之上,使得封建专制桎梏下,一个正常的人性能够在艺术上得以体现。苏轼的水墨作品《古木怪石图》,把枯树画得如龙蛇盘屈、无始无终,石头的皴法线条也是扭曲回环,像是萦绕在苏轼胸中的苦闷、矛盾的情绪,把题材作了人格化、心灵化的处理,把因政治原因不利于身体健康的因素通过绘画艺术升华为有利于健康的精神享受。文同画竹也将竹子人格化了,成了逸人高士自我人格的表现。植物四季变化很大,而竹子却不变,文同能真实领悟竹子的品德,真实地表现竹子凌傲风雪,"得志遂茂而不骄;不得志,瘁瘦而不辱","群居不倚,独立不惧"的品德,苏轼称赞文同的"得其情而尽其性"。元"四大家"之一吴镇,因对元王朝的统治不满,隐居乡里,饱读诗书。他在题一幅墨竹图中写道:"斫头不屈,强顶风雪。"曲折隐晦地抒发了心头的愤懑之情。在他名画《洞庭渔隐图》中,近景画双松挺立,杂树盘屈,隔岸山峦,作长皴聚点,矾石垒垒,浑厚朴茂;湖上浅汀芦苇,错落萧疏。湖山间点缀一叶扁舟,碧波平远,荡漾苍茫。画面布局简净,画境明静幽寂。他自题诗云:"洞庭湖上晚风生,风搅湖心一叶横。兰棹稳,草衣新,只钓鲈鱼不钓名。"寄托了作者隐遁避世的思想感情。

　　魏晋时期,中国绘画刚刚成熟,恰逢佛教东来,老庄复兴,中国民族思想史出现了儒道合流的局面,这就使以儒立身的中国画家们与道家、释家结下了不解之缘。他们大都以儒家的思想来看待绘画的社会功能,把绘画看作能够陶冶人的道德情操。但在审美方面大都以道释思想为指导,强调绘画要"悟道","修道心"。中国绘画追求"意在象外","意在画外",它总是用一些模糊性、抽象性的形象符号,提供物象的本质特征,给观众一些可以识别的细节,同时又给观众一些暗示。所以欣赏中国画需要超脱自然物象的感受力和理解力。禅宗追求超越一切时空的因果,引导人们忘却人间烦恼,获得宗教性的愉悦和满足;道家追求的是所谓"天地与我并生,而万物与我为一"的"逍遥"之境和独立、自由的人格。这样,中国画家、爱好绘画艺术者,笔墨丹青中追求独立、自由、愉悦、满足的精神境界,痛快淋漓地抒发心中强烈的感受,与释道的追求是一致的。所以在中国绘画史上学佛问道的画家是很多的。如南朝的山水画家陶宏景就是道教的重要人物；提出绘画艺术的"畅神"作用的南朝山水画家宗炳既尊重孔学，又喜欢老庄的思想境界，还随著名和尚惠远学佛。唐朝之后，画家学道参禅的人更多，南宗文人画始祖王维虽为高官，晚年也学佛。宋代的山水画家巨然、惠崇是和尚；元"四大家"之一倪瓒也迷于佛学。清朝大画家石涛（朱若极）、八大山人（朱耷）都是和尚、道士，他俩也是朱元璋后裔，为逃避政治而追求艺术。因此，在古代许多艺术家和名士把绘画和欣赏看成是和学儒、道、佛一样，能够怡养性情，陶冶情操。同样，我们也可以通过欣赏健康的绘画艺术和参与绘画艺术的创作来使我们的心灵得到净化和升华。

第十三章 雕塑与美育

雕塑是以三度空间的物质实体性的形体,塑造可视而且可触的艺术形象,借以反映现实生活和表现艺术家的审美感受和审美理想。由于它外部造型之单纯和观念概括之纯粹,因而对于培养人的观察力和想象力,间接地认识社会生活具有特殊的功能。

第一节 雕塑的审美特征

雕塑是运用石头、木料、泥巴或金属材料,创造概括性的形象来反映生活的一种造型艺术。由于雕塑是通过富有立体感的空间形式来表现生活的,所以它只能适应于人们的视觉,而不能适应于听觉。这样,便形成了雕塑艺术独具的审美特征。

一、造型的凝练性

根据雕塑所凭借的物质材料及审美处理的方式,可以把雕塑分为雕刻和塑造两类。凡是以硬质材料作为媒介而制成的雕塑作品,称雕刻,如木雕、石雕、牙雕,等等;凡是以软性材料作为媒介而制成的雕塑作品,叫塑造,如泥塑。从雕塑作品创作过程中的两种制作方法看,"雕"是在制作作品对象的材料中去掉不用的部分,而"塑"却是以要用的材料制成作品对象。形象地说,雕刻家使用的是"减"法,比如在一块石头中,雕刻家预见到人体形态的存在,他进行雕像创作时,想象自己是在把人体周围多余的部分凿去以把人体从头石的"牢狱"里"解放"出来。泥塑家却相反,他从零开始,通过泥巴的堆积,逐渐创造出一个栩栩如生的人体。第二次世界大战之后,工业的迅速发展为雕塑的材料应用开拓了新的领域。雕塑家愈来愈广泛地使用金属材料,由于金属的可塑性以及铸、锻、焊、切、削、打磨、抛光等工艺技术的创造和发展,使得钢、铁、铜、铝的各种材料性能和材料的美感得以充分地发挥。

1966年以来,雕塑中出现了一部分强调可动性的作品。它表现物体由于运动的影像而发生的外观的改变。这一方法是从1913年达达主义艺术家杜桑的作品得到启示的。杜桑曾在台上安置了一个倒放的自行车轮,车轮的无意义的转动,便成为达达主义对传统否定的一个宣言。人们从这反艺术、反审美中发现了美。这种用光或机械律动方法得到活动雕塑艺术,被称为"机动艺术"。人们可以在观赏过程中得到纷繁多姿的视觉变化,所以又被称为"动与光的艺术"。雕塑出现了奇观!物体的力学所依赖的竟然不是量与块的堆砌,而是"T"字形管。"机动艺术"家们从"T"字形管所得出的理论,证明了以平面或网状的铁丝构成的轮廓仍可以得到相同的量感。此外,这些网状结构虽然静止不动,然而由于造型的扭转和铁丝的张力,仍可显示出动感。同样,用"运动"的手法亦可达到这种量感的效果:用一条带有曲度的铁丝,一端固定在可以旋转的盘上并使之快速旋转,这时铁丝在空间划出一个透明的瓶形。这就是"机动艺术"所追求的以运动的结果限定视觉区域。雕塑就是能利用光的辅助,利用机械力的推动,利用金属的各种优越性完成复杂纷繁的空间视觉形态的创造。

雕塑和绘画、舞蹈、建筑、影视、戏剧等一样,首先是诉诸视觉的,而且是以静示动(除少数如"机动艺术"除外)。电影中的定格镜头,京剧中的亮相动作,都是在连续的动作中突然来一个休止,为的是要特别引人注意,加深观众的印象。这些"架势"几乎可以说是雕塑,但与雕塑毕竟不同。雕塑的某一姿态,和京剧的塑形不同之处,是在于它不像京剧的塑形那样只是进展中的某一动作的暂时休止,而是动作的前因后果的综合。它不像表演一样可以得到前后动作的相互补充,它需要本身的条件尽可能表明行动的前因后果。因而雕塑不是情节过程中某一动作的暂时休止,而是艺术家综合概括了整个生活过程加以艺术升华的结果。雕塑是永久的休止,但又是永恒的动作;是静止中的运动,却又是运动中的静止。因而,它具有高度的凝练性,通过瞬间的姿态来造型,来表现无限丰富的"像外之旨",概括地反映生活的整个过程。有较高艺术水平的雕塑,没有也不必要充分地记录一切,却让观赏者想起有关的许多。特别是长期供人欣赏的纪念性雕刻,必须凝聚、浑然、含蓄,既不要过于雕琢,也不要一览无余。

米开朗琪罗的《摩西》是一座高达 2.15 米的大理石雕像,它是一个建功立业的英雄丰碑。《圣经·出埃及》记叙:以色列人的英雄、八旬老者摩西带领 60 万以色列男女老幼走出埃及,渡过红海,又经数度周折,奔向西奈半岛,在西奈山下扎寨安营。这天,赋予老人这项使命的上帝耶和华在山上显灵,召唤老人接受"十诫"(实则摩西制订十条法律):严禁他们信仰别的神和膜拜任何偶像,以及种种烧、抢、掠、淫、诬、贪、盗等。当老人带着"十诫令"的两块石板下山时,却看到人们正围着一只新铸的金牛犊顶礼膜拜。原来,人们不见了神一样的老人,恐慌起来,于是又重造了一个神像,忘掉了上帝。老人见此大怒,立即将上刻《十诫》的法版扔下山摔碎。人们震惊了,醒悟过来,认识了错误,重新皈依上帝,在老人引导下走向幸福之路。这尊雕像就是表达摩西听到以色列人违犯《十诫》后的这一愤怒动作。米开朗琪罗塑造了一个体格健壮的老年智者的形象:长长的卷髯被夸张地垂挂到腰际,他双臂裸露,青筋绽露的手蓄有无穷的膂力。他一手将紧长须,一手撑扶《十诫》法版,双目远视,神情严肃,一种充满警觉的敏感溢于脸部;他有一头美丽的鬈发,头顶的前额处,长着一对犄角,一高一低,这是"神"的象征物。上身一件薄薄的无袖上衣,两腿间搭着厚重的衣褶。摩西虽坐着,可整个身姿略显不安感。他听到了以色列人的违诫行为,突然朝后左方转过脸来,头部遒劲有力,怒目而视。这时,他的左脚已经往后伸出,表示要站起来,但心头的怒火似乎暂受到理智的抑止,激越的内心使他不由自主地注目远方。

米开朗琪罗的《摩西》可以说是摩西的前后动作的综合,截取了摩西老人发现人们膜拜金牛犊时愤怒的一刹那的神态,概括出摩西一生的经历和性格。这里有热烈执著的追求,沉着果敢的决策,也有理性的闪光,意志的表露。站在我们面前的显然是一位爱憎分明、强悍无敌的斗士,法律严厉的执行者,但又是慈蔼而伟大的领袖。如果雕塑成掷石怒斥,恐怕过于追求最后的结果,对于摩西人物性格的内涵的把握就显单向度了。而扔前的《摩西》,把摩西性格中丰富的内涵凝练化了,也凝聚着作者对希伯来民族英雄的无限崇敬的心情。

二、再现现实的单纯性

雕塑和电影、戏剧、小说等艺术形式不同,电影、戏剧、小说的优越性是在矛盾的过程中描写人物的性格,因而时间性是它再现生活的必要条件。雕塑却不同,它和绘画一样具有瞬间性,是静止的,不便于直接描写矛盾展开的过程。同时,雕塑又与绘画不同,绘画的二度平面和色彩能容纳现实生活的丰富内容,而雕塑大量地是用个别的、立体的、没有背景的形体来再现生活。因而,雕塑比上述各种艺术都更单纯地再现生活、再现对象的特征。但是,这些单纯化不是必要的特征和细节的简单化,而是整体感被强调;不是造成对象形态特征的牺牲,而是它在形体方面的重要特征被肯定。这单纯化是人们长期实践的产物。当人们在实践中接触形态各异但又有类型性的东西时,这些东西在形体上的基本特征首先诉诸视觉而反复被感受,于是在人们头脑中形成一种较之印象概括得多的带综合性的观念。这种观念,是客观事物在人们的头脑中的反映。当它一旦较稳定地被保留在人们头脑中时,它就具有相对的独立性,而成为人们面对新的事物时识别对象形体特征的一种能力。当人们从对流水行云的反复感受中,获得对于带流动感的敏感,那么,只要人们面对并非行云流水但在形态结构上同行云流水相近的东西,例如绘画、雕塑普遍利用的卷草纹,只要它是节奏鲜明的波状线,就可能唤起欣赏者面对行云流水时相似的感受。因此,在单纯化过程中,形体的基本特征被强调,与原型相比,是在一定程度上删除其中某些细节而夸张其整体感,因而构成一种非常明晰的形态,就像诗句"大漠孤烟直、长河落日圆"中的"直"和"圆"那样,在观赏者的感受上发生了强烈的作用。

规模较大的竖立在诸如广场这类广阔的环境中的雕塑,在处理题材的构思上,必须适应各种角度的距离的欣赏要求,在造型上更强调基本形的单纯明快,使人一看就可以明白它是什么动作和姿态。雕塑的基本形单纯明快,才能适应各种距离的观赏。远距离的观众,哪怕根本还看不清形象的动作姿态,也要求能够在形式上获得和它的内容相一致的初步印象,至少不会引起误会。纪念碑的雕塑,至少要比浮雕还要单纯。它由单纯的形象来体现丰富的内容,它不必逼真地再现人物的某一行动,它不必确切描写事件发生的时间、地点等具体的环境。如果用文体来比喻,它最好不是散文,而是诗,是警句。它最重要的是掌握人物的性格而不是叙述情节,用他富有性格的形体,来包罗千言万语,代替对许多人和事的描写。

雕塑再现现实对象的矛盾双方或他们所处的具体环境,是采取虚拟的手法,使人感到对方或环境是无形地存在。雕塑中无敌人的战斗场面,无劳动对象的劳动者形象等比比皆是,但是,观赏者决不会因它太单纯而看不懂,依然知道他们在激烈地战斗,在紧张地劳动。

幸好雕刻使用的硬质坚固的材料,才使我们今天能看到古希腊、古罗马时代的艺术作品的相当可观部分。它们中间有古代神话中的诸神雕像,有战士、运动员的雕像,有稚童、老妪的雕像,还有哲学家、统治者的头像,等等。著名的雕像《掷铁饼者》是希腊古典时期雕刻家米隆的代表作。雕像极其成功地塑造了掷铁饼运动员的形象,这是对生活的观察、取舍、概括的结果。这里所刻画的瞬间动势,几乎是用电影慢镜头拍摄下来那么准确,这是一个训练有素的优秀运动员,此刻正处在竞技状态的最关键时刻,通过运动员大幅度摆动的双臂、快速旋转的身躯和铁饼即将出手的瞬间,概括了掷铁饼这一动作的整个连续过程,展示了肌肉的健美和力量,抓住了最典型的姿势,找到了最生动的结构。米隆选取的是铁饼摆回到最高点,即将抛出前的一刹那,就是所谓"引而不发"的状态。掷铁饼者张大的双臂,两手臂摆动后的线和伸向后边的左腿的线,正好构成一个半圆形,恰似满张的弓,揭示了运动感,给人以"发射"的联想。他的大腿和躯干在上边形成两个彼此相等的对角线,垂直着的那条腿是整个身体的坚固支柱,造成稳定的平衡感。而富于弹性的紧张的肌肉,和透过皮肤显露出来的肋骨,以及抠在地里的脚趾,都着力表现了力量感。这是为奥林匹克竞技优胜选手制作的纪念像,这个结构单纯的作品所唤起的视觉形象是一个体魄强健的运动员,使人们了解到古希腊人运动的竞技水平是相当高的。

真正拉满弓的形象是 20 世纪初法国著名雕刻家埃米尔·安托尼·布尔德尔的《拉弓的赫拉克勒斯》。赫拉克勒斯是希腊神话中的英雄,以非凡的气力和英雄的业绩著称。他经历了人世间种种磨难,完成了 12 件业绩。《拉弓的赫拉克勒斯》表现的是第 6 件业绩,即赶走斯廷法罗湖上伤害人畜的各种怪鸟,再用阿波罗神赠送的弓箭把它们射杀。雕刻家以浩然的气概和强烈的动势,表现英雄用全身之力拉足强弓,准备射杀怪鸟的紧张情景,以此概括英雄的一生业绩。赫拉克勒斯那拉开弓弦的手指和挽住弓架的臂膀,那张大的眼睛和高耸的颧骨,那叉开着的蹬住岩石的腿和用力勾起的脚趾,那两腿之间的跨度和舒张的双臂,那虎背熊腰和隆起的块块强健肌肉,以及那两块托住英雄的岩石和绷紧的弯弓,无不表达出英雄的强大力量。这里没有任何过多的细节和过分的雕琢,突出表现引而不发、动中有静的高度紧张的瞬间。此外,赫拉克勒斯那夸张有力的姿势,那强劲有力的躯体和粗犷的大弓的交错组合,加上由弯弓形成的巨大曲线,形成疏朗透空、张弛变化的构图,恰似英雄以巨人般的紧张力量把空间本身拉开一样,构成一个广阔的空间。从而使这座雕像在室外大自然的衬托下,具有独特的雕塑形式美和运动的韵律感。这是以古代神话题材,来再现现实中征服丑恶势力,改造世界和创造世界的英雄形象。上述两座雕像追求的单纯决不是单调化。单纯与丰富、完整虽然是矛盾的,但它们在雕塑中能获得统一。就雕塑所摄取的某一形体动作来说,它舍弃了其现实原型中的大量东西,形象比起现实生活来说,它既不"丰富",也不"完整",但就其表现力来说,它却可以"以一当十",使欣赏者从点到面,形象地感受和理解其丰富内容。两座雕像都有它虚拟的广阔空间,《掷铁饼者》面对的显然是宽大的运动场和众多的观众。而《拉弓的赫拉克勒斯》射杀的则是湖中的各种害人怪鸟。人们完全可以通过想象力达到单纯与丰富的统一。

三、观念表现的纯粹性

与不在于琐细地描写某一对象的具体的形体姿态和动作的细节相适应,雕塑也不表现非常个性化的内心生活和非常复杂的情感,而是突出地表现高度概括的单纯性格、情感、品质、气概。因而它具有观念表现的纯粹性和象征性,构成它的形象所运用的具体因素,能够启发人们相应的联想。上述的《掷铁饼者》中的运动员以沸腾的青春活力,优美的人体造型,圆润的美的旋律,表达了夺取胜利的信念和镇定的意志。千百年来,这座雕像已经成为表现体育运动的力和美,表现优秀运动员的意志和创造力量的象征。至今它还被广泛地当作体育运动的最好标志。《拉弓的赫拉克勒斯》则是刚劲有力,挺拔雄健,令人想起西楚霸王项羽的"力拔山兮气盖世"的豪迈诗句,因此,它是表现力量的一座纪念碑。

维纳斯在雕塑中就是爱和美的女神,只有爱和美的纯粹的理想。但在其他艺术中,如诗歌、绘画、戏剧等,她们除了爱与美之外,可以有她的个性。莱辛说:"对于雕刻家来说,女爱神维纳斯就只代表'爱'……如果艺术家对这个理想有丝毫的改动,我们就认不出他们所描绘的是'爱'的形象。……对于诗人来说却不如此,维纳斯固然代表爱,却还不只是爱,在爱这个性格以外,她还有自己的个性,因而她能爱慕也能怨恨。"①古希腊雕刻中恐怕最多的是维纳斯雕像,从鲁多维奇宝座浮雕的维纳斯起,维纳斯雕像有各种姿态,有着衣的,有半裸的,有全裸的;有站着的,有蹲着的,有坐着的。其中《克尼多斯的维纳斯》和《米洛的维纳斯》最为著名。《克尼多斯的维纳斯》是希腊著名雕刻家普拉西特列斯的不朽杰作。它被称为古代世界最有名、最美丽的雕像,也是古希腊雕刻中最早把女神表现为全裸的作品。雕刻家在这件作品中尽情讴歌女性的美,体现了对人类精神和肉体壮丽完美的崇拜。雕刻家在当时完成了两个美神像,其中一个着衣,一人裸体。有权优先选择的科斯岛人宁愿要一个严肃而朴素的着衣像,而克尼多斯岛人则买下了那个裸体像。可是这座裸体像的声望远超过科斯岛,因此尼柯梅底斯人为从克尼多斯人手中购买此像,不惜豁免克尼多斯人的全部巨额债务。但克尼多斯人坚决拒绝,因为这座雕像给他们带来极大的荣誉,不知多少人为了欣赏美神而航海而来。这座被供奉在克尼多斯岛海边的女神像,正脱下衣服准备入海沐浴。她以安详的姿态远眺左方,重心放在右足上,左脚轻轻提起,整个身体匀称动人。女神的左腕搁在置于陶瓶的衣服上。整个作品渗透着静谧、沉思、纯洁与和谐的气氛。普拉西特列斯的这个美丽女人体的出现,它所带来的新的感动,渐渐地风靡整个世纪,西方人体

---

① 莱辛:《拉奥孔》,人民出版社1979年版,第54页。

雕塑由此迅速发展起来。因此，西方美学史家把女性人体美的完成归功于普拉西特列特。可惜，《克尼多斯的维纳斯》原件已失，只有罗马时代的大理石模制品。

1820年，希腊米洛斯岛上农民约尔哥斯在整地时无意发掘出一座维纳斯雕像的各个断块，由于断臂失去，故这座雕像被称为断臂维纳斯，即被视为希腊雕刻艺术珍宝和西方艺术中表现女性美的典范的《米洛的维纳斯》雕像。她那半裸的姿势，使整个形象产生巨大的魅力。她的腿部被富有表现力的衣褶遮住，仅露脚趾。由于下半身厚重稳定，袒露的上半身显得更加秀美，她像一座纪念碑，给人以崇高感，然而其亭亭立姿，却又优美动人。躯体是取螺旋状上升的趋向，略微倾斜，各部分的起伏变化富有音乐的节奏感，美神内心显得十分宁静。她没有半点娇艳或羞怯，只有纯洁与典雅。不论观赏者从何种角度看，都能获得其庄重和妩媚的感受。以往的维纳斯大都着重表现感官上的美，而这尊维纳斯却提升到古典理想美的高度了，形象充满无限的诗意。这座高达2.04米的雕像，人体上下比例刚好是黄金分割，至今仍为人类共同的审美观念。包括法国著名的大雕塑家罗丹在内的许多艺术家、文学家都认定这座雕像是"奇迹中的奇迹"，她已经成为人类美和爱的永恒象征。

像以美神、爱神维纳斯这样具有非常明显的象征意义的题材作雕塑的，著名的还有胜利女神尼凯，如古希腊的《萨莫特拉克的尼凯神像》，她象征胜利。罗丹的《思想者》，一个为痛苦和烦恼所困扰，深沉思考的强健有力的男子汉，他象征反思。法国著名雕刻家弗雷德里克·奥古斯特·巴托尔蒂的《自由女神铜像》，一个高擎火炬，脚旁散落着砸碎的铁镣，气宇轩昂，神情肃穆，坚定温和的女神形象。她是民主、自由的象征。创作这座雕像是巴托尔蒂多年的心愿。1851年12月2日，路易·波拿巴发动推翻法兰西第二共和国的军事政变，巴托尔蒂在巴黎街头，亲眼看到一群忠于共和政体的人群中，有一勇敢的女郎越过街垒，高举火炬大声疾呼：

前进！这个无名女郎的形象，震撼了他的心灵，成了他心目中自由的象征。后来他又访问埃及，途经苏伊士运河，运河上一座高擎火炬的女神灯塔，又从形象上予以启示。此外，法国浪漫主义画家德拉克洛瓦的《自由引导人民》，也对他影响很深。为庆祝美国独立一百周年纪念，纪念法美友谊，巴托尔蒂创作了这座大型铜像，像高46米，连同台座92米，包括火炬则超过百米。铜像巍然屹立在美国东海岸的贝德洛斯岛（又称自由岛），以碧波浩瀚的大海为背景，在深蓝色海水的衬托和金黄色阳光照耀下，分外醒目。雕像比例匀称，造型简练，既生动又整体。她那明快的影像，有力的动态，肃穆的基调，给人以深刻的印象。

中国的雕塑艺术早就运用象征手法。丰收和富裕，健康长寿或吉祥如意，许多符合人民的生活愿望的观念，在民间美术中早就有了地位。如胖娃娃怀里抱着大鱼的年画，是富于装饰性的、能够引起美感的、唤起人们相应的想象的形象，是象征美好的生活。中国的建筑常用狮子的雕塑作为其装饰物，往往不是把它当作野性十足的猛兽来刻画，在许多建筑物门口两侧站着，是作为建筑的庄严、稳重的象征。在古代中国，龙凤是权贵的象征，北京故宫的核心——太和、中和、保和三大殿庞大崇高，其建筑装饰物大量使用龙凤花饰和金色，如每根大柱都雕刻上龙，这只有皇帝才可使用。而现代，中国人则把龙作为中华民族的象征。

第二节 雕塑的美育功能

雕塑艺术主要通过它富有想象力的单纯的视觉形象，引起人的心灵的感动，实现自己的美育功能。

一、培养形式美的感受力

人类初看世界是通过对外在形象的概括和捕捉其基调，进而把握精神实质。形象越单纯，越容易打动人。雕塑的形体，有一种区别于自然形态的特征,它具有形式感,它是客观事物形体方面共同特征的一种类型化或概括。它与艺术的形式美有关,与人们的美感经验有关,它根据形象的单纯能震撼人心的经验,强调舍除形象的线、形的细节特征,而保留其最能概括对象的基本特征的东西。这样,欣赏或参与雕塑的创造,它必然要求人们习惯于把握对象形式美的特征。在欣赏雕塑作品时,不论是庄严、是挺拔、是飞舞、是跃进、是静穆、是活泼……总要使人老远通过其形式就可能获得初步的但也是明确的判断。而在创作雕塑作品时,也会一眼捕捉到创作对象形式的最基本特征。

《萨莫特拉克尼凯神像》是1863年由法国领事麦戎在萨莫特拉克岛上发现的,发现时雕像毁坏十分严重,几乎是一堆三百多块的散片。精心修复后它陈列于巴黎卢佛尔博物馆。这座高2.45米,连台座为3.28米的雕像,头和手臂已残缺。雕像原先安置在萨莫特拉克岛海边的石崖上,传说有二,一是纪念公元前306年国王德米特里战胜埃及托勒密舰队而建立的,二是说公元前190年罗德岛人民为纪念战胜叙利亚的安提戈斯舰队而建立的。胜利女神雕像的整个动势结构十分优美,她强调了侧面横置三角形和向后流畅的波状线条,因而有利于前进运动的动感的表现。胜利女神昂然挺立在船上,面向大海,迎着海风,她那展翅欲飞的前倾动势,迎风扬起的衣裙,既表达了战船满风扬帆时的强力,也是呈现出生命的飞跃。

米开朗琪罗的《被缚的奴隶》雕像整体是支柱形:弯曲的双腿,向前高举的臂肘形成支柱形。这种非常特殊的侧影,是中世纪雕像的普遍形式。为人类赎罪的圣母坐着,俯首看她的儿子,是支柱形;钉在十字架上的基督,双腿弯着,俯视人们,是支柱形;苦痛的圣母,弯身在儿子的尸首上,也是支柱形。米开朗琪罗是最后和最伟大的哥特式艺术的雕塑家。这尊雕像的奴隶用很细的绳子捆绑着,似乎很容易断,但是雕塑家要指出的是精神上的束缚,因为这些形象是用象征的手法表现被教皇朱理二世压迫的人。包括其他有关奴隶的雕塑,都是表现人类的灵魂,想冲破自己的躯壳,以期获得无限的自由。

现代派雕塑家运用许多非传统的材料,如木材、金属、玻璃、纸板,甚至许多废弃的东西,如吉他、手提琴、瓶子、自行车把和车座等,把一切东西都利用到至极的地步,达到抽象的边缘。另外还出现了运用凹陷的手法,使负空间成为雕刻的要素,将雕塑各个局部割成不同的几何形、球体和镂空状态,居然也使雕塑获得极其惊人的效果。例如,20世纪最负盛名的雕刻巨匠英国的亨利·摩尔,他发展了两种技法,一种是从实体中挖出空洞,以显露内在的形体;另一种是汇集不同的形体来组成一件作品。内容可分为侧卧像、形之内外及母与子(包括家庭群体)三大方向。摩尔创作时在形体塑造上有一种独特的感受,根据一种感觉调整另一种感觉,即心理学家所谓的传出感觉和传入感觉。他在艺术技巧上能够准确地调整、平衡这两者的关系。他敢于从潜意识中去探求隐藏在最深处的以及表现得最有力的生命的原始形体。他靠象征性的、极其简化的形体,象征有生命的有机体。摩尔说:"我的雕刻正变得越来越少有描述性,越来越少具有写实的外貌,因此有人往往称之为抽象。但是我相信,只有这样,我才能最直接最集中地表现我的作品中人的心理。"[①]摩尔在1929年创作了斜倚像后,这类雕塑成为他毕生艺术追求的创作母题。他的侧卧人体像有流畅的线条、厚实的质感、娇小的脑袋,以及意想不到的圆洞,恰如其分地象征了女性的人体。他的作品造型奇特,弯曲的身体,凹面与凸面形成强烈对比,座台与腕、臂部之间留有空间,臀部大都是隆起的,似乎表现胎状态。这些大大小小的空洞使摩尔的雕像始终处于虚与实、空间与实体的对立之间。有人把这些洞称之为"摩尔洞",意即摩尔在艺术上创造的新空间。摩尔创作了许多巨型卧像,如坐立在巴黎联合国教科文组织总部前的侧卧女像有五米高,辅助成分

[①] 《西方美术名作鉴赏辞典》,第349页。

在整体体积范围内的伸展,给人一种克制着巨大力量的印象,她的头有着一种紧张的期待的神态,一种理智的好奇心理状态。摩尔也有巨大的、极富远距离视觉效果的作品,如立在伦敦巴特西公园的、原为第一届国际户外雕塑展览会而作的《三立像》。艺术家塑造了三个巨人般直立着的妇女形象,她们仰望远方,似乎在期待着什么。三个头并立,犹如低低絮语着。这三个出现在第二次世界大战之后的"命运女神",只能提供一种解释,她们象征母亲、妻子和姐妹,厄运将降临在她们头上,她们在盼望战后的亲人如期归来。三个立像在同一基座上,基座位置比周围空地略高出一些。观者可以站在公园任何一角,便可远远望见这三个耸立的"人影"。摩尔采取概括形体结构的手法,使形象简洁到最低限度,表现柔和光洁,没有棱角,全是圆弧线,躯干硕大,头部极小,眼睛只凿了一个洞,极具形式美的感染力,给人的心灵以深深的震撼。

二、培养丰富的审美想象力

雕塑的创作过程是把具体的、复杂的对象的细节部分删除,而留下其基本特征,为了突出这些基本特征甚至可以用极其夸张的手法表现出来,以给人们留下深深的印象。因为其形式美的突显,形象的单纯、抽象,因而概括和包含的内容越丰富、越普遍,给予人的想象空间就越大。借助想象力的翅膀,在欣赏者眼中的雕塑作品,就会从抽象走向具体,从单纯走向丰富。

罗丹在和文艺批评家葛赛尔谈到《萨莫特拉克的尼凯神像》时说:"请你在想象中把这座像移置在美丽的金黄色的海岸上吧——海边种着橄榄树,波光闪闪,一望无际,浮着点点白色的小岛!"①我们在罗丹的引导下,透过紧贴身躯而扬起的飘逸衣服,特别是胸部和腹部的形体,使人感到生命的搏动和体魄的矫健。尽管看不到女神脸部的表情,却完全可以想象出那种充满胜利的喜悦和信

---

① 《罗丹艺术论》,第 116 页。

第十三章 雕塑与美育

念的神态:海风撑开了她的羽翼,衣裙当风飘舞,在海涛节拍的交响中,她正吹响胜利的号角……

罗丹的雕塑名作《思想者》和《沉思》都是体现人生的思索,但所取的对象完全不同。《思想者》表现男性的阳刚,《沉思》表现女性的柔美;一个是粗犷有力,一个是温柔文静;一个通过青铜的塑痕表达严峻深沉的思考,一个用大理石的洁白润泽透露少女温馨的呼吸和沉思冥想。罗丹认为他的这些作品的题材思想,是不难了解的,是不需借助外来的帮助,就能唤起观众的想象力。《思想者》是罗丹为未来的巴黎装饰艺术馆设计的大门雕刻《地狱之门》之门顶上的主像,后放大三倍,约二米高,成为独立的作品。这是一个强健有力的男子汉,他低着头,撑着下颏,弯身前倾坐在岩石上。他那紧蹙的双眉,沉思的目光,敛缩的嘴唇以及紧握拳头抵触嘴唇的姿态,表现出一种苦闷痛苦的心绪,在为人类的一切苦恼冥想。这个"思想者"是以但丁的形象为蓝本:他注视着下面所演的悲剧。他同情、怜爱人类,但又无法对那些罪犯下最后的裁判。从他身上看到的那一股亟待迸发的巨大力量,和下面形形色色的人类罪恶,构成了一对矛盾。这是但丁悲剧形象的化身,也是艺术家个人思想的寄托,是罗丹借助但丁这一形象对法国现实社会的深沉思考,这个《思想者》已超越了那个消瘦的苦行者但丁,按罗丹的说法,他不是梦幻者,而是创造者。真理标准的讨论和党的十一届三中全会以后,罗丹的《思想者》是我国人民熟悉的形象,这是因为我们太需要对建国以来"左"的思想和做法,尤其"文化大革命"那一场浩劫进行深刻而痛苦的反思,要对整个中华民族的旧文化传统进行持久而艰难的批判!《思想者》给人们带来的想象力不仅超越国界,而且穿透历史。

而罗丹的另一大理石雕像《沉思》是以艺术家的学生、女雕刻家卡缪为模特做成的,只凿出一个头部。她年轻、秀逸、聪慧,低垂着头,张开眼睛,紧抿着嘴唇,她的下颌紧紧抵在下面的方石块上,头上戴着一顶布列塔尼地方的帽子。黑格尔曾经说过,人的面部表情最重要区域中于眼睛以上到眉弓和额头,这区域是最重要的精神生活区域。《沉思》正是着力表现这一区域。葛赛尔写道:"这是一个非常年轻、神秀,面目俊美的女性头像。她低着头,周围萦绕着梦想的气氛,显得她是非物质的。头额上帽子的边缘,好像她的梦想的羽翼一样;但是她的颈项,甚至她的颔部都在一块粗大的石头上,好像夹在不能摆脱的枷板中一样。""这样的象征,自然为人了解。不具形的'思想'在静止的'物质'中花一般的吐放出来,而且用辉煌的光彩照亮了这物质;但是她丝毫没有办法摆脱现实的沉重束缚。"①《沉思》给我们带来的想象不仅是自由的,而且是深刻的:粗石代表一种现实力量,像枷锁一样的残暴力量,而少女俊美的脸是在冷酷现实折磨下顽强地锭开着美丽的花朵。任何有价值的思想无不是在现实力量的枷锁中产生的,无不是在现实力量的炼狱中成熟和冲出炼狱的,又无不以其辉煌的光芒普照万物,给予现实生活以生机和活力。

三、唤起特殊的审美情感

雕塑由于其观念表现的纯粹性、象征性,因而作品最细微的地方被不断地归结到艺术家所要表现的中心思想上去,并和它紧密结合在一起。如果没有十分强烈的思想和感情上的努力,这是做不到的,艺术的整个美都来自艺术家在宇宙中得到启发的思想和情感。而且,艺术家的思想和情感愈丰富,就会感受到世界上的一切,如每一个活的有机体,甚至无生命的云彩、流水、风雨、山峦都会向他倾吐秘密。同样,艺术家凝聚在雕塑作品上的强烈的思想感情也会唤起观众与之相适应的特殊的审美情感。

古希腊著名雕刻《拉奥孔群像》引起许多专家的争议。拉奥孔是希腊神话中特洛伊城的祭司,他警告特洛伊人勿中希腊人的"木马计"而触怒神灵,他与两个儿子同被巨蛇绞死。群像深刻表现了

---

① 《罗丹艺术论》,第88页。

第十三章 雕塑与美育

他们被蛇缠身的极度痛苦,整个群像是金字塔式的稳重结构,人物四肢与身躯富有节奏变化,蛇的律动与手臂交错形成造型对比。拉奥孔身躯急剧向后躲,双手擒握巨蛇,正作生死搏斗,他的身躯因动作激烈而扭曲,全身肌肉紧张而寸寸鼓起,胸部高拱扩张,腹部紧凹紧缩,似乎在努力抑制痛苦,又像是呼吸临乎窒息。拉奥孔的长子虽遭蛇缠卷,但情况不甚危岌,他正欲抽出后腿用力摆脱,他关切地注视父亲,并为父亲的惨状惊痛不已。拉奥孔幼子已被巨蛇卷起不能稳立,他举起的左手似乎在呼救又似在缓气,其右手则无力地擒住咬住他的蛇头,脸上已被死亡的恐怖所笼罩。但在群像中的拉奥孔并不是在惊呼,这引起人们争论。因为人们想象自己处在拉奥孔的地位必然要惊呼;并且人的本能也会这样做,这是由于生理上剧烈的痛苦和恐惧,使人沉默忍受的一切反省思维会被排挤在意识之外,自然的本能会发出惊呼。文克尔曼把拉奥孔说成是斯多噶派了,认为拉奥孔矜持自己的尊严,不屑于随自然的本能惊呼。莱辛以纯粹美学的理由代替了心理学的理由,认为美是古代艺术家追求的法则,不容许有惊呼这种表情,因为惊呼会使面孔扭曲,令人恶心。叔本华认为雕刻艺术无法表示惊呼,人们不可能从大理石中塑造一个惊呼着的拉奥孔,而只能雕出一个张着嘴的、欲呼不能的拉奥孔。如果要雕塑惊呼,那是十分勉强的,会破坏一切面容轮廓和其余表情手段。但是无论如何看法,都无碍于人们的观赏,群像对任何有良知的观众,都会唤起同样的情感:对奥拉孔父子的悲剧深表同情和怜悯。

纪念性的雕塑在雕塑中占有很大的比重,由于它的形体庞大,体量厚重,形象简洁、单纯、稳定,强烈地刺激着人的意识。因此使人瞬间就会产生某种特殊的情感,留下永恒的记忆。著名的法国雕塑家扎特金在1953年为荷兰鹿特丹市完成一座青铜制的纪念碑雕像《被毁灭的城市》,并开创了现代纪念碑雕刻的范例。据作者自述,这件作品是"对野兽般的非人道行为充满憎恨的呐喊。"为抗议法西斯对城市的狂轰滥炸,作者选择了一双手伸向天空的呼喊的人物,而且选择了一个比较开阔的空地,使用了同雕像等高的基座,这是因为雕刻的内容与天空直接有关,需要天空参与一起完成对主题的表现。扎特金出于对传统美学的反叛,以外科医生的果断,把雕像的胸部给剜下来,但其空间与伸向天空大声疾呼的头部,都以明快的构成和均衡和谐的动势,给人以真切之感。这件象征性的作品,打破了通常对纪念碑雕像的观念,大胆探索更为简明通俗的雕塑语言。雕像形体与棱线互相缠绕,块量和空间互相交织,既富于韵律节奏,又自由流畅;既夸张变形,又不失其真实和内在结构的准确。大刀阔斧的切面所形成的几何形体的块面,由于传达了激越的感情,避免了无机冰冷的堆砌。雕像螺旋式向上扩展的空间,简洁概括的形式,引发人的丰富的联想,仿佛许多受迫害的和平居民惊天动地向天空呼喊,唤起人们对法西斯轰炸暴行的无比憎恨的情感。

以头像作为纪念碑最著名当数美国的南达科他州西南部海拔1829米的布莱山区中,一座山峰上刻凿着美国历史上卓有功勋的四位总统——华盛顿、杰弗逊、林肯与罗斯福的石雕头像。这就是《拉什莫尔国家纪念碑》。利用拉什莫尔山峰雕刻几个伟人以供后代瞻仰,是南达科他州的史学家多恩·鲁滨孙于1923年倡议的。1924年,他邀请美国著名画家和雕塑家格桑·博格伦参加这项设计。1927年8月,美国当任总统库利奇主持了这件作品的开工典礼。工程持续了14年,耗资百万美元。在山岩上"雕刻",实际上很少去雕凿,而是采用基点定向爆破并用钻机和炸药在预定的线位上作逐段碎石的方法进行。在打眼装药时,都必须事先计算好留出十几厘米厚的保留层。此外,还得炸掉多余的岩石,使山峰的全貌能呈现纪念碑的轮廓。当大面积去除岩层后,再用风镐凿去头像保留层,然后,在细节和关键之处还要用凿子与锤子进行雕凿。进入第三道工程时,还要用小汽锤打磨平并修整。整座纪念碑被炸掉的碎石竟达45万吨之多。工人们每天都要爬760级阶梯登上山顶,在简易的绞车上,冒着酷暑严寒、狂风飞沙,一锤一锤地向坚硬的花岗石开战。可惜,1941年3月,格桑·博格伦不幸与世长辞了,遗愿由其儿子林肯·博格伦于八个月后完成。这四座头像每座高约18米,以高浮雕写实的手法,突嵌在高大的山峰上面,每个头像的总面积约20平方米,其中鼻子长约7米,嘴的宽度为2.6米,眼睛1.5米,四尊头像充分展露其凝练的神态、高瞻远瞩,炯炯有神。在蓝天白云的映衬下和山林叠翠的烘托着,显得格外庄严,在这巨像面前,人们对伟人的敬佩之情油然而生,并马上联想他们为美国作出的四大业绩:创建国家、政治哲学、捍卫独立、扩张与保守。这是对美国人民进行美国精神的教育最好不过的素材,作为四大业绩的永恒象征的四位总统的头像,以其山峰般庞大、简洁、厚实和沉重,迫使你接受它的影响,在你心灵深处引起震撼,而使情感喷涌而出。

第十四章 建筑与美育

建筑和绘画、雕塑并称为三大空间艺术或三大造型艺术。它在其特殊物质材料和技术的基础上建立的形体构造所体现的造型美,概括性地反映一定时代、一定社会的性质和精神面貌。建筑以其各种因素和特色给人以一种曲调或旋律式的审美感受,影响人们的思想感情和行为规范。

第一节 建筑的审美特性

建筑的样式多种多样,住宅的式样恐怕不下几百种,如非洲的草房,阿拉伯的土拱,西班牙的小楼,北欧的尖顶房,蒙古的毡包,北京的四合院,闽西的土楼,西双版纳的竹楼,西藏的石碉楼……公共性的、纪念性的建筑样式更是不计其数了,如埃及的金字塔,希腊的神庙,罗马的角斗场,印度的石窟寺,中国的宫殿坛庙陵墓,欧洲的基督教堂,阿拉伯的伊斯兰教大寺,中国和日本、东南亚的佛寺佛塔,法国的官府邸宅花园……还有近、现代的摩天大楼、展览馆、体育馆、巨跨大桥、火车站、航空港……尽管式样不同,风格各异,却有共同的审美特征。

第十四章 建筑与美育

一、艺术性和实用性

拉丁文"建筑"这个词的原来含义是"巨大的工艺",古代技、艺不分,故"建筑"一词可理解为巨大的技术或巨大的艺术。恩格斯说,在原始社会末期就有"作为艺术和建筑术的萌芽",[①]建筑艺术的感染力,主要来源于环境、序列和建筑本身的比例、尺度、韵律,同时还可以借助其他门类艺术给予加强,如雕塑、绘画(主要是壁画)、园艺、工艺美术,甚至音乐都融合到建筑艺术中去。例如,著名的雅典卫城中的巴底隆神庙(也称"雅典娜神庙"),建于公元前4世纪,其中有大量的雕塑,分为三大部分:东西两面人字墙上的雕像、饰带浮雕和回檐浮雕。光就饰带浮雕有500个人物,100多匹马,共长159.56米,高1米。文艺复兴时期罗马西斯庭教堂的天顶画和教堂祭坛后的大墙上巨幅壁画《最后的审判》是米开朗琪罗绘画艺术丰碑。西斯庭天顶画以圣经《创世纪》为主线,绘画面积600平方米,人物有几百个。天顶画的装饰图案全部绘以建筑结构的样式,与教堂的实际建构结构取得和谐。在拱顶上按照它的长矩形(全长40米,宽14米),在中央分割成九个画面,分别描绘出《神分光暗》、《创造日月与动植物》、《创造水和大地》、《创造亚当》、《创造夏娃》、《原罪、逐出乐园》、《挪亚祭献》、《洪水》、《挪亚醉酒》等九个主题。周围再以建构结构等柱壁装饰,把每个画面分隔开。这幅由米开朗琪罗独自完成的巨作,用了4年5个月时间,在将近200平方米的祭坛后的大墙上,他绘出了数以百计的等身大小的裸体群像。壁画的内容也是圣经上的传统题材,按基督教义说,耶稣被钉死后复活,最后升入天国。他在天国的宝座上开始审判凡人灵魂,此时天和地在他面前分开,世间一无阻拦,大小死者幽灵都聚集在耶稣面前,听从他宣谈生命之册,订完善恶。凡罪人被罚入火湖,作第二次死,即灵魂之死,凡善者,耶稣赐他生命之

---

① 《马克思恩格斯选集》第4卷,第22页。

水,以求灵魂永生。除了常见的利用雕塑和绘画装饰建筑,使建筑更富有艺术性,音乐也有利用来与建筑融为一体,如佛教寺庙的晨钟暮鼓,基督教堂里圣歌《哈利路亚》,等等。

但是,建筑无论如何具有艺术性,它首先是人类生存的物质环境,从开始为了防寒去暑,荫蔽安全,到讲究舒适、宽敞,再到艺术上精神享受,几千年来,建筑的实用功能与审美功能,技术性与艺术性总是结合在一起。而且首先要考虑满足实用要求,炎热地带的建筑通透轻盈,寒冷地带的建筑壮实敦厚;我国南方多雨地区的屋顶陡峻,底层空敞,而北方干旱地区则常用平屋顶和半地下室。不能设想一所通风不良,朝向不好,潮湿阴暗,格局紊乱的住宅会给人以美感。即使艺术性比重很大的建筑物,比如展览馆、歌剧院、大会堂、歌舞厅、高级宾馆,如果用起来别别扭扭,也会被讥为"华而不实"。相反,如果功能处理得当,住起来很舒适,即使外表相对简单,也会给人以美感。

雅典卫城是建立在高出地面70米的台地上,主要建筑是山门和三座神庙,是当时的著名的执政者政治家伯里克利委托建筑师伊克提诺斯和菲狄阿斯监督建造的。三座神庙分别是位于北面的巴底隆神庙和厄勒克西奥神庙(供奉海神波赛冬),位于南面的小规模的胜利女神尼凯庙。卫城根据山势和祭祀活动路线,自由错落地布置建筑物和大量有助于人的感情迸发的雕刻,既可远望又可近观。神庙的建筑在风格上表现了明朗和愉快的情绪,四周的柱廊与入口处是敞开的,供人进进出出,走来走去,随意游憩,不使人与世隔绝。其建筑立面的尺度适当和谐,看不出有什么争高出奇的东西和人为造成的神秘色彩。倘若巡视,眼睛用不着刻意抬起来去看,却自然而然的被正面的宽度吸引住了。巴底隆神庙是希腊古典时期最完整的建筑形制,它作为纪念碑耸立在卫城上,就像卫城耸立在雅典城市中一样宏伟壮丽。这座神庙每四年要举行一次祭祀雅典娜节日,全城自由民都聚集到卫城西北角广场上,准备参加游行。这天,雅典的少女们要以整个国家的名义向雅典城的保护神雅典娜奉献她们所织的无袖外衣。游行队伍先环绕卫城一周，然后从西面进入卫城，首先通过凯旋门（即山门），便见到高达10米的雅典娜铜像（菲狄阿斯所作）。她英姿飒爽地兀立在卫城的西北方，是整个卫城建筑群的中心。再往前走，庄严肃穆的巴底隆神庙的西门就展现在眼前。当旅行队伍沿着巴底隆神庙的柱廊环顾一周时，会受到其中长长的加檐浮雕与饰带浮雕的形象的感染。旋即又在北面看到了另一位颇有特色的海神庙的精致雕刻。

  卫城的布局和神庙的设计是为人们实用的目的服务。卫城是祭祀庆典场所，宗教文化中心，它代表整个城邦全体公民的利益，任何公民都有权享受宗教祭祀的自由平等权利。所以，它是神庙，却处处表明人的存在，十分重视人的价值，并不想表现超人，把某个个人神秘化，从而在建筑风格上与专制主义的古埃及、罗马帝国截然不同，集中体现了平民阶层的自由民主意识。

  上述的巴底隆神庙饰带浮雕的安排处理也与实用性分不开。浮雕是反映每四年一度给雅典娜献衣的节日大游行。巴底隆神庙的正门是在东面，而浮雕上游行行列的开始部分却在西面的南角，自右朝左，转向北面，一直前进，转入东面。另外一游行行列则在南面的西角，由左朝右前进，直到东角，转入东面。而东面是祭司、长官、少女围着众神，特别是雅典娜女神是游行队伍目标所在。设计者考虑到，饰带浮雕表现节日行列如何避免首尾都集中在东面的缺陷才作这样的处理。尽管神庙正门在东面，但卫城的入口处是在神庙西面，观者一般都是从西面进入神庙，这样，他无论如何观赏，从左从右，情节都是从低潮到高潮的趋势，而到了东面，就会看到整个队伍最壮观的一幕。而西斯庭教堂的天顶画和壁画，就米开朗琪罗的意愿，是通过每一个画面和壮美的裸体形象来赞美人性与人的肉体美的宏伟，蕴含着对人生欢乐与创造力量的肯定。但就教堂的主人教皇朱理二世而言，这些绘画艺术是为渲染教堂神秘、森严的气氛，为他们宗教活动所用的。《创世纪》的天顶画，形象地向人们说明上帝如何创造万物的。而《最后的审判》的壁画的主题，是几乎所有教堂里都要宣传的，是说人死后凡行善者升天堂，凡作恶者入地狱的因果报应。

二、空间延续性和环境特定性

19世纪的哲学家、美学家称建筑为"凝固的音乐"，像谢林、许莱格尔、歌德都这么认为。歌德说，在罗马的圣彼得大教堂前广场的椭圆形柱廊里散步，好像在享受音乐的旋律。我国老建筑家梁思成在观赏北京天宁寺塔之际，为它的竖直方向的韵律所打动，谱成一首乐曲。这种比喻与观赏建筑带来的音乐灵感，是因为建筑本身空间具有延续性。建筑以巨大的形体给人们的感官以感觉和接受，建筑的感知和领悟，是人们在观赏的运动过程中，随建筑空间的延续而逐渐铺陈开来。建筑艺术欣赏，在室外如果在一个视点只能看到它的两个面，如果是坡层顶，也只能看到3个面；在室内则至多只能看到5个不完整的面。但一所最简单的建筑，从室内到室外至少有11个面。人们必须不断地移动自己才能陆续看完它。因此在欣赏时必须由远到近，从外到内，还要回绕重复，最后终结。在这个过程中，酝酿人的情绪，加深印象，达到高潮，留有余味。建筑艺术的空间序列的上述处理，有如交响乐的序曲、扩展、渐强、高潮、渐弱、休止。

建筑的形式中的韵律感同音乐的和谐有共同的规律。建筑的空间序列由窗、柱、门等构成，它们组成天然的节奏。这些节奏有规律的变化和重复，就给人以韵律的感觉。音乐的节奏也是有规律的变化和重复，二者都有相似的数的结构。而建筑的外观的风格和个性，更是与音乐的旋律有共通点，旋律是乐思的灵魂，和其他音乐要素（和声、节奏、音色等）比较起来，旋律最富有个性色彩，也最为风格化。不同的国家、地区、民族、时代，不同个性的作曲家，就会创造出不同风格的旋律。建筑的外观恰如音乐旋律那样富有个性色彩，有不同的风格。

欣赏者如感受音乐般的时间延续,在欣赏建筑中这种时间延续与建筑自身的空间延续是相一致的。如北京的故宫,一座座殿宇建在明确的中轴线上,这条闻名中外的中轴线,从北京城南端永定门向北,经过正阳门、紫禁城、景山到鼓楼、钟楼,最后收北城墙。长达 7.5 公里,纵贯城市南北,成为城市的骨干,城市大小宫殿和最重要的建筑都沿着轴线布置,组成一体。故宫的殿宇正是在这中轴线贯穿下,层层递进,有起点和结尾,有迭起的高潮,就像一篇交响乐章,具有连续不断的空间序列。从正阳门到天安门前,曾经有一条狭长的千步廊,正是这首壮丽建筑的乐章前奏(民国时拆除了千步廊,"文革"中拆除了北京城墙,梁思成形容城墙是北京城颈上珍珠、宝石、项链)。走完千步廊是天安门,进入端门、午门、太和门,建筑乐章开始进入高潮。在太和门和太和殿之间,突然变得十分开阔、辽远,无论在深度、高度方面,太和殿都超过任何一座殿宇。这种形体的空间变化,足以烘托太和殿的神圣崇高。在太和殿后面还有中和殿、保和殿,这三殿是皇帝行使权力的地方,占据故宫中最重要最广阔的空间。后三宫和三大殿比较起来,显得布局紧凑,建筑体量适中,院落深邃。殿宇周围还有大量连续不断的、较为低矮的配房。故宫中一组组房屋有机结合的院落,有的横长,有的纵深,有的空阔,有的狭长,一收一放,一紧一弛,这种空间节奏、旋律就像交响乐中有快板乐章,有慢板乐章,有奏鸣曲,有三段式,有变奏曲,有小步舞曲或谐谑曲。优秀的建筑师都十分重视空间序列的展开,尽量延长欣赏者的时间流程,用时间烘托空间。这样,由空间而时间,由静态的三度实体而动态的四度感觉,在这个时空交比的过程中,人们获得了审美感受。

建筑或建筑群不仅自身具有空间延续性,而且又要与外部环境处于特定的、和谐的关系中。建筑与其他艺术不同在于它不能移动或难以移动,戏剧可以换个剧场,舞蹈可以换个舞台,绘画可以换个展室,而本身艺术价值却不会因此减损。建筑物基础一般深扎地下,体重巨大,一旦建成无法移动。因而,环境的选择是十分重要的,正如红花要有绿叶扶一样,建筑必须置于特定的环境中,才具有审美价值。欧洲的哥特式教堂,置身于中世纪狭窄曲折的街巷中,充分体现出飞腾向上的气势,如果在它周围耸立起一群摩天大厦,就会变成小玩意儿。峨嵋、九华、普陀、武当、青城等名山寺院,必须放在山回峰转、古松翠竹的掩映下,才显出幽雅清静,如果把它们搬到喧哗的大城市中,就一点味道也没有了。

在欧洲,雅典的卫城可真是艺术与环境相统一的典范了。它建立在险要的岩岛上,岩岛面临大海,背依蓝天,希腊人充分利用这优美的地理环境,把城内建筑建在岩岛最高处,在沿坡而下的低处砌上围墙,这样从山上可以俯视雅典全城,从山下可以仰观全部建筑,无论从哪个角度,都能欣赏到卫城的雄姿。

美国现代建筑大师F·莱特在本世纪30年代设计和建造的流水别墅,是现代建筑中艺术与环境相结合的典范。根据莱特的"有机建筑论",即认为建筑应该是自然的,如同植物一样,是大地的一个基本和谐要素,从属于自然环境,他把别墅建在山林美景之中。流水别墅建在美国宾夕法尼亚州匹茨堡市郊区,莱特把它轻巧地摆放在喧腾的溪水上,充分利用自然环境,使建筑物与自然环境融为一体,相互映衬,相得益彰。建筑物形体以一道洁白光滑的横向平台和色暗粗糙的竖向石墙互相穿插,结合随时变换的光影,形成参差起伏的构图;有的部位用坚实的大墙封闭,有的地方又安装了大片的玻璃门窗,把户外的风光引导入室内。建筑物充分利用山势、林木、山石和流水等自然因素,整体疏松开放,与自然因素相互融合、相互渗透,显得自由生动。别墅依靠钢筋混凝土结构的悬挑特点,使每层平台如同飘浮的盘子一般悬在山岩间,手法出乎意料。莱特以灵活多变、别出心裁的独特构思震撼了建筑界,为自己、也为世界建筑建立了一座不朽的纪念碑。

坐落在澳大利亚悉尼市贝尼朗岛的悉尼歌剧院,由于造价比原初的估算多出十几倍而引来毁誉参半的争论。但从建筑的艺术效果看,它是在特定环境中最富吸引力的现代化建筑,那白色的壳片在蓝天、绿树和碧海的映衬下,显得异常新奇诱人,远远望去,似片片白帆,又如白荷盛开,一派诗情画意,令所有的游人为之心驰神往。悉尼歌剧院设计方案是1957年通过国际竞赛选定的,由丹麦建筑师伍重中选。贝尼朗岛三面临海,南面与陆地相接。建在这里的歌剧院没有主次面之分,可以从各个角度欣赏这雕塑式建筑。伍重从日本古代建筑的屋顶中得到启发,不但做到建筑的四面富有感染力,而且从空中或不远处高高的悉尼桥上看去也堂皇壮观,这就使其屋顶成了第5个"立面",而且是重要的立面。屋顶是高高尖耸的白色壳片,形若贝壳。八个壳屋顶分成三组:一组覆盖音乐厅,一组覆盖歌剧院,另一组覆盖贝尼朗餐厅。整个歌剧院是以两个演出大厅为中心的多功能建筑群。由于悉尼歌剧院与环境的有机结合,引起人们各种遐想。伍重说它来自球面,如同伸展的鸟翅,人们如果从飞机上俯瞰或乘游艇观光,却像一艘正要出海而扬起白帆的大船。还有人把它看作贝壳和花蕾。现在这座剧院不仅成为悉尼市的象征,也是当代世界新型薄壳的典型范例。1998年仍被评为世界十大建筑之一。

三、纪念性和象征性

建筑运用的材料大都是坚固、耐久的,造型巨大触目,工程投入费用很大,一旦建成,除非地震火灾或战争破坏,它总是要长期保留下来,作为建筑文化,反映了那年代和民族的历史风貌,是那个民族的历史性纪念碑。古埃及的金字塔是最富有纪念性的建筑之一,位于开罗近郊的吉萨建筑群是其中最杰出的代表。吉萨金字塔群建于公元前2732—前2563年,主要有胡夫、哈夫拉、孟卡拉三座金字塔和斯芬克斯像。相错布置,各个角度都有奇妙图景。这三座塔都呈巨大的四方锥体,用大块石材垒砌,原来的表面还镶砌一层豆青色花岗石,后经日晒雨淋,今已崩塌殆尽,唯有卡夫拉金字塔的尖顶还留下一小块。三座金字塔的间距约$\frac{1}{3}$公里,呈正方向排列,正对东西南北四方,也都有通道使塔下的宫殿与尼罗河岸的小庙相沟通。这些金字塔全部建在尼罗河西岸,人所居的地方在东岸,这和我国民族的习惯一样,视西方为死亡的方向。国王(法老)死后,要把遗体制成干尸(木乃伊),然后用船运过尼罗河,进入河岸的小庙,再沿通道送进祭庙,停放一段时间,最后才进入金字塔内。最高的是胡夫塔,塔原高146.4米,底边长230.6米。由于几千年的风雨侵蚀,高度减至137米,相当于一座40层摩天大楼,至19世纪末,它一直被认为是全世界最高的建筑。金字塔几何形体的单纯、简洁、稳定、庞大、坚实的特点,简直就是一座纪念碑。低矮的祭堂密集一片,如砂的驼队缓缓移动,在高耸雄伟的金字塔下显得十分渺小,人们在其面前只能仰视,从而产生肃穆庄严的感受。

巴黎埃菲尔铁塔则是现代社会的纪念碑。它是法国政府为纪念法国革命100周年,筹办世界博览会而兴建的。它是内桥梁工程师居斯塔夫·埃菲尔设计的,塔高300米,比埃及金字塔和罗马圣彼得大教堂的穹隆顶高出一倍。塔重达10000吨。塔的底部是四个半圆形拱,造型既稳定又觉美观。构架虽繁,却富有节奏感。它的整体造型是挺拔向上,到中间一层,铁架突然收缩,形成窜天的雄姿,因而要求电梯也须沿着曲线上升。新式的电梯每小时可以把1800人送上塔顶。如此宏伟的建筑的耗费要比金字塔和教堂省时、省钱、省力得多,只用几个月就落成了,它利用了关于金属拱和桁架的受力(包括风力)情况下发生变化的先进知识,它的建成是对土木工程和建筑设计上的一次革命,一次知识更新的检验。在巴黎,你无法躲过这座铁塔,人们从巴黎的每个角落都能看到它。除了罗马的圣彼得大教堂外,欧洲还没有一个大都市,是那样地在视觉上被一座单独的建筑物所控制。成千上万参观埃菲尔铁塔的人,都为埃菲尔铁塔所体现的新时代的情感所震撼。它是太平盛世的预言者,正如19世纪准备顺利过渡到20世纪一样。而且以它的高度、结构的大胆、材料的更新、建造的速度,道出了欧洲统治阶级对技术的指望，对拥有无限权力控制世界和它的财富的指望。铁塔一夜之间成为巴黎的象征，而且宣告"这个光辉的城市"成为现代主义的都市。新巴黎的中心就是埃菲尔铁塔。

　　中外古今的建筑都把象征意义作为建筑审美的重要内容，但东西方民族探索的方向却不同。西方人主要是借建筑造型本身的特征来发挥某些主题，而东方人（印度、两河流域、中国等）则除了借造型本身的特征以外，同时更重视利用环境渲染气氛，再辅助以明确的具象手段（雕塑、绘画、匾联、碑碣等），使象征的主题更明确可信。承德避暑山庄始建于康熙四十三年（1703 年），到乾隆五十五年（1790 年）完成，历经 80 载，共有建筑 120 组（座）。山庄占地 8000 多亩，$\frac{4}{5}$ 是山地，平原和水面只占小部分，这种比例恰似一幅传统的中国山水画。10 万平方米的建筑，充分体现了中国伦理思想内容。它移天缩地，把全国各地有代表性的寺观、园林和名胜经过剪裁，略师其意，移植于山庄一隅。在湖区有代表江南水乡的江浙名园，平原草地有蒙古族的马场、毡房，山间筑有仿自泰山碧霞元君祠的广元宫，有仿万里长城造型的宫墙象征国土边陲，加上融合了蒙、藏建筑特色的外八庙，象征着中央集权统治及多民族统一的国家特点。在具象象征的基础上，还有进一步的无限抽象概念作为象征内容，也就是数的时空含义，像康熙、乾隆各题名的三十六景，共 72 条，就附会了道家所谓天下有三十六洞天，七十二福地的说教，也表示其无限的富有。山庄园外建造了 12 座寺庙，其中较好的有八座，通称外八庙。总体布局上，多采用前阛佛教禅宗寺院的"伽蓝七堂"制度，有明确的中轴，对称排列；后半则采用喇嘛教特有的建筑或供奉密宗佛教的殿堂，整体自由松散，随山就势，甚至以山为基座，突出建筑形象，从而打破了中国传统建筑以水平线为主调的构图形式，丰富了立面轮廓，在建筑造型上，有纯用汉式建筑的，有纯用蒙、藏建筑式样的，也有二者兼有。这些庙宇的设计原则是康、乾奉行团结各民族，维护国家统一的政策，所以大胆地融合了汉、蒙、藏等不同民族的建筑风格和手法,进行总体布局、建筑造型和装饰细节的设计,给人以联想、认识的象征含义。

用有形的建筑实体表现无形的天宇,用具象的造型阐述抽象的概念,是天坛的艺术成就。天坛的主人是天神,这是虚无而又神圣的"存在"。人们相信,至诚之心能够听到天神的召唤,赢得天神的恩赐,天坛是"天人感应"的实践地、祭天之所。天坛处处有象征,这种浪漫主义的追求的根基是董仲舒的"天人感应"到张载的"天人合一"的传统文化精神,是封建礼教和理性意识。占地280公顷的天坛,任何一角都为再现"人间天堂"而存在。两重环绕的围墙,平面接近正方形。北面两个角抹成圆形,南侧则保持直角,象征"天圆地方"。园内 $\frac{4}{5}$ 的土地被苍松翠柏所覆盖,一派宁静、肃穆。中轴线上有主要建筑祈年殿、皇穹宇和圜丘,在它们之间有一条高出地面四米的通道,称丹陛桥,象征通天之路,路旁四周浓郁的树丛簇拥着一层层汉白玉的殿基。走在丹陛桥,宛若遨游于云端宫阙俯览尘寰。圜丘是白石砌的三层圆台,洁净晶莹。其外有两重压低的矮墙,从尺度对照上衬托出圜丘的崇高宏伟,从视觉上把祭祀空间扩展到林野之中,十字对称的造型象征着绝对稳定的天极,平展的台面是窥天之窗,圆是天的化身。祈年殿以单座建筑震撼人心,下为三层圆形白石台基,上有三层湛蓝的屋檐,攒尖瓦顶托举着金光熠熠的鎏金铜宝顶,直冲云天,周围是一片空旷,更凸显其冲势。上升的祈年殿与圜丘恰成对照,二者结合则代表天的崇高、纯洁、浓烈和清淡。天坛中还有大量数字说明某些观念,如用奇数(古人以奇数为阳数)代表属阳性的天,祈年殿的二十八根柱子包含了四时、四季、十二时辰、十二月和二十八星宿,等等。

现代主义建筑也极具象征性。第二次世界大战以后最早引人注目的象征性建筑要数瑞士的朗香教堂(1953年),这是法国建筑师勒·柯布西耶设计的。教堂很小,只能容纳二百多人,但其设计却是奇特的。教堂的平面是自由的,没有任何规律可循。除了几个小房间外，基本没有什么明确的房间分隔，所有的墙壁几乎都是弯曲的，有些甚至还歪斜着，室内顶棚如同翻腾于头上的波澜，置身于其中，会觉得一切都在流动。它的立面也是自由的，没有规律。各个面的形象差别很大，人们无法通过一个面来猜想其他面的样子，只有走遍每一个角落，才能认识它的真实面目。倾斜的大墙上散布的一些形状各异、像堡垒射孔的小窗洞，大大小小，有疏有密。它的屋顶由两片向下卷曲的钢筋混凝土薄板相叠而成，在边缘交汇处又向上翻起，并且自东向西倾斜。由室内的三个神龛造成的三个半圆柱形"塔"高高地伸出屋顶，给躁动不安的形体更增添一股冲天的气势。勒·柯布西耶塑造出这个极度歪扭、极不规整的建筑形象，按他解释说，人在教堂里祷告，希望上帝听见自己的声音，因此他把这座教堂做得像听觉器官中的软组织模样，以象征人的声音由此传到上帝那里去。朗香教堂给人们带来无限的困惑，只能通过蕴涵在其中许多带暗示性的手法去认识它，对其总体形象，人们联想到浮动的鸭子、行驶的轮船、祈祷的双手和修士的帽子；那坚实厚重的体积表明它是神灵赐予的庇护所，那翻卷的屋顶指示着上天之路，透进道道昏光的窗孔则是神的眼睛……

第二节 建筑的美育功能

建筑美的形态结构以及象征意蕴所给予人们的相应心理反应，通过长期的经验积累会逐步内化为自身的审美能力，它对于人的审美心理结构的塑造和完善有其特殊的功能。

一、培养空间审美感受力和想象力

建筑是人类将自然界改造得符合自己的需要而作出的一项重大创造，它是人类自己必不可少的生活环境，因而与人的生活存在着天然的密切的联系。随着人类实践的发展，人们新的需要不断产生，建筑随物质技术的进步，越来越具有审美的价值，并以它巨大的体积迫使人们接受它体现的意识内容的影响。人们一旦进入某一新接触的建筑,其感受力和想象力必定被激活起来。一幅画或一尊雕塑在眼前,我们可以不看悄然走过,但建筑却非看不可,因为观赏者要么被它巨大的形象所压倒,要么置身于它庞大的空间里,你不可能闭起眼睛超越它,只能随建筑空间的序列展开,不断感受其内涵并产生想象。例如前面所述的北京故宫,它以严谨的中轴线布局,有前序,有过渡,有高潮,有结尾,十几个院落和几百所殿宇纵横穿插、高低错落,再加上强烈对比的色调和各种装饰物的烘托,把皇帝的权威渲染得淋漓尽致,亲临其境时自然会产生对于皇权威势的感受和联想。或者原先不是为着审美活动的,只是因为工作或寻亲访友而进入你从未见过的特有的风格的建筑,建筑也会"强制"你感受它的魅力,如在单位里住平房的人去寻访住在北京四合院的朋友,就必须先穿胡同,进大门,绕影壁,过前院,再进垂花门,走过抄手游廊,才能进正房;而正房又有明厅暗房,房中又有前罩后炕。这些都会唤起人们的审美感受和想象。

不同的自然地形地貌,它们与建筑的不同配合关系,大建筑群的不同组合形式所构成的观赏序列,以及单座建筑的外观、体量、风格,它的楼层、房间、门、窗、天花板等比例、尺度、韵律,还有其他艺术的装饰等,都可以形成不同的审美感受。如中国的宗教建筑,大抵是依山傍水,给人一种庄严、肃穆的感受,容易诱发人们想象力,似乎到达了仙境,与天神进行心灵的沟通。而故宫的建筑正是依靠富有节奏感的群体组合,三大殿的庞大和金色涂料、龙凤装饰,与周围大批低矮配房的对比,给人一种封建等级森严和皇权至高无上的感受和想象。从单个建筑看,哥特式教堂内部结构予以人的感受和想象是独特的。

例如,建造于1163—1239年的巴黎圣母院采用拉丁十字式平面和不同于集中式建筑立体构图,在正面竖立起强有力的塔楼,并用巨大的圆花窗、大门和十字交叉点的类塔强调入口的主导性。整个建筑布满竖向线条,屋顶、塔楼和扶壁,它们全部采用尖塔或尖状券作顶;门窗设计成狭长的尖拱形,屋顶部位的构架是垂直向上而聚成的一束,所有大大小小的矢状尖塔与券肋,像一个个飞向天空的箭头,直线上升。内部的扶壁与矢拱,给人以轻盈、灵巧和宽敞的感觉。这种布满教堂的竖向线条,使人产生动感,人们看方柱一直向上,方柱变成细瘦苗条,高到一眼不能看遍,眼睛势必向上转动,左右巡视,一直看到两股拱相交成微微倾斜的拱顶,才安息下来,就好像心灵在虔诚的修持中起先动荡不宁,然后超脱有限的世界的纷纭扰攘,把自己升到神那里,才能得到安息。教堂内的色彩也富有想象力。窗房是嵌着半透明的彩画玻璃,玻璃上画的是宗教故事,有时只涂上各种彩色,用意是使外面射入的光变得暗淡些,让里面的烛光显得更亮些。因为教堂照明的不应该是外在自然界的光,而是另一种光。这种色彩诱使人们暂时忘掉苦难的现实而沉浸在对天国的幻想中。教堂外部形状所显示的风格是昂然高耸,在一切方面都表现尖角,努力向最高处飞腾,迸散为一层高一层的尖顶。巴黎圣母院原设计高度是30米,至19世纪时,著名的建筑师维奥莱·勒·杜克又在其上设计加建了一个高约106米的塔尖,使巴黎圣母院总高度达到136米,在众多的尖顶烘托下,简直高不可测,这种连续不断向上升腾流动的韵律,极大地启迪了人们对虚幻的、美好的天国的想象力。

二、培育丰富的审美情感

建筑的实用功能本身就是情感性,人对自身生活环境必然会作出情感反应,宁静、优美的生活环境使人心情舒畅,嘈杂、窄小的空间令人烦躁不安。我们在欣赏建筑或建筑群时,其造型、结构、门窗式样、色调装饰以及园林布置,固然是空间的存在,但欣赏过程却必须伴随时间的流动中展现出它的内涵,这就如欣赏音乐一样。而感情也是运动的,情感也是在时间中呈现自己。建筑是"沾"了音乐那种得天独厚的条件,也能在欣赏它的过程中,它以各种因素、各种特色给你以一种曲调或旋律似的审美感受,唤起人们的情感,传递它所表现的一定时代的社会内容和思想观念。恩格斯说:"希腊式的建筑使人感到明快,摩尔式的建筑使人觉得忧郁,哥特式的建筑神圣得令人心醉神迷;希腊式的建筑风格像艳阳天,摩尔式的建筑像星光闪烁的黄昏,哥特式的建筑像朝霞。"①富有艺术性的建筑引起人的情感反应是强烈的。

埃及的金字塔作为法老的陵墓,是为死人服务的,实质上也是为活着的奴隶贵族服务。站在金字塔前,只有贵族感到自己的崇高、伟大,而奴隶只能感到自卑、下贱。而后人站在它面前,不过是如塔前沙漠中的一粒砂粒,死人是不朽的、伟大的,活人是瞬间的、渺小的。因此,它集中体现了古埃及社会反民主的性质。但是,当我们流连于金字塔四周,仔细品味这庞大的建筑物,听导游的介绍,会为古埃及人民智慧和力量所折服,由衷地产生敬仰之情。最高大的胡夫塔的建造共用 30 年时间,累计劳力约 1200 万工日,每班十万之众,三个月一轮。共用 230 万块大石块,每块平均重两吨半。石块经过打磨,并按照方锥形的体积计算出每一块石头的几何斜度,然后层层垒砌的。这种测量技术之精密难以想象,四个边长只误差几厘米,而石与石之间没有其他黏合物,可是即使用一把利刃也插不进石缝。这些石头是河对岸 14 公里处开采后运至现场,费时难以想象,而其高大和精确性程度令后人惊叹不已,引起人们对其如何垒建产生种种猜测,甚至有人将其归结为"天外来客"之所为。但是,无论如何,我们都为当时在酷日之下,被皮鞭和棍棒驱使的奴隶们深表同情和敬佩。恰恰与幻想权力永存的专制帝王的愿望相反,不仅没有使世代人民屈服其淫威之下,而且,金字塔倒成了人类劳动智慧的最伟大的纪功碑,永世长存。

我们不仅从故宫的建筑群的空间序列,各个建筑间的距离、体积、体量的对比,还从单个建筑内部的色调、雕塑、摆设、装饰中,引发出特殊的情感。在金銮殿(太和殿)内,有金色和绿色两种色调

---

① 《马克思恩格斯全集》第 41 卷,人民出版社 1982 年版,第 319 页。

互相映衬,其中以金色为主(金色是帝王的颜色),明暗的背景中,正中高踞着帝王的宝座,它四周的附属物统由金色的巨龙装饰起来,闪耀着炫目的光芒,极大加强了君权神授的天子气派和景象森严的压抑感。后三宫与三大殿比较起来,体量适中,院落深深,具有神秘感,当我们在弯弯曲曲的路径中行走,忽然见到"珍妃井",不禁倒抽了一口冷气,一种窒息、冷寂的感受油然而生。

西藏拉萨的布达拉宫是1645年以后五世达赖建造的。建筑主体高高突起于拉萨城的红山顶上。总高度200多米,外观13层,实际仅九层。为加重崇高感,特意在下部几层加了封死的盲窗。平顶密梁构架,厚重的实墙。墙间开辟采光用的梯形小窗,既点出藏式建筑风格,又衬托出建筑高大。建筑上部点缀几架汲取汉族建筑造型而创造的鎏金铜屋顶,姿态轻盈飘逸。宫内包括喇嘛教寺院特有的大经堂,陈放历代达赖遗骨的大殿,达赖的寝房、客厅、办公室和仓库等。作为政教合一的西藏精神领袖的权力象征,布达拉宫陡立高大的台阶,挺拔雄伟的形体,穿插组织的建筑体积,宫内神秘昏暗的空间,阴森恐怖的陈设,都显示出森严、专横、冷酷的气质,令人产生庄严感和畏惧感。

与奴隶主专制、封建主专制和宗教的建筑不同,资本主义和现代社会的建筑一般表现出明朗、活泼、自由、富有个性的特点。熠熠闪光的镜面高层大楼在大都市比比皆是,相互辉映,通体透明,楼内大玻璃窗,可以随意俯视楼外景观。各具特色的博物馆、美术馆、办公大楼、戏剧院、火车站、航空港把城市装点得充满新鲜感、创意感、开放感。悉尼大戏院可以有多种的象征意义,作为白种人的后裔,回想这儿曾是他们祖先从海上登陆的地方,大戏院那些高耸的壳片正像是在海上行驶的老式船只上的白帆,其情感波浪将如海涛一样翻滚。而莱特的"流水别墅"与自然融为一体,置身于其中感受到的"天人合一",自然与北京天坛不一样,它不再蒙上神秘的情感色彩,而且那么随意、自然、无拘无束,悠然自得。

巴黎的蓬皮杜艺术文化中心(1977年)主体长166米,宽60

米,高6层,里边包括公共图书馆、工业美术中心和现代艺术博物馆等。大楼的钢梁、钢柱子,甚至水管道、下水道、空气调节设备的管道、运货的电梯、各种电缆电线都毫不含糊地暴露在外观。在大楼内部,所有的墙壁几乎全部是活动的,图书馆、展览馆、美术中心等等基本上串通。这是年轻的英国建筑师罗杰斯和意大利建筑师皮阿诺合作的设计,他们把结构和管道等等都翻肠倒肚地挂到门面是为了让内部楼层没有任何阻挡,以便任意布置和随时改变用途,图书馆可以扩大缩小,展览馆能方便地调整更换,到这里来的人也不受阻拦,可以随处观览。这不禁使人想起古希腊雅典卫城的巴底隆神庙的开放性,蓬皮杜艺术文化中心也是让人在轻松的观赏中,使情感不受压抑自由地流动。

三、帮助把握深沉的历史文化内涵

艺术风格是民族的时代的审美观的显现,人类发展的不同历史阶段和不同地区,会出现不同的建筑。不同时期的建筑不但会体现出一定时代的物质生产水平和政治经济状况,而且还是特定时代、特定文化的审美意识的折射。

我们可以对前面述及的建筑艺术的历史文化内涵作一简单的概括:埃及金字塔以法老陵墓的庞大坚固以炫耀奴隶主专制的蛮横和死人的不朽,但它也是劳动人民智慧的永恒丰碑。金字塔的形象表明原始拜物教的影响,有强烈的原始性,体现古埃及人追求单纯、简洁的审美趣味。雅典卫城各种神庙建筑无争高夺奇,柱廊和入口处都是开放的,反映了雅典伯里克利执政时代的平民自由和民主的意识。其整体造型上的明快端庄、比例匀称、主次分明、雕刻精细,以及注重柱子格式的建筑风格,体现古代人追求和谐、比例协调的审美情趣。中世纪流行于全欧的哥特式建筑(如巴黎圣母院),以高、尖、直为外部特征和内部竖直向上飞腾的线条,反映出教会至高无上的权力和平民对天国追求的虔诚。而中国的皇宫和四合院,以其建筑群体(皇宫)或建筑内房子(四合院)空间序列不同,体现了中国古代文化的伦理性质,即抽象化和封建化的儒家伦理设计,皇帝(天子)的至高无上权力和家庭、家族男性长者的绝对权威。哥特式教堂和皇宫建筑追求的严谨对称、规模宏大、富丽堂皇,表现了封建主、教会追求豪华、奢侈的审美趣味。文艺复兴之后,曾以复兴古希腊、罗马建筑风格来改造哥特式的建筑风格,显示了新兴资产阶级的人文主义美学原则,甚至在19世纪还有复古主义建筑,如美国华盛顿国会大厦模仿的是古罗马的建筑形式,英国议会大厦则模仿中世纪哥特式建筑风格,但其内部的建筑功能却是现代的。但这毕竟不是主流,现代建筑以其多样性表现飞速发展的现代社会的历史文化内涵。

现代建筑体现了经济的高速发展,工业技术的巨大进步。建筑新材料,像铁、钢、玻璃、水泥、塑料的出现和大量生产,使建筑突破千百万年来传统的木石材料的限制,给大量建筑和满足新的建筑功能创造了条件,给建筑结构带来了革命性的变化,形成了现代结构科学,使人们越来越深入地掌握了房屋结构的内在规律,改造旧结构,创造新结构。这样,大跨度的、高层次的、复杂功能的建筑雨后春笋般拔地而起。如巴黎博览会的机器陈列馆(1889年),采用的三铰拱结构,跨度达115米。同时建造的埃菲尔铁塔高达312米。

现代建筑还体现了现代人自由、民主的强烈意识和各自不同的审美趣味。代表政治权力中心的大楼(哪怕是古典风格的)无论在楼高、面积、体量等方面,都未必要超越商业的、文化的大楼。建筑体采用自由的平面布置和自由的立面构图,光净的墙面,横向的长窗。以德国"包豪斯"校长格罗庇斯、法国建筑师勒柯布西耶、德国建筑师密斯等人提出要使建筑形式、手法同新的建筑物质手段相协调,建筑的外形与内部功能适应建筑工业化的潮流,讲究空间的流动,建造上采用预制构建的方法,方盒子式的造型,简洁明快,表现了现代生活快节奏和人们对建筑功能的重视,体现出现代人追求奔放明快,充满力度的新的美学理想。二战之后,经济迅速复苏,走向新的繁荣,一些人又不满足于世界各地造出的千篇一律的"国际式"的建筑,60年代以来,层出不穷的西方建筑流派,花样之繁多令人眼花缭乱,应接不暇。其名称标新立异:"野性主义"、"新自由派"、"波普建筑"、"新感性主义"、"新古典主义"、"象征主义"、"高度技术派"、"超现实派"、"超级图像派"、"新陈代谢派"、"历史主义"、"乡土派"、"手法派"、"非建筑派"等等。上面提及的瑞士的朗香教堂、澳大利亚的悉尼歌剧院都是象征主义的作品,巴黎蓬皮杜艺术文化中心则是高度技术派的杰作。西方建筑界正处于群龙无首、各显神通的"多元化时期",一方面体现政治、思想的自由、宽松,经济的高度繁荣,只要认为富有艺术,造价昂贵也愿意,悉尼歌剧院因壳片非功能所要求、而是审美要求,竟使造价超过原来设计十几倍,美国流水别墅亦是如此,另一方面,也体现审美趣味的多元化倾向,无论是古典的,还是现代的,都可以选择,没有意识形态蛮横的干预。

第十五章 音乐与美育

音乐是一门古老的艺术，它以经过选择、概括的声音为物质材料，按一定的规律结合和运动，构成音乐的外部形式（节奏、旋律、和声、复调、音色、力度、密度等）和内部形式（重复、变化、对比、层递、发展、平衡等），直接表现人的情感，间接地曲折地反映社会生活。音乐的这些审美本质特征，决定了它具有培养人们审美能力和创造能力，进行伦理教育和认识现实的功能。

第一节 音乐的审美特性

音乐的审美特性，表现在以下几个方面：

一、听觉的直觉性

音乐是声音的艺术，它建立在声音的物理基础与特性之上。声音的产生是由于发音体振动空气，形成音波，振动于我们的耳膜。规则的频率和振幅是乐音的基本特征。由乐音构成的各种音响体系，无论是它们之中各个单独的音，还是成为体系的、有组织的音，都不是任何客体的标志。即便是人声，一旦成为歌唱，也在很大程度上脱离生活中的自然客体了。这就有别于文学、绘画、口技等艺术。文学的物质材料是语言、文字，单个的词、字，都有一定的意义,可以表征某一自然客体,更不用说它们的体系。绘画的物质材料是颜色、形式(点、线、面),单独的色、形虽然不能表征某一自然客体。但是,它们的组合可以标志某一自然客体。口技的物质材料是现实的具体音响,它可以逼真的模仿自然客体,但正由于此,口技不是音乐。音乐的音响材料是抽象的、非语义的。

音乐的客体媒介是音响材料,而音乐的主体媒介则是人的生理和心理活动。音乐是诉诸于人的听觉,靠耳朵来感受的。这使音乐造型几乎不可能。人对现实的感受,主要或大部分是通过视觉来完成的,而听觉往往是辅助性的。对于视觉艺术(绘画、雕塑、戏剧),造型是它们的特长。对于音乐,造型因素(如标题音乐)进入音乐,只能通过人的形象思维(如联想、想象)达到间接的实现,这使得音乐反映现实往往是较为间接,甚至曲折,隐蔽。但这并不削弱音乐艺术的直观性。音乐是用听觉感官直接接受感性信息,它的欣赏主要靠人脑的第一信号系统。而文学欣赏是靠第二信号系统,文学是信号的信号,文字转换为感性信息要经这第二信号系统的翻译。音乐的感受不需要这种"翻译"。音乐直接诉诸人的听觉,引起情感反应。

二、节律的运动性

音乐以音响作为物质材料,它必须通过时间的运动才能展现。这样,音乐的内容必须通过运动展现出来,其形式也具有一般运动的特点。这一点,它与舞蹈、文学、戏剧、电影有相同之处。但音响既不可见,又不可触,无形无体,只凭听觉来感受掌握。音乐的具体音响运动构成了音乐的形式,而作曲家在创作时企图通过音响所传达的信息就成了内容。

音乐语言构成音乐的外部形式。它是按一定的规律进行组合和运动。构成音乐语言的要素有节奏、旋律、和声、复调,以及音色、力度和密度等等。

节奏是音乐的骨架,通过节奏才能把音乐组织起来。通常,节奏可以理解为事物有次序的交替,亦即运动的秩序。有次序就有规律也有节奏。节奏是生命的韵律,自然界无处不有。大至宇宙的星象运行,小至人的呼吸脉搏,都存在节奏。

人们对时间的感觉,基本上是通过节奏取得的。人们通过节奏来划分时间,也通过节奏,将音乐运动按时间划分,根据其速度和强度来组织各个成分之间的关系。最基本的音乐节拍是强弱交替的二拍子,这种先强后弱的二拍子是符合人们生理自然节奏规律的,以此发展的一系列复杂的节拍序列而形成音乐的骨架,节奏型就是在节拍的基础上形成的。

节奏与其他音乐因素结合起来,可以产生许多审美效果。节奏速度加快,意味着运动越来越活跃,可以产生紧张而激动的情绪。节奏速度放慢,会感到事物运动的松弛、情绪的放松和低落。当节奏与旋律、和声结合起来时,可以很好地表现和传达思想及情趣,并能使人产生快感和美感。如现代音乐冲破二拍子、三拍子或四拍子的标准形式,作曲家探索了不对称型的种种可能,使城市生活的狂热步调、高度工业化社会的激荡和嘈杂,在日益复杂的节奏中找到音乐的表达方法。

在音乐的形式美中,最神秘最魅力的莫过于旋律了。一首乐曲的优美与否,几乎首先是对旋律的感觉。在单音音乐中,旋律本身就是音乐语言;在复调音乐及主调音乐中,其他因素都是以旋律作为其核心的。旋律的定义简单地可以理解为单音的连续进行。旋律的运动,形成了一定的结构,就构成了曲式。因此,旋律本身既是内容,又是形式,既有表现功能,又有结构功能。以时间为横轴,音高为纵轴的坐标系中,旋律运动的曲线如果上行,意味着音越来越高,因而紧张度增加;下行意味着音的降低,紧张度减少,曲线成水平波状意味着稳定和相对平静。旋律运动可以进入一个高潮点,而后就意味着转折,向反向进行,意味着面临结束。因此,如何安排高点是很重要的。

旋律与其他音乐要素相比是最富有个性色彩的,也是最为风格化的。不同的国家、民族、地区,有不同风格的旋律,不同的历史时期,不同个性的作曲家,创造出不同风格的旋律。感知某一旋律,几乎能断定它是某国、某民族的,甚至能断定它的作者是谁。旋律的风格化和个性化,归根到底是由民族、历史的审美传统与心理习惯所规定。因此,对于不同的国家、民族来说,很难断定哪支旋律是美的或不美的。

和声是音乐美的另一要素,它是丰富旋律的手段之一。从广义上来说,只要出现了多声部的音乐,就有了和声。但真正的和声是指以主调为主的,附属于旋律,又与它同时出现的其他声部所产生的协和或不协和的音响。协和和声是两个或两个以上符合自然泛音规律的音的共鸣,体现了自然界和谐的原本的规律,它通过人的感觉使之主体化。不协和和声更多地取决于人的主体能动性,取决于偶然性及对世界的超越性。不协和和声更体现了创造的原则。

和声的目的主要是加强旋律的调性,有助于体现旋律的结构,起到组织作用,因此具有结构功能。和声也具有表现功能,同样的旋律如果配制不同的和弦,可以改变音乐的稳定程度和紧张度,使旋律具有不同的色彩,丰富了旋律的表现力,加强了音乐的立体感。由于协和声的运用,旋律的表现功能加强了。在纯粹古典时期,不协和和声在准备与解决的前提下才是合理的。在音乐浪漫主义时期,不协和和声仍需解决但不需要准备了。在现代,不协和和声得到了"解放",既不需要准备,也不需要解决,在任何时候都是合理的。

复调也是辅助旋律的有力手法。它是同时出现彼此具有一定关系的两条以上的旋律,它们各自独立又相辅相成。从两声部复调来看,支声复调是一条旋律在另一个声部上的丰富和润饰,肯定它又发展了它;对比复调是作为旋律的陪衬,或作为另一种因素与它配合,甚至冲突的体现;而模仿复调则使旋律在另一个层次中再现、体现其多侧面和主体感。从构思的角度来看,作曲家主要将复调手法作为补充旋律的一种手段,复调中的声部从理论上讲可以无限多。但实践证明,人们的听觉感知能力以两个外声部为最明显,中间声部不是融为一体就是附属于高声部或低声部,因此,三声部及四声部的复调最为多用。

复调除了形成同时出现的不同旋律运动之外,也因同时发声而造成具有和声关系的音响。因此,和声和复调的纵横交错相辅相成,你中有我,我中有你,复调中有和声效果,和声中亦要求有相对的声部独立性。

音乐结构,即音乐作品本身的组织结构,形成音乐的内部形式。它包括作品的基本要素和通过它们相互关系所体现出来的曲式。与文学的语言结构相比,语言结构是字、词、句、段、章、篇等,音乐的划分则按单音、音型、动机、乐句、乐节、乐段、乐章来安排。音乐结构中主要的要素是重复、变化、对比、层递、发展、平衡等。

重复和变化是音乐中最重要的结构因素。由于音乐只作用于听觉,瞬间之后即行消失,为了加强印象,重复是不可少的,重复一般指旋律而言,除了严格的重复之外,大部分作品是在变化中重复的。可以在音高上重复,也可以在改变节奏情况下重复,还可以改变调式或和声进行重复。可以整段音乐重复,也可以某个因素重复而其他因素不变。完全不变的重复容易使人单调乏味,带有某些因素变化的重复更富有审美效果,它通过时间的过程后而产生变化,使人获得动力感和成长感。

在音乐中最有体现重复和变化相结合特点的是变奏。变奏通常先出现一个完整的乐思,即主题,然后按一定的构思进行有变化的重复。最初只改变某一要素,或节奏,或和声,或调式,然后在重复中渐加大变化量,使发生的变奏逐渐与主题拉开差距,由形式因素的变化带来内容的变化,以发掘这个主题所可能具有的多种内涵。

对比在音乐中的重要性在于它可以避免单调平淡,可以在同中见异,使被比较音乐更加突出,对比本身也形成一种大的节奏变化,产生动力感。善于运用对比,能够使形式多样化,更好地反映现实中各种因素的关系,指明不同事物之间的对照和差异。

层递和发展是指音乐在原有基础上逐步变化,一层层推进最后形成一个崭新的面貌。发展的最初阶段,往往是略有变化的重复,然后变化越来越多,直至产生新的音乐为止。一般说来,发展的结果必然是高潮的出现。这个高潮通常处于乐曲的后半部,以使听众得到满足以后,不至于拖延太久,失去整体平衡感。据统计,音乐作品的高潮点往往处于"黄金分割点"。

根据音乐的运动特点,在整体结构上形成了起(呈示)——开(发展)——合(结束)的基本模式,但在具体的作品中可以表现多样,作曲家可以根据自己的需要加以适当变化。曲式模式的相对稳定,有利于听众根据这些模式来掌握形式美并理解作曲家的意图。在传统模式基础上的创新也应提倡,以使曲式更富有生气。

以上这些因素的相互联系、相互作用构成了音乐的形式美。音乐能吸引听众,产生审美效果,首先在于它具有特殊的形式美。

三、情感的表现性

音乐的美不仅在于它的形式,还在于它的内容。对于音乐的内容的理解有种种看法,最著名的有"他律论"与"自律论"之争。他律与自律原本是一对伦理学范畴。所谓他律是指道德行为应服从外在的不由自主的因素,如欲望、良心、情感、利益等等。换句话说,凡是产生实际利益的欲望、良心、情感等支配下的行动和结果,便是道德的。而所谓自律是指道德的行为应该服从普遍立法的自由意志,也即普遍有效的先验的人人都这样认为的道德律令。比如同情弱者,不准偷盗,这是道德律令,它没有外在目的,是自律的。这是法国唯物论者与康德关于道德本质之争。对音乐本质的理解,也类似它们之间的分歧。有的认为,"音乐的内容就是乐音的运动形式"①。把音乐的美看成是不能依附于外来内容的美,也就是根本不存在所谓思想、观念、情感等外在内容,当然更不存在客观现实的内容。另一种观点认为音乐的美在于音乐通过乐音的运动反映客观现实,尤其是人的情感、观念、思想。从前一种观点来看,音乐的意义和价值是由其自身的形式决定的;以后一种观点来看,音乐的意义和价值是由它的外在的内容所决定的。前一种称"自律论",后一种称"他律论"。"自律论"著名代表是汉斯立克,"他律论"著名的代表有李斯特、瓦格纳等人。

　　汉斯立克认为,海顿《四季》里的鸡啼,史波尔《乐音的奉献》和贝多芬《田园交响曲》中的布谷鸟、夜莺和鹌鹑的鸣声,在作品中没有音乐的意义,而只有诗的意义,因此,音乐不模仿自然界中的声音。另外,他还认为,音乐形式也不表现情感,因为接纳艺术美的主体机能不是情感而是幻想力,幻想力是通过感觉来实现,感觉是对某一感情的素质,比如一个乐音、一种颜色的知觉。情感是我们心灵状态发扬或抑郁的意识,是根据观念和理智的判断才能产生,而音乐的形式是通过感觉被感受,而不需要观念之类的理性判断。他以爱情为例,如果没有被爱者的形象,没有那种使他幸福、使他赞美和占有这个对象的愿望,就不能设想什么爱情。因此,爱情必须有以上的思想内容。但就爱情力度来说,它可以是温柔的,也可以是暴风雨似的,它可以是愉快的,也可以是痛苦的,在各种各样情况下都表示爱情。而音乐只表达各种各样的附加形容词,而不能表达爱情本身。我们可以直接利用这些形容词来描写音乐的形象,而不需要联想到这些词对人类内心生活所具有的伦理意义。因此,作曲家所表现的观念,首先和主要的是纯音乐的观念,在他幻想中出现的一支优美旋律只代表自己,不代表别的东西。

　　汉斯立克还用莫扎特、贝多芬音乐效果在不同听众过去听与今天听所产生的心理反应是不同的,来证明每一部音乐没有恒定

---

① 汉斯立克:《论音乐的美》,上海音乐出版社1980年版,第50页。

的情感。那么,作曲家创作时是否表现自己的情感呢?汉斯立克认为,作曲家并不是从他决定用音乐描写某一热情出发,而是从他发明某一旋律开始去创作的。也就是说,作曲家一开始就着手于音乐形式的创造,从发明旋律这一关键出发。确定乐曲的好坏,要看作曲家是一开始就创作一个充沛活泼的主题还是一个平凡的主题。然后是一系列形式上的技巧问题,如主题是在各方面不断翻新,还是变得愈来愈糟;和声是丰富多变,有独创性展开,还是单调贫乏,没有进展;节奏像生命的脉搏一样跳动,或者只是像夜晚归营的鼓声等等。究竟是什么情感激起作曲家创造欲望和在创作过程中如何推动音乐形式的发展都一概否定,而只说是一种原始神秘的力量在作曲家的心灵中唤起一个主题,一个动机,这种力量是无法追究的,并且无法看见这种原始力量是如何工作的。这是汉斯立克理论中致命的弱点,完全把音乐创作神秘化了。

　　汉斯立克否定音乐的形式是表现情感的,也否定反映具体的客观对象,似乎他离开这些内容的抽象,就可达到抽象的形式。其实未必。汉斯立克曾经谈到音乐可以尝试模仿外在的现象,比如,雪花飘落、小鸟飞翔、太阳东升等,但"只能通过唤起类似的、与这些现象力度上相近的听觉印象来描绘"。[①] 汉斯立克固然反对音乐现象在心中唤起的情感,但他也说音乐"只能表现情感的力度"[②],可以表现像优美、温柔、激烈、刚强、纤丽、清新这类观念,这些观念都属于"力度"的范围。汉斯立克关于现象的力度和情感的力度,实际上也是对艺术内容上的一种抽象,而且是对具体现象和具体情感的高度抽象。

　　汉斯立克以不同的音乐欣赏者对某一特写曲子的感受不同,否认音乐表现人的情感,这是站不住脚的。谁也不否认,尽管人们对莫扎特、贝多芬音乐理解在不同时期不尽相同,但作为作曲家来

---

① 汉斯立克:《论音乐的美》,上海音乐出版社 1980 年版,第 40 页。
② 同上书,第 30 页。

说，他们在创作时都倾注了自己强烈的情感，以此作为确定的音乐内容的。对于作曲家而言，音乐表现情感是确定的；而对于欣赏者而言，音乐表现情感则是不确定的，因而，音乐表现情感是确定性与不确定性的对立统一。我们没有理由因欣赏者不同在感觉音乐时获得的情感感受不同，而断然否定作曲家把音乐作为表现自己强烈情感的事实。再说汉斯立克既然认为情感与观念、理智有关，以它们为依据，那么感觉怎么能脱离观念、理智的指导，怎能仅仅是感官上的享受而没有上升到精神的愉悦？他所说音乐表现的那些现象的力度和情感的力度，不正是通过理性的分析、综合，从现实生活的经验中高度概括而成的？最后，把感觉与情感隔离开来，接受音乐只用幻想力、感觉而不用情感，更不合乎现实人的精神运动，现代心理学以无可辩驳的事实证明，没有离开情感、想象、理解、态度等心理因素参与的纯粹感觉活动。

音乐所表现的情感，是人们感于现实而发出的反映。不过，音乐反映现实是曲折的，并有它的擅长和局限性。这是因为，音乐的特殊媒介使之不同于语言文字，与实在具象没有直接对应关系，也不像绘画、戏剧那样可以描写我们看到的形象，也很少描写我们听到的"图画"即口技艺术的内容。贝多芬的第三交响曲，把"献给波拿巴"的献词换为"英雄"，而不动该曲的一个音符，作品照样流芳千古（当然，他原先把拿破仑视为英雄的）。可是如果他是画一幅拿破仑像，那决非换个名目就可了结的。带有确切含义的具象只能是它自己的"这一个"，而音乐不仅适应于"这一人"，也适合于"那一个"。因而音乐对现实的反映具有高度的概括性和不确定性，它不容易直接明确地反映各种复杂具象的关系，没有充分的情感持久地注入，是无法反映现实的。对此，叔本华有一独到见解是完全合理的："音乐如果作为世界的表现看，那是普遍程度最高的语言，甚至可以说这语言之于概念的普遍性，大致等于概念之于个别事物的普遍性。"①音乐语言的概括性超过了概念,形式越抽象,它所涵盖的内容越丰富。音乐在反映人类的情感世界方面是无可匹敌的。这是因为,音乐是运动的,它是时间的艺术,是在时间的流动中展现出来,欣赏它不像欣赏视觉艺术那样可以在瞬间完成,而是随音乐的运动、时间的流动逐渐完成。而感情也是运动的,情感也是在时间中呈现自己。因此,音乐可以利用得天独厚的条件,不仅通过直观,而且最善于在其流动过程中,以其声音的高低、强弱、长短、明暗、动静等等,对千变万化的情感进行细致的刻画和充分的表现。因而,音乐的高度抽象必须有情感的充分灌注,音乐抽象过程也是情感的展开过程,这是概念无法达到的。美术、建筑等具象艺术也是直观的,但它们是静止的,它们给予人的是一种静观式的观照,和情感隔着一层,必须通过各种联想才能激起我们情感的强烈波动。音乐则不然,可以直接"描画"情感,与心灵直接对话。旋律的舒展,节奏的平稳,表现人的愉快的感情;节拍和节奏的紧缩,表现人的愤怒或激动;和声的尖锐紧张,不协和并且常常一直不解决,或者是节拍节奏重音的多变,表现人的心理变化,精神的动荡不安。

音乐长于抒情的最根本动力在于旋律。旋律最能打动人,感染人。旋律之所以能有如此巨大的魅力,是因为在现实生活中,人们用以交流思想和感情的语言和语气深藏在旋律之中。旋律把语调和语气从语言中提炼、独立了出来,加以升华予以发展。反之,文字则使言语脱离语调,变成一种符号。被充分发展起来的语调、语气,成为悠长感叹的某种模式,这就造成了音乐的抒情性。所以,从广义上说,音乐都是抒情的。人们通常所说的抒情歌曲或乐曲"富于抒情性",都是特指旋律性特强或抒情性特强的曲调,是与语调、语气关系特别密切的。

---

① 叔本华:《作为意志和表象的世界》,商务出版社1987年版,第363页。

第二节 音乐的美育功能

音乐具有自己的审美特征,这使它在美育中所起的作用,也有它的特殊性。

一、培养人们良好的乐感

人们倾听音乐会产生一系列错综复杂的生理、心理反应,对人们的情绪、情感、理智、思想意识都会产生影响。这一系列的音乐反应在个人身上综合体现为乐感。

乐感可以理解为在生理上具有正常的听觉能力,在心理上对音乐具有审美感受能力,乐感较强的人比乐感较差的人更能领会音乐的特点,更懂得欣赏音乐,在参加音乐活动(创作、演奏、演唱)时也处于更有利的地位。

乐感的具体内容包括声高感、音色感、节奏感、旋律感、和声感、音乐形式感,良好的音乐记忆和音乐想象力等等,它们的形成有多方面的原因,其中重要的原因是音乐审美教育。以音乐感而论,能否辨认一定的音高,固然有天赋的生理能力,但后天的训练是主要的,通过一个已知音后,再根据它来判断或唱出另一个音的能力,即能辨认音程的能力,需要长期的音乐教育,方能达到相当细致的程度。乐感中至关重要的是旋律感。旋律体现音乐中最重要的音调,最富有表现意义。对于具有一定的音乐文化的人来说,旋律有近于约定俗成的一定法则或习惯,具有特定的表现意义。如果我们通过音乐美育,比较熟悉各国、各民族的音乐旋律,就能通过它达到对异国、异族朋友的感情交流。再如音乐的形式感,它的形成与音乐的继承性有极大的关系,具有时代、历史、社会的特征。人们长期接触传统音乐,由于良好的音乐记忆力和逻辑思维能力,就使人们在听音乐以后能迅速理解其形式。但遇到不同的音乐传统和音乐文化时,这些原有的形式感往往失去了作用。熟悉我国传统曲式的听众,初次接触西洋奏鸣曲式时,对于主题的呈示,调性的布局的感受,尤其发展部中多样化的动机分裂、动机变形等是难以掌握的。只有通过大量地接触、欣赏西方音乐,才能逐步具备这些能力。因此,音乐的审美教育是培养具有感受音乐美的耳朵和人们良好的乐感的主要途径。

对乐感的把握,我们可以综合古今中外作品,有目的、有选择地进行比较鉴赏,逐渐使自己丰富起来。从横向比较看,可将中国的与外国的比较,东方的与西方的比较,汉族的与少数民族的比较,各个少数民族之间的相互比较。比如,蒙古族的辽阔,藏族的粗犷,维吾尔族的活泼。从竖向比较看,可以古代的音乐与近代、现代音乐进行比较,也可以就某一体裁而论,古典派中,海顿、莫扎特从追求形式结构的完整定型开始,在严谨、协和、对比和统一之中显示出对古典理性主义的追求。贝多芬赋予交响乐以人对理想的追求,体现善与恶的斗争和人对大自然的赞美。浪漫派却运用交响乐体现了人性的解放、个性的追求,以及对大自然的移情作用。交响诗的出现,强化了音乐对人物、事物、情节的具体描绘刻画,把音乐的表现力扩大到新的阶段。印象派把音乐变成光、色变换以及对事物的瞬间感受,客观又冷漠。20世纪诸多流派又给交响乐加上多种现代哲学和理性的要求。

二、促进人们审美创造性的发挥

音乐艺术的一大特点是,听众对于作品中的情感表现不是以被动的方式来接受的,而是以主观能动的态度来体验的。这是由于音乐一般不作明确情节描绘或再现客观对象,而主要是展示情感的起伏和变化。在音乐欣赏中,情感的表现与听众的心灵直接发生密切联系。从欣赏音乐开始,听众的感情就被音乐唤起,并随音乐的运动而起伏。而鉴赏其他艺术,听众的感情是被间接唤起的。因而,一个人只要听觉正常,有一定感受音乐能力,一听到音乐就会引起情感的波动,甚至手舞足蹈起来。

当然，这种情感体验必须依附某种模糊的、然而是实在的视觉表象，它需要借助联想或想象来完成。一般说来，对于不同的听众，欣赏某一乐曲，只能借助不同的表象引起相类似的情感体验，而不是借助固定的视觉形象达到一致情感体验，不能像欣赏小说、戏剧、电影那样，看到和听到其中的戏剧性情节。尽管有的音乐附有标题，如果没有作曲者详细介绍，人们也难以听懂它所描述的情节。但并非不懂它的故事情节就不懂欣赏音乐，只要我们能随乐曲的音响运动，借助一定的想象，哪怕是依附于虚幻的视觉表象，引起内心情感的波动，就能在心灵上达到与乐曲表现的情感的直接交流。例如，一个外国人欣赏中国的小提琴协奏曲《梁祝》，他的情感体验完全可能也应该附到各种各样的异国情调的视觉表象中去，这并不影响他欣赏音乐的美。

因而，听众可以在较大的程度上进行自由联想和想象，可以在自己生活经验基础上体验音乐的形式美，可以随音乐诸因素的两极性的对比引起情感的起伏。在审美感受的同时，体验到概括的善与恶、光明与黑暗、进步与落后等等哲理性的内涵。所以，鉴赏音乐时，听众可以尽情发挥自己的主观能动性，借助各种视觉经验，对音乐形象进行各种再创作。例如，激烈、动荡的曲子，你可以想象这是暴风雨，也可以想象为战斗场面，还可以想象为各种激动的心情。主体的审美创造性由此得以淋漓尽致的发挥。因此，经常地、自觉地接受音乐审美教育，可以诱发其他艺术的创造性，特别是以表现人的情感为宗旨的现代派艺术。例如，现代舞蹈的奠基人、著名的女舞蹈家邓肯，她对音乐有很高的造诣，对音乐作品有惊人的鉴赏力和理解力，因此，她能经常受乐曲的启发，并随乐曲旋律的波动创作出新舞蹈。康定斯基的抽象表现主义绘画及其理论，也得益于音乐。他说："音乐可在时间的延续上作文章，而绘画却只能同时向观众展现出它的整个内容；音乐在外表上不受自然的约束，因而不需要任何外在的表现形式；绘画几乎仍然毫无例外地依靠自然的形态和现象，它目前的任务是：像音乐长期以来所作的那样——测试自己的力量和手段,认识自己,然后以纯粹的绘画方法,运用它自己的力量来实现创造的目的。"①而自然科学家的创造性思维得益于音乐人数之多、影响之大是令人惊叹的,这在《智育与美育》一章详细阐述过。

三、提高人们认识现实的能力

与其他艺术一样,通过鉴赏音乐可以认识现实。由于音乐以乐音的运动来反映现实,它不直接造成概念,没有视觉形象,只有通过象征、模拟、暗示、抽象、概括等方法间接显示现实,因此,听众必须对音乐有所认识,才能间接认识现实。

当听众聆听一部作品时,首先只认识作为客观存在的音响及其运动形式,其次是音乐的民族特点、时代风格、体裁、样式以及作曲家所表现的某种情感,也许通过联想和想象可以理解音乐所描写的客观对象。只有通过大量的鉴赏音乐活动,积累了大量的音乐知识的人,才能从中悟出道理来。例如,欣赏大量的格列高里圣咏(三千多首),你从它们单一的旋律线,无和声与对位,从他们窄音程中的从容不迫的上升与下降等,你可以认识到中世纪人们单调的精神生活:对上帝的虔诚、专一,进而认识到封建的专制和宗教的桎梏。而欣赏大量短小的以抒情形式出现的浪漫主义音乐,从那些具有多种旋律、和声和变化的节奏、音响所体现的不同个性、丰富情感的作品,你可以看出19世纪人性解放所带来的人们徘徊、迷惘、热情、幻想等复杂的心理状态,从中认识到资本主义社会上升时期的进步性和复杂的矛盾。

如著名的音乐家贝多芬,集古典音乐的精华,开创浪漫主义新时代,他的第三交响曲《英雄交响曲》、第五交响曲《命运》和第九交响曲突出体现出作者一生向往"自由、平等、博爱"的理想,他崇尚英雄,讴歌共和,不屈不挠同命运搏斗的英雄主义气概。以第三交

---

① 康定斯基:《论艺术的精神》,第31页。

响曲《英雄交响曲》为例,贝多芬真心拥护法国资产阶级大革命,并于 1802 年开始创作这首交响曲,准备献给他所崇拜的拿破仑。1804 年总谱完成时,突然传来拿破仑称帝的消息,作者勃然大怒,把题有拿破仑的扉页撕得粉碎,扔在地上,喊道:"他也不过是一个凡夫俗子罢了,现在他就要践踏一切人的权利,只顾自己的野心了,他就要高踞所有人之上而变成暴君了!"①于是改变原来题目为"《英雄交响曲》——为纪念一位伟大的人物而作。"该曲是作者创作生活中,也是交响音乐史中的伟大里程碑,它第一次展现了作者的英雄主义创作思想。作品的篇幅极其庞大,情绪激愤,对这划时代的巨作,封建贵族极其反感。第一次演出时,楼座上曾发出一种怪叫:"只要停下来不演奏,我可再给一个铜板!"尽管如此,也丝毫无损这部作品的伟大光辉。全曲分为四个乐章。第一乐章,奏鸣曲式,提示英雄性格的各个侧面以及战斗的业绩。第二乐章,葬礼进行曲,罗曼·罗兰说这是"全人类抬着英雄的棺材。"第三乐章,谐谑曲,音乐充满活力和乐观情绪,人民前仆后继。第四乐章用主题变奏曲写成,表现人民群众庆祝胜利的狂欢场面。

第五交响曲《命运交响曲》体现了作者一生与命运搏斗的思想。贝多芬一生坎坷,没有建立家庭。26 岁开始耳聋,晚年全聋,只能通过谈话册与人交谈。但孤寂、痛苦的生活并没有使他意志消沉,而是与命运顽强抗争,他说:"我要扼住命运的咽喉,他不能使我完全屈服……啊!能把生命活上几千次该有多美啊!"②第五交响曲就是一首英雄意志战胜宿命论、光明战胜黑暗的壮丽凯歌。全曲分四个乐章。第一乐章,奏鸣曲式,主题思想是命运的敲门声。第二乐章用双重主题变奏曲写成,是战士从沉思转向行动。第三乐章,决战前夕各种力量对比,战士与人民大众逐渐占上风。第四乐章,奏鸣曲式。命运阻止不了历史前进,光明战胜黑暗。令

---

① 转引自:《音乐欣赏手册》,上海文艺出版社 1981 年版,第 420 页。
② 转引自:《音乐欣赏手册》,上海文艺出版社 1981 年版,第 421 页。

人有趣的是贝多芬的《命运交响曲》在第二次世界大战时期,它同时被民主阵营和法西斯的广播电台所运用。民主阵营播放此曲时,"命运"的主题因时值三短一长而被认为相当于摩斯电码的V字而成为胜利(Victory)的象征,强调了民主必胜,法西斯必败的信心。法西斯电台广播此曲,既用此说明雅利安人种的优秀人才对文化的贡献,也表明纳粹党认为命运女神站在它们一边。因而,我们在欣赏它时,固然可以将它作为一般的性情陶冶、娱乐消遣之用,但还必须了解它博大精深的内涵。这就需要对作品的作者生平、创作动机等进行研究,以理性因素渗入,达到更深刻地感受它的目的。这样,我们就能在了解贝多芬本人及其创作"命运"的动机之后,得出该曲是为了表现人与命运的顽强斗争的主题。这样,我们在欣赏过程中就能体会到贝多芬在艰苦生活环境中的不屈不挠的斗争精神,还能以此鼓舞自己去克服生活中各种艰难险阻。

自19世纪末到20世纪初印象派音乐兴起,表现主义、新古典主义、序列音乐、偶然性音乐、具体音乐、电子音乐等相继粉墨登场,还有原始主义音乐、微分主义音乐、点描主义音乐、空间音乐、事件作品音乐、组合音乐、新即兴演奏与直观新音乐等,虽影响不是很大,但可以见到现代派音乐流派是何等繁多。古典派音乐崇尚理性和自然,常以匀称、和谐的形式,表现淳朴的思想感情和生活形象。浪漫派音乐崇尚自由和理想,常以热情奔放的音乐语言,表现诗的意境和瑰丽的想象。而现代派常打破了原来的和声和调性的功能体系,排除了完整的旋律和曲式结构,对作曲技术作了重大变革,如多调性、无调性、四分间、和弦块、多节奏,还有十二音体系的重要作曲技法。如表现主义代表勋伯格的音乐作品《一个华沙的幸存者》,是他按照严格的十二音体系写的一部反法西斯的作品。这个作品包括朗诵、乐队演奏和男声合唱。朗诵者配合着充满恐怖气氛的音乐,叙述第二次世界大战期间关押着犹太人的纳粹集中营里绝灭人性的暴行。一大清早,纳粹班长和士兵把彻夜无眠地躺着的犹太人叫起来没头没脑地毒打,喝令一遍又一遍地报数,然后关进煤气间去集体屠杀。最后,走向死亡的人们用自己的民族语言,一同强有力地唱出了庄严的古老"信经":"以色列啊,你要听:你要尽心、尽性、尽力,爱耶和华的上帝。我今日所吩咐你的话,都要记在心上,也要殷勤教训你的儿女,无论你坐在家里,行在路上,躺下,起来,都要谈论。"这部作品从1948年问世以来,在世界各地的广泛演出中,总被观众要求返场,并常使观众感动为之流泪。它的创作成功,说明十二音技巧在音乐创作的特定范围内,具有非凡的表现力,致使调性音乐相形见绌。

与表现主义同时兴起的新古典主义代表、俄国作曲家斯特拉文斯基的《春之祭》,以强烈的节奏、粗犷的旋律的喧闹的配器,来表现原始人的风俗生活。这是1913年斯特拉文斯基为佳吉列夫俄国芭蕾舞团所作的,这部舞剧描写古代俄罗斯原始民族祭祀大地的风俗生活,分为"大地的礼拜"和"献祭"两部分。为烘托狂欢而纷乱的原始主义气氛,为表现神话的情景,在配器上,如钢琴演奏就像使用一件打击乐器一样,产生强烈、刺激的效果。和声极不协调。经常改变拍型及强弱关系,形成不对称节奏。尤其在第二部分的献祭舞,这是被选中奉献给大地作为祭品的少女的独舞,粗犷狂热的"圣舞",直跳到少女衰竭而死。这时,音乐旋律消失,只剩下各种不同的节奏。

一个世纪以来的现代音乐,艺术思潮、音乐风格、作曲技法和表现手段的变化,十分迅速而频繁,几乎是日新月异。透过这么多光怪陆离的音乐作品,我们看到现代化大机器生产的发展和大都市的纷乱、繁荣,人们生活紧张,竞争和快节奏的变化,生活方式的多变性、多样化以及给人们心理上带来的压力、窒息、紊乱,加上战争的威胁带来的恐惧。连原始人题材作品也打上了现代人情感的色彩。当然,也反映了人们的竞争、自由、创新的不断进取的意识。艺术家们对形式的追求,丰富了音乐的表现力,更加充分反映繁杂多变的现代生活,这是合理的。但也有艺术家为标新立异而走向极端,例如美国作曲家约翰·凯奇在1954年创作的"钢琴曲"《4

分 33 秒》,演奏者根本不触琴键,只在钢琴旁静坐四分三十三秒。他自称,听众虽然听不到钢琴的声音,但进入听众耳朵的外界各种音响,都是来自"实际生活"的具有真正而不是虚构的美的音乐。还有钢琴曲《不用手的奏鸣曲》,是用下巴演奏;有的在钢琴共鸣箱里塞满稻草,再进行演奏;还有的作曲家在台上砸烂一把小提琴的声音代替演奏,如此等等,也反映了现代一些人的精神危机和空虚。

第十六章 舞蹈与美育

舞蹈是人体艺术,是以有生命的人体动作姿态为物质媒介在有节律的连续运动中塑造艺术形象,抒发情感和反映社会生活的一门艺术。在现代生活中,舞蹈已成为人们审美活动的重要形式,舞蹈作为美育的一种形式已成为共识。

第一节 舞蹈的审美特征

舞蹈与其他艺术的显著区别是,它的物质手段是人体,是有血有肉的、不断运动着的人体,而不是空间幻觉视像或画面上的人体,从这一点出发,可以发现舞蹈艺术的主要审美特征。

一、情感的表现性、抒情性

舞蹈虽然具有造型艺术的一些特点,可看作动的造型艺术,然而,它与音乐有更密切的联系,它本质上更类似音乐,宜于偏重表现和抒情,而不宜于强调模拟和再现。舞蹈受人体动作的限制,不宜直接模拟生活中的情节,但人体可通过有韵律的活动表现高度概括化的精神面貌,如勇敢、坚强、机智、豪迈等品格,抒发内心的情感。《毛诗大序》中说:"言之不足,故嗟叹之;嗟叹之不足,故咏歌之,咏歌之不足,不知手之舞之足之蹈之也。"这说明在抒发情感方面,"舞之"、"蹈之"比"言"、"嗟叹"、"咏歌"等更直接和酣畅。美国诗人保罗·安格尔认为,舞蹈比所有的艺术都优越的手段,就是可以用全部的心,每根神经和全部智慧去舞蹈。

对于舞蹈表现自己的情感有两种看法,一是认为舞蹈者是表现自己的情感。如现代舞蹈的先驱、美国著名的舞蹈家邓肯就认为,舞蹈家应该"按照一种内在的旋律舞动",这种"出于自然的而不是出于模仿的舞蹈家……所表现的是来自他自身的东西,是高于一切自在之物的更大的东西"。① 一位叫玛丽·范东·罗伯茨的艺术杂志导编者描述了邓肯,邓肯认为这是历来所读过的对她全部创作的最满意的总结:

"当伊莎多拉·邓肯翩翩起舞的时候,人们的精神仿佛回到了远古时代。那时候,人们以形体之美作为自由表现伟大灵魂的手段,运动的韵律和声音的韵律融合为一,人体的动作与风和海洋的运动协调一致,女人手臂的姿势犹如玫瑰花瓣的开放,而她的脚在草地上踩踏,犹如树叶飘然落地。当宗教的、爱情的、爱国的、牺牲的或者欲望的整个热情,合着古弦琴、竖琴或者铃鼓节奏表现出来的时候,当男男女女在他们的家庭炉旁和神的面前,或者走出家门在森林中和在海边,身上充满了生命的欢乐,以宗教式的狂热跳起舞来的时候,那就必然是:人类灵魂的第一个强烈的、巨大的或者美好的冲动,都从精神倾泻出来而化为身体,与宇宙的节奏和谐一致,完善无暇。"②

二是认为舞蹈的情感"是想象的情感,而不是真实的情绪状态控制着舞蹈"③。苏珊·朗格说:"据我所知,还没有人肯定巴甫洛娃运用实际感觉到虚弱的病态,来表演《天鹅之死》中慢慢衰竭下去的生命是最出色的,也没有人会提出在玛丽·维格曼上台前几

---

① 《邓肯论舞蹈艺术》,上海文艺出版社1985年版,第49页。
② 《邓肯自传》,上海文艺出版社1981年版,第244~245页。
③ 苏珊·朗格:《情感与形式》,第202页。

第十六章 舞蹈与美育

分钟,告诉她一个可怕的消息,从而使她进入悲惨的《夜舞》中的角色。"①她继续说,一个优秀的芭蕾舞大师,在要求女演员表现沮丧时,可能会说:"想象一下,假如你最好的朋友,和你男朋友私奔了,你当作何反应!"而不会一本正经地说:"你的男朋友让我转告你,'再会了,咱们各奔前程吧!'"他也可以对一个要表演"欢乐舞蹈"的文静、美丽的女演员说:"你应该想象自己是在加利福尼亚度假,在棕榈树下和桔丛中漫步。"而绝不会告诉她排练之后还有一个令人激动的约会,因为那样会使她从舞蹈中分心,以致造成动作失常。②

两种看法大相径庭,却不无道理,这里关键是她们的语境不同。邓肯是要打破古典芭蕾的陈规旧套,要把舞蹈看成首要是个性解放的自我表现手段。她总结人体运动的中心源泉是来自下腹部的太阳神经丛。她的舞蹈大都是独舞,而且经常上舞台即兴随古典音乐翩翩起舞,强调舞蹈是一种强有力的和情绪饱满的舞台艺术,没有什么固定的程式,甚至在教学生时,不准她们模仿自己,而是帮助孩子们寻找并发展自己的舞蹈动作。邓肯这种即兴发挥和独舞的形式,加之本身基本功十分娴熟,就完全有可能或正是以舞蹈抒发自己的情感。

而苏珊·朗格列举的《天鹅湖》、《夜舞》都是经典之作,像《天鹅湖》还带有戏剧性质,有人物塑造和故事叙述,有固定的、高难度的惊人技巧,这是世界各国著名芭蕾舞团都上演的。因而,演员的动作、姿态已不是他们自己真实情感的流露,表现的情感自然便是想象的情感。这里有趣的是,各国芭蕾舞演员模仿的同一动作、姿态却都能表现同一类的情感。也就是说,虽然身与心是两种不同的媒质,身体是物质的,而情感是非物质的,但它们之间在结构性质上还是可以等同的。美国著名美学家阿恩海姆列举了他学生比

---

① 苏珊·朗格:《情感与形式》,第 202 页。
② 苏珊·朗格:《情感与形式》,第 202 页。

内所作的一个试验,说明舞蹈动作的形式因素与它们表现的情绪因素之间,在结构性质上是等同的。

这个试验是在萨拉·劳伦斯舞蹈学院进行的。被试的一组学生分别作即席表演出悲哀、力量或夜晚等主题。试验结果证明,所有演员在表现同一个主题时所作出的动作都是一致的。例如,表现"悲哀"这一主题时,所有演员的舞蹈动作看上去都是缓慢的,每一个动作的幅度都很小,每一个舞蹈动作的方向看上去时时变化、很不确定,身体看上去似乎是在自身的重力支配下活动的,而不是在一种内在的主动力量的支配下活动着。应该承认,"悲哀"这种心理情绪,其本身的结构式样在性质上与上述舞蹈动作的结构式样是相似的。一个心情十分悲哀的人,其心理过程也是十分缓慢的,而且很少能够超出与他的直接经验和眼前的喜好直接联系在一起的状态,他的一切思想和追求都是软弱无力的,既缺乏能量,又缺乏决心,他的一切活动看上去也都好像由外力控制着。①

二、象征性、虚拟性

用人体的动作姿态代替日常生活的言谈话语,用"音乐——舞蹈台词"作为人物交往、刻画性格的台词。因此,无论什么东西进入了舞蹈,都必须如此彻底的艺术性的转化:"它的空间是造型的;时间是音乐的;主题是幻想的;动作是象征的。"②舞蹈具有象征性和虚拟性。

舞蹈的空间造型与绘画、雕塑等空间艺术不同,绘画、雕塑所表现的是在空间并列的、视觉可见的事物,而舞蹈是既在空间并列、诉诸视觉而同时又由在时间上先后连续、诉诸听觉的音乐节奏组织起来的对象和现象。同样以人体为主要物质基础,既需要空间并列、诉诸视觉,也需要时间连续、诉诸听觉的音乐节奏。舞蹈

---

① 参阅阿恩海姆:《艺术与视知觉》,第614~615页。
② 苏珊·郎格:《情感与形式》,第233页。

又与体操和杂技不同,体操和杂技以展示人体美为最终目的,而舞蹈则把人体美作为一种媒介(手段),目的在于表露人的一定思想感情,反映一定的主题,而不是单纯地炫耀技巧。舞蹈的主题是幻象,是虚拟的形象,它是由赖以创造、组织的基本抽象——姿势的运动构成的。舞蹈在表演的过程中,情节或情感的内容全被舞蹈的动作形式掩盖了,一切都转变成了表现姿势。姿势是生命的运动,但对舞蹈表演者来说,这就是一种明显的动的感受,即是一种动作,它的视觉效果是不明显的,除非他在排练时面对镜子。但对于观众,它是一种可见的运动,是被当作生命运动为观众所看到和了解到的。在现实生活中,姿势是表达我们各种愿望、意图、期待、要求和情感的信号和征兆,任何姿势都有象征的意义,它们可以被有意地控制,像声音那样被精心编入一套确定的和密切相连的符号体系中,可以作为一种语言,如哑语。这样,聋哑人或语言互不相通的人们,往往凭借这种简洁的交流方式,表达他们的主张、判断,提出他们的问题和困惑。舞蹈的姿势是从现实生活中的姿势,包括人和其他生物的姿势提炼、升华而来的。从我国原始舞蹈《扶犁》、澳洲土人的《青蛙舞》、《蝴蝶舞》、《野犬舞》、《袋鼠舞》,北美印第安人的《熊舞》和《水牛舞》,巴西印第安人的《鱼舞》和巴伊卡部落的《蝙蝠舞》的名称中,我们可以看到舞蹈的姿势确实是模仿了人和自然的姿势。只是经过漫长的艺术实践,逐步摆脱了这些个别"具象"的东西,而抽象升华为"程式"、"类型化动作",从而被广泛运用于与原来具象内容相差甚远的方面、领域,例如用来表现人的内在情感。

舞蹈运用可以感知的具有象征性的具体的物质形式——人体姿势的运动,塑造出概括性很强的典型形象,但这是一种幻象,是一个虚拟的实体,我们不会在马路上看见少女们用脚尖走路,也不会在现实中看见小伙子用托举抒发对恋人的倾心爱慕。可是在舞蹈中却正是如此,尽管演员所做的一切都是为了创造出一个能够让我们真实地看到的东西,而我们实际看到的却是一种虚的实体。

舞蹈实际上不仅为观众也为自己,把舞台转化一个独立、完整、虚幻的领域,他通过动态的舞蹈虚像,直接展开情感活动的结构模式。例如,舞蹈《无声的歌》中运用"乌龙绞柱"塑造了为真理而献身的张志新烈士英勇不屈的形象。舞者平躺在地上,两腿或蹁或翻,在空中交叉绞拧,似蛟龙盘旋于柱上。当然,张志新不会作这种动作的,这是虚拟的实体,但它却真实反映张志新烈士的宁死不屈的内在情感。

舞蹈动作的虚拟性,不仅来自于社会生活和对自然界的关注,而且还来自于人的内心情感的外化和对社会生活某些内容的象征性表达。某些舞蹈形式主要是割断现实的羁绊,建立一个由幻想力支配的另外世界的气氛。旋转、绕圈、滑动、跳跃和平衡,仿佛是从情感的最深刻的源泉和肉体生命的节奏产生的基本姿势。因为它们没有表现体外事物的概念,而仅仅使生命力本身体现出来,所以有人把这些因素叫做"缺少形象的"因素,认为它们是"性格内向的人"的特殊财富。例如,现代西方舞蹈家玛莎·格雷姆曾创作名为《意思》的舞蹈来描绘人的纯粹的悲哀之情,该舞蹈者身穿紧身黑袍在舞台上的曲身扭动,时而举起僵直的手臂交替伸向苍穹,时而蜷缩扑跌。这种虚拟更多是抽象的内心情感和内心生命力的外射,具有一定的象征意味。

三、造型性、韵律性

别林斯基曾把古典芭蕾舞比喻为从台座走下来的活的雕像。从舞蹈艺术塑造优美的艺术造型来看,这个比喻是颇为贴切的。舞蹈者在狂热的情绪中,把自己各种高超的技能:跳跃、旋转、飞快踢踏凝聚成"身体造型"。这种"造型"又把时间结构连接起来,形成有韵律的人体运动。原始舞蹈、民族民间舞蹈,甚至大部分自娱性的舞蹈的空间姿态往往是简单的,它们侧重于这种简单姿态在连绵的时间中的律动,时间形成对于它们是极为重要的。但是,像中西古典舞这样的经典性舞蹈,它拥有更为丰富多样化的舞蹈语汇,其复杂的空间造型在表演中更为引人注目,它以一系列空间造型的组合变换流转而产生艺术的魅力。

西方古典舞蹈是要表现从大地上解放自己,憧憬天上,要去天上寻求自由,因此,舞蹈者总是试图使自己摆脱地心引力,动作是放射性,努力和不停地跳起来,在空中翱翔。人们从西方古典舞蹈芭蕾舞的训练中,形象地抽象出它的形态特征:开、绷、立、直。任何一个接受过芭蕾训练或有一定芭蕾欣赏经验的人都知道,展开胯部是芭蕾训练中最基本的人体要求。为了充分掌握古典芭蕾舞的全部动作,必须具有胯骨的外开性,才能使双脚轻松地站一位(脚跟并在一起,脚趾外开成一线),双腿外开地向前后和两旁抬起。演员的双胯不是自然状态的,而是有意识向外,以致造成躯体的展开感。这种训练已渗入演员的日常动作习惯,我们常见到的芭蕾演员特殊的生活动作,与胯部的展开是不无联系的。这种胯部的外开性并非孤立存在,它几乎必然地导致收腹与提高胸部位置,进而造成人体被强化的直立感。同时,这种直立感还容易造成人收缩臀部,足部向上踮起。于是,"开"和"绷"、"立"、"直"便在一个基本的人体站立姿态中得到统一的体现。

最为典型和有说服力的是芭蕾绷起足尖的站立,它几乎成了芭蕾这一概念所能唤起的第一视觉意象。正是这种外开的绷直的足尖,强化了腿部乃至躯干直立的感觉,加长了人体的延长线,提高了人体的重心位置,造成舞蹈家向上升腾、放射的效果。在芭蕾舞中是长于下肢动作,甚至在许多动作姿态中,手臂只起辅助性的作用。芭蕾舞侧重于下肢的动作中,最引人注目的便是跳。芭蕾舞演员在舞台上几乎是在不断地向上跳跃,按照跳跃的幅度,芭蕾的跳可以分为小跳、中跳和大跳。小跳有擦地双落跳、双起单落跳等;中跳有带跳的空中单腿划圈、敞式西松、闭合式西松等;大跳有凌空越、变身跳等。各种跳跃方式在具体作品中又与其他姿势相互关联,构造起芭蕾复杂多变的跳跃。这些跳跃不但种类繁多,而且出现频繁,而且在跳跃中,注意人体外拓性的空中造型,这是芭蕾舞的一个重要特色。在芭蕾的跳跃动作里,四肢大都是展开的。向四周伸延的手臂与腿,造成了芭蕾跳跃空间造型的放射感,常常垂直上举的手臂,则强化了跃离地面,向空间拓展的动力趋向。如"凌空越"或"大跳"动作,舞蹈者跃起,双臂可分别向前与向空中水平于垂直伸展,双腿分别向前向后水平踢出伸开,呈劈叉状。

而中国的舞蹈,还有日本、印度、朝鲜等东方舞蹈却表现另一种造型风格。舞蹈者则牢牢地站在地面上,其动作是内涵性的,是眷恋大地的。一般说来,很少把脚高抬,他们沿着一定的几何图形,缓慢地移动脚步,腿几乎总是自然弯曲。臂和手的动作千变万化,而且极为重视,浑圆的双臂一般都围绕着身体运动,一切似乎都聚集在一起。我国舞蹈工作者在长期舞蹈实践中,直觉地又充满颖悟力把握了我国古典舞蹈的形态内聚性特征,并形象地概括为拧、倾、曲、圆。"山膀"这一姿态是古典舞中属于最大幅度地伸展上肢的动作,是放得最开的姿态之一。山膀,顾名思义是架起山一样的臂膀,舞蹈者平举双臂,两腕有力地回扣。由于这种回扣,小臂自然弯曲,在上肢伸展线的前端造成明显的收势,将伸展的力量部分地转变指向躯干的力量。"朝天蹬"也是具有代表性的姿态。舞者以脚蹬天,大有气派。姿态中上蹬的一腿笔直劲健,以表现舞者的勇气。但即便如此,踝关节仍然要求弯曲回扣,且尚需用一呈弧线的手臂扶持,上举腿的伸延线被回勾的脚切断了。在大量的我国古典舞姿中,手腕与脚腕大都是弯曲回扣的,极少见到绷直的现象,甚至走台步,迈出的每一步,脚也是回勾的。这样,就破坏了手臂与腿部的直线造成的放射感,而是具有收聚的效果。

比"曲"更具有普遍性和概括性的形态特征是"圆"。人体在舞台上的运动的轨迹大都要求圆形或弧线形,走圆场最鲜明地表现出"圆"的特征。它要求人体,特别是双腿向内收缩,行进中一脚脚掌紧随另一脚跟,依圆形或8字形或蛇形路线交替碾行,运动的躯干尽力倾向圆心,仿佛受到了向心力的吸引。舞者的四肢运动的轨迹亦如此,山膀、提襟的动作使手臂形成弧形线或弓形线;云手、小五花、大刀花则要求舞蹈者的手臂依一系列弧线、8字线运动。最有特点的是风火轮,舞蹈者不断变化弓步、仆步,以腰为轴,两臂平伸,分别在胸前背后依8字形挥动,每一臂都依次在体前体后划出圆形,圆与圆相叠相衬,此起彼伏,"风火"命名之十分形象。这些四肢多次圆形、8字形与环形轨迹在空间运动,运动轨迹切断了空间与空间的连续性,将人体爆发的力量收聚在一个圆形的空间之中。

"倾"在具体姿态中有单独的表现,如走圆场、探海时人体的不同程度倾斜,然而,在更多的场合中,"倾"是伴生于"拧"的,从动力学角度去看,躯干由于被拧转才发生倾斜的。"拧"是普遍存在于古典舞动作姿态中,如经常出现的"丁字步",就是双脚呈直角,左脚脚跟与右脚内侧中部相接,躯干随即拧向左侧。前面谈及的运用于表现张志新烈士的动态幅度很大的"乌龙绞柱",双腿经常绞拧。"拧"在形态上表现得最为甚者,当数"卧鱼",它要求舞者向右踢步,渐渐下蹲时向左侧拧动上体,最后,右腿着地,左腿盘拧在右腿之上,右手抬至左胸前,左手拧在背后,整个人体给人以复杂的盘绕之感。通过躯的拧、倾,力量被从躯干四周的空间之中收聚在躯干内部,甚至由于双肩两胯的盘拧,人体的力量被紧紧聚集在躯干的中垂线上,它们所造成的效果是在曲、圆基础上进一步把收聚力强化了。

现代的中西方舞蹈有相互渗透、相互吸取对方精华的趋势,今天的中国舞坛上,"开、绷、立、直"的形态原则在漫延着,趋向于放射、外拓的姿态并默默地、不断地出现在中国古典舞中。而西方现代舞却慢慢转向对大地的眷念。"舞蹈是人体运动与地球运动的调和"(邓肯),德国女舞蹈家魏格曼的舞蹈艺术是产生于两次世界大战之间,她身处邪恶势力笼罩的国度,因而她的舞蹈显忧郁而沮丧,属低调舞蹈家,全然亲近大地,下跪、蜷伏、匍匐、爬行、躺倒等,构成她的舞蹈动作系列。

舞蹈和音乐有着天然的联系,是节奏与韵律把它们紧紧连接在一起。舞蹈艺术对于韵律的要求丝毫不亚于音乐,它不仅在音乐的节律的制约之下,而且还要其自身的节律。舞蹈富有韵律感的动作被称为"律动"。这种律动是人体动作得以表现的组织形式。是由形体、动作、姿态的高低起伏,强弱虚实、大小方圆等组成的形态变化的规律。它的基础是节奏,当严格意义的音乐尚未出现时,节奏就作为音乐的一个要素融进了最初形态的舞蹈,作为舞蹈组织形式和内部结构,把动作的力度(强弱)、速度(快慢)、幅度(大小沉浮)有机地协调起来,创造出抑扬顿挫、连贯流畅、缓急轻重有度的优美艺术。因此,一个舞蹈不管是否有音乐伴奏,它都是按照音乐时间来动作的。在极度沉迷的表演中,舞蹈的瞬间自发性,并不需要一个十分讲究的音乐结构为强调或保证它,一段歌曲,无调性的击棍或击鼓,单纯的声音截分,也就足够了。与视觉、听觉、千变万化的整体身形和神秘的姿势融合在一起的舞蹈者肉体感觉,与美妙节奏融为一体。每个舞蹈者,与其说是随着他的舞伴跳舞,还不如说随着音乐跳,随着自己的声音跳,随着大自然的节奏跳。

  一个世纪以来,交响芭蕾学派获得了巨大的成功,一跃成为世界芭蕾艺术的主流,针对古典的过于规范化程式化而束缚人们的创造想象的弊端,福金、洛普霍夫、巴兰钦等革新家们提出要解放人体,充分发挥它的潜在表现力,减少舞剧中的哑剧成分,让舞蹈成为主要的表情手段。他们学习交响乐的创作手法,遵循交响乐的规律来创造舞蹈式舞剧,使之更富有韵律美。如俄罗斯著名的舞蹈编导家福金创作的《天鹅之死》,不仅具有动人心魄的直观美,而且具有迷人的韵律美。纤细娇柔而略显忧伤的天鹅姑娘,时而亮翅舒股,以轻盈的足尖碎步,在平静的湖面上翩翩起舞,时而腾挪跳跃,表达她振翅高飞,遨游蓝天的壮志,舞姿借流畅而富有变化的音乐节奏产生强烈的律动感,音乐节奏也因调度美妙的舞姿而增强了神韵上的美感。另外,也有的现代舞艺术家在原始舞蹈艺术中获得灵感。如上面提及的魏格曼,她关切原始和象征性的主题,侧重生活的普遍性。她的艺术风格富有泥土气息,刚强、奇趣、激烈;服装古怪,往往令观众困惑;舞蹈表演时经常是没有音乐伴奏,或只有简单的印度鼓、巴厘芒锣一类打击乐伴奏,但往往如闪电般震撼人们的心灵。其看来无音乐伴奏,但她也是按音乐时间来进行的,充满节奏与韵律美。

第二节 舞蹈的美育功能

舞蹈以人体造型、姿态、表情特别是动作过程为物质媒介,传达和感受人们某种审美经验,对唤起人们的美感,提高人们审美能力,具有重要的美育功能。

一、通过自娱达到怡情悦性

舞蹈的创造史发生在史前期,舞蹈是原始人生活中最严肃的智力活动,它是人类超越自己动物性存在那一瞬间对世界的观照,也是人类第一次把生命看作一个整体、一个连续的、超越个人生命的整体。舞是生命情调最直接、最实质、最强烈、最尖锐、最单纯而又最充足的表现。舞蹈最初完全是自娱的,而不是专门表演给人看。当人的宗教思想孕育了神的观念时,舞蹈就用符号表示了它,用舞蹈对神表示祈求、宣布誓言、发出挑战和表示和解。在最原始的圈舞或转舞中,描绘了最初人类生活中最重要的现实,一个神圣的、神秘的王国。舞蹈把神圣的范围与世俗的存在区分开来,这就产生了舞台。这舞台自然而然是为了祭祀活动的,以祭坛为中心,或者以图腾、祭司、火堆,以作为祭品的其他部落酋长的人头为中心,在这具有魔力的舞圈中,所有的人都参与进来,销魂夺魄地把所有精力都释放出来。非洲布次曼人的《摩科马》舞蹈,舞者跳到十分疲劳,浑身流着大汗,口里还发出千万种叫声,身体做着各种困难的动作,以致一个一个地跌倒地上,溶在源源而出的血泊中。"摩科马",意即血的舞蹈。这是达到忘情的、疯狂的境界。无论是神圣的群舞,快速飞旋的单人舞,温情的双人舞,都是在表现人的情感,一切重大的紧急活动都要用舞蹈来制造气氛,例如婴儿的出生,孩子的成年、结婚、死亡的仪式,播种、收获、狩猎、战争及胜利的场面,集会、迁居的宴会等等,都有舞蹈的场面,舞蹈成为人们生活之必需。

荷马在他的诗章中描述过舞蹈的场面。那时,人们在婚礼、收获等场合,常常跳起自娱的舞蹈。《伊利亚特》里,诗人写了阿希切里盾牌上,人们伴着七弦起舞的图案。在祭祀希腊众神的舞蹈中,女舞蹈家的舞姿庄重,而在为酒神狄奥尼修斯奉献供品时,舞蹈又放浪起来,在狂乱中宣泄着他们的情感。

进入阶级社会之后,残酷的奴隶主阶级要求舞蹈为统治者享乐之用和为巩固现存的社会秩序服务。历史的编纂者们也更乐于将纪述先王功业,讴歌统治者的舞蹈载入史册,使舞蹈的历史成为这类舞蹈的一统天下的历史。而舞蹈本身也发生了重大的变化,一是从自娱、娱神向娱人转化,产生了专门为奴隶主阶级服务的舞蹈,它必须根据一定的统治阶级观念,例如中国古代的礼教精神进行舞蹈。二是产生了专门从事舞蹈的舞队,像中国古代西周时,天子可享用64人组成的舞队为自己舞蹈。这在客观上为舞蹈的独立发展提供了良好的条件,专业舞蹈的发展速度是惊人的,无论是舞蹈的动作、姿态的种类,还是其难度,都远远超过原始舞蹈艺术。

发生了令人奇怪的现象:当娱人的、表演性的舞蹈飞速发展的同时,而自娱的、民间的舞蹈却显冷寂。虽然历史曾有过自娱的舞蹈记载,比如汉高祖在击败黥布之后,在故乡的酒宴上击筑高歌:"大风起兮云飞扬,威加海内兮归故乡,安得猛士兮守四方。"歌未能尽兴,刘邦起舞于席间。但统治阶级主要还是观赏舞蹈的,至于民间,已很难见到原始人那种狂欢的舞蹈,即使有,也大都在统治者无法鞭及的边远地区的少数民族。这应该是奴隶主专制和封建专制的结果,遏制了人性的自由发展。在欧洲中世纪,教会曾禁令具有舞蹈天性的西方人舞蹈。他们认为舞蹈圈子的中心有恶魔,人们是围绕着那个恶魔转圈跳舞,舞蹈中的步伐是一步一步地走向地狱的底层。不少极端的教士则在自己任职的教区禁止所有的舞蹈。我国在"文化大革命"时期,大搞文化专制主义,人们狂热地大跳"忠"字舞,而对交谊舞之类自娱性舞蹈则打入十八层地狱,视为资产阶级的东西。人们通过舞蹈所表现的情感只能是对领袖的个人崇拜的情感,而不能是其他情感。只有在改革开放的今天,随市场经济发展而带来的人的个性的解放,人们才有可能通过舞蹈抒发自己的真情实感,遍及全国的舞潮在汹涌而起,在公园、广场、舞厅,在早晨、黄昏、夜晚,无论青年、中年还是老年,都热情洋溢甚至沉醉在这股舞潮之中。有的跳交谊舞,有的跳迪斯科,有的扭秧歌,有的跳少数民族舞,还有人跳连内行人都叫不出名字的舞。但是,舞者一个个投入、自信、自豪、乐此不疲。舞蹈从原先自娱,经过娱神、娱人,又重新回到自娱,真正体现了舞蹈本质的回归,作为一种生命情调的跃动,自得其乐,自我宣抒。其实,舞蹈不仅可以满足人类最基本最自然的生理和心理需求,还是一种身心合一的运动,可以增强体质,健康长寿。

　　自娱的舞蹈是自由的,善于陶冶人的情感,使人的情感变得丰富充实。例如,交谊舞不仅是人们之间心灵沟通的桥梁,而重要的还是自娱,它适合于各种情感的抒发。布鲁斯(慢四)舞步很简练,易于掌握,它举步庄重,保留宫廷色彩和古典风韵,节奏与动作变化不大,进退平稳,跳起来从容不迫,具有斯文、高雅的气度,易于抒发舒适、悠闲、平和之感。而慢华尔兹(慢三)其优美的音乐、飘逸的舞姿和起伏的身浪的特色,被誉为"舞中皇后"。它柔和而文静,优美而华丽,属于绅士派的舞蹈,长于抒发浪漫而温馨的情感。而快华尔兹(舞中之王)和快步舞,舞步活泼、兴奋、轻快、洒脱,使人情绪奔放、朝气蓬勃,一场下来,虽汗水淋漓,但情感尽情宣抒,确有酣畅痛快之感。其他舞蹈像探戈、伦巴、恰恰恰、桑巴、帕索多、牛仔、狐步以及迪斯科等,更是各显神韵,使人荡漾在无限丰富的情感波涛中。

二、提高人体美的欣赏能力

在舞蹈史上,被动观众的出现的最重要结果,是造成了活动性舞蹈(自娱舞蹈)与表演性舞蹈(娱人舞蹈)的分离,进而产生了二者各自不同的历史。从活动性舞蹈那里,我们创造了交谊舞。从表演性舞蹈那里,我们创造了芭蕾舞和其他表演性民族古典舞蹈。作为自娱的舞蹈参与者,我们尽情抒发自己的情感,而作为观众欣赏舞蹈艺术者,我们则必须从容地品味有生命的、运动着的人体美。

在艺术中出现的人体是多种多样的,有静止的、表现在二维空间上的人体(绘画、摄影),有表现为三维空间的人体(雕塑、工艺品),也有通过二维空间的银幕造成三维空间幻觉视像并在第四维内延续其运动的电影、电视人体镜头。这些都与舞蹈不同,舞蹈动作、姿态造型、画面队形这些形式美构成要素无一不以生龙活虎的、现实存在的人体作为物质手段。因此,任何一门艺术都不如舞蹈,能够自始至终、无一漏网地充分展示人体美的魅力,其他任何一门艺术可以不表现人体美,而舞蹈一定要表现人体美。

人们对于舞蹈人体美的挖掘与欣赏是有个过程。早在《诗经》里,诗人们用"婆娑其下"、"万舞有奕"、"坎坎鼓我,蹲蹲舞我"、"万舞洋洋"等概括含糊的字眼来记述舞蹈,表现出人们对舞蹈形态把握的模糊性。屈原在《招魂》写道:"美人既醉,朱颜酡些。娱无眇视,目曾波些。被文服纤,丽而不奇些。长发曼鬋,艳陆离些。二八齐容,起郑舞些。衽若交竿,抚案下些。"描述了舞蹈家的容貌、衣着、神态和人体的动态,堪称早期表现舞蹈艺术的典范文学作品。汉代科学家,也是文学家张衡在《观舞赋》之中,对舞蹈的核心姿态、人体美作了描述:"抗修袖以翳面,展清声而长歌","搦纤腰兮互折,□倾倚兮低昂……连翩络绎,乍续乍绝。裙似飞鸾,袖如回雪。……同服骈奏,合体齐声。进退无差,若影追形。"在他的《七辨》中又写道:"曳罗縠之舞衣,袅纤腰以回翔。举长袿以蹈节,奋高袖之翩翩。"汉人傅毅的《舞赋》堪称中国舞蹈批评史上最为重要的文献之一。他写道:"于是蹑节鼓陈,舒意自广,游心无垠,远思长想。其始兴也,若俯若仰,若来若往,雍容惆怅,不可为象。其少进也,若翔若行,若竦若倾,兀动赴度,指顾应声。罗衣从风,长袖交横,骆驿飞散,飒揭合并。鹍鹏燕居,拉擂鸰惊,绰约闲靡,机迅体轻……修仪操以显志兮,独驰思乎杳冥。……气若浮云,志若秋霜。"这里充满了对舞蹈形态传神地描绘,让人恍若身临其境,目睹汉代舞蹈家的风采。

芭蕾舞的种子是在文艺复兴的高潮时代播下的,意大利名城佛罗伦萨在芭蕾舞的萌生期占据了重要地位,这里的名门望族的男女们都是颇具技艺的舞蹈家。芭蕾舞产生于他们豪华的晚宴上,继而在一些国家宫廷中出现,最初是接受地面,到18世纪逐渐改变到离升地面,有了腾跃步、跳步和空中交叉步,动作设计从水平方向逐步改变到垂直方向。著名舞蹈家卡玛戈为了显示她所创造的双腿交叉的打击动作,勇敢地改变了传统的芭蕾服装。她去掉了曳地的长裙、沉重的头饰、面具和高跟鞋,为了增加双腿的活动范围,她开始采用短裙和内衣,这便是芭蕾紧身衣的前身。她这一举动,对于展示人体的表现力,增强舞姿的线条,无疑有重大作用,芭蕾在三百多年发展中,服装逐渐减少,使身体线条更为清晰,造型更为自如,增添了舞蹈人体美的魅力。19世纪,在浪漫主义气息的熏陶下,著名的舞蹈家塔里奥妮踮起了足尖,造成了身体翱翔凌空、轻盈自在的感觉,以第一个运用足尖技术创造出动人的舞蹈形象而被载入史册。这种技术通过不断发展,终于使芭蕾舞演员在今天舞台上能够舒卷自如,大有鲸吞汪洋、鹰击长空的气势。

表演性舞蹈者与自娱性舞蹈者重要区别之一在于,它选择的演员大都是年轻貌美姑娘或英俊的小伙子,必须上下身比例匀称,身体线条优美、柔韧和富有弹性。他们在舞台一亮相,就会给观众一个赏心悦目的感觉,无不惊叹造物主(实则大自然与社会)的万能,令人想起莎士比亚在《哈姆雷特》剧中的对人的歌颂:"人是多么了不起的一件作品……宇宙的精华！万物的灵长！"在节奏与韵律引导下合乎规律的身体运动，时而柔软如波浪起伏，微风轻拂，身体与清幽的溪流一起流动，和盛开的鲜花相竞吐艳；时而阳刚如层浪迭起、青松挺拔，身体与蛟龙共翻滚，同雄鹰齐翱翔。《天鹅湖》中的可爱的"天鹅"们在热烈、轻快的音乐中翩翩起舞，轻盈、快捷、整齐的群舞，使人直观到人体充满青春活力的美。现代派中新先锋派第二代的代表人物、舞蹈家吐·散普，则以新颖的人体运动形式，体现各种姿态的人体美。她在1973年初演的《双座小轿车》中，把摇摆音乐和古典芭蕾融合无间。这个舞蹈结构，如实反映当代社会的精神状态，演员们的动作有的粗鲁，有的柔和，用不同体态和幽默手法，反应了青年一代心灵深处的各种欲望。整个表演气势磅礴，最后以表现他们的共同的愿望告终：在一个理想境界，大家共同起舞，各式动作姿态充斥舞台，也有个别人离群而舞，然而，这一切都表现得十分和谐，达到多样性的统一。

三、调适人的生理与心理的需求

人类为了生存和延续，必须有衣食和性爱的本能要求，在封建传统和宗教文化影响下，人们违背了人性刻意地去压抑它。实际上，人们总是喜欢接触异性，欣赏异性的音容笑貌，优美的人体动作、姿态。但在日常生活中，人们不可能、也不允许随意接触异性，刻意去观赏他（她）们，这种违背自然本性的做法显然是不利于人类生理与心理的健康发展。没有其他艺术能与舞蹈相匹配，能够如此促进两性之间广泛的接触，如此自由、放松地欣赏异性的容貌和人体美。在自娱性的交谊舞中，舞蹈的男女双方在音乐节奏的制约下，配合默契，在微妙的电磁感应般的情感交流中，享受着生理快感和心理快适高度和谐的身心愉悦，使日常生活被压抑的情感获得适当的释放。在表演性的舞蹈中，人们可尽情地观赏女演员的如花似玉的笑容，富有曲线美柔韧的人体，观赏男演员英俊潇洒的形象，强健有力的体魄。他们轻曼的舞姿，快速的旋转，全身的扭动,手臂的抬举,大腿的舒展……可以使观众达到涤魂荡魄的程度,通过动作姿态的充分展开和美妙音乐的渲染,人们从生理快感逐渐升华到心理的、精神的愉悦。德国哲学家尼采用诗一般的语言说:"如果我像舞蹈家那样用双脚轻踢大地,飞上闪耀着金色光辉的绿宝石般的世界,那么,一切重担变轻,心儿就会像腾空的飞鸟一样。这才是初衷与夙愿。"①《邓肯自传》中记叙了本世纪初邓肯在莫斯科演出的情况,人们如何对她人体美展示时,所表现的矛盾心理状态,而最终获得观众真实的认同。这是邓肯摘录俄国著名的导演、艺术理论家斯坦尼斯夫斯基的话:

"邓肯首次在台上出现,并没有引起很了不起的印象。由于我不习惯于看舞台上出现几乎全裸的人体,所以,几乎不能注意和理解这位舞蹈家的艺术。第一个节目完了以后,只引起了一阵不冷不热的掌声和怯生生的试探的口哨声。但是,接连几个节目——其中有一个特别有说服力——演完之后,我对观众的冷淡反应,再也不能无动于衷了,就毫不掩饰地大鼓其掌。……幕间休息时,我已成为这位伟大的艺术家新收下的信徒,跑到台前去鼓掌。……当一般观众看清楚了在鼓掌的人中有莫斯科著名的艺术家和演员,全场也就轰动起来。嘘嘘之声停止了,而当观众看见可以鼓掌了的时候,于是全场鼓起掌来,接着就是多次要求谢幕。演出结束同时,欢声雷动,一片欢腾。……从那时候起,我从未错过一次邓肯的表演。必须看她的演出,常常是受我内心的艺术感,与她密切联系的艺术感的驱使。"②

当然,把舞蹈仅作满足享受之要求或追求感官刺激的,在历史上也不乏此例。例如春秋战国时,齐国人为麻痹自己的对手,瓦解其斗志,竟送去女乐(舞女)80名,使对手季恒子从此沉溺在声色

---

① 转引自谢长、葛岩:《人体文化》,四川人民出版社1987年版,第134～135页。

② 《邓肯自传》,第183～184页。

之中不理政事了。中外一些娱乐场所为追求金钱跳贴面舞、黑灯舞或作脱衣舞表演，这已经不是把舞蹈当作艺术进行审美，而是纯粹功利性质的；不是当作调适人的生理和心理的需要，而是专门满足人的本能要求的低级趣味的活动。

第十七章 戏剧与美育

戏剧是综合艺术，它以多样性的形式（话剧、歌剧、舞剧、戏曲等）集中反映社会矛盾冲突，造成悲剧或喜剧效果。戏剧欣赏对于培养人的综合感知能力、丰富的想象力和提高人的理解力有独特的功能。

第一节 戏剧的审美特性

戏剧是一个集合名词，在我国，现在有从西方引进的话剧、歌剧、舞剧，有以京剧为代表的传统戏曲。各种戏剧虽在表现形式上有所不同，但都是运用多种艺术手段直接反映社会生活的复杂内容，有其共同的审美特性。黑格尔说得好："戏剧无论在内容上还是在形式上都要形成最完善的整体。"①

一、艺术表现的综合性

综合艺术是戏剧的重要特征。戏剧艺术本身具备着语言、美术、音乐和舞蹈等各种艺术样式的因素，构成了过程性与直观性的高度统一的戏剧美的特殊性。戏剧美必须通过直观的、有真实感

---

① 黑格尔：《美学》第3卷，第240页。

的生活图景展现出来,而且是一个生动的过程显现。直观性艺术长于造型,过程性艺术长于表情,造型艺术长于显现客观外相,表情艺术长于展示主观内情。戏剧美既长于造型,又长于表情,其完整性、高度统一性,要比其他任何艺术形式严格得多。在艺术美的领域里,绘画、雕塑虽能表现直观图景,却又未展开为过程;音乐、舞蹈、诗歌虽也表现过程,但并不表现直观的生活图景;文学作品既表现为过程,又表现为生活图景,但一切又借助于文字的可读性而获得的,形象缺乏可视性。唯有戏剧,才是把直观性和过程性、造型性和表情性完美地结合起来。

戏剧在综合了各种艺术之后,产生了一种新的质,改变了各种艺术独立时的形态和规律,而各种艺术因素在作为组成部分进入戏剧中,它本身也发生了质变,产生了它们单独存在时所不具有的特性,同时,丧失了它们原先的某些性质。作为统一整体的戏剧艺术,一般可分成两个相互区别、相互制约、相互渗透的基本部分,即戏剧文学和舞台艺术。戏剧表演的创造性基于剧作的规定性,演员和导演的再创造所依据的是剧本的文学内容。但光有剧本的文学性不能构成完整的戏剧;戏剧需要演员在特定的空间,用形体动作以及对白等表演手段,把剧本的内容通过演出者的感受和理解具体地体现出来。舞台艺术作为戏剧艺术不可分割的一部分,对戏剧文学又提出了特定的要求。因此,戏剧虽然从文学中吸取了它通过事物的一切表象和联系来反映生活的能力,而文学也是作为戏剧的组成部分,但文学不再是纯文学,它必须根据戏剧舞台艺术表现的要求,采取有别于其他文学体裁特点的形式,例如语言的动作性等。

戏剧从绘画和雕塑中吸取了视觉形象的直接感染力,但绘画和雕塑在戏剧中却发生了质的变化:从静态转向动态。戏剧人物活动于固定空间的布景组成的舞台上,舞台就像一块画布,演员的服装、化装,舞台的灯光、道具,都是不可缺少的"色彩"。而演员的动作,正像一只彩笔在画布上涂抹,使观众觉得这是正在创作的一幅画,或者灯光的变幻、演员的表演,使画面整个儿活动起来,观众是在欣赏活的画面。从每个演员来看,一个个都是活的雕塑,他们浓妆淡抹,穿戴奇装怪服,刻画不同时代、民族和不同性别、年龄、性格差异的人物。从中国戏曲来看,略施粉黛以美化为目的是生旦角色的化妆(俊扮),而对净、丑角色多用一些夸张性的色彩和线条组成的图案化的面部形象——脸谱。"净"又称花脸,表现性格粗犷豪放的人物,"丑"为喜剧人物。对他们的化妆是性格化妆,比较夸张,以京剧为例,整脸是脸上平涂一色,或红或黑,红脸用白笔或黑笔画眉,以黑笔画眼及表情纹;黑脸则画白眉。这都用于正面人物,红脸如关羽,黑脸如包拯。水白脸是满脸涂白粉,以黑笔画眉、眼、鼻和表情纹,这用于刻画那些笑里藏刀、阴险奸诈的权贵们的嘴脸,如严嵩。还有"三块窝脸"、"十字门脸"、"六分脸"、"元宝脸"、"碎花脸"、"歪脸"等等。甚至脸谱中还有特定的象征和寓意,如包拯的黑脑门中往往画有一个白色月牙,用以表现包拯秉公断案,正如黑夜中的天上皓月清明。而演员亮相的动作,在三面可以观看的舞台上,更像活的雕塑。许多雕塑家正是从戏剧演员的脸谱、服装、姿态、表情获得创作灵感,创造许许多多如关羽、包拯、曹操、济公等栩栩如生的形象,又使活的雕塑转化为静态的、凝固的雕塑。

　　戏曲从音乐中吸取了通过时间的流程展示的音响世界,去获得感染力、协调和节奏感的能力。不仅填词作曲注重声律,讲究音律美,而且白的部分也注意讲求音律美。剧作者必须注意,演员也必须强调字句长短平仄,须调停得好,使情意抒发得婉转动人;音调铿锵,虽不是曲,却令观众喜听,这就是白的音乐性。戏剧中诗和音乐的和谐所结合成的听觉形象是如此之动人,以至当今许多人称看戏为"听戏"。而音乐进入戏剧,也改变它部分的质,比如一首歌曲,当它插入一场戏时,它就不再是一首独立的歌,就变成了这出戏的附属品,有时这首歌只唱一半就戛然而止,有时居然中途变调等。如果我们在观看这出戏时,真的把这首歌像欣赏音乐那样去品味它,那就必然会破坏整出戏的欣赏。在戏剧中,声乐(唱腔)既要抒发人物的思想感情,又要和前后的剧情相衔接,推动矛盾冲突的发展,器乐(伴奏)既要给演员托腔,又要渲染、烘托环境气氛,增强剧情的感染力。这样,音乐长于抒情的特点得以发挥,而拙于叙事的"短处"也得到一定弥补,尤其在歌剧和戏曲中。戏剧的规律之一是,剧情的展开是通过表演而非通过叙述,演员扮演一定的角色登场,其动作、姿态在不同程度上舞蹈化了,尤其在舞剧、中国戏曲中,一切舞台动作都被舞蹈化了,舞蹈成为演员动作的唯一形式,因此其虚拟性和程式性是相当强的。例如,"趟马"的程式动作是由圆场、转身、勒马、挥鞭、高低亮相和三打马等动作连贯组合而成,表现人物策马疾行;"跑龙套"程式是虚拟表演中常用的一种简洁手法,四个龙套能代表千军万马,一个圆场可表示百里行程,行路、追逐、行军、会阵等经常用它表现。

当然,也有人对戏剧是综合艺术的观念提出质疑的。例如,波兰一位年轻的舞台导演耶什·格鲁托夫斯基在1959年创办了"波兰实验剧院",并开始进行一系列试验,以求揭示戏剧的基本因素。他的实验结果在其著作《迈向贫穷的戏剧》一书写道:"逐渐去掉证明多余的东西之后,我们发现,没有化妆,没有戏装,没有绘制舞台布景的透视法,没有一块独立的表演区(舞台),没有灯光和音响效果等等,戏剧是能够存在的。但是,没有演员和观众之间感性的、直接的、活生生的交流它便不能存在。当然这是一条古老的戏剧真理,但是,当在实践中加以严格检验时,它就动摇了我们对戏剧的通常观念。"[①]格鲁托夫斯基从20世纪具有高度技术而又复杂的戏剧入手向后追溯,发现构成戏剧的两个根本因素是演员和观众。依据这一观念,格鲁托夫斯基对浮士德博士的故事作了改编,浮士德要举行一个宴会,剧场里摆了两张桌子,观众们坐在桌旁,

---

① 转引自艾·威尔逊等:《论观众》,文化艺术出版社1986年版,第4页。

仿佛他们是参加午宴的客人。动作发生在桌子的一端,甚至发生在桌面上。格鲁托夫斯基演出的《忠诚的王子》,在表演区的周围筑起一道栅栏,观众坐在栅栏外边,从栅栏上边看演出,好像观众是在看斗牛。一些艺术家受其影响,也在搞这样的剧场空间。在戏剧的起源上说,最初的基本因素应该是演员和观众,但随戏剧的发展,它已经和其他艺术相互吸收,相互融合,而且,戏剧同其他艺术相比,它的同化他人的能力特别强,几乎能兼收并蓄其他所有的艺术,究其原因,恐怕在于戏剧美的本质特征——集中反映社会的矛盾冲突。

二、集中反映社会的矛盾冲突

戏剧的本质特征在于它能直接地、集中地反映社会冲突。亚里士多德在《诗学》中强调指出情节结构是戏剧的最重要因素,它比人物性格更重要,因为以情节为纲,容易见出事迹发展的必然性;以人物性格为纲,就像历史以时代为纲,就难免有些偶然的不相关联的因素。他是把人的外部行为看成戏剧的真正重心和决定性因素。而近代的许多艺术家们则强调人物性格是戏剧的最重要因素,其杰出代表是莎士比亚,他的戏剧固然故事情节曲折动人,文采斐然,但是,毫无疑问,人为宇宙的精英、万物的灵长占据了他戏剧的中心地位,"反映人性,显示善恶的本来面目,给它的时代看一看它自己发展演变的模型"。① 狄德罗提出"情境"的概念,它是由"家庭关系,职业关系和友敌关系等等形成的",情节必须密切联系到情境,而人物性格必须取决于情境。"情境要强有力,要使情境和人物性格发生冲突,让人物的利益互相冲突。"② 黑格尔根据此,引申出冲突是最具有戏剧性"情境"的:"因为冲突一般都需要

---

① 莎士比亚:《哈姆雷特》,上海译文出版社1979年版,第三幕第二场。
② 狄德罗:《论戏剧体诗》,第①3节,转引自朱光潜:《西方美学史》,第264页。

解决,作为两对立面斗争的结果,所以充满冲突的情境特别适宜于用作剧艺的对象,剧艺本是可以把美的最完满最深刻的发展表现出来。"①但是,在黑格尔看来,"情境"仅仅是人物处于某一特定时代的一般物质生活和文化生活的背景,即"一般世界情况"具体化成的推动人物行动的客观环境,可以说是人物行动的外因。人物行动还要有内因,这也是"世界一般情况"所产生的主观情绪、人生态度,黑格尔称之为"情致",包括"恋爱,名誉,光荣,英雄气质,友谊,亲子爱之类的成败所引起的哀乐"②。以莎士比亚的《哈姆雷特》为例,这部悲剧所表现的"一般世界情况"是文艺复兴时代的文化背景(尽管这位丹麦王子是中世纪的人物),"情境"是王子的母亲和叔父通奸,把父亲谋杀了那一个具体事件,"情致"是王子在计划报仇中由于他的人生观和伦理观念所形成的那种复杂的心情。就是外在的"情境"引起内在的"情致"的矛盾和冲突,构成了这部悲剧情节发展的推动力。

黑格尔关于戏剧本质在于社会各种矛盾冲突斗争和统一的观点,受到现代许多艺术家的认同。英国剧作家琼斯说:"一个人或几个人自觉不自觉地'对抗'着敌对的人物、环境或命运,这就构成戏剧。要是观众看清了障碍之所在而剧中人却不知道,如《俄狄浦斯王》中那样,那就显得更加紧张。戏剧就此形成,并发展到剧中人也知道障碍之所在;我们看到剧中人对此引起了肉体、心理、精神上的反应,戏便持续下去。"③美国戏剧理论家劳逊说:"戏剧的基本特征是社会性冲突——人与人之间、个人与集体之间、集体与集体之间、一个人或集体与社会自然力量之间的冲突;在冲突中自觉意志被运用来实现某些特定的、可以理解的目标,它所具有的强

---

① 黑格尔:《美学》第1卷,第260页。
② 黑格尔:《美学》第1卷,第290页。
③ 余秋雨:《戏剧理论史稿》,上海文艺出版社1983年版,第578页。

度足以导致冲突到危机的顶点。"①

没有冲突就没有戏剧,这至少是绝大多数艺术家承认的戏剧基本法则。其他艺术可以表现矛盾冲突,也可以不表现矛盾冲突,但戏剧是情节动态展开的艺术,其动态过程要由矛盾冲突来构架。只有矛盾冲突才能出"戏"——制造悬念,引发动作,形成情节,使演出波澜迭起、节奏鲜明,从而触发观众的审美趣味,在剧场的情感交流中完成审美接受的"三度创造",因此,没有矛盾冲突,就无法构成戏剧赖以生存的"戏剧性",戏剧也就会因此丧失自身的存在,把矛盾冲突当作戏剧的灵魂,一点儿也不夸张。戏剧的冲突实际上是现实生活矛盾冲突的反映。戏剧把现实生活中普遍存在的真与假、善与恶、美与丑、光明与黑暗等矛盾提炼集中起来,上升为戏剧冲突,再现于舞台上。

戏剧冲突的实质是性格冲突。莱辛说:"一切与性格无关的东西,作家都可以置之不顾。对于作家来说,只有性格是神圣的,加强性格,鲜明地表现性格,是作家在表现人物特征的过程中最当着力用笔之处。"②莱辛的论断,对于以塑造人物形象为主体的文学艺术类型,包括戏剧艺术在内都是正确的。而每一个人的性格都是一个复杂的系统,充满矛盾的统一体,它是在社会环境决定和制约下的,是在与特定的情境发生关系与冲突,并在情境中展示自己的内部冲突的。性格冲突过程就是情节,没有性格冲突,戏剧就不会有特定的情节发展;同时,人物性格是在情节的发展中展示出来,如果戏剧不设定情节,人物性格在戏剧里就没有特定的表现形式。

由于舞台性的制约,戏剧冲突的构设不能舒缓迂延,而必须尖锐激烈,迅速推向高潮,获得解决。因此,高尔基说:"除了文学才

---

① 劳逊:《戏剧与电影的剧作理论与技巧》,中国电影出版社1989年版,第213页。
② 莱辛:《汉堡剧评》,上海译文出版社1981年版,第125页。

能以外,戏剧还要求有造成愿望或意图的冲突的巨大本领,要求有用不可反驳的逻辑迅速解决这些冲突的本领。"①戏剧冲突主要有三种表现形式:人物与环境的冲突,人物与人物的冲突和人物内心的冲突。例如,荒诞派戏剧《生日晚会》中,主人公斯丹利藏身于海滨小城的旅馆,时时担心屋外的各种威胁。突然有两个陌生人进来,斯丹利在他们荒谬的指控、凌辱下,始而挣扎,继而反抗,终于屈于命运的摆布。剧作通过人与环境的冲突,揭示了西方社会外部环境异化为威胁人正常生存的力量的主题。易卜生的《玩偶之家》中的主人公娜拉和海尔茂之间的性格冲突,就表现为正面交锋。在激烈的冲突中,两种不同的思想和性格得到了鲜明的揭示,观众的心弦也始终被紧紧地牵动着。人物之间的冲突具有最强烈的直观动感性,产生的审美张力也往往强度最高。人物的内心矛盾的斗争,也常是戏剧冲突构设的对象。例如奥尼尔的《琼斯皇》,在八场戏中有六场是专门表现琼斯心理恐怖幻象,描写他内心剧烈矛盾冲突的。由于心理冲突富含内心动作,所以也能构成强烈的戏剧性,使观众获得美感享受。一般说来,戏剧冲突是多方面的,在悲剧《哈姆雷特》中,包含着明显的两种冲突:一种由高贵的王子和以克劳迪斯为首的丹麦统治者集团之间的对立所构成的外部冲突;另一种是哈姆雷特本人心灵中的内部冲突。当哈姆雷特发现了父亲被害的可怕的秘密以后,他沉于冥想之中,忧郁、彷徨,这种心理矛盾深深陷入心灵内部,唤起他对生和死的问题,对时间和永恒的问题、责任和意志的问题的思考。这种思考是非常剧烈、深刻的。他对生的价值和死的意义是按照人道主义观点予以乐观主义的回答,发出对人类的热烈赞颂:"人类是一件多么了不得的杰作",而成为千古绝唱,但同时又哀叹人性的沦丧。突发事变要求他要复仇,但他要弄清楚自己有没有能力改变现实、砸碎丹麦这座人间地狱。他不仅给自己提出生存还是毁灭的问题,还关心人

---

① 高尔基:《文学书简》下卷,人民文学出版社 1965 年版,第 12 页。

类的命运,要消灭在生活中统治着的邪恶,经历了怀疑与探求,哈姆特最终战胜了犹豫动摇,实施了复仇计划。

戏剧美的这种本质特征,最鲜明地体现在悲剧和喜剧这两种戏剧样式中。历史的必然要求与现实生活不能实现这个要求,两者相矛盾产生了悲剧冲突,悲剧冲突的结果是有价值的、美的东西的毁灭,艺术家就是把这冲突过程形象地表现出来。喜剧也是反映一定历史阶段的社会历史冲突,喜剧矛盾同样是社会矛盾在一定历史阶段的表现。马克思说:"历史不断前进,经过许多阶段才把陈旧的生活形式送进坟墓。世界历史形成的最后一个阶段就是喜剧。"① 一切落后的、陈旧的、腐朽的事物总是不肯自动退出历史舞台,要与先进的、革命的力量进行反复的较量,即使已丧失存在价值,行将灭亡,仍要逆潮流而动,把被历史抛弃的东西顽固地加以肯定,于是不免违反常规,出现了许多啼笑皆非的事件和荒谬可笑的人物,给艺术家提供了各式各样的喜剧题材。从中我们也可以看到,美学之所以把悲剧和喜剧超越戏剧本身作为美学的一对基本范畴,正由于它反映了社会矛盾的两种不同性质的戏剧性的冲突过程和结果。而优美和崇高则是从客观对象的状貌上,反映其审美特征,不要求整个戏剧性的过程的展示。

三、表现形式的多样性

由于戏剧的博大胸襟,容纳下各种艺术,因此它的审美特性呈现出各种艺术所具有的特性,很难用某种艺术特性来统摄戏剧的特性,戏剧的审美特性应具有多样的、丰富的表现。

古希腊的戏剧成就可以从它拥有 14 000 个有名可查的剧作家的庞大队伍得以说明。古罗马戏剧相对希腊是黯然失色,但在剧场建设方面却是成就辉煌的,例如用于角斗和斗兽的罗马圆剧场可容 87 000 人,马尔采拉剧场舞台宽约 60 米,庞贝剧场的舞台

---

① 《马克思恩格斯选集》第 1 卷,第 5 页。

宽度竟达到 100 米。可见当时戏剧演出的规模之大。中世纪宗教统治的黑暗，古希腊和罗马戏剧从此湮灭，取而代之的宗教剧，远离古希腊那种象征的、净化的、崇高的艺术境界，以基督教特殊训诫方式的面目出现舞台，《圣经》故事就是戏剧表现的最主要内容，教堂则成为戏剧演出的第一大剧场。文艺复兴之后的欧洲戏剧，由于受到时代享乐情绪和创造精神的强烈感染，呈现出一种艺术实验旨趣的复苏状态。旧的禁戒松弛了，人类精神在戏剧方面的创造性表现，已不再受宗教观念和目的的制约，因而焕发出了极大的能量。它们开始服务于当时欧洲众多富贵的君主、王后和喜爱豪华的宫廷成员们，满足于他们声色娱乐的奢侈目的。原来在教堂或广场上演出的作为一个统一体的宗教剧逐渐被分化、瓦解，其艺术精髓被分别导泄到几个不同的渠道，逐渐发展出分工明确而各具特征的舞台艺术种类，从而产生了我们所具以划分现代戏剧的基本概念类型：舞剧、歌剧和话剧，并具有它们各自独特的审美特征。

最早从戏剧中分离出来的是舞剧，意大利是欧洲舞剧的孕育之乡。跳舞在意大利文中为 Ballara，而 Ballo 一词则专指在晚会上表演舞蹈。慢慢地，"芭蕾"被定位于通过舞蹈叙述故事这样一种剧场形式，也成了舞剧的代名词。而第一部真正的芭蕾舞剧作品产生于法国，那是 1581 年 10 月 25 日法王亨利三世的皇后路易丝，为庆祝她妹妹玛格丽特的婚礼而安排的名为《皇后喜剧芭蕾》的演出。从此舞剧演出空前兴旺。

舞剧是以人体动作作为自己特殊的艺术语言。这种语言没有声音，但却比声音有着更为丰富的内涵。有声的语言是人的意志和思维的结晶，而人体语言多为下意识和潜意识的不自觉流露。人体的旋转跳跃或静止不动，都能传达出一种或数种意味或蕴涵。这种语言没有对话，但在人类的交流方面却显得更加意味深长。一个姿态、一个表情，都能有意或无意地沟通审美主体与审美对象间只可意会不可言传的细腻而微妙的感情。舞蹈通过人体动作表现人的情感,舞剧除了表现人类情感之外,还有叙事的功能,有矛盾冲突的情节展开。后来,俄国芭蕾舞剧由交响乐家参加创作,芭蕾舞剧得以从浪漫芭蕾的"舞蹈戏剧结构"进化为"音乐舞蹈戏剧结构"。著名俄国音乐家柴可夫斯基的几部重要作品都是在与舞剧编导者共同研究后,按戏剧性结构的要求而动笔写的,其音乐在色彩性、抒情性、交响性等方面为舞剧音乐创作开辟了一个新天地。

例如,柴可夫斯基和佩蒂帕、伊凡诺夫合作的《天鹅湖》,把戏剧力量和充满诗情画意的音乐、舞蹈有机地结合起来,成为舞剧史上一部划时代的作品。它的剧情是:被魔法师罗德伯特变成天鹅的奥杰塔公主,在湖边与王子齐格费里德相遇,倾诉自己的不幸,并告诉他,只有忠诚的爱情才能使她摆脱魔法师的统治。王子发誓永远爱她。在为王子挑选新娘的舞会上,魔法师化为武士,以外貌与奥杰塔相似的女儿奥吉莉雅欺骗了王子。王子发觉受骗,激动地奔向湖岸,在奥杰塔和群天鹅的帮助和鼓舞下,战胜了魔法师。天鹅们都恢复了人形,奥杰塔和王子终于结合在一起。《天鹅湖》的音乐像一首首具有浪漫色彩的抒情诗篇章,每一场的音乐都极出色地完成了对场景的抒写,对戏剧矛盾的推动以及对各个角色的内心刻画。而舞蹈设计者又出于音乐结构的启示,使舞蹈和音乐的结合达到一种完美无瑕的境界。第一幕是庆祝王子成年礼的盛大舞会,第三幕王子挑选新娘的舞会,编导是佩蒂帕,他充分发挥了善于处理华丽宏大的场面和各种代表性舞蹈程式的组织才能。他的舞蹈设计,出色地体现了柴可夫斯基这两幕音乐的明朗色彩和充满戏剧性的特点。尤其是第三幕中恶魔和奥吉莉雅等人上场后表演的那一系列洋溢着异国情调的西班牙舞、意大利那不勒斯舞、匈牙利恰尔达什舞、波兰玛祖卡舞等,这一段段美妙多姿、光彩照人的舞蹈与热情奔放的音乐两相融合,既展现了世界各民族舞蹈的精华,又推动了舞剧情节的发展。而第二幕和第四幕是由伊凡诺夫编导,他发展了浪漫芭蕾编导家们曾经进行过的"舞蹈形式交响化"的试验。在第二幕的音乐慢板中,他设计了一段"能动"的群舞形式,月夜湖畔的"四只小天鹅舞",将其糅入男女主角的舞蹈中,使舞蹈场面呈现出一种多层次结构。而在第四幕中,奥杰塔和王子面临死亡的威胁,难舍难分地拥抱在一起,这时天鹅们排成整齐的队列,两臂不断地上下挥动,骚动不安地绕着他们"扑动翅膀哀鸣"。这种烘托的运用开创了舞剧编导史上的新局面。这两位编导者的不同风格,如此完美地被统一在柴可夫斯基的音乐结构中,使《天鹅湖》成为世界上几乎所有芭蕾舞剧团的保留节目,成为衡量一个芭蕾舞剧团演员技术水平、艺术修养高低的标尺。而《天鹅湖》的音乐更是脍炙人口,广为流传。

歌剧最早产生于意大利,1597年,佛罗伦萨专门研究希腊悲剧的卡玛瑞塔学院一位研究者,著名的歌唱家和作曲家贝利,在柯尔西的官邸里上演了一出《达芙妮》,他在剧中使用了一种比平常说话高雅、没有歌唱中单纯旋律那样工整的、介乎两者之间的朗诵的旋律和节奏。这种新的音乐形式引起整个佛罗伦萨的轰动,这就是第一部的歌剧。

歌剧是兼有戏剧和音乐风格的艺术形式。它既发挥了戏剧中的故事情节力量,又运用了田园诗式的抒情手段。歌剧中的所有音乐和歌唱,都是与故事情节血肉不可分割的重要有机组成部分。在歌剧之前的神秘剧、圣剧以及田园剧,也有许多歌唱的成分,但这些成分多是些毫无戏剧性可言的经文歌、音乐插曲或牧歌,与故事本身不发生任何有机联系,因此,我们不能把歌剧随意理解成带歌唱的戏剧。为了歌剧音乐戏剧化的需要,歌剧采用了许多新颖的表现手法,如歌唱性的宣叙调、写日常生活的牧童小曲、大段咏叹调式的曲调、复调式和主调音乐式的合唱、舞曲等等。正是这些音乐形式,在歌剧中展示出它的长于抒情的审美特征,表现了剧中人物内心激烈活动和深沉情感,使观众感觉到人类心灵那种瞬息万变的存在状态。

法国作曲家乔治·比才因歌剧《卡门》被尼采称誉为"地中海

艺术的太阳",剧本是由梅尔哈克和阿勒维根据梅里美的同名小说改编的,1875年初演于巴黎,其剧情是:烟厂女工卡门是一个漂亮而性格坚强的吉卜赛姑娘。她爱上了军曹霍塞,运用自己罕有的女性魅力使霍塞陷入情网。霍塞不但因此舍弃了原来的情人,一位温柔善良的姑娘米卡埃拉,而且因放走了与人打架的卡门而被捕入狱,后来甚至与上司祖尼加少校拔刀相见,不得不离开军队,加入卡门所在的走私贩子行列,但此时卡门却早已与斗牛士埃斯卡米里奥海誓山盟了。于是导致霍塞与埃斯卡米里奥之间的决斗。决斗中卡门又明显地袒护斗牛士,更使霍塞难以忍受。随即盛大而热烈的斗牛场面开始了,正当卡门为埃斯卡米里奥的胜利而欢呼时,霍塞找到了她。倔强的卡门断然拒绝了他的爱情,最后终于死在霍塞的剑下。歌剧的音乐都是为剧情展开和表现人物性格服务的,例如序曲中在弦乐器颤音的伴奏下,低音乐器用适中的行板奏出的《卡门》主题,集中地表现了卡门性格的特殊魅力和她的悲惨命运。那首著名的"爱情像一只鸟"的哈巴涅拉舞曲,以及那首轻快、活泼的赛吉迪亚舞曲,都准确地刻画出卡门热情奔放、魅力诱人的形象和泼辣的性格。埃斯卡米里奥答谢欢迎和崇拜他的群众而唱出《斗牛士之歌》,雄壮的音调,有力的节奏,宛若一首凯旋的进行曲,最能体现比才抒情风格。哲学家尼采在失去目标的彷徨无依中,观看了《卡门》,重新燃起他心中的热情和信仰。漂泊于人的内心深处对于自由的希冀,潜藏在人的下意识领域无边的幻想和莫名的欲望,都因梅里美的小说和比才的音乐而得到不同程度的满足。因为在这位无拘无束的吉卜赛少女的性格内涵中,寄托着人们对人类浩渺无垠精神世界的无穷无尽的追求,卡门独树一帜的生活观念和个性力量,强烈反映了当时资产阶级追求个性解放的心声。

　　与芭蕾舞剧和歌剧崛起同时,话剧沿着传统的古希腊戏剧轨道发展走向辉煌。话剧与舞剧、歌剧的显著区别在于,它不是运用舞蹈、音乐作为表现手段,而是运用语言,依靠演员的台词,包括对白、独白、旁白等。一般运用纯粹的口语,也有用诗化的语言,但不能像小说那样采取叙述的语言。英国的莎士比亚可谓是闪耀在话剧天空上的天皇巨星。

莎士比亚承继着古希腊戏剧以来的思维和艺术传统,积极地丰富和建造着话剧内容和形式大厦,他把诗的才能和编剧的才能统一于一身,以思想的穿透力和形象的感染力铸造了作品的完整性。莎士比亚戏剧展现的是一个真正的人的世界,哈姆雷特的一段独白,堪称当时人文主义者对于人的发现所作赞美之词中最辉煌的语言:"人类是一件多么了不得的杰作!多么高贵的理性!多么伟大的力量!多么优美的仪表!多么文雅的举动!在行为上多么像一个天使!在智慧上多么像一个天神!宇宙的精华!万物的灵长!"就连《威尼斯商人中》的喜剧人物夏洛克身上也体现人文主义精神的光辉,尽管他利欲熏心、奸诈贪婪的性格特征,成为中世纪高利贷者的典型形象,但他身上也不时地流露出超脱利害目的、替自己人格尊严复仇的时代气息,特别是他关于犹太人的议论和不平,简直可以成为反对种族压迫和宗教歧视的时代宣言,令著名诗人海涅潸然泪下。在莎士比亚笔下,上层权贵、中产阶层、平民人物、底层小民,都在剧作中生活着、奋争着、挣扎着,彼此之间有着不可分割的、千丝万缕的联系。通过剧作家精巧的戏剧结构艺术的发挥,多条线索的情节巧妙安排,盘根错节地交织发展,加上富有性格特征的人物形象的动态刻画,富有激情和充满诗意的念白,把舞台变成一个波澜壮阔、绚丽多彩的时代画卷。

东方戏剧普遍具备综合表演艺术的舞台特征。如中国戏曲,它具有歌、舞、白综合的艺术特征,戏曲界要求每个演员必须掌握的"四功五法",就是指表演艺术的四个基本要素和五种主要技术方法。"四功"是唱、做(身段、动作、表情)、念(念白)、打(武打);"五法"是口法(发声)、手法(手势)、眼法(眼神)、身法(腰身)、步法(台步),"四功五法"都各有自己的规律和技术规格。戏曲中的角色一般又分为生、旦、净、末、丑等行当,每个行当又分为一些小行当,如旦角中细分为以唱功为主的"青衣",以做功和念功为主的"花旦",以工架为主的"刀马旦",以武打为主的"武旦"。净角中细分为以唱功为主的"铜锤花脸",以做功为主的"架子花脸",以武打为主的"武花脸"等。有的剧则重于发挥某种艺术手段,因而有唱功戏、做功戏、武打戏之分。但总的来说,戏曲的大部分剧目都要求各种艺术手段综合运用,因此要求每个演员从小在"四功五法"方面进行严格的训练。这"四功五法"体现了戏曲中的歌舞白不可分割的联系,不像歌剧、舞剧或话剧那样倾向于或仅仅在于歌,在于舞或在于白。

　　戏曲中歌舞白特别具有程式性。演员的角色分行、表演动作和音乐唱腔锣鼓等方面,都具有某种基本固定的格式。戏曲有生、旦、净、丑这样四种基本的角色分类,根据这四大角色分类又可派生出许多更加细致的角色行当,每一角色行当的动作、唱腔、念白都有一些特殊的规定,这是行当的程式性。戏曲的表演动作源于生活,但又经长期的、严格的提炼和规范化,具有一整套基本固定的格式规则,如"起霸"、"卧鱼"、"吊毛"、"抢背"等就是常用的程式,这是动作的程式性。戏曲唱腔的器乐伴奏都有一些基本固定的曲牌和板式,用嗓唱法都依角色区分,如老生用本嗓(真声),声音响亮,唱法要求苍劲挺拔。小生大嗓(本嗓)、小嗓(假声)并用,声音洪亮、富有朝气。青衣、花旦、闺门旦均用小嗓,青衣行腔须柔中寓刚,发音圆润饱满;闺门旦唱腔圆润中略显巧嫩。老旦用本嗓,苍劲中有女性柔婉。净角均用本嗓,行腔气势雄浑,嗓音宽洪而沉雄。

　　戏曲的动作都带有舞蹈性质,故表演动作也具有虚拟性。它不用道具或只借助于个别简单的道具(道具虚拟化),用带有象征色彩的手法,通过演员的表演,使观众对人物活动的环境、内容有真切的感受。如京剧中《打渔杀家》,一支浆就代表了一条船,人物上下船,船的行速、颠簸,都是通过演员的表演体现。《拾玉镯》中,孙玉姣开门、关门、数鸡、赶鸡、做针线,也都是用虚拟动作,刻画出一个天真烂漫、朴实勤劳的少女形象。动作的虚拟又给舞台的时空显现和转化趋向自由,几个龙套可以代表浩浩荡荡的千军万马,几个跟斗、几个圆场可以表示走过了万水千山。京剧《宇宙锋》中,赵高一上场,就规定了舞台的地点是相府。而等赵高下场后秦二世上场,舞台的地点又变成金銮殿了。这又是舞台时空的虚拟化。

第二节 戏剧的美育功能

戏剧是综合性的舞台艺术,因而相对其他艺术而言,它的美育功能也具有综合性、多样性和丰富性,以下拟举三个方面说明。

一、培养形象直观能力

波兰导演格鲁托夫斯基认为戏剧两个根本的组成部分是演员和观众的观点,有它一定的合理性,戏剧必须当众表演,不像影视,拍摄完了,演员可以高枕无忧,而戏剧却场场必须演出,当堂反馈,演员与观众不断进行信息传送,演员表演艺术的高低、戏剧情节是否动人,都会影响观众的情绪,并直接地当场流露出来。英国戏剧理论家马丁·艾思林说:"如果观众有反应,演员就会为这种反应所鼓舞,而这转过来又会引起观众越来越热烈的反应,这就是舞台与观众之间的著名的反馈作用。"[①]因而,观众的素质也很重要,而对观众欣赏艺术水平的培育,戏剧应是最好的、最具普遍性和最易于观众掌握的一种艺术形式,这是因为"戏剧是直观性的东西,完完全全是直观性的东西"(卢那察尔斯基语)。在戏剧表演中,动作是一种最有力的表现手段,舞台动作的作用,比其他戏剧成分的作用更重要。从创作的角度看,戏剧形象是以演员的舞台动作作为主要物质材料构筑的。矛盾冲突的展开,人物性格的刻画,戏剧节奏的制造,都离不开动作,甚至戏曲中舞台时空的表现和戏剧情境

---

① 艾思林:《戏剧剖析》,中国戏剧出版社1981年版,第17页。

的创造,也要依照演员程式化的动作来体现。可以说,没有动作,也就没有戏剧。黑格尔说:"能把个人的性格、思想和目的最清楚地表现出来的是动作,人的最深刻方面只有通过动作才见诸现实。"①戏剧最具直观性就在于靠演员的动作,从鉴赏的角度看,观众到剧场主要是观赏演员的表演,首先是演员的动作,因为情节的展开需要时间,一开场演员动作好坏是决定一切的。演员演出的艺术水平好坏的评价,首先靠观众的直观能力,而反过来说,观众艺术直观能力的培育,也是靠不断地欣赏各种艺术,而戏剧的直观性特点决定它是培养观众形象直观能力的最好艺术门类。

戏剧的视觉直观优于绘画、雕塑之处,就是它为观众提供的不是静态的形象,而是活生生的、不断动作着的人物形象,因而更接近现实,更为生动感人,更容易为观众所接受。除了演员动作之外,还有服装的色彩、样式,舞台的布景、灯光等,也对观众的视觉产生刺激和兴趣,戏剧还有听觉的直观性的特点,观众可以直接欣赏演员的念白、唱腔、后台的器乐锣鼓演奏技巧。戏剧听觉直观性与纯音乐不同,它总是与动作结合在一起,与视觉直观性有机融合,与情节的展开联系在一起,因而更易引起观众兴趣。对于提高观众审美能力而言,主体对于形象的直观能力的提高是其基础,舞台上的一人、一物、一景、一言、一歌、一动、一招、一式,总是首先被观众感知产生映象,然后才会吸引其长久的注意力,激发情感和能动想象,获取理解。戏剧为我们提供综合的、全面的、丰富的视觉形象和听觉形象,使人们目不暇接、悦耳动情,从而在整体上调动起自己多种心理因素。

二、培养丰富的想象力

戏剧虽然为我们提供了丰富多彩的视觉形象和听觉形象,但毕竟一切都充塞在一个小小的舞台上。它可以是一座富丽堂皇的

---

① 黑格尔:《美学》第1卷,第278页。

宫殿,也可以是荒无人烟的山野,还可以是万马奔腾的战场……它可以把几个年代的事迹都挤塞在一个时辰里,也可以把一个时辰的事迹分解成几场戏连续演它几个日夜。这些都需要想象力。狄德罗说:"想象,这是一种特质,没有它,人既不能成为诗人,也不成为哲学家、有思想的人、一个有理想的人、一个真正的人。"①戏剧为我们想象力的发挥,提供了相当广阔的空间,但对个体而言,还取决于他日常生活表象的积累和对戏剧题材内容、象征意义、典故,尤其是戏剧程式的把握程度。

程式是从生活中提炼出来的节奏化、规范化的动作,中国戏曲相对于舞剧、歌剧有更多的程式。从广义上说,戏剧的音乐有一定的声腔、板式、曲调,这也是程式。在中国戏曲中,不论走路、饮茶、写字、骑马、打仗……都提炼为程式,每个行当都有自己的程式,而且每种程式又可以分为许多类型,如老生的髯口(胡须)就有整髯、甩髯、抖髯、吹髯等基本功;旦角的水袖又有勾、挑、撑、冲、拨、扬、弹、甩、耍、抖之分,运用时联系、穿插,千变万化,可以组成不同的姿势。一些程式还可以组成相对完整的一套,来表现特定的含义。如骑马的程式动作是由带马(或拉马)、扶鞍、执鞭、踩蹬、上马、扬鞭、勒马、圆场等一系列动作所组成,而"起霸"是通过成套的、连续的舞蹈动作,表现武将出征前整理盔甲、准备上阵的情景,烘托台上的战斗气氛。程式也是不断创新与发展,尤其是现代戏剧中,依据内容合理利用程式并创新形式,这是戏剧发展的新路子。如京剧《智取威虎山》第九场后面的"雪地行军",原先是每个人手中都拿两根滑雪杖,动作既单调也不便行动,以后改造加工成"滑雪舞",不用滑雪杖,在队形、身段方面都运用了许多新的程式,就美多了。戏曲通常是舞蹈动作程式和音乐程式综合运用,例如戏曲中主要人物的第一次上场,是特别被强调的。上场的方式,必须符合人物的身份、年龄、性格,必须符合上场的任务,必须给予艺术的

---

① 《西方文论选》上卷,第 357 页。

夸张和充分的渲染。如皇帝上朝的出场，大多用[朝天子]、[小天门]等曲牌伴奏上场，念引子，归座后曲牌停止，念定场诗等等。主帅出场，多用唢呐曲牌[水龙吟]伴奏，先由龙套上场，造成气氛，然后主帅出场，念大引子可唱[点绛唇]、[粉蝶儿]等曲牌，再奏[合头]至主帅归座、念定场诗等等。由于任何一种程式都源于生活，有现实的依据，因此，我们在欣赏戏剧时，完全可以从程式和程式的编排、组合中充分施展自己的想象力，调动以往的记忆表象积累，可以把舞台想象成现实存在的社会生活各种画面。

戏剧的其他因素也可以充分引发人们的想象力，像缺少程式的话剧，它可以通过演员的表演、念白和情节的精心设计，使观众在欣赏活动中，插上想象的翅膀，使舞台上片断的事物变成完全的整体，从一个片断的表演中获取无穷的意味。如话剧《茶馆》第三幕的最后三个老人自己祭奠自己的表演，在悲怆的气氛中，常四爷、秦仲义、王利发颤颤巍巍走成直行，发出似笑带哭的声音："没有寿衣，没有棺材，我只好给自己预备点儿纸钱。"三人分别以后，台上出现长时间的静场，舞台上静得可怕，似乎一根针掉下来也会听见，只见片片纸钱在空中飞舞，像一群在灯光边扑向死亡的白蛾。这段静场使观众在思想上做好了戏剧高潮到来的准备。最后，王利发走到内室上吊自杀了。舞台上依然一片死寂。大幕徐徐降落。过了一会儿，剧场里才爆发出热烈的、激动的掌声。《茶馆》剧终前这一段令人难忘的演出，之所以收到了"此时无声胜有声"的剧场效果，就在于想象作了恰如其分的介入。虽然台上没有出现王利发的尸体，也没有三个老人指责旧社会的慷慨激昂的言词，更没有任何谈话的声音，只有飘飞的纸钱，为王利发的结局作了暗示，也为那个可诅咒的时代唱了挽歌。但《茶馆》结局的思想意义，则借助于观众对舞台形象的创造性想象，得到了再现和补充，它比台上实有其人、实有其声更加深刻、生动。

三、直观社会风貌和了解时代本质

我们对于古代社会的直观认识主要来源于戏剧,影视虽然也出现不少,但毕竟远远迟于戏剧,并且它本身也是源于戏剧,是戏剧给我们提供了过去社会生动的、可感的、波澜壮阔画面。这些内容是千百年来,艺术家不断根据现实社会的生活画卷,予以提炼、升华而来的。如我国最早在原始祭祀仪式表演中,巫师在实现沟通天人界限的功能,在装扮中则实现代入角色的表演功能。春秋战国时期,中国宫廷中出现了十分活跃的优戏活动,由专职的艺人,即优人从事简单的戏剧表演。最著名的一个例子是《史记·滑稽列传》记载的一个叫孟的楚国优人,在国王面前装扮已故宰相孙叔敖,引起国王对孙叔敖的怀念。汉代有优人从事的"百戏"表演,其中包括短小的戏剧片断演出。唐朝发展起来的优戏和歌舞戏,仍然以表现人生的片断境况为主。但这些众多的片断和零散的模拟表演,却把古代社会的习俗人情、社会风貌形象地承继下来,为后来11世纪之后成熟的戏曲形态——南戏和杂剧奠定了基础。南戏和杂剧通过自身的发展,奠定了中国戏曲的基本美学原则,诸如舞台时空的自由转换、程式化与假定性、综合表演手段的运用等等,完成了中国戏剧从滑稽的简单小戏向结构完整而以歌唱为主的正剧大戏的过渡。但它们给我们提供的古代社会场景却更加恢弘,更加复杂。

例如,元杂剧作家关汉卿的作品内容,它最普遍、最深刻地反映了当时社会的特点,并且灌注着强烈的时代激情,不愧是元杂剧交响乐中具有震撼力的黄钟大吕,关汉卿的戏剧几乎无所不包,有千年流传的历史故事,更有发生在眼前的现实内容;既有分明阵垒的激烈抗争,又有青年男女的依依恋情。上自最高的封建统治者皇帝,下至被奴役的、被压迫的底层民众,社会各阶层、各种人等的生活,皆栩栩如生出现在他的戏剧中。这些人物的成功塑造,都在戏剧冲突的展开和解决中完成。在戏剧冲突的构设中,总出现两个阵营力量的明确对垒：一方是代表着传统美德的善良与正义,尽管这些观念的代表可能是至卑至贱的婢女、寡妇,甚至妓女。她们身居卑贱,却心怀高尚；她们善良可爱,从不伤害或企图伤害他人,但却渺小无助,不能左右自己命运而成为他人玩物；她们对生活没有奢望,只希望过个勉强温饱和平安的日子,但黑暗的社会不能满足她们的要求,反而给她们带来悲剧。在这种情况下,她们不得不开始反抗,凭借自己的聪明才智与恶势力作力量悬殊的搏斗。而作为社会正义力量对立的另一方,则是代表着社会病态的丑恶与奸邪,体现为抢劫、欺凌、霸占、巧取豪夺等恶行。关汉卿疾恶如仇,挥舞他如椽巨笔,将充斥于元代社会各个角落的野蛮残暴、恶相丑行都公诸于众。其矛头所向,上至蒙古贵族、皇亲国戚、贪官污吏、衙内阔少,下至流氓地痞、帮闲无赖、商贾市侩、嫖客鸨母……他为我们描绘了一幅元代社会的"百丑图"。关汉卿的代表作《窦娥冤》中主人公窦娥一生伴随着悲苦,长期在厄运的折磨下挣扎,最后无端遭受到飞来诬陷,昏庸官府不问皂白就将她问斩,临斩时她向颠倒黑白的天地发出严厉的斥问,实则对黑暗社会政体的强烈谴责和拼力抗争,这种不屈的精神化为鬼魂托梦诉说冤情,最终得以昭雪。作者对反面人物进行无情的揭露和鞭挞。张驴儿父子这两个泼皮无赖,在光天化日之下就能够强行入赘蔡家；剧中赛卢医杀人赖债,张驴儿杀人谋妻,都如同儿戏。他们都不受社会法律的制裁,说明这个社会的机制已经腐败；执法官吏以贪赃枉法为常例,以草菅人命为能事,不仅不受惩罚,还受朝廷的奖掖,说明社会机制已经彻底烂掉。关汉卿在他剧中所描绘的,不仅是这些小丑般反面人物,而且是这些小丑赖以横行霸道的封建专制主义黑暗社会政治,是用满腔的愤怒向我们揭示了那个时代的丑恶本质。

　　王实甫的《西厢记》以它的浪漫性和温情性,与关汉卿的现实性和激烈性形成强烈对比。王实甫借莺莺与张生的故事,写出了封建时代千百万青年用痛苦的生命汁液结晶成的爱情本身,写出了曾经被历史的冰层封埋了多少代的人性内容。这不仅是元代杂剧史上的第一次,而且是整个中国文学史上的第一次。他以抒情诗人般的细腻、委婉的笔触,层层剥笋般绘声绘色地谱写出崔张之间一幕又一幕动人心弦的爱情故事:眉目传情,诗词酬和,隔墙听琴,月下私期……看莺莺与张生的每一次交往,令观众恍如置身于一种澎湃的生命之流中。青春的执著,情愫的萌动,血液的激荡,情爱的炽热……这一幕幕充满诗情画意的场景,又使多少观众为之陶醉和欷动。让爱情得到尊重,让希望实现驰骋,"愿普天下有情人都成了眷属",这就是剧作家倾注在这对年轻人身上的热情,也是对冲决封建礼教藩篱的热切的期望。

王实甫善于选择和提炼前人诗词中的一些优美佳名,化用到自己的语言中来,熔铸成自然而华美的曲词。例如《西厢记》中享誉最高的,崔莺莺在长亭送别时所唱的那段[正宫·端正好]:"碧云天,黄花地,西风紧,北雁南飞。晓来谁染霜林醉?总是离人泪。"曲调的空间构成十分丰富,而色彩的搭配就更为讲究。用霜林的红色来比喻离人的眼泪犹如血一样珍贵,寓意深远而字面又不着一"红"字,十分精彩。再如张生走后,崔莺莺思念他时所唱的一段[逍遥乐]:"曾经消瘦,每遍由闲,这番最陡。何处忘忧,看时节独上妆楼,手卷珠帘上玉钩。空目断山明水秀;见苍烟迷树,衰草连天,野渡横舟。"莺莺愁思满腹,独上妆楼,凭栏远眺;远处苍烟衰草,近处野渡横舟,正如"秋思之祖"中"断肠人在天涯"的情绪。王实甫以幽美、俏丽、高雅、清新、隽永、生动、传神的语言风格,使元杂剧因《西厢记》成为称雄一代的文体,完全可以与莎士比亚的戏剧语言相媲美。

莎士比亚的戏剧处处诗意盎然,其剧本的念白许多都是用诗体写成的,点缀着铿锵的音节,装饰着华美的隐喻,弥漫着扑朔迷离的气氛,展示着荒诞奇丽的意象。他用这种体裁将自己所思所感、所爱所恨,对那个独特的已死与方生交织在一起的社会转折期的心灵感应,以及属于他个人的个性、气质、心理特征等传送给社会,同时,向我们描绘了一幅波澜壮阔的文艺复兴时期社会,尤其是英国社会的时代画卷。政治、经济、军事、道德、宗教……那个时代所拥有的一切现象,几乎都可在莎士比亚的剧作中产生折射,在其作品中,可以找到反映文艺复兴时代社会生活和私人生活的各种资料。

例如,在《约翰王》、《亨利四世》、《亨利五世》、《亨利六世》、《特洛伊罗斯与克瑞西达》、《科利奥兰纳斯》、《皆大欢喜》等作品中,都有重大的战争作为政治铺垫,《约翰王》的背景十分广阔:西班牙无敌舰队在1588年被英国击败后,又于1596年准备卷土重来,引起英国社会上下的惶恐不安;法国亨利四世对英国女王迟迟不给予直接援助的行为不满,英法同盟面临迅速瓦解的危险局面;按照传统习俗,伊丽莎白女王在第二个大寿——她63岁生日时所必须避免的灾祸以及英国人对王位继承和国家前途的担心等等。这一切都是在史籍中有据可查的史实。历史上爱赛克斯伯爵叛乱的重大历史事件,在《查理二世》、《亨利四世》、《亨利五世》以及《特洛伊罗斯和克瑞西达》等剧作中也有鲜明的反映。爱赛克斯25岁当战士时的好名争胜,做了将军之后的急功近利和不负责任,进了宫廷之后的妄自尊大、桀骜不驯以及对女王的大不敬态度等,都在上述作品的某些情节或人物中形象地折射出来。我们从莎翁的戏剧中看到,守旧的封建主、贵族阶层甚至统治者,在资产阶级冒险家、政治家、阴谋家打击下,正在一步步走向他们的末日。无论是贵为国王的李尔,还是身为伯爵的嫡子爱德伽,都避免不了这一厄运。最富有诗意的爱情悲剧《罗密欧和朱丽叶》,其男女主人公爱情的发生、发展过程中,巧妙而自然地穿插着各种各样的国事、政事、道德风尚、民俗习惯等。家庭世仇、名门舞会、青年人的聚餐、街市的喧闹、寺院的幽静甚至瘟疫的传播和流行等,都伴随着环境的描绘、性格的展开、人物的对白、细节的刻画等中介因素向我们涌来,向我们展示了文艺复兴时代多样化的社会生活风貌,以及冲决中世纪的桎梏和束缚的、发自内心的呼喊和情感宣抒。

第十八章 电影与美育

电影是最年轻的"第七艺术",是一门工艺流程较为复杂的综合艺术。它运用蒙太奇等技巧手段,来反映现实生活,传达时代精神。由于它与现代科学技术紧密相结合,通过银幕和电视荧屏进入千家万户,其美育功能愈来愈显示它的重要性。

第一节 电影的审美特征

匈牙利电影研究家贝拉·巴拉兹说,电影是"唯一可以让我们知道它的诞生日期的艺术"。① 自诞生起它就开始了两个传统:一是技术主义传统,即把技术、技巧放在重要地位,为了娱乐观众或达到某种教育或宣传目的而制作电影。二是写实主义传统,即强调对生活的原样再现,为真实而追求真实,不重视电影的娱乐价值,否定主观的教育或宣传意图。但无论哪一传统,它们都具有共同的审美特征。

---

① 转引自邵牧君:《西方电影史概论》,中国电影出版社1984年版,第3页。

一、综合性和高科技性

电影是把文学、绘画、雕塑、音乐、摄影、建筑、戏剧、舞蹈等联结起来,形成有机统一体的综合艺术。例如,它从文学中吸收营养,把文学符号与语言转换为直接诉诸视觉和听觉的直观形象;从绘画中吸取了视觉形象的直接感染力;从音乐中吸取了各种音响而产生的和谐感和节奏感;从戏剧中吸取了表演动作、结构形式和人物语言等。各门艺术融入电影之后,经过脱胎换骨的改造,发生了质的变化,均被同化为电影艺术的情节、表演、美工、画面、音响、节奏、剪接等艺术元素,形成电影特有的一整套艺术表现手段,并化合为一个艺术整体。但反过来说,也正由于各门艺术的逐渐渗透、参与,才使电影成为一门艺术。

1894年,爱迪生在纽约开设了第一家电影镜观赏店,电影镜是一个4英尺的箱子,每次只能一人观赏50英尺的活动影片。一年后,法国人卢米埃尔在巴黎对电影镜进行根本的改进,在一家大咖啡店的地下室里放映12部每部一分钟的影片,人们第一次在银幕上看到了逼真、活动的人物。这一天,即1895年12月28日,后被定为电影的诞生日。四个月后,纽约也现了第一个投射式的电影院。但这仅仅是活动的画面,充其量只能作为视觉艺术。从1927年至1945年期间,电影获得了声音和色彩,具备了电影艺术的一切必要的表现因素,电影艺术进入了成熟期,既是视觉艺术,又是听觉艺术,它是时空综合艺术。正是由于电影具有综合性的美学特征,使它能够兼视与听、时与空、动与静、表现和再现于一身。从此后,电影艺术大量吸取各种艺术的营养而获得长足的进步。

电影最早是从绘画、雕塑等造型艺术中获取视觉形象的直接感染力,但它不仅具有平面的绘画和立体雕塑的表现力,而且以它的运动性来打破绘画和雕塑等静态艺术的局限性。这种由具有动感的画面所组成的影片,在英语中被称之为"moving picture",意译过来就是"活动的绘画"。戏剧比音乐更早进入电影,但它是哑剧、喜剧,说到底还是"活动的绘画"。最辉煌的是1912年至1930年的美国好莱坞的喜剧片。这是无声电影时代,天才的喜剧大师卓别林头戴礼帽,手执拐杖,穿着窄小的上衣,迈着横着走路的滑稽步法出现在银幕上,他相继拍出《淘金记》、《摩登时代》、《城市之光》等一系列富有深刻社会意义的杰出作品,他的流浪汉形象给全世界观众留下极为深刻的印象。1927年阿兰·克劳斯兰摄制的音乐歌舞片《爵士歌王》使音乐进入电影,开始了有声电影的时代,电影从音乐中吸取了通过各种音响而构成的和谐和节奏感。卓别林自编自导自演,使好莱坞喜剧电影的发展进一步加速了美国电影的戏剧化。在电影戏剧化进程中,声音起了重要作用。当有声电影使无声电影时代的喜剧大师们一一消失时,唯有卓别林能以真正的天才跨越了这个严重的"音障"。当然,卓别林在"音障"面前曾长期犹豫不决,直到30年代以来开拍《大独裁者》时,才决定使用对白手段。从《大独裁者》演出效果看,他所塑造的人物形象(希特勒)在政治和社会意义上的深度和广度,绝对远胜于无声电影。如果早已习惯于有声影片的观众还必须靠有声的字幕来了解卓别林嘴唇嚅动的内容的话,他们是不会原谅这种愚蠢行为的。

电影从文学中吸取了许多叙事方式和叙事方法。电影从诗中吸取了抒情性,从而产生了诗电影或散文诗电影;电影从散文中吸取了纪实性,从而产生了散文电影或纪实电影;电影更是从小说中吸取了主观叙述和客观叙述的方式,外部结构的形式等等。正是由于文学的媒介作用,使电影与戏剧关系最为密切。我国最早的电影理论便是"影戏"理论,戏剧化电影美学观曾一度风靡世界影坛。

在各门艺术中,只有戏剧和电影是兼有文学过程和艺术过程的。但二者存在有明显的区别。当剧作家写完剧本之后,戏剧的文学过程便告结束,舞台剧本作为这一文学过程的终极产物便永远获得了独立的文学价值。关汉卿、王实甫、莎士比亚的剧本不知演过多少遍，无论剧团好坏，演出效果如何，都无损于原剧本的文学价值，它们的故事情节和优美诗句，照样传诵千古。而电影则不同，一部电影剧本是不能多次拍摄的。它无例外地只为拍摄一部影片而写，离开拍摄的需要，就没有必要去写电影剧本。电影剧本只能作为电影创作过程的一个组成部分，它还要通过导演和剪辑两个部分，才能实现自己的价值。戏剧演员只需对剧本进行研究，而电影演员除阅读电影文学剧本外，还要对分镜头剧本进行分析和研究。电影的发展，分镜头的拍摄方法出现后，推、拉、摇、移、远景、特写、中景、近景等多方位、多角度的景别变化多端，这必须由导演来负责撰写分镜头剧本，通过组接技巧，体现导演的创作构想和创作意图，并成为全体成员落实本部门工作的依据和指导现场拍摄的蓝图。

电影艺术的综合性是通过现代科技的手段去实现，电影的诞生与现代光学、机械学、物理学、化学密不可分。随着科学技术的进步和改善，尤其以电子计算机为代表的高科技出现，电影在艺术方面有了飞跃的发展。例如，摄影机的构造和镜头性能的改进，胶片的感光度和校色性能的改良，快速和慢速摄影的出现，升降摄影与照明灯泡的改善等，都直接而具体地扩大了电影艺术的表现能力，录音技术的发展，导致了有声电影的出现，为戏剧性电影思潮的兴盛奠定了基础；而轻便的手提摄影机和高度灵敏度录音机的问世，则使得强调在大街上即景拍摄的纪实性电影广泛流行；而70年代中期掀起的技术主义热潮，更是把电影的技术改进放在首位，强调用最先进的电影技术如宽银幕、立体声、各种技巧摄影等方式来拍摄影片，而且尽可能在情节中引入最新的科学技术成就，如激光武器、机器人、宇宙飞船等。轰动一时的《星球大战》就采用了360多种特技。许多特技镜头是运用电脑制作，大量科技片和灾难片蜂拥而出。在《侏罗纪公园》和《迷失世界》中，观众一睹失控的恐龙闯入了现代世界；《天煞——地球反击战》的外星人进袭地球，居高临下的袭击，完全是应用想象力而非现实的效果。还有

《大白鲨》、《日本的沉没》、《超人》、《大地震》、《冲天大火灾》……其中不少有破纪录的票房收入。在崭新电脑特技之下,巨星一样难敌诱惑。史泰龙主演的《龙出生天》就是演隧道被炸的灾难,阿诺舒华辛力加的《秘密谎言》的核弹危机,反映巨星在灾难片中依然熠熠生辉。詹姆斯·卡梅伦自监、自编、自导的《泰坦尼克号》海难片中运用了最新的科技:数码演员。在最惊心动魄的沉船场面中,千百个人在甲板上颠来倒去,当船中部断裂垂直入水时,这些人潮,一个个清清楚楚地翻滚、跌宕,在甲板上撞击,纷纷落水。如果用上千个真人拍摄,肯定伤人无数,这些逼真的镜头是用一个一个数码演员制作的,演员资料是真的。数码演员拍摄分为两步,第一步,拍摄的都是真演员,将他们"动作"储成资料;然后,将这些资料变化为数码,在电脑中让数码去演戏了。这样,利用演员资料在电脑上加上表情动作,然后再由电脑让他们由船尾跌到船中间,或者翻滚直落入海中。

二、逼真性和假定性

当人们第一次在卢米埃尔兄弟的银幕上看到下雨时,有人便赶紧打开雨伞;而当出现火车急速冲来时,有人吓得大叫,甚至准备逃走。可见电影艺术较其他艺术形象,更具有逼真性和直观性。电影的逼真性是来源于电影画面的照相本性,特别擅长于纪录和揭示具体的现实。因此,德国电影理论家克拉考尔认为,电影按其本质来说是照相的一次外延,因而也跟照相手段一样,跟我们的周围世界有一种显而易见的近亲性。但电影比照相更加逼真,因为电影不仅如照相能达到空间上的真实,而且还能表现在时间上演进的真实;不仅是表现视觉上的真实,而且还表现在听觉上的真实。

电影的逼真性表现出它是一种直观的真实,这是其他艺术,包括戏剧艺术都无法达到的效果。戏剧无论如何改革,演员在表演时总要与观众拉开一定的距离,观众无法看到演员非常细腻的表演和听到他轻声的喃喃自语。因此,戏剧演员的表演是假定性较强的表演,其动作和语言总是比较夸张,即使原本是悄悄语,也不能小声,也必须大声说,这样,才能使观众了解该话的意思。而电影上映的画面往往真实到使我们犹如亲临其境,亲闻其声。摄影机时而推近,时而拉远。拉近时,可以把演员极为细腻的表演展现出来,甚至精神的或情绪的活动。例如,美国著名导演弗兰西斯·科波拉的杰作《教父》中,教父维多的扮演者、著名演员白兰度,在维多的长子桑尼被害后,白兰度脸部细微的肌肉颤动、变化的绝妙表情,毫无遗漏地展现出银幕上,表现出维多强抑悲痛的情感。而当拉远时,会远远超过舞台和观众之间距离,甚至在飞机上高空向下摄影,使观众看到万马奔腾,火车疾驰的宏伟场面。像战争巨片《辽沈战役》、《淮海战役》、《平津战役》等,我们可看到戏剧舞台根本无法表现的宏大的战场上搏杀的场面,各种大幅度、过分地伸开胳膊的大喊大叫,疯狂似的奔跑等高节奏、夸张的形体动态。

  电影的逼真性、纪实性,使得电影观众不能容忍银幕上有任何的虚假,哪怕是极其细微的环节失真,也会因虚假使电影丧失其特殊的艺术魅力。这对于银幕形象的体现者——演员来说,既提供了生动体现人物的机会,尤其是展示内心世界的可能性,但又对电影演员提出更高层次的要求,即表演时来不得半点虚假和做作,它要求演员做到与我们身边见到的真实自然的人的形态别无二致。这就是电影表演的生活化。一些拙劣的武打片,一眼就看出演员武打不会打,骑马不会骑,便大煞风景。相反,对于戏剧而言,假打、假骑却是合理的。为了使电影表演生活化,演员深入生活则成为拍摄电影的前期准备工作。美国奥斯卡获奖影片《野战排》是以越南战争为题材的,为了使演员更好地把握角色性格特征及在特定环境下的人物心理状态,导演奥利弗·斯通要求演员在拍摄前期充分去体验当时越南战争中士兵的行为,还特别聘请了参加过越战的士兵对演员进行军事训练。演员提前几个月在丛林中以历史中的情境和行为去生活,这就是在外部行为上,在士兵心理状态上,于开拍前作了体验、捕捉和酝酿,为影片的拍摄奠定了有利的基础。我国著名电影表演艺术家田华在谈及她第一次步入影坛扮演影片《白毛女》中女主角喜儿时说,如果她不生活在农村,工作在农村,很难想象塑造的喜儿会是什么样子。她虽然不懂电影的特殊技巧,但在拍摄中并不感到特别的吃力,因为诸如割谷子、做饭、包饺子等劳动,她都干过,有切身的体会,可谓手到擒来。对地主她并不陌生,她父亲在年关也被迫出去躲债。田华母亲去世早,自幼与父亲相依为命,感情深挚。所以相应剧中人物是不难借用的。但有些电影剧中情节和剧中人物是无法在现实生活中体验的。这就要求演员通过阅读剧本,翻阅其他史料,欣赏类似角色的其他演出,慢慢溶入角色。我国著名导演谢晋历来重视演员对人物创作的前期准备工作,总要求演员提前集中,用大量的小品和影片的片断排练,使演员尽快进入和准确把握人物状态,这样做使演员不是孤立地进行准备工作,而是在酝酿角色过程中尽早地渗入导演的艺术构想,并使来自各方的演员都统一、协调于一种风格之下,在开拍时就理顺人物的行为、思维和情感发展的脉络,对角色前景有一个感性的认识,以保证现场表演的准确性。

电影的逼真性并不排斥电影艺术家的主观作用。从电影诞生以来,以卢米埃尔、罗伯特·弗拉哈迪为代表的写实主义传统侧重于电影外形的逼真,轻视电影的假定性;以梅里爱为代表的技术主义传统则侧重于电影的假定性,不拘泥于外形逼真甚至故意使外形变态。事实上,电影逼真性与假定性、纪实性和虚构性是相辅相成的。从表面看来,似乎写实主义电影更接近于现实主义些,而技术主义电影则容易成为逃避现实或粉饰现实的手段。其实并非如此,一部影片是否正确地能动地反映现实生活,传达时代精神,并不完全取决于影片的具体制作方法,而是决定于创作者的思想立场和观点。严谨完整的剧作结构和精心设计的蒙太奇绝不可能必然成为现实主义创作方法的有害手段,相反的,把镜头对准人生表面现象的自然主义手法却一定会损害影片对现实生活的概括力量。

　　电影的假定性首先表现在艺术家强烈的主观因素的渗入。电影作为艺术，它绝不是对现实生活的机械照相式反映，而是要遵循各门艺术所共有的规律，同样是再现与表现、反映与创造的有机统一。电影源于生活，但又高于生活，它不能取消电影艺术家们的主观创造，在每一部影片中，都凝聚着电影艺术家的审美理想和思想感情，体现艺术家的鲜明个性。

　　其次，电影的假定性是通过艺术媒介对客观环境的非原样的再现。电影中的时空，并不是客观现实生活中的时空，而是一种再造的时空。在这时空中运动的形象是一个幻觉，实际上电影胶片上任何一个单独的画面都是固定不动的，但是当银幕上每幅图像只停留 1/24 秒，这种迅速的变换使人的眼睛看不到静止画面之间黑暗的瞬间，使观众把迅速变换的静止图像连贯起来，成为活动视像，产生了电影中的运动。同样，也由于单独画面的固定不动，电影能够轻而易举地打破时间、空间的自然连续性，加以切断和组接。去拉长或缩短实际时间，扩展或压缩实际空间，电影还能够利用"闪回"来创造假定时空，表现剧中人物的想象或回忆，很明显，这种以具体视像来表现大脑的意识活动，完全是假定性的，在现实生活中，人们是看不到自己或他人的意识活动的。

　　上述电影的假定性是通过电影语言与电影手段的运用表现出来。电影语言和电影摄影机的创造性分不开，电影的假定性最早是发挥了电影摄影机的各种功能，从摄影机的距离来看，形成了特写、近景、中景、全景、远景等。特写在影片中常用为揭示人物心灵的微妙变化；近景善于对人物的容貌、神态、仪表作细致刻画，常用于人物情感上交流；中景不仅显示人物表情，还有利于显示人物大半身形体动作；全景可以将人物和环境融为一体，借景抒情、寓情于景，具有戏剧性情调和心理内容；远景可展现辽阔深远的背景，描绘环境、渲染气氛。上述镜头的选择和运用，体现导演的主观能动性。例如，张艺谋在影片《大红灯笼高高挂》中对老爷这一人物有独特的处理,没有特写、近景、甚至中景,演员只能运用在全景中形体表现力和清晰明确的语言动作展现出老爷的阴威和狠毒。

从摄影机运动来看,导演可以选择、运用推、拉、摇、移、跟镜头,以及变焦距镜头、长镜头来发挥自己的能动性,推镜头是指被摄对象位置不变,摄影机由远而近向主体推进拍摄,使对象主要部分由小变大,观众视觉由弱变强。拉镜头正相反,摄影机逐渐远离对象,把观众的视线从主体引向整个环境,对它留下深刻印象。摇镜头是指摄影机位置不变,借助三脚架上的活动底盘原地转动拍摄而成,可以展示浩大的群众场面或广阔的自然景色,还可用来表现强烈的主观色彩。移镜头是把摄影机安放在移动车或其他运载工具上移动拍摄而成,可把周围景观尽收眼底。跟镜头是摄影机跟随拍摄对象保持一定距离一起移动。变焦距镜头是利用镜头的焦距,它的推拉速度更快,可以具有更强烈的视觉印象和迅速变化的节奏,在观众心理上造成一种急促、紧迫之感。长镜头是指在一个镜头中,把推、拉、摇、移、跟、升降镜头、变焦距镜头等各种手段,结合起来形成复杂的复合的运动形式,显得自然流畅、富于变化。

此外,从拍摄角度看,又有仰拍镜头、俯拍镜头、斜拍镜头;从描写方法来看,又有客观镜头(从观众角度去看)和主观镜头(从剧中人物视点看事物),主观镜头常用于剧中人物强烈的情感表现,如极度痛苦、失神、昏厥、恐怖等,画面会出现周围景物在旋转、颠倒、晃动等。

电影出现声与色彩之后,进一步发挥了其假定性。许多惊险影片用声音制造悬念和渲染恐怖气氛,只要一双脚走动和响彻放映大厅的脚步声,就足以使人感到环境的可怕;在一片静寂中,突然响起震耳的枪声等音响,也令人心惊。色彩的运用也具有假定性,意大利电影《红色的沙漠》里,导演安东尼奥尼把影片中大片沙漠都变成了红色,使画面具有强烈的象征和隐喻色彩。无独有偶,张艺谋的《红高粱》的片尾,红红的太阳底下,一片红红的高粱富有生命力地飞舞着,这是安排在中国农民义士与日寇搏杀惨烈牺牲后的镜头,其象征意义是十分明显的。电影的重要表现手法蒙太奇从最初的画面与画面的承继关系,发展到包括画面与声音、声音与声音的组合关系,产生出声画合一、声画分立、声画对位等多种形式,蒙太奇语汇愈来愈丰富多彩,更体现了电影的假定性。电影的假定性和逼真性总是交织在一起,形成对立统一关系。逼真性虽然是电影的本性,但它不是电影艺术的目的,电影艺术真实不仅仅在于画面的逼真,而是要求寓本质真实于直观真实中,这就是说,作为艺术来说,电影的逼真性离不开假定性。同时,电影的假定性也离不开逼真性,它是以逼真性为前提,这一点构成了电影假定性与其他艺术假定性的重要区别。

三、蒙太奇和长镜头

蒙太奇(montage)一词是从法国建筑学上借来的,原意是指构成、装配,引申用在电影方面就是剪辑和组合。真正使蒙太奇成为艺术手法当推美国著名导演格里菲斯,但他说过一句话:"我的一切应当归功于梅里爱。"①法国人乔治·梅里爱由于一次偶然的机会第一次发现了电影的巨大幻想功能。传说有一天他在拍摄街景时,他们手握摄影机突然发生了故障,使机器停转了几分钟,当他事后观看那天拍的影片时,发现银幕上一辆街车突然变成了一辆柩车,男人突然变成了女人。这个偶然的机会使他从此醉心于利用摄影机来制造种种魔法,运用手摇摄影机制造了慢动作、停机再拍、叠化等一系列原始的技巧镜头,用在他的一大批神话片和科幻片里。这为格里菲斯的蒙太奇手法提供了技术上的可能性。

格里菲斯在1915年和1916年拍摄的《一个国家的诞生》和《党同伐异》影片,尤其是后者标志电影在技巧的革命,即产生蒙太奇手法。这种手法改变了影片的构成单位。在格里菲斯之前,构

---

① 转引自邵牧君:《西方电影史概论》,中国电影出版社1982年版,第18页。

成影片的单位是场景——摄影机方位固定不变的场景。一般的影片是一部电影一个场景,长一点的影片可能有若干个场景。例如在1904年美国的埃德温·鲍特拍摄的《火车大劫案》已有14个场景,并且用了剪接,用了特写。但这一切并没有使电影同舞台演出分家,剪和接无非是幕落和幕启的同义词。由于电影作为一门独立的艺术的根本元素是摄影机的运动性,即各个镜头或同一个镜头内部拍摄方位和距离的或快或慢的变化,所以从历史发展的角度来看,朝着电影艺术的独立性迈出的头一步,便是影片构成的单位从原来的场景变为镜头,由若干镜头构成一个场景,再由若干场景构成一部电影。格里菲斯的上述两部电影正是在于把镜头作为影片的构成的单位。

把蒙太奇从电影技巧上升到美学的高度,从理论予以研究和总结的是前苏联电影导演库里肖夫和他的学生爱森斯坦与普多夫金。在库里肖夫的"实验工作室"里有过一个著名的实验。库里肖夫从一部旧片中特意选出沙皇时期男明星莫兹尤辛的一个毫无表情的特写镜头,把这镜头分别与一个汤碗、一口棺材和一个小女孩的镜头相接,在观众眼中,莫兹尤辛的一种表情就分别表现出了饥饿、悲痛、父爱的情感。库里肖夫由此断言,电影的镜头只不过是素材,只有通过蒙太奇的创作过程才能成为艺术。

爱森斯坦进一步总结和发展了这方面理论,在世界电影史上第一次系统地阐述了蒙太奇理论,创立了电影艺术的理论基础。爱森斯坦认为,把无论两个什么镜头对列在一起,它们就必然联结成新的观念,也就是由对列中产生出一种新的性质来。他把蒙太奇看成不仅是叙事的手段,而是通过特殊的电影语言形态和特殊电影语言形式表达思想的手段。爱森斯坦的《战舰波将金号》、《十月》和普多夫金的《母亲》都是电影蒙太奇学派的杰作。在《战舰波将金号》中,为了表达极其愤慨、仇恨的情绪,给观众造成强烈的心理冲击,有名的"敖德萨阶梯"大屠杀场面里,爱森斯坦将沙皇士兵的脚、士兵举枪齐身的镜头,和惊慌逃命的群众、相继中弹倒下的群众、血迹斑斑的阶梯、一辆载着婴儿的摇篮车滚下阶梯等镜头交叉剪辑在一起。《母亲》中为表现工人的觉醒和工人运动兴起及发展趋势,有一段描绘春天里工人在街头举行第一次革命示威游行,普多夫金将游行场面并列入一组描写河水解冻的镜头,画面上先是一泓细流,然后变成一条小溪、一股急流、一片波涛汹涌的浩水。

为爱森斯坦《十月》蒙太奇手段而倾心的美国著名导演科波拉在其伟大杰作、被定为美国在文化、历史和艺术上有保留价值的25部经典影片之一的《教父》中,淋漓尽致地发挥了蒙太奇手法神奇作用。影片的高潮是在教堂里,新一代的教父、维多的小儿子迈克,充当其妹康妮之子的教父并由神父作洗礼。迈克觉察到黑手党家族五大首领串通一起欲加害于他,便决定提前下手,以为康妮之子作洗礼为掩护。科波拉组织了极其深刻惊人的情节对比:一边是迈克作主角的圣洁的洗礼典礼;一边是迈克作主谋的血洗五大家族的杀戮行动。在情节对比的同时,又组织了精巧的声画对位。在教堂音乐、沉缓的钟声、穿插婴儿哭声、祈祷词声中,洗礼程序和暴力准备动作分别循序渐进交叉剪辑推向戏剧高潮,最后出现了惊心动魄的声画对位效果:

△神父发问(OS):"迈克·弗朗西斯·柯里昂"画面上他的手正在给婴儿作洗礼。

△近景,迈克面无表情的脸。

画外(OS)神父在问:"你弃绝撒旦吗?"

△电梯门里的仇敌首领被扫射。(枪声)

△近景,迈克面无表情地说:"我弃绝。"

△按摩间床上的仇敌被射穿太阳穴和眼睛。(枪声)

△近景,沉思的迈克。

画外(OS)神父在问:"包括他所有的作为吗?"

△大厅旋转玻璃门内仇敌被连击数枪。(枪声)

△近景,迈克面无表情地说:"我弃绝。"

△双人床上一对仇敌男女被横扫。(枪声)

△近景,迈克面无表情的脸。
画外(OS)神父问:"包括他所有的虚伪吗?"
△建筑物外的高台阶上仇敌被伏击身亡。(枪声)
△近景,迈克面无表情地说:"我弃绝。"
△神父一面在为婴儿洗礼一面问:"你愿做他的教父吗?"
△近景,迈克说:"我愿。"
△神父为迈克祈祷:"愿主与你同在,阿门。"
△静谧的教堂外全景。

整个高潮段落不到5分钟,却达到出奇制胜的视觉效果和讽刺意念构成的强烈震撼力,显示出科波拉犀利的思想和精湛的技艺,堪称经典段落。

长镜头(或景深镜头)也是电影的美学特征,长镜头是为了保持电影剧情时间的完整性,景深是为了保持电影剧情空间的完整性。它们主要涉及电影的场面调度,以镜头内部的转移活动来代替换景和移动摄影,它完全不同于蒙太奇镜头转换,始终使客观世界作为一个整体在电影中得到再现,从而最大限度地体现出电影的纪实功能,保持现实生活的完整性和复杂性,增强了影片的真实感和可信感。景深镜头使二维平面的银幕创造出逼真的三维空间,它的内部场面调度,必然要求镜头有一定的长度,所以长镜头与景深镜头之间有必然的联系。

长镜头是写实主义传统艺术家倡导的电影艺术手法。除卢米埃尔之外,必须提及美国的罗伯特·弗拉哈迪,他是公认的记录片的创始人。他拍摄的关于爱斯基摩人纳努克生活的影片《北方的纳努克》(1916年)是长镜头的最早范例,影片"演员"绝对自然,全凭本色,捕猎海豹场面,从头到尾一气呵成,绝无使用剪刀。1921年,苏联纪录电影大师维尔托夫创立了"电影眼睛派",认为电影镜头是"中性的",不带任何主观色彩,甚至比人的眼睛更为客观,因此,电影必须忠实地摄录生活,把生活原原本本地记录下来。50年代意大利出现的新现实主义电影运动,把纪实性电影美学观推向了高峰。他们致力于按照生活的原貌去再现生活,表现意大利人民的反法西斯斗争,反映二战之后的社会问题,把镜头对准了生活在社会底层的普通人的痛苦和不幸。例如著名影片《罗马11时》就是根据当时发生的一件惨案而拍摄的,某家公司准备招一名女打字员,可是来应聘的妇女却挤满了几层楼梯,你推我挤,使得楼梯倒塌造成悲剧。另一部著名影片《偷自行车的人》,是讲一位失业工人的谋生工具自行车被偷了,他找遍全城也没有找到,迫不得已只好去偷别人的自行车,却被当场抓获。在电影手法上,新现实主义大量采用中、远景,摇镜头和长焦距镜头。他们抛弃摄影棚,提出"把摄影机扛到大街上去"的口号,多拍实景外景,因而多用长镜头。他们不注重蒙太奇效果,把蒙太奇降低到单纯的镜头连接作用,拒绝玩弄技巧,强调电影的朴实、自然、浓郁的生活气氛,不主张在场面处理、镜头角度、蒙太奇剪辑上多下工夫。

从理论上对纪实性电影美学观加以概括和总结的,是60年代前后的法国著名电影理论家安德烈·巴赞和德国电影理论家齐格弗里德·克拉考尔。巴赞出生于1920年,但只活了38岁,他的四册文集《电影是什么》是死后发表,却成为西方电影美学的里程碑式的著作。他提出电影的照相本体论,在巴赞看来,电影是一种通过机械把现实形象记录下来的20世纪艺术,是照相艺术的延伸。它本身的功能是唯一能够不受到人的干预而再现完整的时间和空间,这种自然真实本身即是电影表现手段。巴赞从电影的"空间的真实"观念出发,认为蒙太奇是文学性的,是反电影的。文学描写是片断的组合,不可能一笔写完整,而电影却可以通过一个画面、一个镜头完整地表现出全体。另外,巴赞认为观众有选择他自己对事物解释的自由,而蒙太奇排除了观众本身组织能力的基本自由,也破坏了对象自身的自主性。因此,为了摆脱观众只能跟着导演的思路走的被动状态,必须用长镜头和深焦距代替蒙太奇。他认为长镜头和深焦距的最大功用是保存他所珍惜的空间真实性,它能让人明白一切,而不必把世界劈成一堆碎片,它能揭示出隐藏在人和事物之内的含义,而不打乱人和事物所原有的统一性。总之,这种"长镜头"理论就是要求摄影机纯客观的、公正而不偏颇地纪录下现实的全貌,供观众不受羁绊地(尤其是导演的影响)自己去选择和思考。克拉考尔的电影美学巨著《电影的本性》的观点明显承继巴赞的照相本体论,但他走得更远,认为电影是依附于事物的表面的,一部影片愈少直接接触内心生活、思想意识和心灵问题,它就愈富于电影性。

巴赞、克拉考尔强调了电影艺术的一个重要特征,即它的逼真性、照相性和纪录功能,克服了蒙太奇电影美学的某些局限性,注意发挥观众在审美欣赏过程中的能动性,这都是合理的。但是,他们过分夸大电影艺术的客观因素,忽视甚至否认主观因素,用细节真实反对本质真实,用所谓"纯客观"来反对电影艺术的思想性和创造性,甚至取消电影艺术家的作用,这在理论上是偏颇的,在实践中也是有害的,它不可避免地阻塞了电影在反映生活真实上从表面走向深入、从现象触及本质的道路。也就是说,这种强调外部真实的努力,到头来反而成为达到最大限度的真实的阻力。从电影的表现手法看,一部电影的镜头不管有多么长,也不可能不需要剪接,从这个意义上讲,世界上不存在没有蒙太奇的电影。事实上,蒙太奇与长镜头也是一种对立统一的辩证关系,蒙太奇注重镜头间的组接,较多地运用时空转换与组合,具有分解性和确定性;而长镜头更注重镜头内部的场面调度,较多地运用景深镜头所造成的时空连续,强调多义性和综合性。正是蒙太奇和长镜头两种美学特征的有机结合,促使电影真正成为一门具有相对时空结构的声画结合的视听艺术。

第二节 电影的美育功能

电影虽然是最年轻的艺术,但它的发展速度远远超过其他艺术,拥有最广泛的观众。如何充分发挥它的美育功能,这里,仅说明三个方面。

一、培养视听综合感知艺术能力

电影作为综合艺术，充分展示它的视觉形象和听觉形象，电影的欣赏和消费必须靠观众的视感官和听感官同时进行。视觉形象往往比较具体、确定，具有形态的实感，一种对于生活的逼真感。而听觉形象却显示出缥缈的流动感，虚实相间，而且影片从头到尾的听觉形象与真实生活相比较，抒情性和假定性是十分明显的，因为它几乎都充溢着音乐。电影能够把这二者有机地融合在一起，从而创造出比二者之和更加新颖、优美的艺术境界。音乐和其他音响对电影画面的表现力起了重要的辅助和渲染的作用，这是因为音乐长于抒情，容易诱发人的各种情感的发生。例如影片《悲惨世界》下集中，爱潘妮深深爱上了大学生马利尤斯，她经常去看马利尤斯和玛赛特幽会。有一次她发现玛赛特没有来，而且移居到别处去。这时展示在观众面前的爱潘妮连蹦带跳的远景镜头。这一具体形象与带夸张的仿佛是近景的脚步声有机地搭配起来，使观众在这种有机的综合中强烈地感受到当时这个单相思姑娘的心花怒放的内心世界。日本影片《望乡》中的"背井离乡"那出戏：匆匆赶到海边的哥哥，站在高高的礁石上眺望远离海岸，载着妹妹阿崎的小船与单调而沉闷的"嘎吱、嘎吱"的摇橹声有机结合起来，这有限的视听形象的统一，寄寓着无限的激情和深刻的审美意蕴，兄妹情深和阿崎未卜的命运交织在一起，令观众心酸。影片《巴黎圣母院》中那个背驼、聋哑，长得奇丑的敲钟人卡西莫多救出爱丝美拉达后，在钟楼上敲钟的粗犷、夸张的特写动作，和响彻演播大厅的洪亮、雄浑的钟声，把这位善良、勇敢、敢于自我牺牲的人的内心情感宣泄得淋漓尽致，也把观众的视听感官功能充分调动起来，给人的心灵以巨大的震撼。

荣获奥斯卡金像奖、以14项提名而在本世纪影片中独居榜首的《泰坦尼克号》，声画并茂，如诗如梦，令观众如醉如狂。人们宁可花几十元钱到电影院欣赏宽银幕上惊心动魄的场面和影剧院特有的立体音乐。"夜夜在我梦中见到你感觉你,我的心仍为你悸动。穿越层层时空随着风入我梦,你的心从未曾不同。你我尽在不言中,你的爱伴我航行始终。飞翔如风般自由,你让我无忧无惧,永远地活在爱中。只是一见钟情,两颗心已相通,刹那化为永恒情浓。怨命运总捉弄,缱绻时太匆匆,留我一世一生的痛。……记得所有的感动,星光下我们紧紧相拥。无论是否能重逢,我的心永远守候,只盼望来生与共。"在这优美的主题曲《我心永恒》的变化旋律中,一对年青恋人杰克和露丝向观众展示了他们纯真的生死恋。这种扣人心弦、催人泪下的戏剧情节,同惊险纷呈、撕心裂肺的海难惨景一样,征服了广大观众的感觉和知觉,并穿透人们心灵深处。

二、培养丰富的想象力

在电影理论的发展上,与爱森斯坦、普多夫金、巴赞、克拉考尔等人的电影技巧理论和美学理论产生的同时,还有闵斯特堡、爱因汉姆、米特里的电影心理学理论,他们力图摆脱电影本体论的研究方向而倾向于电影与观众关系的研究,运用格式塔理论说明观众的想象在电影艺术中的重要作用。

早在1916年,还在电影的童年时期,德国心理学家雨果·闵斯特堡就根据自己观看电影的有限经验,写了《电影:一次心理学研究》专著。他认为电影中的幻觉运动并不仅仅来自外界的生理刺激,而是主要来自观众心理。当观众观看银幕时,"他所看到的运动好像是真实的运动,但这却是由他自己的心理所臆造的。这种连续画面的余象,最根本的条件还是按连续运动的观念把分离的阶段统一为整体的内部心理活动"。[①] 这是与过去强调生理方

[①] 闵斯特堡:《电影:一次心理学研究》,转引自《当代电影》1984年第3期译文。

面,即视像滞留的看法不同。"视像滞留"现象是电影自动地刺激视网膜时,眼睛无法知道自己受骗,因为视网膜中的细胞在正常情况下是在它们受到刺激约 1/10 秒的时间里继续向大脑输送信号,而电影每一画面以更快的速度(1/24 秒)刺激视网膜,人眼就根本看不到电影静止画面之间的黑暗的瞬间。所以电影运动对于眼睛来说,就像现实世界中的运动一样真实,这一假设自然使一些理论家强调电影的写实主义。而闵斯特堡是强调心理方面,即现象认同的接受。它强调大脑能动地选择,当思想从视网膜接受了闪现的分离影像的刺激时,它会用最佳方式阐释,把分离的形式变化看成是连续的运动。在观看电影时,观众不假思索地接受这种认同,因为画面表现的是某一运动的连续的阶段,观众把那些闪现的画面当作画面在动。闵斯特堡通过人的视像滞留的生理特点和格式塔心理学的自愿认同的特点,提出电影不是写在银幕上,而是由人们的想象来完成的。

1933 年,美国心理学家鲁道夫·爱因汉姆在《电影作为艺术》一书中,根据格式塔心理学强调的"心理结构能力说"提出了"局部幻象论"。他指出:"在现实生活中,我们满足于了解最重要的部分,这些部分代表了我们需要知道的一切。因此,只要再现这些最需要的部分,我们就满足了,我们就得到了一个完整的印象——一个高度集中的,因而也就是艺术性更强的印象。"[①]的确如此,通过想象观众完全可以从剧中人物的某一部分了解他的全体。如从他躯体某一部分特写镜头看到他完整的全部,从脸部表情,甚至眼睛的特写镜头看出人物的内心情感变化。爱因汉姆还提出"形象偏离"理论,认为正是电影影像与现实之间的偏离,从而使艺术成为可能,反对文艺作品对社会生活的模仿或复制。

1963 年,法国电影艺术研究家让·米特里的百科全书式的《电影美学与心理学》(第一卷)问世,也认为影像展示的只是事物

---

① 爱因汉姆:《电影作为艺术》,中国电影出版社 1987 年,第 25 页。

的一个方面,但是,它总是使人联想到某种概貌,影像可以超越它所反映的现实。影像按照特定的规则结构成为画面,具有符号的意义。使电影成为语言,最后通过导演的想象和创造力,这种语言可以成为艺术。这就是他电影美学理论认识的三个层次:影像——符号——艺术。他主要是把格式塔心理学综合进电影语言中去。

三位理论家都力图摆脱电影本体论的研究方向而倾向于电影与观众关系的研究。从感知心理学的角度看,观众对于影片的感受是建立在一种误识的基础之上的,而这种误识表明了观众在看影片时是发挥了想象力,也正是这种想象关系才能更加吻合格式塔的理论。正是观众在欣赏电影时必须运用想象力,所以,电影在培养和发挥观众的想象力方面,必然产生重要作用。苏联著名导演罗姆在影片《沙漠苦战记》中,运用蒙太奇成功地描述出一位红军战士冲出重围寻找部队的艰苦历程,虽然这位红军战士实际上走过了极其漫长的路程,但导演仅用一组关于脚印的镜头就清楚地交代了全过程。第一个画面是两行脚印,第二画面上脚印旁出现扔掉的背囊,第三个画面上脚印旁出现扔掉的水壶,第四个画面上脚印旁出现一支他扔掉的步枪……在这一组不足三分钟的蒙太奇镜头中,虽然这位战士始终没有露面,但通过观众的想象力,仿佛看到了他在沙漠中长时间孤独跋涉的艰辛过程。

被称之为现代电影先驱的奥逊·威尔斯,有人认为他开拓了无数新的道路,所有打算当导演的人都欠他的情。他的不朽之作《公民凯恩》(1940年)不仅集以往电影成就之精华,而且"从1940年以来,电影中一切有创见的东西都来源于《公民凯恩》和让·雷诺阿的《游戏规则》。"(费朗索瓦·特吕弗语)① 例如,有四个被称为世界电影史上经典性的画面(没有一句对白或旁白),完全可以

---

① 引自安德烈·巴赞:《奥逊·威尔斯论评》,中国电影出版社1986年版,第2页。

通过想象把它们联系起来,看出凯恩和他妻子感情由热到冷,由冷到破裂的全过程:第一个镜头,凯恩和他妻穿着春天服装在饭厅里进早餐,一边吃一边亲昵地注视对方,相对莞尔。第二个镜头,凯恩和他妻子穿着夏天服装在饭厅里进早餐,妻子还是边吃边看凯恩,可是凯恩在一边看报纸,未予理睬。第三个镜头,凯恩和他妻子穿着秋天服装在饭厅里进早餐,他们都埋头吃饭,谁也不看谁,急于吃好离开。第四个镜头,凯恩和他妻子穿着冬天服装在饭厅里,两人都吃不下饭,怒目而视。

美国著名导演伊利亚·卡赞的《欲望号街车》(1951年)中的一个动作非常简洁、有效,富于想象力。这是几个男人把疯狂的斯坦利(马龙·白兰度扮演)架到水龙头下,用凉水使其清醒。这是一个激烈的动作场面,这一段落共44秒,5个镜头。其中2个静止镜头,3个摇镜,前4个镜头是三个男人架着挣扎的斯坦利从门外进来,打开水龙头让凉水冲在他头上。最后一个是摇镜头,11秒钟,从中景至全景,摄影机对着门,男人们一个接一个被斯坦利从画外摔到门上,然后镜头跟摇至走廊,男人向纵深离去,成全景。这里,画面上只有男人们被扔到门上的场景,而没有斯坦利与男人们搏斗的激烈动作,但观众只要从前4个镜头就可以想象到这些动作。

三、领略自然、社会风貌,直面人生

电影艺术之所以成长迅速,为广大群众最喜爱是因为它与高科技相联系,集各种艺术之大全,最广泛地反映自然、社会风貌,它以假乱真的艺术技巧,使观众如临其境,陶醉于它的诗情画意之中。

电影长于戏剧之处在于它能从舞台中解放出来,随着摄影机的进步,它的触角能够伸向相当广泛的领域。飞机上的高空摄影,宇宙飞船上的星际摄影,可以俯视地球各个地方的美丽自然景观,惊喜地发现其他星球的奥秘。水中摄影能够领略河底、海底的奇妙景观,《泰坦尼克号》导演卡梅伦,几次冒生命危险到北大西洋,用他哥哥为他设计的钛金属制造、能承受每立方尺600磅水压的深海摄像机,在1200尺海底拍摄沉船"泰坦尼克号"残骸真貌,给影片增添了魅力。地球上的动物世界、植物世界,以及肉眼不可达到的微观世界,电影无孔不入都要涉及。而且,还可以通过蒙太奇手法,运用真实的素材制造梦幻的世界,因此,苏珊·朗格说:"电影像'梦',则在于它的表现形式:它创造了虚幻的现在,一种直接的幻象出现的秩序。这是梦的方式。"①电影历史地、多方位地反映人类的社会生活,无论是写实主义传统还是技术主义传统都力图运用电影手段追忆过去的历史或描述现代的社会,弗拉哈迪的《北方的纳努克》真实地记录了处于原始状态的爱斯基摩人的艰难生活。之后,出现了许多在国际上获奖的有关历史人物、事件的影片。如:斯坦利·库布里克成功地执导了历史人物传记片《斯巴达克思》,再现了被马克思称之为"全部古代历史中最辉煌的人物"、奴隶起义英雄形象,展示了古罗马奴隶社会尖锐的阶级斗争。贝托鲁齐执导的《末代皇帝》,以西方人的眼光审视中国末代皇帝溥仪一生活动的历史,但也为观众描绘了这位皇帝的概貌。由美国影坛巨匠弗莱明导演的《乱世佳人》,以美国南北战争为背景,描写了南方几个庄园的兴衰历程,揭示了代表落后的南方奴隶制必将被历史所淘汰,而代表现代工业发展的北方资本主义制度必然胜利的客观规律。苏联蒙太奇理论大师爱森斯坦执导的、被誉为世界电影史上的经典杰作《战舰波将金号》,描写了1905年革命时期沙皇黑海舰队中波将金号水兵起义的事件。科波拉的《巴顿将军》是以第二次世界大战为背景的军事传记片,影片歌颂了美国著名将领巴顿将军,并通过他肯定美国在打败德、意法西斯结束欧洲战争中的作用。英国导演戴维·利恩导演的《桂河大桥》被认为50年代最雄伟的战争片,反映第二次世界大战中,英、美战俘被日军

---

① 苏珊·朗格:《情感与形式》,第480页。

押送到泰国和缅甸边境修筑桂河大桥和炸毁大桥的壮烈史实。匈牙利著名导演导萨博拍摄的《靡菲斯特》,根据德国剧坛的真人真事,用关于浮士德传说中的魔鬼靡菲斯特影射那位出卖灵魂、投靠纳粹的戏剧家。法国著名导演特吕弗执导的《最后一班地铁》,反映了法国人民和知识分子在德国纳粹统治下的生活状况和精神状态,他们反法西斯的战斗精神。法国著名导演罗贝尔·昂里哥拍摄的《老枪》是一部意识流电影,其中大量运用"闪回",影片揭露法西斯的残暴和人民奋起抵抗。奥立弗·斯通编剧并执导的《野战排》、科拉波导演的《现代启示录》、迈克尔西米诺导演的《猎鹿人》都是著名的越南战争片。英国和印度合拍、由理查德·阿顿巴导演的《甘地传》,通过许多感人至深的情节,真实地再现了甘地饱经沧桑的一生,刻画了他寻渴望独立、自由、平等和正义,鼓吹非暴力抵抗,倡导不合作运动,以自我牺牲和甘受磨难来感化他人的人道主义者和禁欲主义者的形象。美国著名导演米洛斯·福尔曼的《莫扎特》,描述了宫廷作曲家萨利埃里如何用种种阴谋置天才音乐家莫扎特于死地的过程,等等。

电影充分表现社会各阶层状况,探索社会、人生方方面面,既生动,又深刻,我们从一些国际获奖影片中可窥豹一斑。科拉波执导的《教父》真实地展现美国黑社会的内幕,其栩栩如生的形象和惊心动魄的情节征服了观众,也征服了黑手党成员,为美国派拉蒙电影公司赢利十几亿美元。罗伯特·本顿编导的被誉为"1979年最令人心碎的家庭片"《克莱默夫妇》真实地反映当今西方社会家庭的解体,并巧妙拨动父爱、母爱感情的琴弦。马克·雷德尔导演的《金色池塘》是探讨老年人问题的伦理片,表现了三代人从隔膜到理解的过程。詹姆斯·布鲁克斯编导的《母女情深》表现了贤妻良母型的两个家庭妇女——一对母女的深情和催人泪下的悲剧结果。苏联导演邱赫拉的《第四十一个》揭示了女红军和白匪军官所具有的人性和阶级性的矛盾冲突,颂扬了人道主义精神。弗拉吉米尔·缅恩肖夫的《莫斯科不相信眼泪》描写了一个苏联女工的精神世界和事业成功的过程,塑造了一个当代女强人的形象,为不少现代女性所倾倒。法国导演克劳特·索泰拍摄的《普通的故事》则从日常生活的场景中,人们周围都非常熟悉的普通人物和普通情节,表现新型的西方妇女的生活方式。

应该看到,改革开放以来,我国电影界也有长足的发展,一些影片登上国际级的台阶,向世界展现了中国的历史和改革开放的新现象。张艺谋执导的《红高粱》真实地反映了20世纪三四十年代旧中国乡村的贫困、落后和北方农民的粗野、愚昧,也反映了中国农民粗犷、悍勇、淳朴、善良的性格和抗日爱国的精神,同时也声讨了日寇灭绝人性的暴行。吴天明导演的《老井》体现了山区农民苦斗精神和坚韧伟力,同时也反映他们受千年来祖辈沿袭下来的保守的生存意识和模式的影响。谢晋导演的《芙蓉镇》揭示了极"左"路线对人性的摧残和对人的尊严的践踏,是彻底否定文化大革命、歌颂人性的人道主义的力作。颜学恕执导的《野山》描写在农村改革潮流中,农民生活观念的变化引起家庭关系的变化。这里要特别提出一部别具一格的探索片《黄土地》,这是由陈凯歌导演、张艺谋摄影的。高原枯竭的干土往往占据银幕绝大部分空间,摄影机少动、不动,体现历史的沉重感。黄土地上的沉静、呆滞氛围的写照,与农民们"日出而作、日入而息"的缓慢、单调的生活节奏合拍。影片中"求雨"段落上百个农民麻木愚昧的静态摄影,和"腰鼓"段落上百农民狂欢刚烈的动态摄影恰成鲜明对比,正是体现中华民族传统的两重性。

结　语
加强审美教育和审美实践，提高审美修养水平

在 1998 年本书的写作期间，中央电视台的《新闻联播》的节目，播送了国务院主管教育的李岚清副总理在视察各地教育部门时，多次强调了教育必须使受教育者在德育、智育、体育、美育全面发展。在经历了多次的反复：从改革开放之前，教育方针只提"德育、智育、体育全面发展"，到改革开放之后提出"德育、智育、体育、美育全面发展"，再到"德育、智育、体育、美育、劳育全面发展"，又到"德育、智育、体育全面发展"，最后是"德育、智育、体育、美育全面发展"。应该说明，改革开放后的"德育、智育、体育全面发展"的提法和改革开放前的同样提法有根本的不同。前者把美育归到德育中去了，而且的的确确认真抓了美育，尽管由于没有把美育摆在与德育、智育同等地位，在贯彻时欠得力；而后者则是忽视或抛弃了美育。但是，从理论上说，从追求真理的角度说，唯有"德育、智育、体育、美育全面发展"（最好是"德育、智育、美育、体育全面发展"）的提法才是科学的。因为教育的目的是使受教育者在身心，即身体和精神两方面获得自由、全面的发展。精神方面分为知、意、情三大领域和相应的真、善、美的价值目标，这是几千年来公认的科学分法，甚至是常识。因而，通过德育、智育、美育、体育，把受教育者培养成身体健康、精神丰富和真善美相统一的新人，是我们责无旁贷的任务。

1996年在湖南省岳阳市召开的全国高等师范院校美育研讨会上,国家教委有关领导介绍了美国哈佛大学为论证艺术教育对教育的重要作用,从1967年开始进行了上百个学科交叉的研究。近30年的研究证明,艺术教育、美育是其他学科不可代替的。这一研究成果打破了传统的教育观念,尤其对基础教育产生重大影响。克林顿政府把艺术教育列为基础课程,成为必修课,这是美国教育观念的更新。在这次会议上,我们还获悉,全国美育工作搞得最好的四所高等院校中,其中一所竟是我国"第一学府"——清华大学。这两个富有代表性的例子证明,美育工作确实在教育中占有非常重要的地位,而这种地位必须在教育方针中体现出来,才能引起整个教育界,尤其是各级各类学校的充分重视,才能扭转当前美育相对于德育与智育而处于落后的状态。

在本书结束之前,我们还想谈一谈关于审美修养问题以及如何提高审美修养水平。

一、提高审美修养水平的意义

审美修养大致有两层意思:第一,是指掌握审美的理论、知识和艺术等方面的知识;第二,是指具备正确的审美观点和审美态度。无论哪一种含义,都是要求在具体的审美关系中,审美主体必须具备相应的审美条件,这将决定客观对象能否以及在何种程度上进入主体的视野,成为它的欣赏对象,决定着主体所获得的审美愉悦的高低强弱。同时,也决定主体审美实践领域的宽窄和程度的深浅。马克思说:"对象如何对他说来成为他的对象,这取决于对象的性质以及与之相适应的本质力量的性质。"[1]这不仅强调客观的审美对象的存在是作为审美的前提,而且也强调与审美对象"相适应的本质力量的性质",即审美主体包括审美修养在内的主观条件的重要。这一论断,无论对整个社会审美关系的发展,还是

---

[1] 《马克思恩格斯全集》第42卷,第125页。

对于某一个别具体的审美关系来说,都具有重要的意义。

　　首先,对于整个社会审美关系来说,对象的审美性质和主体的审美修养(人的本质力量之一)所造成的,是一种相互对立而又相互适应的关系。在实践活动(包括审美实践)过程中,人类五官审美感受能力和审美修养日渐提高,越来越多的客体或客体的某些方面逐步进入人的审美视野,成为审美对象。于是,审美范围日见扩大,审美对象日见丰富,而美的创造积极性也日见高涨。一个具有高度审美修养的民族,它的审美视野无论在广度和深度上都会比其他许多民族高出一筹。从美学美育研究的范围看,全社会审美修养的提高,使人们的审美视野突破了过去囿于艺术的樊篱,扩大到广阔的自然和社会领域。无论是自然界,还是社会领域;无论是物质生产,还是精神生产;无论是艺术活动,还是日常生活,以至学校中的德、智、体、美教育,无不渗透着美,都可以看到人们发现美、挖掘美、创造美的劳作。其次,对于一个个体来说,社会性的审美对象能否得到审美主体的欣赏,其欣赏的程度、特点,以及审美主体对审美对象再创造的能力如何,当然也"取决于对象的性质以及与之相适应的本质力量的性质",取决于审美主体感受能力和个体审美修养如何。某一个人是否具备感受形式美的眼睛或感受音乐美的耳朵,丝毫不会影响绘画或音乐本身固有的美的存在,但却影响到这一个体自己欣赏的效果。对于不辨色彩、形式的眼睛和不辨音乐的耳朵,最美的画面和音乐对他来说都毫无意义。而对于具有高度的审美修养的人来说,他的审美能力往往超出了该时代社会审美能力的平均发展水平。正如20世纪初俄国杰出的画家兼艺术理论家康定斯基所描述的,这些人是站在像一个巨大的锐角三角形的精神生活顶点的位置,他们的审美观点或艺术创作被看成是该时代审美能力的最高标志。而且随着三角形的向上运动,这些人的观点,艺术又成为后代人发展的基础。因此,个体的审美修养的提高对于整个社会审美修养的提高也具有重要的意义。下面着重谈谈审美修养的提高对个体在审美活动中所具有的意义。

第一，审美修养是个体审美感受的基础。

从美感的发生学角度看，审美感受是审美意识的基础。但是，从一个具体的审美过程来看，一个人的审美修养，他的审美理论、观点、态度又成为一个新的运动周期的起点和基础，皮亚杰创立的"发生认识论"原理有助于我们认识这个问题。皮亚杰认为："认识既不能看作是在主体内部结构中预先决定了的——它们起因于有效的和不断的建构；也不能看作是在客体的预先存在的特性中预先决定了的，因为客体只是通过这些内部结构的中介作用才被认识的，并且这些结构还通过把它们结合到更大的范围之中……而使他们丰富起来。"①这段话不仅反对了只从主体或只从客体方面寻找认识起源的错误观点，而且揭示了一个很重要的道理，即在认识的主体和客体的相互作用中，客体是通过主体的内部心理，意识结构的中介作用才被认识的。这种主体的内部认知结构，皮亚杰称之为认知"图式"（格局）。只有当主体心理结构与客体事物结构相似时，客观事物的属性才能基本被反应，产生认识，这就是所谓的"同化"。审美活动，作为人的一种认知心理活动，同样符合皮亚杰的上述原理。因为在审美活动中，主观色彩相当浓重。如审美情感是直接渗入对象，渗入感受的全过程，使审美直觉同时变成一种情感体验。这要求审美主体必须养成正确的审美态度，只有进步的审美观点，才能在进行审美感受时有正确的选择。特别是社会美和艺术美，其倾向性较为鲜明，一个缺少进步的世界观和审美观的人，对其中的某些东西就难以欣赏，甚至会走到美丑颠倒的境地。另一方面，要求审美主体有较高的审美理论修养，有关于自然美、社会美、艺术等方面的知识和鉴赏能力。这样，当我们去感受对象时，才能够尽可能多地把对象的审美属性内化于我们心理结构中去，达到对客体深刻的、丰富的感受。因而，在同样审美实践

---

① 皮亚杰：《发生认识论原理》，商务印书馆1981年版，第16页。

条件下,审美修养的高低将决定个体审美感受水平的高低,审美修养是审美感受的基础。

第二,审美修养是个体审美创造的前提条件。

美的创造,就是通过社会实践使人的本质力量对象化为特点的感性形式。它是审美主体改造、加工、重建客体的精神——实践活动,其中个体的审美修养是它的前提条件。这是因为,首先,主体要有一定的审美修养,才能创造出具有审美理想的意象。在人类社会实践基础上与美相对应产生和发展的审美心理和审美意识,又反转过来促进美的发展,或是通过物质生产活动渗透于现实生活的审美创造之中,或是通过精神生产渗透于艺术、科学的审美创造之中。但无论哪一种审美创造,它都是审美主体能动作用的最突出表现。通过审美活动,审美主体在审美意识领域创造出具体的意象,当这种意象是富有感情色彩的审美理想时,这一具体目标就成为下一步实践活动的努力方向,成为进行美的创造的设计蓝图而强烈地吸引着创造者。然后主体进入创造活动,即实现创造者的审美理想的实践过程。而要创造出具有审美理想的意象,主体的审美修养是一个关键。很难想象,没有正确的审美态度和审美观点,没有主体较高水平的审美理论、艺术修养,审美主体会创造出为人们所喜闻乐见的审美对象。

其次,主体要有一定的审美修养,他的创造才能和技巧才能得到充分发挥。具有审美理想的意象的形成,决非美的创造的完成。从理想到现实,从审美理想到创造出美的事物,要经历从主观到客观的长期实践。除了认识和把握客观对象(包括使用材料、工具)的内在规律外,还要具有种种实践所需要的创造才能和技巧。创造才能和技巧得心应手的运用,是与主体的审美修养息息相关的。在米开朗琪罗时代,肯定有许多在雕凿石头方面比他高明得多的石匠,但他们都不能创造出《大卫》、《摩西》这样伟大的艺术品,因为他们没有米开朗琪罗那样高的艺术修养,所以不能将娴熟的技巧运用于创造伟大的艺术品。

第三,审美修养是实现人的全面发展的重要环节。

从本质上看,提高审美修养的根本目的在于按照美的规律来塑造人,赋予个体以美的心灵,从审美的角度上实现改变人,重建人的功能。审美修养乃是实现人的全面发展的重要环节。

全面发展的人,体现为德、智、体、美的和谐统一,表现为人的潜能得到发展,人的价值得到全面实现,意味着人的本质全面占有,这只能在共产主义社会方能实现。列宁认为,共产主义社会是这样一种制度,它能创造美,创造出远远超越过去只能够幻想的所有的美。共产主义社会的人的和谐发展首先要求具备敏锐的、多方面的审美趣味和审美才能,善于感受和理解美,习惯于以审美理想观察生活的各个方面,具备对艺术的敏感和热爱。这样一个具有较高审美修养的人,就能通过审美,促使人的心灵趋向善,培养起自己高尚的道德情操。一个人如果能自觉地用审美的眼光来审视自己的内心和行为,那么,他在道德上也就一定会日趋完善。前苏联当代著名的教育家苏霍姆林斯基说:"美是一种心灵的体操——它使我们精神正直,良心纯洁,情感和信念端正。"①一个真正有审美修养的人,必定同时也会是有道德修养的人。同样,科学技术的进步也受到美的光辉的照耀。科学的最高宗旨是给人以知识,技术的最高宗旨是依靠科学知识,满足人们物质上和精神上的需要和利益。而审美活动的最高宗旨是培养全面发展的具有社会作用和自身价值的个人,它给科学技术灌注崇高的精神,使它用以造福人类,而不是毁灭人类。一个具有较高审美修养的人,他会把造福人类的科学技术的追求,作为人生的乐趣。因此,通过审美修养的环节,我们能逐步实现个人的全面发展。

二、加强审美教育和审美实践是提高审美修养和途径

审美修养绝不是天生就有的,人们必须通过审美教育和审美

---

① 转引自 1981 年 7 月 29 日《光明日报》。

实践来获得的。具体说来,可以从以下几个方面去努力。

首先,加强审美理论和知识的学习。审美理论是指审美心理、审美意识的理论形态。如美学思想,美学观点,美学学说等,它是对审美实践经验的理论概括,表现为概念体系,是与哲学、政治、伦理、宗教一样,作为社会意识形态而存在。作为自觉的审美观体系,对审美现象的总观点,就是审美理论。马克思主义审美理论,必须建立在马克思主义哲学,特别是历史唯物主义的基础之上,它具体阐述了马克思主义实践观对美学理论确定和研究的重大理论意义和方法论意义,界定美学、美育等研究的对象、任务和范围,阐释审美现象,揭示美、审美、美育、艺术等内在联系和一般规律。审美理论水平的高低是决定审美修养高低的一个标准,只有审美理论的正确掌握,才能使审美修养沿着健康的道路向前发展,更好地指导审美实践。可以断定,对于一个具有审美理论修养的人,尽管有时他感知对象不算多,而所获得的美感却比没有审美理论修养的人要多得多,后者虽然可能广泛接触对象,但他却熟视无睹。

除了正确的理论指导,还要有丰富的审美知识,例如关于艺术各门类的知识,关于艺术家的生平和重要作品的知识,关于艺术技巧、程式等方面的知识。甚至包括与艺术有着某种联系的知识,如关于社会政治、经济、历史、文化等方面的知识。

其次,自觉进行广泛的审美感受活动。审美感受是审美主体对审美对象的感知、体验、品玩活动,在审美感受活动中,审美客体的形式美、内容美被接受主体所反映、所领悟。同时,接受主体的情感、意志也融汇在客体之中,两者发生交流现象。由于审美主体和客体的相互作用,由于主体的感受力、表象力、想象力、思考力、情感力以及某种潜在的无意识意向的综合作用,主体的鉴赏力、判断力得以提高。并在感受活动中转为现实性,即在审美心理活动中,由感知、想象、理解、意向、情感相配合产生了审美满足或愉快,这就是审美功能活动形成的情感体验——审美体验。它是积淀着理性的感性。一方面,它的深度和广度验证了主体审美理论修养的水平；另一方面，又为丰富主体的审美理论提供新的基础。

审美感受活动是多方面的、多层次的，只要你处处留心，美的事物就处处皆有。不仅我们肉眼可视的宏观世界充满美，而且在显微镜下的微观世界和望远镜中的宏观世界也富有神奇的美。不仅在人的外在的和谐关系中体现美，而且在人的内在精神世界里也闪耀着美的光辉。而艺术更是美的精华，它是集客观方面的美和精神方面的美于一体的美。因此，只要有正确的审美态度，用审美的眼光看待人生，那么，审美感受活动将是丰富多彩的。

最后，积极参加审美创造活动。审美创造活动是人的本质力量对象化过程，是人们按照美的规律自觉进行生活活动和创造审美对象的活动。它使人们在他所创造的世界中直观自身，直接看到自己的本质力量，如人的能力、才智等，从而获得欣慰、喜悦、兴奋，从而不知不觉地陶冶自身的性情，提高自己的审美修养。审美创造活动使主体心境与外在世界处于和谐统一，也使主体审美价值得以实现。比起审美感受活动来，它对审美主体的审美修养的提高更具有意义。同时，任何个体所创造的，包括艺术品在内的劳动产品，把它置于整个社会关系的链条中，它都具有提高他人，以至社会的审美修养的作用，它的意义更为深远。

审美创造的领域是无比广阔的。生产劳动、日常生活、学校教育、艺术创造都是审美创造的领域。这些领域的活动本身具有审美性质，活动成果具有审美价值。审美教育首先应面向现实，在现实生活中发挥积极作用，指导审美创造。它要为塑造具有高度审美修养的人和社会，为达到人与自然、社会和个体、理性和感性完美交融的境界，即审美的最高境界而竭尽努力。

附文
美育在教育中的重要地位不可忽视

福建师大 王岗峰

新中国成立后,教育部曾提出德、智、体、美四育全面发展的教育方针。但是,自1957年后,因受"左"倾思潮影响,教育方针只提德、智、体三育。这种观念深入人心。1981年党中央号召全国开展"五讲四美三热爱"活动,把美育提到思想政治教育工作日程上来。1986年,党中央在《七五》计划中明确指出:"各级各类学校都要认真贯彻执行德育、智育、体育、美育全面发展的方针",从而恢复了美育在我国教育方针中的地位。

虽然党中央确立美育在教育中重要地位已有十年之久,尽管有关部门也做了不懈的努力,但在各级各类学校中的贯彻还是不尽如人意,总体上还达不到与德、智、体三育并驾齐驱的程度,探其原因,主要有以下几个方面:

第一,从观念上看,人们对美育的重要性认识尚未形成定势。自1957年开始,近30年不提美育,尤其"文革"中视美如虎。历史上这一长期的观念运动,造成了思维惯性。在教育方针表述上,包括一些教育部门领导在内,张口闭口"德智体全面发展"已成习惯。另外,人们对美育概念的认识也有模糊不清的,常见的有,把艺术教育与美育混为一谈;把美育从属于德育,从属于思想政治工作。等等。

第二,从教育实践看,学校在实施美育过程中产生不同程度偏差。首先是各级各类学校美育发展不平衡。从我省看来,重点大学、高等师范院校已经普遍展开,按教育部要求开设美学与美育课程。重点中专和重点中学的美育也以不同形式陆续展开,一般大学、中专、中学则步履维艰。这里有校领导的指导思想问题,也有师资匮乏的原因。其次,同一学校发展不平衡,一般说来,大学的文科系,尤其中文、艺术、政教开展较好,理科系较差。这主要是与人们的美育概念的认识有关。美学史上曾流行将美学视为艺术哲学,与其相对应的认识是美育即艺术教育。另外,将美育视为德育的一部分,除文学艺术教育工作者外,似乎只有搞政治思想工作的人才必备美育知识。由此,在师范圈内,政教、中文、艺术三系学生必修美学与中学的政治、语文、音乐、美术教育负责实施美育,就成为很自然的事了。这与只是政治教师、政工人员抓德育的观念一样,是错误的。

弄清美育与其他教育的关系,是克服教育实践中忽视美育的重要一环。自从阿贝·巴托把艺术从技术中分离出来,追求美成为艺术的本质特征,艺术活动作为一种审美活动是不言而喻的,但审美活动不局限于艺术活动,审美活动是人类实践积极性的一种特殊品质,任何实践活动在某种意义上也是一种审美活动,都是按美的规律进行建造。相应的,艺术教育是以艺术为手段,而审美教育是以包括艺术在内的各种美的事物为手段的,这些美的事物都是人化的结果,是打上人的认识和实践活动烙印的。当然,艺术美是集中地、强烈地反映现实美的,因而,艺术教育也就成为审美教育中一个重要的组成部分。但它还不能统摄审美教育,更不能取代审美教育,审美教育除以艺术教育为重要内容之外,还通过其他教育环节实施。

当前,存在着一种以德育统摄美育的观点,我认为是不妥的。因为德育与美育是不同性质的教育,它们之间的不同正如德育与智育的不同。人的意识分为知、意、情三个部分,对于这三方面的培育,追求真、善、美,正好分出智、德、美三方面的教育。这三方面的教育对造成全面发展的一代新人都是不可缺少的,以任何方面取代另一方面在教育史上证明都是错误的。"文革"中以红代专就是典型的例子,长期以来以红代美,培养的人才缺少创造性的精神也不乏此例。以德育代替美育,对于人的情感陶冶,审美心理结构的完善,培养具有感受美、评价美和创造美能力的人是不利的。因为美育的广泛的内容是德育无法包容的。当我们正确估量它们的同一性时,不能忽视它们之间的差异性。体、智、德、美四方面的教育,恰好体现了人的肉体的与精神的各方面健康发展的要求。即使我们从它们同一性的角度看,美育也是不可替代的,美育不仅只与德育相同一,而且也与智育、体育处于不可分割的联系之中,都对它们的发展起重大的促进作用。我们以美育与德育、智育的关系为例,说明美育在教育中的重要作用。

美育与德育的辩证关系,关于他们同一方面,从德育看,它包含有审美的因素。在社会领域,一般说来,善的事物、言行是视为美的。德育的大量内容,例如共产主义理想、全心全意为人民服务思想、爱国主义思想、集体主义思想,以及由此指导下的言行,既是善的,又是美的。从美育看,突出表现于它对德育的促进作用。这主要在于:(一)美育能促进人的意志心理结构趋向完善。伦理道德的核心是自由意志,它表现为主体对自己的行动不是受动的约束,而是通过自己自觉自愿地选择。要达到此,又不违反道德规范,这对主体意志心理结构的塑造要求是很高的。主体要有对现实美与艺术美有较深刻的感受与领悟能力,他无论何时何地都能对生活充满乐趣,对他的事业充满信心与爱恋。这样,就能在任何环境中自觉地排除生理本能的、非理性的冲动和意念,战胜忧愁、空虚、烦恼、恐惧等心理状态,而进入自由王国。毛泽东同志把二万五千里的远征难诗化了,把残酷的战争生活美化了,就是一个典型的例子。(二)审美活动为德育提供丰富生动的内容。例如,自然美的欣赏,激起爱国主义情感,五讲四美活动本身就有伦理道德规范在其中,优秀的文学艺术作品是教育人民精神食粮。(三)美育活动的形式是德育的重要手段。以往的德育,主要靠说理、灌输,容易使教育者感到枯燥无味。而美育是寓教育于生动形象之中,于情感波涛之中,于娱乐欢愉之中,于潜移默化之中,因而它容易为受教育者所欢迎、所接受。尤其是美育的自由性,即以自觉自愿方式让受教育者"愿者上钩",如德育能够能好利用它,就能使德育保持它的魅力与恒久的效果。

美育与智育的同一关系,也表现在两个方面。从智育方面看,美育离不开智育,它要以智育为基础。没有受过系统智力教育的人是无法深刻感受周围的美,尤其是文学、艺术、科学、理论的美。从美育方面看,突出表现在美育对智育的重要促进作用:(一)美育可以引发人们对科学研究的兴趣和追求。通过追求美去发现真,已成为科学领域的趣谈。古希腊天文学家的地圆说是深受毕达哥拉斯的宇宙应和谐说和圆球形是最完美图形的审美观影响,天才地推测大地应是和谐的和大地是球形的。哥白尼立志要研究最美的事物,他认为天空是最美的,没有任何东西与之相比美,这是推动哥白尼革命的美学动力。天体运动规律的发现者开普勒把天体运动看作只能由智慧的思索所理解的歌,并用乐谱来写他的天文学著作和天体运动规律。爱因斯坦坚信宇宙应和谐论,这一美学动力使他致力于物理定律在更大范围内的统一,建立了相对论。他说,相信我们世界的内在和谐是科学创造的根本动力。彭加勒、狄拉克、薛定谔、海森堡、居里夫人、玻尔、杨振宁等世界上第一流的科学家都对此作了类似的论述。(二)美育可以完善人的认知心理结构。现代脑科学证明,美育可以开发大脑右半球(非语言脑)的潜能。智育开发主要在于司抽象思维的大脑左半球(语言脑)。在科学研究中,若大脑遇到障碍而处于疲劳状态时,如果参加审美活动,就会使司形象思维的、被压抑的右半球脑细胞活跃起来,频频向左半球脑细胞发射模糊多义的信号。而处于休息状态的左半球脑细胞虽然进入潜意识,但没有"沉睡",仍在工作,它会对右半球发来的信号作积极的处理,当发现对解决问题恰有好处的信号时，就会迸发出"耀眼的火花"，从潜意识中跃起，这就是灵感，就是问题的解决，真的发现。(三)美育凭借的感性材料和艺术作品为智育提供丰富的内容。马克思和恩格斯分别称赞狄更斯和巴尔扎克提供的历史的、政治的、经济的知识和揭示的真理，比任何历史学家、政治家和经济学家提供的都要多。

至于美育对体育的促进作用可以从艺术体操、冰上芭蕾等体育项目出现和原有项目的艺术化可窥豹一斑。由此可见，追求美、创造美已成为人生旅程的任何方面紧密相随、不可缺少的活动了。美育与其他教育一样，是培养一代新人所必需和不可替代的。美育对师范院校更有特别重大的意义，因为师范院校是造就教育者的基地、摇篮。为此，必须努力使每位学生都要接受规范的审美教育，才能适应我国教育事业和建设事业发展的需要。

1996 年 10 月

图书在版编目(CIP)数据

美育与美学/王岗峰著. —2版. —厦门:厦门大学出版社,2009.2
(2018.12重印)
ISBN 978-7-5615-1445-0

Ⅰ.美… Ⅱ.王… Ⅲ.①美育-概论②美学-概论
Ⅳ.G40-14 B83

中国版本图书馆 CIP 数据核字(2009)第 008999 号

厦门大学出版社出版发行
(地址:厦门市软件园二期望海路 39 号 邮编:361008)
http://www.xmupress.com
xmup@xmupress.com
厦门市明亮彩印有限公司印刷
2009 年 2 月第 2 版 2018 年 12 月第 5 次印刷
开本:850×1168 1/32 印张:12.125 插页:4
字数:318 千字 印数:26 001-29 000 册
定价:29.00 元
本书如有印装质量问题请直接寄承印厂调换